Crane Brinton

ANATOMIE DER REVOLUTION

CRANE BRINTON

Anatomie der Revolution

Aus dem Englischen von Walter Theimer

Herausgegeben von
Manfred Lauermann

Karolinger
Wien und Leipzig

Titel der amerikanischen Originalausgabe
THE ANATOMY OF REVOLUTION
Erstmals erschienen 1938
Durchgesehene Ausgabe 1952
Durchgesehene und erweiterte Ausgabe 1965

Die deutsche Ausgabe, übersetzt von Walter Theimer, erschien 1959 im Nest-Verlag, Frankfurt/M. unter dem Titel „Die Revolution und ihre Gesetze".
Unsere Ausgabe folgt der deutschen Übersetzung von Theimer, die vom Herausgeber durchgesehen wurde.
Einige Textteile aus der erweiterten Ausgabe von 1965, wie z. B. der Epilog, die naturgemäß in der ersten deutschen Übersetzung nicht enthalten sein konnten, wurden von P. Weiß nachübersetzt.

ISBN 978 3 85418 171 2

Umschlag: Peter Alba
Satz: Ecotext-Verlag, Mag. G. Schneeweiß-Arnoldstein
Gesamtherstellung: perfectprintconsult

Inhalt

Vorbemerkung:
Brinton und die russische Revolution

Manfred Lauermann

Mitten im Kalten Krieg veröffentlicht der Harvard-Historiker und Frankreich-Spezialist Crane Brinton (1898–1968) eine vergleichende Studie von vier Revolutionen. Versteht sich der Wert der englischen und französischen Revolution für die Moderne von selbst, so überhaupt nicht die Einbeziehung der russischen. Sie aus dem Zyklus der *Europäischen Revolutionen* (Rosenstock-Huessy) zu exkludieren war damals und ist heute wieder Glaubensdogma der Mainstream-Geschichtsschreibung. Die USA haben gerade den McCarthyanismus ausgeschwitzt, jene Hysterie, die jede positive Referenz zur UdSSR unter Diskursverbot stellte. Seinen Studenten, Kollegen wie der deutsche Emigrant Hajo Holborn, der Öffentlichkeit wie dem ‚New Yorker‘ ist sofort bewußt, daß Brinton dadurch eine dezidiert links-liberale Position einnimmt, wobei im herrschenden republikanischen Diskurs die Demokraten gemeinhin als Kommunisten gelten, bzw. als hochgradig dahingehend gefährdet. Trotzdem ist die amerikanische Revolution unbefragtes Vor- und Glanzbild des nationalen Selbstbildes – umso explosiver ist dann die strukturelle Gleichsetzung durch Brinton. Eine Häresie, verstärkt durch seine ironischen Stilmittel, sie als *milde*, als *halbfertige*, ja gar als *gescheiterte* Revolution zu bezeichnen, vor allem mit seiner Lieblingsrevolution, der französischen verglichen. Seine narrative Grundstimmung ist die einer Diderot verwandten Heiterkeit, wenn er sich der russischen Geschichte nähert. Nicht zufällig endet sein Haupttext mit einem bolschewistischen Witz über das Privileg von Droschkenpferden im Sozialismus, sie seien ihm allein gewachsen, nicht Menschen; nicht selten zerfällt das moralische Pathos der Standardgeschichtsschreibung, gedreht ins Lächerliche, wenn er den Mangel an billigen Musicals beklagt, der Russland zu einer älteren Bühnenform,

den Schau- und Hexenprozessen, zu greifen zwingt. Gewalt, so
seine Grundüberzeugung ist konstitutiver Bestandteil jeder geschichtlichen Veränderung, die sich den Ehrentitel Revolution zu-
legen will. Amüsant die französische Redeweise einer ‚heiligen
Guillotine‘. Schön die Hinrichtungen von gekrönten Häuptern
(England, Frankreich, Russland), tragisch die Abweichung. Da
die amerikanische Revolution zu Beginn mangels Objekt niemanden hinrichten konnte, und ihre Gewalt, genauer die der Menge,
ohnehin zu maßvoll blieb, rächte sich gewissermaßen das Schicksal mit dem erbarmungslosen Bürgerkrieg 1861–1868, gipfelnd in
der Ermordung Lincolns.

Sein Blick auf Rußland seit Lenins Tod 1924 konzentriert sich
auf die Neustrukturierung der Ordnung nach dem tiefgreifenden
Bürgerkrieg, die Herstellung eines neuen gesellschaftlichen Gleichgewichts, interessanterweise durch einen Könner des Politischen,
der seine Massenführung in instabilen Zuständen meisterhaft gelernt hat, durch Stalin. Dessen Vergeichsgrößen aus den anderen
Revolutionen sind Cromwell, der ein Doppelantlitz trägt und Napoleon, der sie europäisiert. Für die USA – wie gesagt – ein Mangel. Die soziologische Sprache versteht dieses bürokratischen
Kleinarbeiten der Oktoberrevolution im Modus der Veralltägli-
chung mittels Webers Terminus einer Monopolisierung der legitimen Gewaltsamkeit im Staat.[1] Wie in meinem Nachwort ausführli-
cher erläutert, gelingt das im 20. Jahrhundert keiner der Unruhen
– ‚Arabellion‘, ‚Sozialismus des 21. Jahrhunderts‘ –, denen man
in den Massenmedien zumutet, sich als Revolutionen auszugeben.
Es ist erstaunlich, wie sehr Brinton das Personal der gegenwärtigen arabischen und lateinamerikanischen Revolutionsimitate an-
tizipieren konnte. Brintons klare These lautet: „Der Mob, der Pöbel [Bums, hoboes, the mob, the rabble, the riffraff] mag zu Stras-
senkämpfen oder Schlösserverbrennungen herbeigerufen werden,
aber er ‚macht‘ bestimmt nicht die Revolution und leitet sie nicht
– auch nicht proletarische Revolutionen." Die vier Revolutionen

---

1   Die geschichtliche Logik ist ohne (postmoderne) Philosophie nicht zu haben.
     Umso faszinierender ist die gedankliche Antzipation sowohl bei Max Weber wie
     bei Brinton. Kånonisch ist die Grundlegung von Giorgio Agamben : Stasis. Der
     Bürgerkrieg als politisches Paradigma. Frankfurt/M. 2016.

sind weltgeschichtliche Ereignisse mit großer Langgzeitwirkung. Für mich ist es plausibel, daß sie (ausschließlich) in den europäischen Hegemonialstaaten geschehen konnten, die Ludwig Dehio in *Gleichgewicht oder Hegemonie* (1948) als führende Akteure in der europäischen Geschichte herausgehoben hat: England, Frankreich, Russland – und addieren wir getrost Amerika als englische Kopie hinzu. Die russische Revolution ist 1989 beendet, wie im Mythos lebt sie fort in einem anderen Kontinent, am Anfang von ihr stiefmütterlich beschützt: die VR China. Brinton hätte mit heutigem Wissen diese Interpretation zumindest ernsthaft erwogen, zu seinen Lebzeiten sah er in China mehr das zuweilen widerspenstige Kind der großen Revolutionsmutter Rußland.

Lenins Zug, seine Reise in die Revolution, erlangt so einen Mehrwert an Bedeutung: es war die Reise in die letzte ‚Brintonsche' Revolution. 2017 werden ihre pittoresken Momente in einer Züricher Museumsausstellung immerhin nachgespielt, während in Russland die Revolution marginalisiert ist.[2] Mit Brinton möchten wir dagegen daran glauben, was der Dichter Stefan Zweig in den *Sternstunden der Menschheit* zu der Eisenbahnfahrt imaginiert. „Millionen vernichtender Geschosse sind in dem Weltkrieg abgefeuert worden, die wuchtigsten, die gewaltigsten, die weithintragendsten Projektile von den Ingenieuren ersonnen worden. Aber kein Geschoß war weittragender und schicksalsentscheidender in der neueren Geschichte als dieser Zug, der, geladen mit den gefährlichsten, entschlossensten Revolutionären des Jahrhunderts, in dieser Stunde von der Schweizer Grenze über ganz Deutschland saust, um in Petersburg zu landen und dort die Ordnung der Zeit zu zersprengen".[3]

---

2   Der Baseler Historiker Benjamin Schenk: „Lenin ist zu einem sinnentleerten Zeichen einer diffusen Sowjetnostalgie verkommen. In den Ländern in West- und Mitteleuropa scheint mir das Interesse an Lenin und seiner Geschichte im Revolutionsjahr 2017 um einiges grösser zu sein als in Lenins Heimat". Vgl. auch: http://www.unibe.ch/aktuell/uniaktuell/das_online_magazin_der_universitaet_bern/uniaktuell_ab_2015/rubriken/universitaet/revolution_einfach__100_jahre_lenin_zug_ab_zuerich/index_ger.html. – Das Buch zur Oktoberrevolution: Catharine Merridale. Lenins Zug: Die Fahrt in die Revolution. Frankfurt/M. 2017

3   Stefan Zweig: Sternstunden der Menschheit. Frankfurt/M. 1982, S. 250

I

Einleitung

Gebietsabgrenzung

Revolution ist ein etwas verschwommener Ausdruck. Die große
französische Revolution, die amerikanische Revolution, die industrielle Revolution, eine Revolution in Honduras, eine soziale Revolution, eine Revolution in unserem Denken oder in der Damen-
konfektion oder in der Automobilindustrie – man könnte diese
Liste ins Uferlose verlängern. An dem einen Ende seines Bedeu-
tungsspektrums ist das Wort Revolution heute im allgemeinen
Sprachgebrauch kaum mehr als ein betontes Synonym für ‚Änderung‘, vielleicht mit einer Andeutung des plötzlichen oder auffal-
lenden Wechsels. Nicht einmal diese Betonung gehört immer dazu.
Ein gar nicht revolutionäres Buch in Amerika heißt ‚USA: Die
permanente Revolution‘. Der Titel ist bei Trotzki entlehnt, aber
die Verfasser meinen damit offenkundig nichts als ‚dauernde Änderung guter Art‘ bzw. ‚Fortschritt‘ oder ‚Entwicklung‘. Sie meinen noch nicht einmal, was Jefferson meinte, als er 1816 in seinem
Brief an Samuel Kercheval sagte, eine ‚Revision‘ ungefähr alle
19 Jahre wäre wünschenswert. Jefferson dachte offenbar an eine
Gesamtauswechslung der regierenden Persönlichkeiten einer Nation, des politischen und in gewissem Grade auch des sozialen,
wirtschaftlichen und kulturellen Komplexes von Gewohnheiten
und Einrichtungen, unter denen ein Volk lebt. Er dachte an die
große französische Revolution des 18. Jahrhunderts, die für die
meisten von uns Abendländern eine Art Prototyp der Revolution
bleibt. Denn wenn wir auch das Hauptwort ‚Revolution‘ und vielleicht noch mehr das Eigenschaftswort ‚revolutionär‘ für eine sehr
buntscheckige Schar von Veränderungen verwenden, geben wir
ihm doch im tiefen Herzen einen wesentlich genaueren Sinn, einen

zentralen Bedeutungskern, der nicht in die verschwommeneren Bedeutungsbereiche ausgewaschen worden ist. Wir denken an die großen Umstürze in vormals stabilen politischen Gesellschaften der Vergangenheit – die englische Revolution von 1640 und ihr Nachspiel von 1688, die amerikanische Revolution, die französische Revolution und ihre Folgeerscheinungen im 19. Jahrhundert, die russische Revolution von 1917 und ihre Folgeerscheinungen im 20. Jahrhundert. Wir mögen wohl auch an Gewalt und Terror, an ‚Säuberungen‘ und Guillotinen denken. Vor allem aber haben wir die drastische, plötzliche Ersetzung einer mit der Lenkung einer politischen Gebietseinheit betrauten Gruppe durch eine andere Gruppe im Auge. Weiter gehört zu diesem Begriff, daß die revolutionäre Ersetzung einer Gruppe durch die andere, wenn sie nicht im Wege des gewaltsamen Aufstandes erfolgt, mittels eines Staatsstreiches, Putsches oder sonstigen Gewaltaktes geschieht. Findet der Wechsel ohne Gewalt über den Weg freier Wahlen statt, wie bei den englischen Wahlen von 1945, die dem Sozialismus die Macht gaben (was den meisten Amerikanern revolutionär erschien), dann ist der stärkste Ausdruck, den sich die Leitartikler leisten, etwa ‚die englische Revolution durch allgemeine Zustimmung‘. Aber ist eine solche Revolution wirklich eine Revolution?

Das Wort Revolution‘ macht dem Philologen nicht nur wegen seiner vielfältigen Bedeutung im Sprachgebrauch einiges Kopfzerbrechen, sondern auch deshalb, weil es zu den gefühlsbeladenen Wörtern gehört. Jede vollständige Soziologie der Revolution in der abendländischen Welt – dieses Buch will keineswegs eine solche sein – müßte die Frage behandeln, auf welche Art verschiedene Gruppen zu verschiedenen Zeiten an verschiedenen Orten durch den Assoziationskomplex der Wörter ‚Revolution‘ oder ‚Revolutionär‘ berührt wurden. Die *Töchter der amerikanischen Revolution*[1] finden Freude und Erbauung an der Erinnerung an die Ereignisse von 1776 in Amerika, aber nicht an den Vorgängen in Rußland seit dem November 1917 oder den heutigen Vorgängen in China. Die alte französische Oberklasse hat sich nie ganz von

---

1   Ein respektabler, eher konservativer amerikanischer Frauenverband, Anm. d. Übers.

dem Schock des Terrors erholt. Nichts kann einem französischen Aristokraten das Wort Revolution schmackhaft machen, auch nicht die Revolution von rechts', der ‚integrale Nationalismus'[2] oder das ‚Wir, Philippe Pétain'[3].

Jedenfalls ist die Revolution in ihrer engeren wie in ihrer weiteren Bedeutung um die Mitte des 20. Jahrhunderts wieder durchaus aktuell. Das 19. Jahrhundert, das nahe daran zu sein glaubte, den Krieg abzuschaffen, dachte auch, nahe daran zu sein, den inneren oder Bürgerkrieg abzuschaffen, den wir gewöhnlich mit der Revolution assoziieren. Es wollte die Revolution tatsächlich überflüssig machen. Der Wechsel sollte das Merkmal unserer Kultur bleiben, aber er sollte geordnet, friedlich, allmählich vor sich gehen. Das Schlagwort unserer Großväter ‚Evolution, nicht Revolution' klingt nur noch aus weiter Ferne zu uns. Um uns schrillen die Alarmsignale des Krieges und der Revolution. Ja, wir leben in einer Welt, in der tatsächlich die Regierung, die Verfassung, die ganze moralische, rechtliche und politische Struktur der Vereinigten Staaten geradezu die älteste und durch die höchste Kontinuität gekennzeichnete politische Lebensform der großen Staaten dieser Welt darstellen. Das Paradox ist unausweichlich. Dieses neue Land ist in manchem Sinne eines der ältesten, älter als das sozialistische England, älter als Frankreichs Republik, älter als jede Sowjetrepublik, ja sogar älter als die Regierungen jener uralten Länder des Ostens, Indien und China.

Die Amerikaner scheinen also in vieler Hinsicht eine stabile Gesellschaft inmitten von Gesellschaften zu bilden, die sich in revolutionärem Wandel befinden. Sie haben eine gewisse Angst vor Revolutionen, den falschen Revolutionen der kommunistischen oder faschistischen Spielart. Manche Kritiker halten die Amerikaner bereits für im Grunde reaktionär. Die Amerikaner haben, so sagen sie, bei anderen Völkern kein Verständnis für die Hoffnungen und Forderungen mehr, die sie selbst vor anderthalb Jahrhunderten in die Revolution trieben. Diese Kritiker wie Arnold Toynbee sind ungerecht, denn die Amerikaner haben tatsächlich

---

2   Die Formel der rechtsradikalen *Action Française*, Anm. d. Übers.
3   So begannen die Erlasse der Regierung Pétain 1940/44, Anm. d. Übers.

eine stabile Gesellschaft, an westlichen Maßstäben gemessen, und sie hängen, ungeachtet der seitherigen Geschehnisse, an dem hoffnungsvollen Schlagwort des 19. Jahrhunderts: ‚Evolution, nicht Revolution!' Vielleicht können die Amerikaner die Prozesse der sozialen Veränderung noch nicht nennenswert steuern. Vielleicht werden sie die Vorgänge in den menschlichen Gruppenbeziehungen noch lange so wenig steuern können wie das Wetter. Revolutionen mögen so ‚unvermeidlich' sein wie Gewitter – und oft so nützlich wie ein Wolkenbruch über einer ausgedörrten Landschaft.

Wir wissen aber nach zwei Jahrtausenden abendländischer Wissenschaft mehr von den Gewittern als die früheren Völker, die darin das Werk Thors oder Jupiters sahen. Wir können auch gewisse Maßnahmen ergreifen, um uns vor Gewittern zu schützen. Wir können zumindest versuchen, auch eine Revolution zu begreifen, ob wir sie nun wünschen oder nicht. Wir werden aber mit diesem Begreifen nicht weit kommen, falls wir gegenüber der Revolution nicht objektiv, wenn auch nicht gleichgültig, bleiben können.

Objektivität soll kein höflicher Ausdruck für Gleichgültigkeit sein. Der Arzt mag gegenüber seinem Patienten keineswegs gleichgültig sein, als guter Arzt muß er aber bei seinen Beobachtungen und bei der Behandlung objektiv sein. Wir wollen hier an einer ganzen Garnitur philosophischer Schwierigkeiten vorübersteuern und nur sagen, daß die moderne Wissenschaft die Objektivität, die nicht gefühlsmäßige Teilnahme des Forschers, zur Grundvoraussetzung hat. Als Privatmann mag der Gelehrte lieben und hassen, hoffen und fürchten. Als Forscher muß er bestrebt sein, all das aus seinem Laboratorium oder Arbeitszimmer herauszuhalten.

Es ist sehr schwer, bei der Untersuchung menschlicher Angelegenheiten die unbeteiligte Haltung des Physikers oder Chemikers zu bewahren. Vielen anständigen und intelligenten Leuten erscheint das unzweckmäßig, ja geradezu als Verrat. Nach ihrer Meinung hat man Hitler oder Stalin – oder wenn man auf der Gegenseite steht, Churchill – stets zu hassen, vor, während und nach der theoretischen Untersuchung. Sonst könnte die Erklärung in eine Entschuldigung übergehen.

Alles verstehen heißt aber durchaus nicht alles verzeihen. Die wissenschaftliche Erforschung der Rolle, die die Moskitos beim gelben Fieber spielen, hat uns gegenüber diesem Insekt nicht weich oder gleichgültig gemacht. Im Gegenteil. Natürlich kann man vom Studium des Menschen in der Gesellschaft, von den Disziplinen, die man etwas optimistisch die Gesellschaftswissenschaften nennt (Anthropologie, Volkswirtschaftslehre, politische Wissenschaft, Geschichte, Soziologie u. dgl.), keine so unmittelbaren und durchschlagenden Ergebnisse erwarten wie vom Studium des gelben Fiebers. Wir könnten jedoch immerhin die Möglichkeit ins Auge fassen, an das Studium der Revolution ungefähr im Geist des Naturwissenschaftlers heranzugehen.

In der folgenden Studie setzen wir uns das bescheidene Ziel, wissenschaftsgemäß in erster Näherung gewisse gleichartige Züge festzustellen, die im Verlaufe von vier erfolgreichen Revolutionen in neuzeitlichen Staaten aufgetreten sind: der englischen Revolution von 1640, der amerikanischen Revolution, der großen französischen Revolution und der neueren – oder gegenwärtigen – Revolution in Rußland. Gleich zu Beginn müssen wir uns über die Grenzen unserer Untersuchung im klaren sein. Unsere Methode zum Studium von Revolutionen ist nicht die einzige und nicht unbedingt die beste. Diese Untersuchung will keine vollständige Soziologie der Revolution sein. Sie beschränkt sich in voller Absicht auf vier verhältnismäßig gut untersuchte Revolutionen. Die Schlußfolgerungen können daher auch nur für diese vier Revolutionen gelten. Ihre Ausdehnung auf andere Revolutionen oder die Revolution im allgemeinen darf nur vorsichtig und bescheiden versucht werden.

Wenn wir den Idealtyp der Revolution, eine Art platonische Idee der Revolution, suchen würden, so könnte man uns vorwerfen, daß wir uns vier hübsche, saubere Revolutionen ausgesucht haben, die fast zu gute Beispiele, zu klare Typen sind. Wir suchen aber gar nicht den Idealtyp der Revolution. Sicher werden nicht alle vergangenen, gegenwärtigen und zukünftigen Revolutionen dem hier gezeichneten Typ entsprechen. Unsere vier Revolutionen sind nicht einmal unbedingt ,typisch' in dem Sinne, den das Wort ,typisch' für Literaturkritiker und Moralisten hat. Es handelt sich einfach um vier wichtige Revolutionen, die wir als Anfang des Versuchs einer Systematisierung ausgewählt haben, die noch in den Kinderschuhen steckt. Später werden Forscher, die weiter sind als wir, besser zu systematisieren verstehen. Vor allem erheben wir keinen Anspruch auf Prophetentum. Wir erwarten nicht, nach dieser Studie voraussagen zu können, wann und wo die nächste Revolution auf dieser Erde ausbrechen wird.

Hier mag eingewendet werden, daß die Gesellschaftswissenschaft die Naturwissenschaft schon einige Jahrhunderte nachäfft und dabei nicht weitergekommen ist. Sie möge sich daher auf eigene Füße stellen und ihre eigenen Methoden entwickeln, ohne sich um das naturwissenschaftliche Vorbild zu kümmern. In diesem Einwand steckt ein wahrer Kern. Anscheinend sind Autoren wie Fourier und Herbert Spencer, die sich buchstäblich zu den Newtons und Darwins der Gesellschaftswissenschaft erklärten, von Anfang an auf dem Holzweg gewesen. Ein prophetisches Gemüt, das aus Philosophie und Kunst schöpft, wie Spengler und Toynbee, wird wahrscheinlich zu mindestens ebenso brauchbaren Erkenntnissen über den Menschen in der Gesellschaft gelangen wie ein Gesellschaftsforscher, der die Methoden und das Material der Physik oder Biologie unverändert zu übernehmen versucht. Man zögert dennoch, das Studium der Menschen in der Gesellschaft den Spenglers oder sogar den Toynbees vollständig zu überlassen. Die lange Tradition einer Geisteshaltung, die man Rationalismus nennen kann, hat in unserer Gesellschaft einen festen Platz errungen, den man nicht ohne weiteres aufgeben kann, auch nicht nach diesem Kriege. Diese Tradition gebietet uns, die Arbeit, die wir die wissenschaftliche nennen, fortzusetzen und zu erweitern.

Unter dem schützenden Namen der Wissenschaft ist schon viel Unsinn zusammengeschrieben worden. Der amerikanische Soziologe Max Lerner sagt mit Recht: „Ich werde skeptisch, wenn Leute, welche die Gesellschaft studieren wollen, sich mit Skalpell, Rechenschieber und Reagenzglas bewaffnen. Sie versprechen mehr, als sie erfüllen können. Die Beteuerungen vollkommener Objektivität, die wir seit 25 Jahren von den Gesellschaftsforschern zu hören bekommen, sind schon fast ein Ritual geworden."

Manche von Lerners Einwänden gegen Wissenschaft und wissenschaftliche Kühle sind die eines Autors, der seine Mitmenschen auf romantische Weise liebt. Sie sind der Logik oder dem Hinweis auf die Erfahrung nicht zugänglich. Andere Einwände sind aber die eines Skeptikers und Kritikers; diese beruhen allerdings weitgehend auf einem Mißverstehen der wissenschaftlichen Methode, das sich keineswegs auf diesen Autor beschränkt. Dieses Mißverständnis ist so allgemein, daß wir uns hier kurz mit ihm auseinandersetzen müssen. Das ist kein Exkurs, sondern gehört zu unserem Anmarschweg.

Grundelemente wissenschaftlicher Methoden

Zunächst sind nicht einmal die ‚exakten‘ Wissenschaften, wie Astronomie oder Physik, exakt im Sinne von ‚absolut‘ oder ‚unfehlbar‘. Auch ihre festesten Gesetze über auftretende Gleichmäßigkeiten müssen als bloße Versuche von Gesetzen betrachtet werden. Sie können jederzeit durch weitere Forschung umgestoßen werden. Inzwischen ist aber nicht an ihnen zu rütteln, sofern sie sich nicht in bezug auf *Beobachtungstatsachen* als unverläßlich erweisen. Einige Mystiker, die in unserer nüchternen Gesellschaft an anderen Entrückungen verhindert sind, haben die heutige Revolution in der Physik übertrieben. Die Newtonschen Gesetze sind nicht ‚widerlegt‘ worden. Auch ist das Unbestimmtheitsprinzip nicht so fest gegründet, daß alles Geschehen nur ein Pokerspiel ist. Soweit es ein Laie beurteilen kann, hat die moderne Physik den Physiker nur scharf daran erinnert, daß auch seine klarsten Gleichmäßigkeiten keine Absoluta sind und er besser daran tut, diese Gleichmäßigkeiten als auf Beobachtungen beruhend anzusehen, ohne sie auf den Willen Gottes, das Wesen der Dinge oder die ‚Wirklichkeit‘ zurückzuführen.

Damit sind wir beim zweiten Punkt: Die Naturwissenschaft versucht nicht, die Wirklichkeit zu studieren oder zu beschreiben – sicher nicht die letzte Wirklichkeit. Die Naturwissenschaft befaßt sich auch nicht mit der Wahrheit in dem Sinne, den das Wort für die Theologen, für die meisten Philosophen, für viele andere Menschen und vielleicht für den gesunden Menschenverstand hat.

Der Wunsch nach Erkenntnis einer letzten Ursache, eines *primum movens*, eines Dinges an sich, ist so weit verbreitet, daß man dieses Streben wohl als ein konstantes Element der menschlichen Gesellschaft ansehen darf. Nur kann der Naturwissenschaftler *als solcher* an dieser Suche nach dem Absoluten nicht teilnehmen. Aus dieser Feststellung ist nicht zu folgern, daß die Suche töricht ist und eingestellt werden sollte. Als *Privatleute* haben sich einige Naturwissenschaftler in jüngster Zeit sehr eifrig an der Suche beteiligt und dabei auch, gemessen an den Maßstäben solcher Sucher, Erfolg gehabt. Der Glaube hat schon früher Gott an unwahrscheinlicheren Stellen als im Atom gefunden. Solche Entdeckungen sind aber nicht Entdeckungen der Naturwissenschaft. Eddington, Jeans, sogar Whitehead hörten auf, Naturwissenschaft zu treiben, indessen sie Theologie trieben. Die Naturwissenschaft beruht nicht auf dem Glauben, sondern auf dem Skeptizismus, auf einem Skeptizismus, der sich nicht einmal über seinen eigenen Status in der Welt den Kopf zerbricht. So arbeitet der Naturforscher fröhlich weiter und läßt sich auch durch das schwere Geschütz des Philosophen nicht stören, der einwirft, daß ständig skeptisch zu sein soviel heiße, wie an den Zweifel zu glauben, was schließlich eine Form des Glaubens sei.

Drittens beschränkt sich der Naturwissenschaftler keineswegs auf ‚die Tatsachen, nichts als die Tatsachen'. Hier gähnen erkenntnistheoretische Abgründe, die wir an dieser Stelle nicht näher untersuchen wollen. Die Popularisierung der Baconschen Lehre von der Induktion ist wahrscheinlich die Hauptquelle der irrigen Vorstellung, der Naturwissenschaftler tue den Tatsachen, die er emsig und beflissen zutage fördert, nichts weiter an; er lasse sie nur sich säuberlich an eine Stelle einordnen, die sie sich selbst schaffen. In Wirklichkeit kann der Naturwissenschaftler nicht ohne ein begriffliches Schema arbeiten. Die Beziehung zwischen den Tatsachen und dieser Modellvorstellung ist durchaus nicht geklärt. So viel ist jedoch klar, daß eine Modellvorstellung noch etwas anderes außer den Tatsachen voraussetzt, nämlich einen denkenden Geist.

Von dem Fachwort ‚Modellvorstellung‘⁴ lasse sich niemand ab-
schrecken. Es hat eine einfache Bedeutung. Donner und Blitz zum
Beispiel wirken auf unsere Sinne, Gehör und Gesicht. Die bloße
Unterscheidung dieses Schall- und Lichteffekts von anderen Ge-
räuschen und Lichterscheinungen jedoch bedeutet wahrscheinlich
schon die Anwendung eines apriorischen Begriffs, einer Modellvorstellung, in die wir die Erscheinungen einordnen. Wenn wir
dabei an Zeus mit dem Donnerkeil, an Thor mit dem Hammer
oder an die elektrische Entladung der modernen Physik denken,
so haben wir unsere Sinneseindrücke gemäß einer bestimmten Modellvorstellung geordnet. Wir besitzen tatsächlich damit die
Grundelemente von drei verschiedenen Theorien des Donners und
des Blitzes, drei verschieden dargestellten Gleichförmigkeiten dieser Erscheinungen. Jedoch der einzige maßgebende Grund dafür,
daß wir die elektrische Entladung gegenüber Zeus und Thor als
Modellvorstellung bevorzugen, liegt darin, daß die Kategorie
‚elektrische Entladung‘ nützlicher ist und wir durch ihre Anwendung auch mit anderen Kategorien besser zurechtkommen, die wir
für ähnliche Zwecke benutzen. Dagegen ist unsere elektrische Entladung in dem Sinne, den das Wort Wahrheit für den Theologen,
für die meisten Ethiker und Philosophen hat, um nichts wahrer
als die alten Begriffe Zeus und Thor.

Wir können sogar zwei entgegengesetzte Modellvorstellungen
verwenden, je nachdem, welche für uns handlicher ist, oder dies
auch aus Gewohnheit tun. Erziehungsgemäß bejahen wir das System des Kopernikus, in dem sich die Erde um eine stillstehende
Sonne bewegt, gegenüber dem alten ptolemäischen System, in dem
sich die Sonne um eine stillstehende Erde dreht (Einsteins Be-
griffssystem ist von beiden etwas verschieden, die meisten haben
es sich aber noch nicht zu eigen gemacht). Im täglichen Leben sagen wir alle immer wieder: ‚Die Sonne geht auf‘, was ptolemäisch
ist. Man würde pedantisch erscheinen, wenn man unbedingt sagen
wollte: ‚Die Erde hat sich so weit gedreht, daß die Sonne wieder
sichtbar wird.‘ Das wäre kopernikanisch korrekt. Wichtiger ist

---

4   Im Urtext: *Conceptual Schema*. Hier im Sinne von ‚Modellvorstellung‘ ge-
    braucht. (Anm. d. Übers.)

die gegenwärtige Lage hinsichtlich der Modellvorstellungen der modernen Physik. Soweit der Laie so etwas überhaupt verstehen kann, versteht er, daß die Physiker es zweckmäßig finden, das Elektron bei der Untersuchung gewisser Fragen als Welle anzusehen, beim Studium anderer Fragen aber als Teilchen oder wenigstens als Punkt. Dieser Gegensatz hat einige Physiker, darunter sehr namhafte, so beunruhigt, daß sie nach einem Modell zu suchen begannen, das dem Elektron seine logische Einheit wiedergeben soll. Die Vermutung, daß diese Physiker etwas vom Philosophen in sich haben, liegt nahe; es ist der Philosoph in ihnen, der die Einheit des Elektrons fordert. Ihr philosophisches Streben ist selbstverständlich höchst ehrenwert und zweifellos ihrem wissenschaftlichen Streben förderlich. Die anderen Physiker kommen aber recht gut mit ihrem logisch unmöglichen Elektron zurecht. Sie lassen es eine Welle sein, wenn es eine Welle sein soll, und ein Teilchen, wenn es ein Teilchen sein soll. Sie begnügen sich als Naturwissenschaftler damit, ihre Probleme zu lösen, die sich ganz auf diese Welt beziehen und in dieser Welt gelöst werden können, aber gewiß nicht in jener. Um die letzte Wahrheit kümmern sie sich nicht.

Die Naturwissenschaft arbeitet also ungefähr wie folgt: Der Forscher beginnt mit irgendeiner Modellvorstellung und mit Fragen oder Hypothesen, die im Rahmen der Begriffe dieses seines Ausgangsschemas formuliert sind. Dann geht er auf die Jagd nach geeigneten Tatsachen. (Eine naturwissenschaftliche Tatsache definieren wir mit L. J. Henderson als ,eine empirisch verifizierbare Behauptung über Erscheinungen in den Begriffen einer Modellvorstellung.) Diese Tatsachen sucht er in Regelmäßigkeiten oder Theorien zu ordnen, die seine Fragen beantworten und vielleicht andere Fragen aufwerfen. Dann stürzt er sich wieder in die Tatsachenjagd und kommt mit neuen oder veränderten Regelmäßigkeiten zurück. Es interessiert ihn nicht, woher seine Modellvorstellung gekommen ist, ob sie vor oder nach Tatsachen kam, ob sie ,subjektiv' ist, wogegen die Tatsachen ,objektiv' seien. Diese Fragen überläßt die Naturwissenschaft der Philosophie, die sie nach zweitausendjähriger Diskussion noch nicht gelöst hat. Wenn der Naturwissenschaftler anerkennt, daß eine Modellvorstellung für

seine Tätigkeit so unentbehrlich ist wie die Tatsachenbeobach-
tung, so macht er sich ganz von den (nach ihrer Meinung) ‚wissenschaftlichen‘ Materialisten, Positivisten und Empiristen frei, die
naiv behaupten, daß unsere Sinneseindrücke irgendwie an sich
eine geordnete und ausschließliche Wirklichkeit beziehungsweise
die ‚Widerspiegelung‘ einer solchen Wirklichkeit seien. Denn die
Tatsachen, mit denen die Naturwissenschaft arbeitet, sind wohlge-
merkt nicht Erscheinungen, Sinneseindrücke, die ‚Außenwelt‘,
diese Lieblings-Absoluta naiver Positivisten, sondern es sind nur
Behauptungen über Erscheinungen. Eine genügend verifizierbare
Behauptung über eine historische Persönlichkeit ist danach ebenso eine Tatsache wie die an einem Thermometer abgelesene Temperatur.

Viertens mißtraut die Naturwissenschaft jeder Starrheit und
allem Perfektionismus, obwohl der Naturwissenschaftler in Defi-
nitionsfragen sehr genau ist und Nachlässigkeit ebenso verwirft
wie der Historiker, falsches Denken ebenso wie der Logiker. Ihm
liegt weniger an der Schönheit und Gefälligkeit seiner Definitio-
nen; diese sollen nicht seinen Gefühlen und Wünschen entsprechen, sondern den Tatsachen. Vor allem streitet er nicht über
Worte. Es liegt ihm weniger daran, einen Hügel und einen Berg
theoretisch genau voneinander zu unterscheiden, als daran, si-
cherzustellen, daß er es mit konkreten Bodenerhebungen zu tun
hat. Klassifizierungen hält er nicht für perfekt und exklusiv. Er
unterscheidet zwischen Tier und Pflanze, wird aber nicht böse,
wenn ihm ein Lebewesen begegnet, das anscheinend sowohl das
eine wie das andere ist. Er wird sich das Lebewesen ansehen, und,
wenn nötig, seine Klassifizierungsbedingungen ändern. Wenn es
sich als zweckmäßig erweist, ist er auch bereit, eine neue Klassenbezeichnung für Grenzfälle zwischen Tier und Pflanze zu schaffen. Diese einfache Bereitschaft zum Handeln nach der Zweckmäßigkeit gehört zu den verblüffendsten Zügen der Wissenschaft.
Der nicht naturwissenschaftlich Ausgebildete kann sich diese Haltung schwer zu eigen machen. Wir werden in der Regel frühzeitig
dazu erzogen, unsere persönliche Meinung der Zweckmäßigkeit
vorzuziehen.

Fünftens wird durchaus anständige wissenschaftliche Arbeit ständig auf Gebieten geleistet, wo das gelenkte Experiment nach Art der klassischen Chemie und Physik unmöglich ist. Wir könnten diese Art wissenschaftliche Arbeit, die auf Hilfsexperimenten basiert, aber nicht an sich eine Reihe gelenkter Experimente ist, die ‚klinische' nennen. Der Kliniker ist ein Begriff aus der medizinischen Wissenschaft, wo er schon im fünften Jahrhundert v. Chr. bei Hippokrates erscheint. Der Kliniker arbeitet nach der kasuistischen Methode. Seine Daten werden nicht durch von ihm gelenkte Versuche angesammelt, sondern mit Hilfe einer Reihe von Fällen, die er beobachtet und vergleicht. Auch der Kliniker ist nicht nachlässig, aber er kann nur selten so streng exakt sein wie der Physiker und Chemiker. Es hilft ihm sehr, wenn er die Experimentalwissenschaft zu Hilfe rufen kann, etwa die organische Chemie. Der gute Kliniker ist aber an sich schon ein guter Wissenschaftler. Damit sind wir bei der Gesellschaftswissenschaft angelangt. Die Gesellschaftswissenschaften können sich offenkundig nur in begrenztem Umfange des gelenkten Experiments bedienen, aber sie können *klinische Wissenschaften* sein.

Schließlich darf das wissenschaftliche Denken, ausgenommen vielleicht bei der Neuaufwerfung von Problemen, kein Wunschdenken sein. Die persönlichen Wünsche und Befürchtungen des Forschers, seine eigenen Normen für die Einrichtung dieser Welt, müssen soweit wie möglich aus seiner Arbeit herausbleiben, besonders aus der Beobachtung und Behandlung von Tatsachen. Wir wollen hier nicht darauf eingehen, wieweit seine subjektive Haltung in seine Wahl einer Modellvorstellung hineinwirken oder seine Fragestellung beeinflussen mag; das sind sehr schwierige Fragen. Es genügt, daß die Methode der meisten anerkannten Wissenschaften den gröberen Formen des Wunschdenkens einen Riegel vorschiebt. Die Geschichtswissenschaft ist eine alte Kunst und vielleicht eben deshalb die angesehenste der Gesellschaftswissenschaften. Der zünftige Historiker erhält eine fachliche Ausbildung, die den heftigeren Formen des parteilichen Schreibens und Denkens einen überraschend wirksamen Riegel vorschiebt, eine Selbstkontrolle, die der naturwissenschaftlichen nicht ganz unähnlich ist.

Alles in allem besteht kein Grund zu der Annahme, daß die Naturwissenschaft über Methoden und Normen verfügt, die der Gesellschaftswissenschaft für immer unerreichbar wären. Die Naturwissenschaft, wie die naiveren Materialisten des vorigen Jahrhunderts sie sahen – exakt, unfehlbar, ein auf Induktion beruhender Kosmos –, muß dem streitenden Volkswirt oder Soziologen weltenfern erscheinen. Die Naturwissenschaft aber, wie sie stets von ihren fähigsten Vertretern verstanden wurde und heute in weiten Kreisen verstanden wird – die Naturwissenschaft, die von dem französischen Mathematiker Poincaré methodologisch dargestellt wurde –, ist kein solches Surrogat für die göttliche Vorsehung, keine solche metaphysische Abstraktion. Nur Gott ist exakt, unfehlbar, allwissend und ewig derselbe. Die moderne Wissenschaft überläßt die Gottsuche anderen Disziplinen, die für diese Suche durch lange Erfolge qualifiziert sind.

Die Anwendung wissenschaftlicher Methoden in unserer Untersuchung

Unter den Grundelementen wissenschaftlichen Denkens – Modellvorstellung, Tatsachen (namentlich Kasuistik), logische Operationen, Gleichmäßigkeiten – steht es in den Gesellschaftswissenschaften um die Tatsachen recht gut. Selbst in der Geschichte, wo man weder mit Laboratoriumsversuchen noch mit Fragebögen arbeiten kann, sind wir mit Tatsachen überraschend gut versorgt. Man kann gewiß etwa Cromwell nicht ins Leben zurückrufen, aber man kann auch die Dinosaurier nicht mehr lebendig machen. Was wir von Cromwell wissen, ist in vieler Hinsicht genauso verläßlich wie unser Wissen von den Dinosauriern. Man sagt zwar, die Geschichte sei ein ‚vereinbartes Märchen‘ oder sogar ‚systematische Leichenschändung‘, aber das ist eine Verleumdung oder zumindest eine falsche Beurteilung der zahlreichen ernsthaften und nüchternen Geschichtsforscher. Etwa seit hundert Jahren hat sich eine Schule von Geschichtsforschern gebildet, die, ungeachtet ihrer Mängel, gewisse Normen pflegt, die sich in mancher Hinsicht mit denen entsprechender Gruppen in den Naturwissenschaften vergleichen lassen. Diese Forscher decken nicht einfach das Rohma-

terial der Tatsachen auf. Noch der einfachste Historiker ordnet
die Tatsachen, die er aus seinen Originaldokumenten schürft, zu
irgendeinem Zusammenhang. Dieses Anordnen ist aber nicht das
bewußte Theoretisieren des Naturwissenschaftlers. Es ist nicht erlernt wie das Grundgerüst der Physik oder Chemie. Es wurde etwa
so erlernt, wie der Handwerker seine Kunstfertigkeit erwirbt. Diese handwerkliche Kunst des Sammelns, Siebens und Bewertens
von Tatsachen über das Verhalten von Menschen in der Vergangenheit macht die Stärke des zünftigen Historikers aus. Fragt man
einen solchen Historiker, was eigentlich eine Tatsache sei, wird ihn
diese Frage wahrscheinlich wundern, und er wird sie kaum angemessen beantworten können. Jeder Fachphilosoph wird ihm erkenntnistheoretische Ahnungslosigkeit nachweisen können. In seiner täglichen Arbeit legt der Historiker aber eine sehr genaue
Kenntnis des Unterschieds zwischen einer Tatsache und einer
Theorie an den Tag. Er kann mit Tatsachen sehr wohl umgehen,
und er kann sie ordnen.

Wir wollen uns also von den Historikern mit den notwendigen
Fakten versorgen lassen. Hinsichtlich der englischen, amerikanischen und sogar französischen Revolution gibt es eine umfangreiche historische Literatur mit bekannten und einigermaßen objektiven Werken. Bezüglich der französischen Revolution gehen die
Wogen der Leidenschaft immer noch hoch, aber eine wachsende
Flut von Druckerschwärze kühlt sie allmählich ab. Die Haupt-
schwierigkeit liegt darin, eine Auswahl aus diesem riesigen Material zu treffen. Die russische Revolution ist uns noch zu nahe, um
bei berufsmäßigen Historikern als ein geeigneter Gegenstand für
zünftige Behandlung gelten zu können. Ihr Quellenmaterial ist
verstreut, vieles davon wird Gelehrten bisher nicht zugänglich gemacht. Die Sprache ist hier ein Hindernis, das im Westen nur
langsam überwunden wird. Der Eiserne Vorhang hat den Forscher
aus dem Westen ausgesperrt. Immerhin ist unser Vorrat an Tatsachen über die russische Revolution durchaus nicht so gering oder
minderwertig, daß er unser Vorhaben hoffnungslos behindern
müßte. Vier Jahrzehnte sind eine lange Zeit. Das Frühstadium der
russischen Revolution ist bereits in verhältnismäßig objektiver
Weise behandelt worden, wenn auch nicht *sine ira et studio*. Die

Verehrer wie die Hasser des gegenwärtigen russischen Regimes lassen sich fast gleich lautstark vernehmen, so daß man sie gegeneinander abwägen kann, wenn man sich die Mühe machen will.

Unsere Modellvorstellung wird uns mehr Schwierigkeiten machen als die Beschaffung der Tatsachen. Zumindest in den Gesellschaftswissenschaften ist der Unterschied zwischen einer Modellvorstellung und einem Gleichnis, einer Metapher, noch unbestimmt. Wir suchen einen gleichnishaften Rahmen, um die Einzelheiten unserer Revolutionen zusammenzuhalten. Das Gleichnis braucht nicht allzu buchstäblich genommen zu werden. Eines der nächstliegenden Gleichnisse, das des Gewitters, hat einige Fehler. Man kann es leicht skizzieren: erst das ferne Donnergrollen, die dunklen Wolken, die ominöse Ruhe vor dem Sturm – ungefähr das, was unsere Schulbücher als die ‚Ursachen‘ der Revolution zu bezeichnen pflegten. Dann kommen plötzlich Wind und Regen, offenkundig der Anfang der eigentlichen Revolution. Es folgt der schreckliche Höhepunkt mit Sturm und Wolkenbruch, Donner und Blitz – das ist offensichtlich die Periode der Schreckensherrschaft. Dann läßt das Unwetter langsam nach, der Himmel hellt sich auf, die Sonne scheint wieder – die Tage der Ordnung und Restauration sind da. Für unsere Zwecke ist das alles zu literarisch und dramatisch. Solcher Metaphern bedienen sich Propheten und Prediger. Soweit dieses Gleichnis als Modellvorstellung dienen kann, beruht es auf einer Wissenschaft, der Meteorologie, mit welcher der Sozialwissenschaftler wenig anfangen kann.

Fast am Gegenpol steht das begriffliche Bild eines im Gleichgewicht befindlichen Gesellschaftssystems, wie es Pareto in seiner Soziologie entwickelt. Empfindliche Gemüter hören das Wort ‚Gleichgewicht‘ nicht gern, denn sie hören einen mechanistischen Unterton heraus, welcher der Menschenwürde abträglich sein soll. In der modernen Wissenschaft hat sich dieser Begriff aber auch außerhalb der Mechanik, der er entstammt, als brauchbar erwiesen, so in der Chemie und Physiologie. Im Sprachgebrauch des praktischen Wissenschaftlers hat das Wort keine metaphysische Nebenbedeutung. Der Begriff eines im Gleichgewicht befindlichen physikochemischen Systems, eines im Gleichgewicht befindlichen Gesellschaftssystems oder des im Gleichgewicht befindlichen Körpers von Herrn Müller beeinträchtigt die Unsterblichkeit der Seele nicht im geringsten und verhindert auch nicht den Endsieg der Vitalisten über die Mechanisten. Der Gleichgewichtsbegriff hilft uns, gewisse Maschinen, Chemikalien und Heilmittel zu verstehen, manchmal auch anzuwenden und zu lenken. Eines Tages kann er uns auch helfen, den Menschen in der Gesellschaft zu verstehen und in gewissen Grenzen zu formen.

Seine Anwendung beim Studium der Revolutionen ist im Prinzip klar. Rein theoretisch läßt sich eine in vollkommenem Gleichgewicht befindliche Gesellschaft als eine solche definieren, in welcher jedes Mitglied zu einem bestimmten Zeitpunkt alles hat, was sein Herz begehren kann, und im Zustand absoluter Zufriedenheit lebt. Man kann sie anderseits auch als eine Gesellschaft von der Art der Insektenstaaten definieren, in welcher jedes Mitglied in vorhersagbarer Weise auf bestimmte Reize reagiert. Eine menschliche Gesellschaft kann offenkundig nur in unvollkommenem Gleichgewicht sein, in einem Zustand, in welchem die verschiedenen und gegensätzlichen Wünsche und Gewohnheiten der einzelnen und der Gruppen auf komplizierte Weise aufeinander abgestimmt sind. Die gegenseitige Anpassung ist so kompliziert, daß zur Zeit keine mathematische Behandlung des Zustands möglich ist. Wenn neue Wünsche entstehen oder alte Wünsche in verschiedenen Gruppen stärker werden oder wenn sich die Umweltbedingungen ändern, die Einrichtungen aber unverändert bleiben, dann kann eine verhältnismäßige Störung des Gleichgewichts eintreten und eine Revolution ausbrechen. Wir wissen, daß etwa im menschlichen Körper die Gleichgewichtsstörung, die wir Krankheit nennen, mit bestimmten Reaktionen einhergeht, die auf die ungefähre Wiederherstellung des früheren Zustandes abzielen. Sehr wahrscheinlich treten in einem Gesellschaftssystem, dessen Gleichgewicht gestört ist, ähnliche Reaktionen der Wiederherstellung auf. Das mag teilweise erklären, warum die Revolutionen nicht ganz so ausgehen, wie es die Revolutionäre gewünscht haben. Die alten Zustände streben nach Wiederherstellung, woraus die sogenannte Reaktion oder Restauration entsteht. In Gesellschaftssystemen strebt, wie im menschlichen Körper, eine Art natürliche Heilkraft, eine *vis medicatrix naturae*, fast selbsttätig nach dem Ausgleich einer Veränderung durch eine andere, restaurative Veränderung.

Das begriffliche Bild des gesellschaftlichen Gleichgewichts ist auf lange Sicht wohl der brauchbarste für die Revolutionssoziologie. Für unseren gegenwärtigen Zweck setzt es aber zuviel voraus. Zur vollen Brauchbarkeit verlangt es eine genauere Erfassung der ziffernmäßigen Veränderlichkeit, als uns heute möglich ist. Es muß nicht unbedingt streng mathematisch formuliert werden, aber doch einer mathematischen Ausdrucksweise näherkommen, als unsere jetzigen Mittel es erlauben. Der Begriff eignet sich eher für eine vollständige Revolutionssoziologie oder Revolutionsdynamik als für unsere bescheidene Studie der Struktur von vier bestimmten Revolutionen. Wir versuchen hier nur eine vorläufige Analyse, versuchen auf einem relativ niedrigen Niveau der Kompliziertheit zu klassifizieren und systematisieren.

Obwohl sie einen schweren Fehler hat, scheint uns die beste Modellvorstellung für unseren Zweck ein Bild aus der Pathologie zu sein. Wir werden die Revolutionen als eine Art Fieber betrachten, und zwangsläufig nur aus Zweckmäßigkeitsgründen, ohne Anspruch auf absolute oder ewige Gültigkeit, ohne moralischen Unterton. Die Fieberkurve läßt sich leicht aufzeichnen. Etwa eine Generation vor Ausbruch der Revolution, im *ancien régime*, treten in der Gesellschaft Anzeichen der kommenden Störungen auf. Sie sind strenggenommen noch keine Symptome, denn wenn die Symptome voll entwickelt sind, ist die Krankheit schon da. Man kann eher von ‚prodromalen‘ Anzeichen sprechen, die dem scharf blickenden Diagnostiker das Kommen einer Krankheit anzeigen. Dann treten die vollen Symptome auf: Das Fieber der Revolution hat eingesetzt. Es steigt unter Schwankungen bis zur Krise an, oft von einem Delirium begleitet, der Herrschaft der ärgsten Terroristen, der Schreckensherrschaft. Nach der Krise kommt die Periode der Gesundung, meist mit ein oder zwei Rückschlägen. Schließlich ist das Fieber vorbei und der Patient wieder gesund, vielleicht sogar in mancher Hinsicht durch das Erlebnis gestärkt, jedenfalls für einige Zeit gegen einen ähnlichen Anfall immunisiert, aber ganz bestimmt nicht in einen vollständig neuen Menschen verwandelt. Die Parallele läßt sich vollständig zu Ende führen, denn Gesellschaften, die den ganzen Zyklus der Revolution durchgemacht haben, sind vielleicht dadurch in mancher Hinsicht stärker. Aber sie gehen durchaus nicht vollständig umgestaltet aus dem Prozeß hervor.

Das begriffliche Schema des Fiebers kann angewendet werden, ohne seinen Benutzer auf irgendeine ‚organische‘ Sozialtheorie festzulegen. Die organische Gesellschaftstheorie, die Lehre vom ‚politischen Organismus‘, ist ein Gleichnis, aus dem die politischen Philosophen eine Art Metaphysik gemacht haben. Eine gewisse Richtung der politischen Philosophie findet nahezu alles, was sie gerade wünscht, in der organischen Theorie, vom kategorischen Imperativ bis zur Begründung des Antisemitismus und der Verwerfung der parlamentarischen Demokratie. Hier werden wir das Wort ‚Gesellschaft‘ als Bezeichnung des beobachteten Verhaltens von Menschen in Gruppen gebrauchen, als Bezeichnung für ihre Wechselwirkung – und das ist alles. Wir halten es für zweckmäßig, auf bestimmte, in bestimmten Gesellschaften beobachtete Veränderungen einen Begriff aus der Medizin anzuwenden. Wir würden es aber für unzweckmäßig und irreführend halten, diesen Begriffsrahmen zu erweitern und von einem politischen Organismus mit Seele, allgemeinem Willen, Herz, Nerven und so weiter zu sprechen. Wenn wir etwa Ausdrücke wie prodromales Stadium, Fieber, Krise auf die französisdte Revolution anwenden, denken wir sicher nicht an ein personifiziertes Frankreich, das all diese Dinge erleidet. Diese Unterscheidung mag manchmal unwichtig und nur verbal erscheinen. Sie beruht aber auf einer der wichtigsten Unterscheidungen im menschlichen Denken, nämlich der grundlegenden Unterscheidung zwischen der Metaphysik und der Wissenschaft.

Der wirkliche Fehler der Fieberkurve liegt tiefer, nämlich in der anscheinend unabänderlichen Tatsache, daß unsere übliche Ausdrucksweise, mit Wörtern wie Fieber, Krankheit und Krise, nur zu einem kleinen Teil logisch ist. Die Intellektuellen unserer Generation neigen dazu, über den unlogischen Unterton von Worten nachzudenken, was vielleicht ein gutes Zeichen für die Gesellschaftswissenschaften ist. Die Mathematiker, die meisten Naturwissenschaftler und sogar die symbolischen Logiker sind fähig, zu sagen, was sie meinen, und können sich präzise miteinander verständigen. Wenn aber fünf verschiedene Berichterstatter über eine bestimmte Handlung einer bestimmten Person, des Herrn Müller, mit den fünf verschiedenen Beiwörtern ‚beharrlich‘, ‚fest‘, ‚entschlossen‘, ‚hartnäckig‘ und ‚dickköpfig‘ berichten, so erfährt man mindestens ebensoviel über die Gefühle der Berichterstatter gegenüber Herrn Müller wie über Herrn Müller selbst. Den Berichtern gelingt es besser, ihre eigenen Gefühle zu verbreiten, als Herrn Müller darzustellen. Viele Autoren, von Thukydides über Bacon und Machiavelli bis Pareto, haben diesen Gebrauch von Wörtern verstanden. Heute haben uns ein Dutzend Wissenschaften, von Psychologie und Philologie bis zur Lehre von der Politik, genau erkennen gelehrt, daß die Propaganda in jeder Silbe, in jeder Betonung lauert. Diese Erkenntnis scheint aber keine merkliche Abwertung der Propaganda bewirkt zu haben.

Nun will ja niemand Fieber haben. Das Wort allein ist schon voll unangenehmer Begleitgefühle. Daß wir uns Ausdrücke aus der Medizin ausleihen, wird bei vielen Lesern Gefühle hervorrufen, die einem weiteren Verständnis im Wege stehen. Wir scheinen Revolutionen zu verwerfen, indem wir sie mit einer Krankheit vergleichen. Menschen mit fortschrittlicher Einstellung wird es scheinen, daß wir so gewaltige Versuche des freien Menschengeistes wie die französische Revolution im vornherein verwerfen. Den Marxisten ist unsere ganze Untersuchung wohl von Anbeginn verdächtig vorgekommen. Unsere Modellvorstellung wird ihnen einfach als die erwartete bürgerliche Verlogenheit erscheinen. Wir wollen aber auch die Marxisten nicht unnötig verletzen. Beteuerungen unserer guten Absichten sind wohl zwecklos, aber wir wollen dennoch zu Protokoll geben, daß wir zumindest bewußt kein Gefühl der Abneigung gegen Revolutionen im allgemeinen hegen. Wir verwerfen Grausamkeit, ob in der Revolution oder in einer stabilen Gesellschaft. Der Gedanke an die Revolution ruft jedoch in uns keine Reihe unglücklicher Assoziationen hervor. Unbewußt und unterbewußt mögen wir in unserem durch und durch bourgeoisen Herzen wohl Abscheu gegen die Revolution empfinden, aber ohne die Hilfe Freuds möchten wir uns hinsichtlich unseres Unbewußten nicht festlegen. Die Mißtrauischen mag es eher überzeugen, daß das Fieber biologisch etwas Gutes, nicht etwas Schlechtes für den Körper ist, der es überlebt. Das Fieber verbrennt sozusagen die bösen Keime, wie die Revolution böse Menschen und schädliche oder zwecklose Einrichtungen vernichtet. Bei genauer und gerechter Überlegung könnte sich in unserer Modellvorstellung sogar ein zu günstiger, nicht ein ungünstiger Unterton für die Revolution im allgemeinen finden.

Damit sind die Tatsachen und die Modellvorstellung erledigt. Es verbleibt uns, eventuell irgendwelche Gleichmäßigkeiten darin zu finden, wie unsere Tatsachen zu unserer Modellvorstellung passen. Die meisten von uns würden annehmen, daß nach dem rohen Maßstab des gesunden Menschenverstands gewisse Gleichförmigkeiten in der Geschichte erkennbar sind. Zumindest unter berufsmäßigen Historikern findet man aber die Tendenz, die Wirklichkeit oder Wichtigkeit dieser Gleichmäßigkeiten zu leugnen. Wir wollen uns daher kurz mit der Angelegenheit befassen. In einer Besprechung der meisterhaften Cromwell-Ausgabe von W. C. Abbott schrieb ein gelehrter, konventionell denkender englischer Historiker:

> „… leider hat Abbott gedacht, er könne die englische Revolution durch Vergleiche mit der amerikanischen und französischen Revolution verdeutlichen. Sicher interessiert die revolutionäre Technik eine Welt, welche die Schriften von Marx und Trotzki sowie die Methoden Lenins kennt, aber Vergleiche hinken in der Geschichte ebenso wie sonst. Revolutionen sind mehr wegen ihrer Unterschiede als wegen ihrer gemeinsamen Elemente bemerkenswert."

Das ist natürlich eine recht extreme Ansicht. Die Engländer behaupten seit mehr als hundert Jahren, daß ihre Revolution ganz einzigartig war – so einzigartig, daß sie nahezu überhaupt keine Revolution war. Eine umfassende Betrachtung der Frage der historischen Gleichartigkeit würde sehr lange dauern und leicht im Wolkenkuckucksheim der Metaphysik enden. Wir müssen uns mit der groben Behauptung begnügen, daß die Lehre von der absoluten Einmaligkeit geschichtlicher Vorgänge Unsinn ist. Die Geschichte ist im Grunde ein Bericht über das Verhalten der Menschen. Wenn das menschliche Verhalten keiner Art der Systematisierung zugänglich sein sollte, ist diese Welt noch verrückter, als uns die Seher glauben machen wollen. Die Geschichte gibt uns doch zumindest Kasuistik, Krankengeschichten, also zumindest Material für Kliniker. Man braucht nur eine Seite von Theophrastus oder Chaucer anzusehen, um zu erkennen, daß die Griechen vor zweitausend Jahren und die Engländer vor sechshundert Jahren in mancher Hinsicht genau dieselben Menschen gewesen sind wie die Amerikaner von heute. Vergleiche mögen hinken, aber sie sind die Grundlage der Literatur wie auch der Wissenschaft und gehören zum Bestand jedes alltäglichen Gesprächs.

Wie wir gesehen haben, ist die Objektivität des Wissenschaftlers ein wesentliches Element jedes Versuchs zu wissenschaftlicher Arbeit. Beim Historiker besteht sie in der Fähigkeit, Beobachtungen des Geschehenen nicht davon beeinflussen zu lassen, was nach seinen Wünschen hätte geschehen sollen oder noch geschehen soll. Wir sind auf diese Schwierigkeit schon bei der Besprechung der Modellvorstellung gestoßen. Hier scheint die Vorstellung, die Revolution sei ein Fieber, auf den ersten Blick eine Verurteilung der Revolution, ein Schimpfwort für sie darzustellen. Es muß wiederholt werden, daß echte wissenschaftliche Objektivität in allen Gesellschaftswissenschaften schwer erreichbar ist. In ‚reiner‘ oder ‚absoluter‘ Form ist sie unmöglich. Selbst in den Naturwissenschaften kann der Wunsch, eine persönliche Hypothese oder Theorie zu beweisen, der Entstellung oder Vernachlässigung von Tatsachen die Hilfe mächtiger Instinktkräfte sichern. Doch der Naturforscher will ein Molekül oder eine Amöbe nicht besser machen – jedenfalls nicht ‚moralisch‘. Der Sozialwissenschaftler dagegen ist dem ganzen Hagel der Gefühle ausgesetzt, der sogenannten sittlichen wie der sogenannten egoistischen. Er kann kaum umhin, eine Veränderung des Objekts zu wünschen, das er untersucht, und zwar nicht in dem Sinne, wie der Chemiker irgendeine Verbindung ändern will, sondern in dem Sinne, in welchem der Missionar den Bekehrten verändert. Gerade das muß der Sozialwissenschaftler jedoch zu vermeiden suchen, diesem Wunschteufel muß er aus dem Weg gehen. Es gehört zu den schwersten Aufgaben der Welt, Menschen oder Einrichtungen zu beschreiben, ohne sie ändern zu wollen. Das ist so schwierig, daß die meisten

Leute gar nicht merken, daß die beiden Prozesse trennbar sind.
Sie müssen auf jeden Fall getrennt werden, wenn wir in der Sozi-
alwissenschaft weiterkommen wollen.

In dieser Studie werden wir versuchen, zu beschreiben, ohne
zu werten. Das wird nicht vollkommen gelingen, denn Vollkommenheit ist auf dieser Erde selten. Die absolute Objektivität ist ein
Polargebiet, für das menschliche Leben ungeeignet. Man könnte
jedoch einen Versuch machen, aus dem dampfenden Dschungel
heraus und dem Pol etwas näher zu kommen. In weniger bilderrei-
cher Sprache: Man kann Revolutionen nicht studieren, ohne ge-
fühlsmäßigen Anteil zu nehmen, aber man kann seine Gefühle
zum größeren Teil aus der Studie heraushalten. Ein Zoll Bodens,
hier gewonnen, ist soviel wert wie mehrere Ellen an weniger frucht-
baren Grenzen des Geistes.

Begrenzungen des Gegenstandes

Wir werden also vier Revolutionen studieren, die dem Aussehen
nach gewisse Ähnlichkeiten zu haben scheinen, und werden gewisse andere Typen von Revolutionen absichtlich aus dem Spiel lassen. Unsere vier haben in der nachmittelalterlichen westlichen
Welt stattgefunden, waren ‚Volks‘-Revolutionen, die im Namen
der ‚Freiheit‘ für eine Mehrheit gegen eine bevorrechtete Minderheit durchgeführt wurden, und waren erfolgreich, das heißt, sie
führten dazu, daß die Revolutionäre zur legalen Regierung wurden. Jede vollständige Revolutionssoziologie müßte auch andere
Arten von Revolutionen berücksichtigen, namentlich drei Fälle:
die von Autoritären, Oligarchien oder Konservativen unternom-
mene Revolution, also die Revolution ‚von rechts‘; die territorial-
nationale Revolution; schließlich die gescheiterte Revolution.

Wenn wir unsere vier Revolutionen mit dem Titel ‚Volks‘- bzw.
‚demokratische‘ Revolution auszeichnen, so liegt darin sicher
schon eine gefühlsmäßige Entstellung. Doch auch mit einer dicken
Gefühlskruste überzogene Worte haben eine Beziehung zur konkreten Wirklichkeit. Die englische, französische, amerikanische
und sogar die russische Revolution waren Versuche, eine Lebensform zu schaffen, die sich jedenfalls von derjenigen unterscheidet,

auf welche die faschistischen Revolutionen in Italien und Spanien oder die nationalsozialistische Revolution in Deutschland abzielten. Hier stoßen wir auf eine unserer großen Schwierigkeiten mit der russischen Revolution; sie hat sich in unseren westlichen Augen nicht als ,Volksrevolution' oder ,demokratische' Revolution erwiesen. Wenn es aber auch dazu gekommen ist, daß uns der russische Kommunismus ebenso totalitär, ebenso undemokratisch erscheint wie der italienische Faschismus oder der deutsche Nationalsozialismus, so bleibt doch die Tatsache bestehen, daß die russische Revolution als Erbin der Aufklärung begann, indes die italienische und die nationalsozialistische Revolution die Verwerfung der Aufklärung verkündeten.

Wenn diese faschistischen Revolutionen uns vielleicht noch zu gegenwärtig sind, um bereits gerecht beurteilt oder auch nur katalogisiert werden zu können, finden wir in der athenischen Unruheperiode am Ende des fünften Jahrhunderts v. Chr. ein weniger umstrittenes Material. Hier war die Revolution von 411 v. Chr. das Werk der konservativen oder oligarchischen Gruppe. Sie war gegen die alte demokratische Verfassung gerichtet, die in Athen seit den Zeiten des Kleisthenes, wenn nicht gar des Solon, geherrscht hatte. In dem von den erfolgreichen Revolutionären eingesetzten Rat der Vierhundert spalteten sich die Oligarchen in Extremisten und Gemäßigte. Nach der Ermordung des Extremisten Phrynikos und dem Eintreffen schlechter Nachrichten von der Front konnte der Gemäßigte Theramenes die Macht ergreifen und eine ,gemischte' Verfassung einführen, die das Beste aus Demokratie und Oligarchie zu vereinigen suchte. Dann gewann die Flotte, im allgemeinen stark demokratisch, die Schlacht von Kysikos und öffnete der ziemlich vollständigen Wiederherstellung der Demokratie im Jahre 410 das Tor.

Der Endsieg Spartas führte im Jahre 404 zu einem ähnlichen Revolutionszyklus in Athen. Er begann mit der extrem oligarchischen Herrschaft der Dreißig Tyrannen und endete wieder mit der Restauration demokratischer Formen. Die Reihenfolge der Vorgänge geht, um moderne politische Analogien (die vielleicht irreführend sind) zu gebrauchen, von rechts über die Mitte nach links oder von konservativen Extremisten über Gemäßigte zu der alten radikalen Clique. Diese Reihenfolge ist offenkundig eine ganz andere als jene, der wir in England, Frankreich und Rußland begegnen werden. Anhänger des sozialen Gleichgewichtsbegriffs werden feststellen, daß die Tendenz in jenen athenischen Revolutionen auf die Wiederherstellung alter Gewohnheiten und alter Einrichtungen ging. Man findet in ihnen auch viele Züge, die jedem vertraut sind, der sich mit modernen Revolutionen beschäftigt hat, darunter zum Beispiel die Rolle der politischen Klubs und die verschiedenen Arten der Gewaltanwendung. Dennoch grenzen die Reihenfolge der Macht, der zeitliche Maßstab und vieles andere in diesen Revolutionen Athens sie deutlich von den Revolutionen ab, die wir für unsere Studie ausgewählt haben. Sie müssen zumindest einer anderen Untergruppe der Revolution zugerechnet werden.

Mit der territorial-nationalen Revolution sind die Amerikaner wohl vertraut, denn die ihre war teilweise von dieser Art. Männer wie John Adams und Washington strebten nicht nach Umsturz der Gesellschafts- und Wirtschaftsordnung, sondern danach, die englischen Kolonien in Nordamerika zu einem unabhängigen Staat zu machen. Das gilt auch für die irische Revolution in unserer Zeit. Das Nationale ist nach Ansicht vieler guter Beobachter auch in der chinesischen Revolution von heute wichtiger als der Kommunismus. Eine territorial-nationale Revolution ist aber selten rein territorial, rein national. Samuel Adams, Tom Paine und Jefferson wollten mehr als nur Amerika von der britischen Krone trennen; sie wollten Amerika gemäß den Idealen der Aufklärungszeit zu einer vollkommeneren Gesellschaft machen. Die chinesischen Kommunisten mögen mehr Chinesen als Kommunisten sein, aber sie sind sicher keine Mandarine und nicht einmal Verehrer von Sun Yatsen.

Was gescheiterte Revolutionen betrifft, so gibt es dafür zahlreiche Beispiele. ‚Gescheitert‘ bedeutet hier nicht, daß die Revolutionen den von ihren Führern verkündeten Idealen in der Praxis nicht entsprachen, sondern einfach die Niederlage organisierter Gruppen bei einer Erhebung. Der amerikanische Bürgerkrieg etwa ist geradezu ein klassisches Beispiel einer gescheiterten territorial-nationalen Revolution. Die europäischen Revolutionen von 1848 scheiterten fast durchweg, jedenfalls muß man das nach ih-

rem Verlauf sagen; dennoch trugen sie dazu bei, in vielen Ländern
bedeutsame und verhältnismäßig dauerhafte Veränderungen der
Verfassung und Verwaltung herbeizuführen. Eine gescheiterte soziale Revolution war die Pariser Kommune von 1871.

Eine gescheiterte Revolution kann natürlich die geschlagene
revolutionäre Gruppe zu einer noch heroischeren und entschlos-
seneren Gemeinschaft zusammenschweißen und auf lange Zeit unterirdischen Widerstand, Verschwörungen und Propaganda nach
sich ziehen. Das gilt namentlich für gescheiterte nationale Revolutionen. Märtyrerblut hat Parlamente und Präsidentenpaläste gebaut, wie es Kirchen gebaut hat. Die gescheiterte Revolution ist
namentlich dazu geeignet, unterdrückte Nationalitäten zusam-
menzuschweißen; nach einigen heroischen Aufständen entsteht
bei ihnen ein enorm hochgespannter Patriotismus, gepaart mit
Selbstbemitleidung, und das macht sie beinahe unbesiegbar. Irland und Polen wurden aus einer langen Reihe gescheiterter Revolutionen geboren. Das Antlitz dieser jetzt selbständigen Nationen
trägt deutlich die unschönen Narben jener großen moralischen
Siege. Polen mußte nach 1945 eine soziale und wirtschaftliche Revolution durchmachen, die ihm anscheinend zum Großteil von außen auferlegt wurde – wieder ein anderer Revolutionstyp.

Selbst eine nur teilweise Aufzählung von Revolutionen würde
die Liste erheblich erweitern – die ‚Palast- oder „Harem'-Revolu-
tionen in Gesellschaften, in denen Politik nur wenige angeht und
in denen Verschwörungen leicht erfolgreich sein können; die von
außen getriebene Revolution, wie sie in den an Frankreich gren-
zenden Ländern in der Zeit des Direktoriums auftritt oder die
gegen die ‚Kolonialherren' gerichtete Revolution in ‚unterentwick-
kelten' Ländern. Oder was in der letzten Zeit unter den Negern
auftrat, wird ingesamt keineswegs ungenau als Revolution aufgefaßt. Auch noch andere Revolutionen können leicht unterschie-
den werden, obwohl sie nicht in das Schema der folgenden Analyse
passen.

Drei von unseren vier Revolutionen, die englische, französische und russische, haben einen überraschend ähnlichen Verlauf
aufzuweisen. Alle beruhen auf sozialer beziehungsweise klassen-
mäßiger Grundlage, nicht auf territorialer oder nationaler, wenn

auch Oxford und Lancashire, die Vendée und die Ukraine daran erinnern, daß man diese letzteren Faktoren nicht ganz außer acht lassen darf. Alle diese Revolutionen begannen mit Hoffnung und Mäßigung, alle erreichten in der Schreckensherrschaft eine Krise, alle endeten in irgendeiner Diktatur: Cromwell, Bonaparte, Stalin. Die amerikanische Revolution folgte diesem Schema nicht ganz; sie ist für uns deshalb als Kontrollvergleich nützlich.

Die amerikanische Revolution war vorwiegend eine territoriale und nationale Revolution, deren Triebfeder der vaterländische amerikanische Britenhaß war. Anderseits war sie teilweise auch eine soziale, eine Klassenbewegung. Mit der Zeit wurde ihr sozialer Charakter immer deutlicher. Sie machte nie eine richtige Schreckensherrschaft durch, obwohl es genug Terrorismus in ihr gab, was in Schulbüchern und volkstümlichen Geschichtswerken gewöhnlich mehr oder minder verschwiegen wird. Jedenfalls bietet die amerikanische Revolution eine Anzahl interessanter Fragen; der Versuch einer Parallele mit den drei anderen Revolutionen dürfte die Grenzen dieser Studie, wenn auch nicht allzusehr, erweitern. Wir dürfen aber nicht vergessen, daß die amerikanische Revolution als soziale Revolution gewissermaßen unvollendet blieb; daß sie nicht ganz zu unserer Modellvorstellung paßt; daß ihr der Sieg der Extremisten über die Gemäßigten fehlt. Wir müssen hier bei der Aufsuchung von Gleichmäßigkeiten noch vorsichtiger sein als bei den anderen Revolutionen.

Wir wollen uns nicht zu sehr mit einer genauen Definition der Revolution belasten, auch nicht mit der Festsetzung einer genauen Grenzlinie zwischen revolutionären und anderen Veränderungen. Der Unterschied zwischen einer Revolution und anderen Veränderungen in einer Gesellschaft steht nach dem herkömmlichen Gebrauch des Wortes dem Unterschied zwischen einem Berg und einem Hügel näher als dem Unterschied zwischen dem Gefrier- und dem Siedepunkt einer Flüssigkeit. Während der Physiker den Siedepunkt genau messen kann, hat der Gesellschaftsforscher kein genaues Thermometer für die Messung gesellschaftlicher Änderungen. Er kann nicht angeben, an welchem Punkt eine ‚gewöhnliche‘ Veränderung überkocht und zur revolutionären Veränderung wird. Man könnte zwar mit dem Begriff eines ‚Revoltierpunktes' für einzelne gesellschaftliche Systeme liebäugeln; dann läge er für England etwa bei 200 Grad, für Frankreich bei 150, für Japan erst bei 400 Grad, wobei man sich über eine Gradskala einigen müßte. Das wäre aber Unsinn von der Art, wie er in der Gesellschaftswissenschaft nur zu häufig vorkommt. Zu oft sind hier falsche mathematische Fassaden gebaut worden. Praktisch unterscheiden wir zwischen einem Berg und einem Hügel gemäß dem Sprachgebrauch für solche Bodenerhebungen. Wir können uns ohne Schaden auch für die Definition einer Revolution an den üblichen Wortgebrauch halten. Eine wissenschaftliche Definition muß auf Tatsachen beruhen und uns eine bessere Auswertung der Tatsachen gestatten. Präzision und hübsche Formulierung stehen an zweiter Stelle und werden zu Fehlern, wenn sie nur durch Vernachlässigung oder Entstellung von Tatsachen erzielt werden. Im heutigen Sprachgebrauch wird das Wort ‚Revolution‘ als Klassenbezeichnung für eine ganze Reihe konkreter Erscheinungen gebraucht, von der Erfindung der Spinnmaschine bis zum Sturz eines Präsidenten in einem südamerikanischen Land. Der Systematiker muß sich an den allgemeinen Ausdruck halten und zweckmäßige Untergruppen bilden.

Das mag alles sehr simpel erscheinen, aber das auf der Hand Liegende, das Selbstverständliche wird selten gedruckt. Viel öfter werden die gängigen Phrasen aus der Literatur gedruckt, in denen man seine Ansichten über Dinge und Menschen ausdrückt, mit denen man nie direkt zu tun gehabt hat. Die Welt der volkstümlichen Zeitschriften ist eine Welt solcher gängiger Phrasen. Der löbliche Abscheu vor diesen Banalitäten treibt manchen Gebildeten, der hoch über dieser Zeitschriftenwelt steht, zu einem ebensolchen Abscheu vor dem Aussprechen anderer, echterer Gemeinplätze. Der Wissenschaftler muß sich dagegen an das Selbstverständliche halten, denn nur auf einer festen Grundlage im Offensichtlichen läßt sich das kompliziertere Gebäude einer Wissenschaft bauen. Der Gelehrte muß sogar betont auf diesem Klaren, Selbstverständlichen bestehen und darf dabei vor Wiederholungen nicht zurückschrecken, denn in der modernen Welt besteht ein großer Teil unserer Erfahrung aus dem Ersatzerlebnis von Predigten,

Büchern, Filmen und Theaterstücken. Man erlebt literarische Klischees statt wirklicher Dinge.

Wir wollen deshalb hoffen, daß die Gleichförmigkeiten, die wir in unseren Revolutionen finden, sich als offenkundig, nahezu banal erweisen werden – genau als das, was jeder vernünftige Mensch längst über die Revolutionen wußte. Es würde uns enttäuschen, wenn die Struktur der Revolutionen eine andere wäre als die längst bekannte. Es wird uns genug erscheinen, wenn die Gleichförmigkeiten als solche aufgezählt und registriert werden können. Wer große Entdeckungen erwartet, wird nicht auf seine Kosten kommen.

Eine noch immer etwas literarische Volksweisheit spottet über den Berg, der kreißt und nur eine lächerliche Maus hervorbringt. Der Berg hat vielleicht nie Anerkennung dafür gefunden, was sicher eine fast großartige biologische Großtat war. Immerhin war die Maus letztlich lebendig. Die meisten Berge erzeugen bei diesem Vorgang nichts Besseres als Lava, Dampf und heiße Luft.

II

Die Anciens Régimes

Die Diagnose der Vorzeichen

Aus Frankreich kommt neben vielen anderen internationalen Ausdrücken die Bezeichnung *ancien régime*. In Frankreich bedeutete es die Lebensform der drei bis vier Generationen vor der Revolution von 1789, namentlich die Lebensform der letzten vorrevolutionären Generation. Wir dürfen das Wort auch für die Gesellschaften anwenden, aus denen unsere Revolutionen hervorgingen. Gemäß unserer Modellvorstellung wollen wir in diesen Gesellschaften nach einem prodromalen Stadium der Revolution suchen, nach Vorzeichen des kommenden Umsturzes.

Hier ist ein Wort der Warnung notwendig. Unruhe in irgendeinem Sinne des Wortes scheint in allen Gesellschaften, sicher in der abendländischen Gesellschaft, endemisch zu sein. Der zum Diagnostiker gewordene Historiker kann Anzeichen für Unruhe und Unzufriedenheit fast in jeder beliebigen Gesellschaft finden. Der amerikanische Soziologe Sorokin zählt im dritten Band seiner *Sozialen und kulturellen Dynamik* für England, das klassische Beispiel politischer Nüchternheit, für die Zeit von 1656 bis 1921 nicht weniger als 162 ‚innere Störungen in den Beziehungen innerhalb der Gruppen' auf. Das würde im Durchschnitt alle acht Jahre eine ‚Störung' ausmachen. Die Störungen reichen von dem Bürgerkrieg nach 1640 bis zu vergleichsweise geringfügigen Episoden wie dem Aufstand der Freibauern in Wessex im Jahre 725. Sorokin hat den einzelnen Ereignissen sogar Punktwerte zu geben versucht. Die große englische Revolution nach 1640 wertet bei ihm 77,27 Punkte, der Bauernaufstand in Wessex nur 2,66 Punkte. Diese Vorgänge sind aus allen Geschichtsbüchern bekannt; wenn man für eine gesunde oder stabile Gesellschaft nur eine solche erklärt, in der es keine Äußerung der Unzufriedenheit mit der Regierung oder den bestehenden Einrichtungen gibt, in der nie eine Gesetzesübertretung vorkommt – dann gibt es keine gesunden oder stabilen Gesellschaften.

Unsere normale oder gesunde Gesellschaft ist also keine, die sich durch das Fehlen von Kritik an der Regierung oder herrschenden Klasse, von düsteren Predigten über den sittlichen Verfall der Zeit, von utopischen Träumen über eine bessere Welt, die an der nächsten Ecke wartet, auszeichnet; auch nicht durch das Fehlen von Streiks, Aussperrungen, Arbeitslosigkeit, Wellen der Kriminalität, Angriffen auf die bürgerlichen Freiheiten. Eine gesunde Gesellschaft ist eine solche, in der derartige Spannungen nicht auffallend übermäßig werden, und es gehört vielleicht auch zu ihren Kennzeichen, daß die Mehrzahl ihrer Mitglieder die gegebene Gesellschaft mit all ihren Fehlern einigermaßen hinnimmt, jedenfalls in ihrem praktischen Verhalten. Mit diesem Vorbehalt können wir uns nun nach Zeichen des in Wort oder Tat ausgedrückten Mißvergnügens umsehen und ihre Bedeutung abzuschätzen versuchen. Wir werden natürlich bald sehen, daß wir es hier mit vielen Veränderlichen zu tun haben, die noch dazu in jeder Gesellschaft in anderem Verhältnis zusammenwirken, anderseits aber einmal hier und einmal dort überhaupt fehlen. Wir werden kein klares, überall gegenwärtiges Symptom finden können, das uns gestatten würde, zu sagen: Wenn man das Zeichen X oder Y in einer Gesellschaft findet, so weiß man, daß es nur noch soundso viele Monate oder Jahre bis zur Revolution dauert. Die Symptome werden im Gegenteil sehr zahlreich, sehr verschieden und schwer unter einen Hut zu bringen sein. Wir können froh sein, wenn sie, um wieder einen medizinischen Ausdruck zu gebrauchen, ein erkennbares Syndrom bilden.

Wirtschaftliche und politische Strukturschwächen

Als rechte Kinder unseres Zeitalters müssen wir unsere Untersuchung bei der Wirtschaftslage beginnen. Wir mögen noch so wenig für den Kommunismus übrig haben, aber wir alle bezeugen unwillkürlich den Einfluß von Marx – und der Denker, die ihn beeinflußten – auf die Gesellschaftswissenschaft durch die Selbstverständlichkeit, mit der wir jeweils fragen: ‚Welche Rolle spielten wirtschaftliche Interessen?' Seit Beards Werk über die amerikanische Verfassung haben anscheinend viele amerikanische Gelehrte dies für die einzig notwendige Frage gehalten.

Nun ist es unbestreitbar, daß in allen vier von uns ins Auge gefaßten Gesellschaften die Jahre vor dem Revolutionsausbruch durch ungewöhnlich ernste wirtschaftliche oder zumindest finanzielle Schwierigkeiten besonderer Art gekennzeichnet waren. Die zwei ersten Stuarts lagen mit ihren Parlamenten in unablässigem Streit über die Steuern. Die Jahre kurz vor 1640 waren voll Klagen über Schiffsabgaben, Tonnen- und Pfundabgaben, ‚Benevolenzen' und andere uns heute fremd klingende fiskalische Ausdrücke. Auch in der amerikanischen Revolution spielte der Streit über die Besteuerung in den Jahren vor dem ersten Schuß des Unabhängigkeitskrieges eine bedeutsame Rolle. Der alte englische Rechtsgrundsatz ‚Keine Steuern ohne Mitsprache der Besteuerten' wird von den Historikern nicht als eine ausreichende Erklärung der amerikanischen Revolution angesehen, aber er hatte im achten Jahrzehnt des achtzehnten Jahrhunderts offensichtlich die Kraft, die Betroffenen zu politischer Aktion zu treiben. Die Einberufung der französischen Generalstände im Jahre 1789, welche die Revolution auslöste, ging auf die schlechte Finanzlage des Staates zurück. Diese war sogar nach modernen Begriffen geradezu unglaublich schlecht. Im Rußland von 1917 war der finanzielle Zusammenbruch vielleicht nicht so augenfällig, weil das Zarenregime einen totalen Zusammenbruch auf allen Gebieten, vom Krieg bis zur Dorfverwaltung, herbeigeführt hatte, in welchem sich einzelne Spezialzusammenbrüche kaum noch unterscheiden ließen. Drei Jahre Krieg hatten aber die Finanzen Rußlands so angespannt, daß trotz alliierter Hilfe die hohen Preise und die Warenknappheit im Jahre 1917 die offensichtlichsten Faktoren der allgemeinen Spannung waren.

In all diesen Gesellschaften war es aber die *Regierung*, die in finanziellen Schwierigkeiten war, nicht die Gesellschaft selbst. Um es von der anderen Seite her auszudrücken: Unsere Revolutionen traten nicht in wirtschaftlich rückständigen Gesellschaften ein, auch nicht in Gesellschaften, die gerade allgemeines wirtschaftliches Elend oder eine Wirtschaftskrise durchmachten. In den Gesellschaften des *ancien régime* findet man keineswegs eine ungewöhnliche, allgemeine wirtschaftliche Not. Der Maßstab hierfür ist natürlich zeitgebunden. Das Einkommen, das den englischen Bauern im Jahre 1640 zufriedenstellte, würde für einen englischen Landarbeiter im Jahre 1965 gewiß Not und Elend bedeuten. Einzelne Gruppen der Gesellschaft mögen in Not leben, währenddessen die Abstraktion ‚die Gesellschaft als Ganzes' sich statistisch eines steigenden – und fast ebenso abstrakten – ‚Volkseinkommens' erfreut. Trotzdem muß schließlich jemand davon profitieren, wenn das Volkseinkommen rasch ansteigt.

James C. Davis meint in der *American Sociological Review* (Vol. XXVII), daß, was eine soziale Gruppe dazu bewegt, eine Regierung anzugreifen, nicht einfach Mangel oder Elend sei, sondern ein ‚unerträglicher Unterschied zwischen dem, was das Volk will und was es bekommt' und daß Revolutionen häufig bei wirtschaftlichen Depressionen nach Perioden eines allgemein steigenden Lebensstandards aufträten.

Das Frankreich von 1789 war ein verblüffendes Beispiel einer reichen Gesellschaft mit einer leeren Staatskasse. Das 18. Jahrhundert hatte Statistiken über sich selbst aufzustellen begonnen. Zwar wäre ein heutiger Volkswirt nicht mit ihnen zufrieden, aber sie geben uns ein sicheres Wissen über den zunehmenden Wohlstand Frankreichs im 18. Jahrhundert. Alle Meßzahlen – Außenhandel, Bevölkerung, Bautätigkeit, Industrie, landwirtschaftliche Produktion – gehen das ganze Jahrhundert hindurch in die Höhe. Einige Beispiele mögen dies erläutern: Man betrieb großzügige Urbarmachung von Boden; im Bezirk Melun allein ging der unkultivierte Boden in den zwei Jahren von 1783 bis 1785 von 14.500 auf 10.000 *arpents* zurück. Rouen erzeugte im Jahre 1787 jährlich Baumwollstoffe im Werte von 50 Millionen *Livres*, was eine Verdoppelung innerhalb einer Generation bedeutete. Der französische Handel mit Nordafrika stieg von 1 Million *Livres* im Jahre 1740 auf mehr als 6 Millionen *Livres* im Jahre 1788. Der gesamte französische Außenhandel war von 1774 bis 1787 um fast 100 Millionen *Livres* gestiegen.

Auch in den mangelhaften Statistiken erkennen wir kurzfristige, zyklische Fluktuationen. In mancher Hinsicht, besonders wegen der schlechten Weizenernte, war 1788/89 ein schlechtes Jahr. Es gab aber keineswegs einen allgemeinen krisenhaften Tiefstand wie in der modernen Welt von 1932. Hätte man im 18. Jahrhundert schon allgemeine Konjunkturkurven gekannt, so wären sie in der Zeit vor der französischen Revolution fast ständig nach oben gegangen. Sicher war diese Prosperität ungleich verteilt. Den Löwenanteil bekamen anscheinend die Kaufleute, Bankiers, Juristen und tüchtigeren Bauern, also nach heutigen Begriffen das Bürgertum. Gerade diese Leute, denen es am besten ging, schrien vor 1789 am lautesten gegen die Regierung und waren durchaus nicht geneigt, sie durch Steuern oder Anleihen zu retten.

Dennoch hält sich die Vorstellung, daß die Leute, welche die französische Revolution machten, irgendwie unter schwerer wirtschaftlicher Benachteiligung gelitten haben müssen. Ein hervorragender moderner Gelehrter, C. E. Labrousse, hat sein Leben damit verbracht, durch mühevolle Forschungen über zeitliche Serien von Preisen, Wirtschaftsmeßzahlen und dergleichen zu beweisen, daß die Preise genügend stark auf den kleinen Mann drückten, um ein Not- oder zumindest ein Härtemotiv für den Aufstand zu liefern. Ungeachtet der großen Arbeit dieses Forschers, ist seine These nicht überzeugend geworden. Jene Leute, welche die französische Revolution vorantrieben, bezogen immer höhere Realeinkommen – so viel, daß sie immer mehr wollten. Vor allem aber wollten sie, wie wir sehen werden, viele Dinge, die sich nicht wirtschaftlich messen lassen.

In Amerika aber stand das 18. Jahrhundert angesichts eines leeren Kontinents, der allen Notleidenden zur Verfügung stand, im Zeichen zunehmenden Wohlstands und zunehmender Bevölkerung. Wirtschaftliche Not war eine sehr relative Angelegenheit. Im Neuengland der Zeit vor der Revolution gab es weder Hunger noch Elend. Nicht einmal die kleineren Konjunkturschwankungen fallen mit der Revolution zusammen. Die ersten Jahre nach 1770 waren deutlich Jahre der Prosperität. Es gab wirtschaftliche Spannungen im kolonialen Amerika, wie wir noch sehen werden, aber es gab keine wirkliche Elendsklasse.

Man kann auch nicht beweisen, daß es dem frühen England der Stuarts wirtschaftlich weniger gut ging als dem späten England der Tudors. Es gibt vielmehr eher Material dafür, daß England um diese Zeit wirtschaftlich blühte. Ramsay Muir schreibt: „England hatte nie eine stetigere oder allgemeinere Wirtschaftsblüte erlebt. Die Steuerlast war geringer als in allen anderen Ländern. Die kommende Revolution ging sicher nicht auf wirtschaftliche Not zurück."

Selbst im Rußland von 1917 war die Erzeugungskapazität der Gesellschaft als Ganzes, abgesehen von dem völligen Versagen der Staatsverwaltung unter dem Druck des Krieges, sicher größer als je zuvor in der russischen Geschichte. Auf lange Sicht betrachtet, waren die Wirtschaftskurven Rußlands in den letzten Jahrzehnten sämtlich aufwärts gerichtet gewesen. Die Zunahme von Handel und Erzeugung seit der vergeblichen Revolution von 1905 war beträchtlich gewesen. Es gibt kaum einen nichtmarxistischen Historiker, der bestreiten würde, daß das Rußland der drei ersten Dumas (1906/12) eine aufsteigende kapitalistische Gesellschaft darstellte.

Unsere Revolutionen wurden also nicht in wirtschaftlich absinkenden Gesellschaften geboren – im Gegenteil, sie fanden in wirtschaftlich aufsteigenden Gesellschaften statt. Damit soll selbstredend nicht gesagt sein, daß es in diesen Gesellschaften keine Gruppen mit vorwiegend wirtschaftlichen Gründen zur Unzufriedenheit gab. Zwei Herde wirtschaftlichen Mißvergnügens sind erkennbar. Da ist zunächst, als der weniger wichtige Faktor, die in allen bisherigen Gesellschaften zu findende Elendsgruppe. Selbst in Amerika gab es, wie in den anderen Revolutionsgesellschaften, eine Gruppe ganz armer Leute, deren Freiwerden von bestimmten Formen der Niederhaltung ein wichtiger Zug der Revolution selbst ist. Für die Untersuchung der Vorzeichen einer kommenden Revolution sind diese Schichten aber weniger wichtig.

Französische republikanische Historiker haben oft auf die Bedeutung der schlechten Ernte von 1788 hingewiesen, auf den kalten Winter 1788/89 und die daraus entspringenden Leiden der ärmeren Volksteile. In dem Frühjahr des Zusammentritts der Generalstände war Brot verhältnismäßig teuer. In Amerika war die

Wirtschaftslage 1774/75 etwas angespannt, aber es gab keine allgemeine Not oder Arbeitslosigkeit. Boston hatte unter dem Hafengesetz zu leiden, aber das gehörte schon zur Revolution selbst, nicht zu ihren Vorzeichen. In Rußland war der Winter 1916/17 gewiß hart, die Nahrungsmittel waren rationiert.

Jedoch sind anderseits die französische und die russische Geschichte voll von Hungersnöten, Epidemien und Mißernten, sowohl örtlichen wie gesamtstaatlichen Umfanges, die wohl von sporadischem Aufruhr, aber jeweils nur in einem Falle von einer Revolution begleitet waren. In der englischen und der amerikanischen Revolution findet man nicht einmal eine lokale Hungersnot oder sonstige Not größeren Umfanges. Die wirtschaftliche Not der benachteiligten Klassen ist somit, obwohl sie sehr wohl eine revolutionäre Situation begleiten kann, keines der Symptome, bei denen wir uns aufhalten müssen. Die klügeren Marxisten haben das selbst erkannt; so schrieb Trotzki: „In Wirklichkeit ist das bloße Vorhandensein von Entbehrungen nicht genug, um einen Aufstand herbeizuführen. Sonst wären die Massen ständig im Aufstand."

Weit wichtiger ist das Vorhandensein des Gefühls bei bestimmten Gruppen, daß die bestehenden Verhältnisse ihre wirtschaftliche Tätigkeit behindern. In der amerikanischen Revolution ist dieses Element besonders deutlich erkennbar. Der amerikanische Historiker A. M. Schlesinger hat gezeigt, wie die wohlhabenden Kaufleute, als ihre unmittelbaren Interessen durch die neue imperiale Politik der englischen Regierung geschädigt wurden, sich an die Spitze einer Agitation gegen die Kolonialgesetze von 1764 und 1765 stellten und die Unzufriedenheit unter den weniger wohlhabenden Schichten schürten, was diesen Kaufleuten später etwas unangenehm werden sollte. Sicher haben auch viele der ‚festen' Anwandlungen in der sehr ungleichmäßigen und schwankenden Politik der britischen Regierung (so das Stempelgesetz und die anschließenden Proteste, die Ankündigung, daß die Einhaltung der Schiffahrtsakte mit Gewalt durchgesetzt würde, usw.) momentan ungünstig auf die Wirtschaft eingewirkt, und Arbeitslosigkeit hervorgerufen. Die Währungsfrage wurde falsch behandelt; zu jener Zeit glich der sogenannte gesunde Menschenverstand die Unwissenheit hinsichtlich wirtschaftlicher Vorgänge nur mangelhaft aus.

Die Kolonien litten ständig unter Mangel an Münzen, was sich auf das Wirtschaftsleben nachteilig auswirkte. Man mußte zum Papiergeld Zuflucht nehmen, was unvermeidlicherweise zu weiterem Streit zwischen den Gouverneuren und der Bevölkerung führte.

Die Aristokraten der virginischen Küste bieten eine besonders anschauliche Illustration für das Spiel wirtschaftlicher Revolutionsmotive bei einer besitzenden Klasse, die normalerweise zur Aufrechterhaltung der bestehenden Einrichtungen disponiert ist. Sie lebten hauptsächlich vom Tabakanbau, waren eine hohe Lebenshaltung gewohnt und gerieten immer mehr in Schulden bei den Londoner Banken. Nun hofften sie auf eine Sanierung durch Verwertung der westlichen angrenzenden Ländereien, die sie als zu Virginia gehörig ansahen. Die persönliche Verwicklung George Washingtons in Bodenspekulationen ist ein Lieblingsthema der ‚Enthüller‘ der Revolutionshintergründe. Mit der Quebec-Akte von 1774 aber nahm die englische Regierung die nördlich des Ohio und jenseits des Allegheny-Gebirges gelegenen Ländereien den Virginiern und anderen darauf Anspruch erhebenden Kolonien weg und wies sie Kanada zu. Das erregte Unwillen nicht nur bei den Pflanzerspekulanten. Die Schließung dieses Grenzgebiets empörte auch eine Klasse, die normalerweise eher zur Rebellion neigte: die unruhigen Trapper, Pelzhändler und sonstigen ‚Waldleute‘, die fast ebenso unruhigen Siedlungspioniere, die die Täler des Appalachengebirges schon besetzt hatten und nach den Gebieten von Kentucky und Ohio strebten. An sich erklärt die Quebec-Akte natürlich die amerikanische Revolution noch nicht. Zusammen mit einer langen Reihe anderer Gesetze (das Stempelgesetz, die Schiffahrts-Akte, die sogenannte Melasse-Akte) erklärt sie aber das damals in den aktiven, strebsamen Gruppen Amerikas so deutliche Gefühl, daß die englische Herrschaft eine unnötige und unberechenbare Hemmung, ein Hindernis für ihr Fortkommen darstelle.

In Frankreich sind die Jahre vor 1789 durch eine Reihe von Maßnahmen gekennzeichnet, die verschiedene Gruppen vor den Kopf stießen. Die Regierung bot mit auffallender Plumpheit mit der einen Hand an, was sie mit der anderen wieder wegnahm. Versuche zur Steuerreform, die nie ganz durchgeführt wurden, verärgerten bevorrechtete Gruppen, ohne die nicht bevorrechteten zu befriedigen. Turgots Versuch zur Einführung des *laissez-faire* stieß die alten Gildeninteressenten vor den Kopf. Daß er seine Reformen nicht durchsetzen konnte, verärgerte die Intellektuellen und überhaupt die Fortschrittsanhänger. Der bekannte Zollsenkungsvertrag mit England von 1786 war ein Schlag für die französischen Textilien, vermehrte die Arbeitslosigkeit in der Normandie und anderen Gebieten, machte die Industriellen zu Regierungsgegnern. Auch im England des 17. Jahrhunderts erblickten die Kaufleute von London und Bristol in der versuchten Wiederbelebung überholter Steuern eine Gefahr für ihren Wohlstand und ihre Bedeutung, die beide im Zunehmen waren.

So scheinen gewisse Formen wirtschaftlicher Unzufriedenheit zu den Symptomen der Revolution zu gehören, aber meist nicht in Gestalt allgemeiner Not, sondern in Gestalt eines Gefühls bei einigen der führenden Unternehmergruppen, daß ihr Fortkommen durch die bestehenden politischen Einrichtungen ungebührlich behindert werde. Diese Gefühle bedürfen natürlich, um zu einer wirksamen gesellschaftlichen Kraft zu werden, der Propaganda, der Ausübung von Druck, der Veranstaltung von Versammlungen und womöglich einiger dramatischer Aufruhrszenen nach Art der ‚Bostoner Teegesellschaft‘. Wie wir sehen werden, müssen diese wirtschaftlichen Wünsche, sosehr sie eine Angelegenheit des Portemonnaies sind, respektabel gemacht werden; sie müssen die Seele berühren. Was in Wirklichkeit nur ein Nachteil für eine aufsteigende, bereits erfolgreiche Gruppe oder einige solcher Gruppen ist, muß als krasses Unrecht gegen jedes Mitglied der Gesellschaft dargestellt werden. Wohl mögen die Menschen teilweise oder auch gänzlich deshalb rebellieren, weil sie in ihrer wirtschaftlichen Betätigung behindert werden, aber vor der Welt und meist auch vor den Menschen selbst muß die Sache so aussehen, daß ihnen Unrecht geschieht. Die geschäftliche Behinderung muß eine moralische Transformation erfahren, ehe die Menschen sich erheben. Die Revolution kommt nicht ohne das Wort ‚Gerechtigkeit‘ und die von ihm erregten Gefühle aus.

Das alles entspricht aber noch lange nicht der marxistischen Anschauung, wonach die Revolutionen des 17. bis 19. Jahrhunderts das planmäßige Werk einer klassenbewußten Bourgeoisie waren. Die Mißvergnügten und Revolutionäre des 18. Jahrhunderts besaßen noch nicht den Leitfaden der Marxschen Schriften, selbst Adam Smith war damals noch wenig bekannt. Sie gebrauchten ein sehr nicht-volkswirtschaftliches Vokabular. Natürlich können die Marxisten unter Mithilfe Freuds antworten, daß jene Bourgeois im Unbewußten oder Unterbewußten von wirtschaftlichen Motiven getrieben wurden. Vom Standpunkt des zünftigen Historikers besteht die Schwierigkeit allerdings darin, daß das Unbewußte nie oder nur selten Dokumente niederschreibt oder Reden hält. Wenn wir uns nur daran halten, was diese Bourgeois sagten und taten, so finden wir reichlich Material dafür, daß einzelne Gruppen, wie die amerikanischen Kaufleute, spezifische wirtschaftliche Beschwerdegründe hatten; wir finden aber kein Anzeichen, daß Bourgeois, Unternehmer, Geschäftsleute etwas davon wußten, daß sie als Klasse von den bestehenden ‚feudalen‘ Einrichtungen an wirtschaftlicher Entfaltung gehindert waren. In Frankreich ärgerte die Geschäftswelt nichts so wie der Halbfreihandelsvertrag mit England von 1786. Bestimmt findet man weder in England noch in Frankreich, noch in Amerika eine Spur von Leuten, die gesagt hätten: ‚Der organisierte Feudalismus verhindert den Sieg des bürgerlichen Kapitalismus. Deshalb wollen wir uns gegen ihn erheben.‘ In Wirklichkeit bestanden in den betreffenden Ländern in der Zeit kurz vor der Revolution keine ernsthaften *wirtschaftlichen* Schranken gegen den geschäftlichen Aufstieg des Tüchtigen, auch aus dem Volke, wenn er über eine Begabung zum Geldverdienen verfügte. Es gibt viele Beispiele, die das beweisen: Pâris-Duverney, Voltaire, Edmund Burke, John Law, John Hancock. Sicher bestanden Klassengegensätze in diesen Ländern, aber soweit wir es beurteilen können, hatten diese Gegensätze keine einfache und klare wirtschaftliche Grundlage. Im Rußland des 20. Jahrhunderts drückte man diese Gegensätze allerdings in der Sprache der Wirtschaft aus, aber wir werden wahrscheinlich auch finden, daß menschliche Gefühle ebenso wie menschliche Interessen beteiligt waren.

Um das Gesagte zusammenzufassen, zeigt eine Betrachtung des Wirtschaftslebens jener Gesellschaften in den Jahren vor der

Revolution, daß es ihnen im Ganzen gut ging. Weiter sehen wir, daß die Regierungen unter chronischem Geldmangel litten, und zwar weit über das normale Maß hinaus. Drittens finden gewisse Gruppen, daß die Politik der Regierung ihren wirtschaftlichen Sonderinteressen im Wege steht. Viertens sehen wir, daß mit Ausnahme Rußlands die wirtschaftlichen Klasseninteressen nicht offen in der Propaganda für den Sturz der bestehenden Ordnung als Motiv angeführt werden. Der Historiker Merriman hat sechs Revolutionen des 17. Jahrhunderts (in England, Frankreich, Holland, Spanien, Portugal und Neapel) untersucht und festgestellt, daß sie sämtlich ihren Ursprung in Finanzfragen hatten. Sie begannen als Protest gegen Steuern.

Klarer wird die Sache, wenn wir das Funktionieren der Verwaltung statt die Probleme des Wirtschaftslebens betrachten. Auch hier darf man nicht ideale Vollkommenheit als Normalzustand annehmen. Die Verwaltung ist auf Erden immer unvollkommen. Die Regierten werden immer etwas auszusetzen haben, von Begünstigung bei der Zuweisung niedriger Autonummern bis zu den schlechten Federn in den Federhaltern auf den Postämtern. Immerhin gibt es Abstufungen in der Unfähigkeit der Verwaltung und der Geduld der Regierten. In unseren vier Gesellschaften scheinen die Regierungen verhältnismäßig unfähig und die Regierten verhältnismäßig ungeduldig gewesen zu sein.

Wenn der Staat inmitten einer wirtschaftlich blühenden Gesellschaft praktisch bankrott ist, so kann man das schon als sicheres Anzeichen für die Unfähigkeit der Regierung ansehen, mindestens in der alten Zeit, wo der Staat wenig soziale oder sozialisierte Aufgabenbereiche hatte. Das Frankreich von 1789 ist ein deutliches Beispiel einer Gesellschaft, deren Regierung ihren Aufgaben einfach nicht mehr gerecht wurde. Viele Generationen lang hatten die französischen Könige und ihre Minister gegen die partikularistischen Tendenzen der Provinzen gekämpft, hatten durch immer neue Einrichtungen von den *missi dominici* Karls des Großen bis zu den *intendants* Richelieus und Ludwigs XIV. die Zentralisierung betrieben. Aber fast als ob sie Angelsachsen gewesen wären, zerstörten sie dabei sehr wenig von dem Alten, so daß Frankreich 1789 wie eine Rumpelkammer voll alter Möbel aussah. Es standen auch einige schöne neue Stühle von Turgot darin, die eben nicht ins Wohnzimmer paßten. Eine Landkarte Frankreichs war damals in heutigem Sinne nicht herstellbar. Man brauchte mindestens sechs Karten, um die einander überschneidenden Einheiten von *paroisse, seigneurie, hallage, sénéchaussée, généralité, gouvernement, pays d'état et d'élection, les cinq grosses fermes, pays de grande et de petite gabelle* usw. darzustellen.

Die Regierung war also wenig handlungsfähig. Es herrschte eine der wichtigsten Formen der ,Verkrampfung" einer Gesellschaft im Sinne des amerikanischen Historikers Pettee. Von Ludwig XV. erzählt man eine Anekdote, deren historische Wahrheit, wie bei allen solchen Anekdoten, unwesentlich ist; wichtig ist, daß sie die zeitgenössische Ansicht über die Zustände widerspiegelt. Der König sah auf einer Reise in die Provinz, daß ein Rathaus, wo er empfangen werden sollte, ein schadhaftes Dach hatte. „Oh, wäre ich nur Minister", sagte er, „ich ließe das reparieren." Eine Regierung, von der man solche Geschichten erzählte, war vielleicht despotisch, aber ganz gewiß unfähig. Im allgemeinen wird diese Unfähigkeit von den Leidtragenden schneller erkannt als der Despotismus.

Die Unfähigkeit der englischen Regierung unter den beiden ersten Stuarts ist weniger deutlich, doch kann man mit Sicherheit sagen, daß die Zentralregierung, besonders unter Jakob I., nicht so gut funktionierte wie unter Elisabeth I. Der auffallendste Zug der englischen Situation ist das Bestehen eines Steuersystems, das auf den bescheidenen Bedürfnissen einer feudalen Zentralregierung beruhte und für eine neuzeitliche Regierung nicht genügte. Die Regierung Jakobs I. war daran, eine neuzeitliche Regierung zu werden. Der Staat begann, gewisse soziale Aufgaben zu übernehmen. Er stützte sich auf eine Bürokratie, ein Berufsheer, eine Flotte, mithin alles Dinge, die bar bezahlt sein wollten. Der chronische Geldmangel Jakobs I. und Karls I. entstand keineswegs durch Schwelgerei und Verschwendung bei Hofe, sondern größtenteils durch Ausgaben, die keine neuzeitliche Regierung vermeiden konnte. Die Staatseinnahmen wurden jedoch nach alten, mittelalterlichen Methoden festgesetzt und eingezogen. Die Stuarts brauchten Geld, füllten aber ihre Kassen mit Hilfe ungeschickter, kurzfristiger Improvisationen, die sie in schwere Konflikte mit den einzigen Leuten brachten, bei denen sie in jener Zeit leicht Geld holen konnten – der Gentry und dem Bürgertum. Ihre Kämpfe mit dem Parlament legten die ganze englische Verwaltung lahm.

In Amerika versagte die Verwaltung aus zwei Gründen: Zunächst war die zentrale Kolonialverwaltung in Westminster auf eine Politik des ‚Fortwurstelns' eingestellt, die von Verehrern Englands seit jeher als der Gipfel politischer Weisheit angesehen wird. In dieser Krise genügte jedoch ein Fortwursteln nicht. Der Versuch einer Reform der Kolonialverwaltung nach dem Siebenjährigen Krieg machte die Sache nur noch schlimmer, wie es bei Turgots Reformversuchen in Frankreich der Fall war. Die Reformen bestanden in einer Reihe von Schritten vorwärts und zurück, gingen mit Lockungen und Drohungen einher. Zweitens berücksichtigte die Verwaltung in den Kolonien meist die Grenzgebiete zu wenig. Die neuen westlichen Siedlungsgebiete klagten darüber, daß Mandatsverteilung, Gerichtswesen, Bezirkseinteilung die älteren Küstensiedlungen begünstigten.

Der Zusammenbruch der Zarenverwaltung ist allgemein so bekannt, daß er häufig übertrieben wird. In den Jahrzehnten vor 1917 – wir müssen, wie überall, die Zeit vor der Revolution betrachten, nicht die Zeit des Revolutionsausbruchs – scheint die russische Verwaltung zumindest im Frieden etwas besser funktioniert zu haben als in den anderen betrachteten Ländern. Von Katharina der Großen bis Stolypin waren spürbare Verbesserungen durchgeführt worden. Eines ist aber für die hundert Jahre vor 1914 deutlich: Rußland war unfähig, sich für den Krieg zu organisieren. Verlor es einen Krieg, so brach die innere Verwaltung teilweise zusammen. Wir müssen uns hier sorgfältig an Tatsachen halten und Urteile vermeiden, die sich so tief in unser Bewußtsein eingeschlichen haben, daß wir sie als Tatsachen ansehen. Ein Versagen des russischen Regierungsapparats war wohl 1916 oder 1917 deutlich, aber durchaus nicht im Jahre 1912.

Schließlich zeigt sich als eine der deutlichsten Gleichförmigkeiten in unseren Gesellschaften das Bemühen der Regierung in der Zeit vor der Revolution, die Staatsverwaltung zu reformieren. Nichts wäre irriger als die Vorstellung, das alte Regime wäre eine

unbelehrbare Tyrannei gewesen, die unbekümmert um die Schreie
ihrer mißhandelten Untertanen ihrem Ende zueilte. Karl I. arbeitete an einer Modernisierung seiner Regierung und wollte in England einige der damals besseren französischen Methoden einführen. Strafford war ein erfolgloser Richelieu. Georg III. und seine
Minister bemühten sich sehr, aus den verstreuten Organen der
britischen Kolonialregierung ein neues Kolonialsystem zu entwik-
keln. Dieser Reformversuch gab der revolutionären Bewegung in
Amerika erst die Startmöglichkeit. Auch in Frankreich und Rußland sieht man Reformversuche, die mit den Namen Turgot, Ma-
lesherbes, Necker, Witte, Stolypin verknüpft sind. Gewiß waren
diese Reformen unvollständig, wurden widerrufen oder durch Sabotage der bevorrechteten Schichten illusorisch gemacht. Aber sie
sind eine Tatsache, ein wesentlicher Teil des Prozesses, der in diesen Ländern in der Revolution endete.

Der Abfall der Intellektuellen

Wir wollen uns nun der geistigen oder, besser gesagt, der Gemüts-
verfassung verschiedener Gruppen in den von uns betrachteten
Gesellschaften zuwenden. Die erste Frage ist: Findet die zunehmende Desorganisation der Regierung ein Gegenstück in der Organisation ihrer Gegner? Später werden wir die aktiven Gruppen
der Gesellschaft kennenlernen, die man heute in Amerika *pressure
groups*, Druckgruppen, nennt. Es sind Leute, die sich in Verbän-
den mit besonderen Zielen organisieren. Diese Verbände üben einen Druck verschiedener Art, von Propaganda und ‚Lobby‘ (Ab-
geordnetenbeeinflussung) bis zum Terrorismus, zur Erreichung
ihrer Ziele aus. In dieser oder jener Form sind solche Druckgruppen anscheinend ein Bestandteil jedes modernen Staates. Ihr bloßes Vorhandensein kann nicht als Revolutionsanzeichen gewertet
werden. Denn sonst wäre der Tierschutzverein, der Schriftsteller-
schutzverband oder der Verein gegen Anbringung von Reklame-
schildern in der Landschaft bereits ein Anzeichen einer kommenden zweiten amerikanischen Revolution. Nur unter bestimmten
Bedingungen darf man die Tätigkeit der Druckgruppen als Symptom nahender politischer Erschütterungen ansehen. Die Jahr-

zehnte vor der Revolution in unseren vier Gesellschaften zeigen jedoch eine Intensivierung der Tätigkeit der Druckgruppen. Mit der Zeit war ihre Tätigkeit immer mehr auf eine radikale Änderung der Regierung gerichtet. Manche Gruppen gehen in der Tat über Propaganda und Lobby hinaus, beginnen politische Aktionen und den Sturz der Regierung zu organisieren. Hier haben wir den Anfang einer Erscheinung vor uns, die wir später als die ‚illegale Regierung‘ bezeichnen werden.

In Amerika verhielten sich die Kaufleutekomitees, die zum Widerstand gegen die Reichsbevormundung gegründet worden waren, in vielem schon ganz so wie die modernen Druckgruppen. Ihre Aktivität reichte von der Propaganda bis zur Veranstaltung von Demonstrationen und zur Organisierung der Zusammenarbeit zwischen den einzelnen Kolonien durch Konferenzen und Entschließungen. Das war das Vorspiel zu den wirksamen Revolutionszellen, den ‚Korrespondenzkomitees‘, die Samuel Adams später so gut zu benutzen wußte. Weiter unten auf der sozialen Stufenleiter findet man ähnliche Vereinigungen, die schließlich in murrende Stammtische übergehen. In vielen Kolonien ließ sich das bereits bestehende Parlament als Druckgruppe gegen die Reichsregierung verwenden, wofür es in den anderen hier betrachteten Gesellschaften kein Gegenstück gibt. Die Bürgerversammlungen in den Städten Neuenglands boten einen fertigen Rahmen für diese Art Agitation.

In Frankreich hat der Historiker Cochin sich mit den von ihm so genannten *sociétés de pensée* (Denkgesellschaften) beschäftigt. Das waren zwanglose Gruppen, die sich zu Diskussionen über die Aufklärungsgedanken zusammenfanden, sich dann der politischen Agitation zuwandten und schließlich an der Steuerung der Wahlen zu den Generalständen von 1789 beteiligt waren. Die offizielle Geschichtsschreibung der französischen Republik hat es nie gern gehört, daß ihre große Revolution eine planmäßige Sache war. Der Außenstehende merkt aber sofort, daß Cochin auf die wesentliche Form der Gruppenaktion hingewiesen hat, die vom bloßen Reden und Spekulieren zur revolutionären politischen Arbeit überging. Auch die französischen republikanischen Historiker räumen ein, daß die Freimaurerei an der Vorbereitung der

Revolution beteiligt war. Die Tätigkeit der Freimaurer im Frankreich des 18. Jahrhunderts war keine dunkle Verschwörung, aber sie war auch sicherlich nicht auf die Bereiche eines Geselligkeits-, Freizeit- oder Bildungsvereins beschränkt. Fast alle Adligen und Bankiers, die etwas bedeuten wollten, fast alle Intellektuellen waren Freimaurer. Schon damals waren klerikale Konservative über die ‚Wühlarbeit‘ der Freimaurer entsetzt.

In Rußland hatte es schon lange eine Menge von Vereinigungen gegeben, die in verschiedenem Grade den bestehenden Zuständen abgeneigt waren. Nihilisten, Anarchisten, Sozialisten aller Schattierungen, Liberale, Westler und Anti-Westler machten sich auf die verschiedenste Art bemerkbar, vom Bombenwerfen bis zu den Wahlen in die Duma. Betrachtet man die letzten Jahre der Zarenmonarchie, so kann man sich des Eindrucks nicht erwehren, daß die Zersplitterung und der gegenseitige Kampf ihrer Gegner sehr dazu beitrugen, die Monarchie noch eine Zeitlang am Leben zu erhalten. Jedenfalls wurde die russische Revolution bei jeder sich bietenden Gelegenheit angekündigt, und die Rolle der ‚Druckgruppen‘ bei ihrer Vorbereitung ist eindeutig.

England ist in dieser Hinsicht ein weniger klarer Fall. Es gibt aber sichere Anzeichen einer systematischen Opposition der Kaufleute und eines Teils der Gentry gegen Maßnahmen wie das sogenannte Schiffsgeld. Die Parlamentsmehrheiten, die nach der Periode der ‚persönlichen Regierung‘ gegen Karl I. auftraten, waren das Produkt embryonaler Druckgruppen, wie ein Blick auf die ungeheure Broschürenliteratur jener Zeit zeigt. Ferner war die englische Revolution die letzte der großen sozialen Umwälzungen im Zeichen spezifisch christlicher Gedanken. Die sichtbarsten Druckgruppen im England des 17. Jahrhunderts waren die puritanischen Kirchen, namentlich jene, die sich ‚unabhängig‘ nannten. Ihr bloßes Bestehen bildete für Karl I. die gleiche Bedrohung wie das Bestehen der bolschewistischen Partei für Nikolaus II.

Zu bemerken ist, daß manche dieser Druckgruppen, zum Beispiel die amerikanischen Kaufleutekomitees, die *sociétés de pensée* und die Freimaurer, in den Tagen ihrer Blüte nie zugegeben hätten, daß sie eine Revolution vorbereiteten, von einer gewaltsamen gar nicht zu reden. Doch unterscheiden sich solche Druckgruppen von anderen, wie etwa dem Tierschutzverein oder den Gegnern der Plakattafeln in der Landschaft, durch ihre politischen Ziele: Sie wünschen im Grunde eine radikale politische Veränderung. Das wirkliche Ziel der amerikanischen Kaufleute war die Rückgängigmachung der neuen Reichspolitik von Westminster. Die Franzosen, welche die Wahlen des Dritten Standes organisierten, wollten eine neue Verfassung. Dagegen waren einige der russischen Druckgruppen von Anfang an auf gewaltsame Revolution eingestellt, aber sie waren zwischen 1905 und 1917 nicht maßgebend, sowenig wie die antinomistischen oder anarchistischen Sekten in England vor 1639.

Es gab also in all diesen Gesellschaften ‚Druckgruppen" mit mehr oder minder revolutionären Zwecken. Ihre Tätigkeit spielte sich auf dem Hintergrund einer ungewöhnlich intensiven politischen und ethischen Diskussion ab. Das bringt uns zu einem Symptom der Revolution, das in Edwards' ‚Naturgeschichte der Revolution' herausgearbeitet wird. Dieser Autor nennt es den „Wechsel im Treueverhältnis der Intellektuellen". Zwar mag das Wort ‚Abfall' einen gewissen moralischen Beiklang haben, aber es ist um so viel kürzer, daß wir es hier für diesen Vorgang benutzen wollen.

Zunächst wollen wir einmal klarstellen, was ein Intellektueller ist. Ohne Anspruch auf pedantische Genauigkeit zu erheben, können wir darunter Schriftsteller, Journalisten, Künstler, Schauspieler, Lehrer und Prediger[5] verstehen. Man kann diese wieder in eine kleinere führende Gruppe und eine größere, die nur das von den Führern bezogene Material wiederkäut, einteilen. Das ist aber hier weniger wichtig. Das Wichtige und zugleich Merkwürdige ist die allgemeine Stellung der Intellektuellen in der westlichen Gesellschaft seit dem Mittelalter. Um eine Gesellschaft für stabil zu erklären, brauchen wir keine Einhelligkeit unter ihren Intellektuellen zu fordern. Viele heutige Denker beneiden das 13. Jahrhundert um seine weltanschaulich-religiöse Einheit, aber in Wirklich-

---

5 Die Einbeziehung der Prediger durch den Autor geht auf die besondere Rolle der freikirchlichen Geistlichen in der angelsächsischen Sozialgeschichte zurück.

keit gab es auch damals viel Streit unter den Intellektuellen. Es gab eine Menge Propheten und Rebellen im ganzen Mittelalter. Heute halten wir es für selbstverständlich, daß die Intellektuellen untereinander verschiedener Meinung sind und bestimmt anderer Meinung als die Nichtintellektuellen, die Vulgären, die Spießer, die Babbitts oder welche Namen ihnen die Intellektuellen auch immer anhängen mögen. Aus zahlreichen Gründen sind ferner die Schriftsteller, Lehrer und Prediger durch ihre Funktion weitgehend zu einer kritischen Haltung gegenüber dem üblichen Ablauf der Dinge verpflichtet oder, wenn man will, verurteilt. Es fehlt ihnen an Erfahrung im Handeln unter der Last der Verantwortung; deshalb wissen sie nicht, wie wenig neue Politik in der Regel möglich oder wirksam ist. Ein Intellektueller, der mit der Welt so zufrieden wäre wie mit sich selbst, eine Welt mit *seinen* Ideen und Idealen, wäre kein Intellektueller mehr.

Wie so oft in der Gesellschafts- und auch in der Naturwissenschaft, gehen hier quantitative und qualitative Unterschiede in verwirrender Weise ineinander über. Wir können aber quantitativ feststellen, daß in einer deutlich unstabilen Gesellschaft absolut und (zumindest) relativ mehr Intellektuelle auftreten, welche die bestehenden Einrichtungen scharf angreifen und große Veränderungen in Gesellschaft, Wirtschaft und Regierung fordern. Wir können die Intellektuellen dieser Art mit den weißen Blutkörperchen, den Wächtern des Blutstroms, vergleichen. Es kann aber auch ein Zuviel an weißen Blutkörperchen geben, dann ist der Körper krank.

Qualitativ können wir Unterschiede in der Einstellung feststellen, die teilweise auf die große Zahl der angreifenden Intellektuellen, teilweise aber auf tiefere Gründe zurückgehen. Das viktorianische England zum Beispiel war eine im Gleichgewicht befindliche Gesellschaft, wenn das Gleichgewicht im Rückblick auch etwas unstabil aussieht. Hier las Carlyle einer Gesellschaft, die lieber Morrisons Pillen schluckte, als Helden zu verehren, die Leviten. Mill brütete über die Tyrannei von Mehrheiten. Matthew Arnold fand, es gebe nichts Hübsches in England und zuwenig Licht. Kardinal Newman suchte in Rom das Gegengift gegen den englischen Liberalismus. Morris rief seine Landsleute dazu auf, die Maschinen zu zerstören und zum Komfort[6] des Mittelalters zurückzukehren. Selbst Tennyson beklagte es, mit nichts als einer verschwommenen weltanschaulichen Unzufriedenheit aufwarten zu können.

Viele, wenn auch keineswegs alle viktorianischen Intellektuellen hatten große Meinungsverschiedenheiten untereinander. Sie waren anscheinend nur in der tiefen Abneigung gegen ihre Umwelt einig. Bei genauerer Betrachtung findet man aber eine merkwürdige übereinstimmende Überzeugung, daß sich unmittelbar nichts unternehmen ließe, die Dinge zu ändern. Die Intellektuellen konnten sich inmitten viktorianischer Sicherheit ruhig treffen, um ihre Meinungsverschiedenheiten zu diskutieren. Sie waren sich über ihre metaphysischen und theologischen Grundvoraussetzungen nicht so einig, wie man dies oft von den scholastischen Intellektuellen des Mittelalters behauptet. Einig waren sie sich dagegen über die weniger erhabenen, aber in gewisser Hinsicht wichtigeren Gebräuche und Gewohnheiten des täglichen Lebens – und sie erwarteten eine Änderung dieser Dinge nicht von der *Regierung*.

Der Unterschied zwischen der geistigen Atmosphäre einer Gruppe wie der viktorianischen, die man nicht als wirklich ‚abgefallen‘ ansehen kann, und einer tatsächlich ‚abgefallenen‘ Gruppe wird sofort klar, wenn wir die berühmte Gruppe der französischen Aufklärer betrachten. Zunächst sieht man eine ungeheure Anzahl von Intellektuellen, großen und kleinen, die sich mit Politik und Soziologie beschäftigen und sämtlich überzeugt sind, daß die Welt und namentlich Frankreich eine vollständige Umgestaltung von den kleinsten Dingen bis zu den allgemeinsten sittlichen und rechtlichen Grundsätzen benötigen. Die Namen stehen in allen Lehrbüchern: Voltaire, Rousseau, Diderot, Raynal, Baron Holbach, Volney, Helvetius, d'Alembert, Condorcet, Bernardin de St. Pierre, Beaumarchais. Lauter Rebellen, die ihren Geist gegen Kirche und Staat einsetzen oder in der Natur die Vollkommenheit suchen, die sie in Frankreich einführen möchten. Man findet kaum aktive, schreibende Konservative wie Samuel Johnson oder Sir Walter

---

6   Englisches Wortspiel. Comforts kann ‚Tröstungen‘ oder ‚Komfort‘ bedeuten.

Scott, nicht einmal neutrale Schriftsteller, die Schönheit oder Erkenntnis außerhalb der Politik suchen. Selbst die jetzt fast vergessenen Gegner der *philosophes*, die Pessimisten, welche die Fort-
schrittsdoktrin ablehnen, sind doktrinäre Intellektuelle, ebenso
unvernünftige Anbeter der *raison* wie die Radikalen.

Die Literatur im Frankreich des 18. Jahrhunderts ist fast zur
Gänze soziologisch. Ob man in die vergilbten Überbleibsel des
französischen Journalismus jenes Jahrhunderts blickt, ob man
das Geplauder der Salons und Klubs zu rekonstruieren versucht,
man findet überall denselben Chor von Klagen und Kritik der bestehenden Einrichtungen, die gleiche Suche nach dem einfachen
Plan der Natur für die Vollkommenheit in der Politik. In diesem
Chor der Klageführenden findet man eine Erbitterung und eine
Vollständigkeit, die man in den Klagen der englischen Viktorianer
vergeblich sucht. Statistisch läßt sich wohl feststellen, daß es im
vorrevolutionären Frankreich mehr gegen die Regierung eingestellte Intellektuelle gab als im viktorianischen England. In diesen
Klagen findet sich eine Bitterkeit und Totalität, die in der victorianischen Zeit fehlt. Es ist hier ein Reformeifer, ein Grundoptimis-
mus, den man keineswegs bei den eher entwurzelten Intellektuellen des westlichen 20. Jahrhunderts antrifft. Nicht einmal de Sade
klingt so wie Céline oder Henry Miller.

Auch Rußland ist ein eindeutiges Beispiel für diesen Abfall der
Intellektuellen. Die großen Romanciers, welche die russische Literatur zu einem Bestandteil der allgemeinen Bildung in der ganzen
Welt gemacht haben, sind gewiß nicht nur als politische Propagan-
disten anzusehen. Aber selbst in den Werken des verhältnismäßig
über den Dingen stehenden olympischen Turgenjew ist die politische und soziale Kritik am Zarenreich unverkennbar. Ein flüchtiger Blick auf das russische Geistesleben im 19. Jahrhundert –
ebenso in den ersten Jahren des 20. Jahrhunderts zeigt eindeutig,
daß Schreiben und Lehren in dieser Zeit soviel wie Opposition bedeutete. Es bedeutete damals nicht unbedingt, daß man Marxist
war. Im Leben der vorrevolutionären Russen spielte Marx eine
weit geringere Rolle als die Aufklärung und die Romantik.

Amerika ist ein weniger klares Beispiel. Zwischen 1760 und
1776 waren etwa in Boston recht viele Intellektuelle entschieden

gegen ein so unbostonisches Verhalten, wie es eine Revolution ist; man findet die gleiche Haltung heute in dieser Stadt wieder. Die Harvard-Universität war durchaus nicht einstimmig gegen die Krone und schon gar nicht für die demokratischen Machinationen ihres hervorragenden Schülers Samuel Adams. In einer Statistik der literarischen und journalistischen Produktion der Kolonien zwischen 1750 und 1775, zuzüglich der Predigten in den Kirchen, würde aber zweifellos die Ablehnung der damaligen Politik der Reichsregierung überwiegen. Die Aufklärung hatte namentlich durch Locke und Montesquieu die amerikanischen Kolonien erreicht. Hier wie in Europa waren die natürlichen, unabdingbaren Menschenrechte ein von Intellektuellen eingeführter Begriff.

Auf den ersten Blick scheint England vor seiner Revolution den Abfall der Intellektuellen nicht zu bestätigen. Lovelace, Suckling, Donne befassen sich kaum mit Soziologie. Eine genauere Betrachtung lehrt aber, daß die englische Literatur unter den beiden ersten Stuarts längst nicht mehr der Chor loyaler Lobgesänge ist wie in den Tagen Elisabeths I. Ein Blick in Grierson's *Cross Currents in English Literature of the Seventeenth Century* zeigt, wie zersetzend die Literatur im so glücklichen England der Renaissance war. Diese Literatur schwemmte das *merry England*, das ‚fröhliche England‘ der Renaissance, weg. Es gab, was besonders wichtig ist, in dieser Zeit keine wirklichen Zeitungen. An ihre Stelle trat die Broschüre. Die selbst nach heutigen Begriffen enorme Broschürenliteratur im England des beginnenden 17. Jahrhunderts beschäftigt sich so gut wie ausschließlich mit Religion oder Politik, richtiger Religion *und* Politik. Sie ist ein Schulbeispiel des Abfalls der Intellektuellen. Die Könige merkten es wohl. Unter Jakob I. gab es Erlaß auf Erlaß gegen den Verkauf ‚subversiver und puritanischer‘ Bücher, und man sprach viel von gefährlichen Schriften‘.

In der Mitte des 20. Jahrhunderts hört man ähnliche Reden in den Vereinigten Staaten von Amerika. Daraus kann man aber noch keine Diagnose auf eine nahende Revolution stellen; wir sehen hier, wie schwierig eine solche Diagnose ist. Alle Seiten des ‚Syndroms‘ müssen in Betracht gezogen werden, nicht eine einzelne davon, und wäre es die besonders erregende, die wir den ‚Abfall der Intellektuellen' genannt haben. Man kann manchen Beweis für die Behauptung erbringen, daß seit etwa 1900 in Amerika ein Abfall der Intellektuellen im Gange ist. In diesem Jahrhundert scheinen die USA aber nicht für eine Revolution reif zu sein; sie sind keine Gesellschaft, die das Gleichgewicht verloren hat. 1922 gab Harold Stearns zusammen mit so bekannten Autoren,wie H. L. Mencken, Lewis Mumford, Conrad Aiken, Deems Taylor und Zachariah Chafee jr. ein Buch mit dem Titel *Civilisation in the United States* heraus. Die Kernaussage des Buches war einfach: Es gibt 1922 in den U.S. keine Kultur. Vielleicht ruhen die Proteste der modernen amerikanischen Intellektuellen auf der gesunden Grundlage der grundsätzlichen Übereinstimmung mit ihren eigenen Babbitts, ähnlich wie wir es bei den viktorianischen Intellektuellen gesehen haben. Immerhin findet man bei vielen amerikanischen Autoren eine Schärfe des Tons, eine Erbitterung über das eigene Ausgeschaltetsein in einem Lande, das von nichtintellektuellen Geschäftsleuten regiert wird, die man auch bei den Arnolds, Morris und Carlyles in England vergeblich suchen würde. Die amerikanischen Intellektuellen neigen dazu, eine Art Klasse für sich zu bilden, mit deutlichen Gegensätzen zu den anderen Klassen; deshalb sind sie vielleiht so wenig im Begriff, eine Revolution hervorzurufen. Hier dürfen wir uns nicht in das Dickicht der schwierigen und noch wenig durchleuchteten Probleme der Wissenssoziologie verlieren, die beim Verhalten der intellektuellen Klassen des heutigen Amerikas eine Rolle spielen. Wir müssen uns mit der Feststellung begnügen, daß von Dreiser und Lewis bis zu Hemingway, Farrell und Mailer die Mehrzahl der vielgelesenen Autoren Amerikas die bestehenden Zustände in den USA angegriffen hat – und die bestehenden Zustände dennoch ohne jede Gefahr einer Revolution weiterbestehen.

Wohin wandten sich unsere erfolgreichen revolutionären Intellektuellen nach ihrem Abfall? Sie eilten zu den Fahnen einer anderen und besseren Welt als jener des korrupten, unfähigen *ancien régime*. Tausend Federn und Stimmen bauen in den Jahren vor dem Ausbruch der Revolution den revolutionären Mythus auf, ihre Saga, ihre Symbole, ihre Ideologie oder wie immer man das heute zu nennen pflegt. Eine bessere, ideale Welt wird in allen ethischen und religiösen Systemen des Abendlandes, namentlich im Christentum, der gegenwärtigen, unvollkommenen Welt gegenübergestellt. Es stimmt nicht ganz, wenn man vom mittelalterlichen Christentum behauptet, es hätte die andere, die ideale Welt in den Himmel entrückt. Sicher aber begannen mit der Reformation und der Renaissance die Menschen im Ernst daran zu denken, zumindest einen Teil des Himmels auf die Erde zu bringen. Die ideale Welt unserer Revolutionäre unterscheidet sich von der besseren Welt geistiger Fußgänger durch einen flammenden Glauben an das unmittelbare Bevorstehen des Idealzustandes, ein Gefühl, daß alle Menschen zu Besserem berufen sind als ihrem jetzigen Schicksal, eine Überzeugung, daß der gegebene Zustand nicht nur abzulehnen, sondern auch unnötig ist.

Vielleicht läßt sich aus dem Mangel einer solchen unmittelbar bevorstehenden besseren Welt in den Vorstellungen der amerikanischen Intellektuellen die Tatsache erklären, daß sie nicht die Rolle neuer Voltaires und Lockes spielen. Die amerikanischen Intellektuellen haben nie ernsthaft den marxistischen Traum geträumt; ihr Traum ist der alte des 18. Jahrhunderts, den man heute nicht ernstlich revolutionär nennen kann.

Wir werden später diesen revolutionären Idealen in ihrer voll entwickelten Form noch begegnen. In den Schriften und Predigten der englischen Puritaner, in geringerem Grad auch bei sogenannten konstitutionellen Juristen jener Zeit, in den Schriften der Aufklärer, der Marxisten im 19. und 20. Jahrhundert wird das schlechte, eigentlich illegitime Regime wirksam dem guten gegenübergestellt, der unvermeidlich kommenden Herrschaft des Rechts. In England, Amerika und Frankreich rief man gegen die herrschenden Zustände die ‚Natur‘ an, mit ihren klaren und einfachen Gesetzen. Das Schiffsgeld in England, das Stempelgesetz in Amerika, der Adelsbrief in Frankreich, das alles verstieß gegen das Naturrecht. Selbst in England und Amerika, wo man sich auch oft auf die Rechte der Magna Charta und des *Common law* berief, zitierte man als letzte Instanz stets das Naturrecht, das ‚der Mensch im Herzen trägt‘. Der Puritaner Henry Parker schrieb in England: „Die Gerichte sind nur mit ganz bestimmten Rechtsnormen ausgestattet, die für ein so umfangreiches Problem (die Bezie-

hungen zwischen Krone und Volk) zu eng sind. Wir müssen uns
daher an die Regeln halten, welche die ursprünglichen Gesetze der
Natur uns bieten." Im 18. Jahrhundert war diese Sprachregelung
bereits zum Gemeingut der Intellektuellen geworden. Wir können
jedoch die Feststellung nicht unterdrücken, daß die Natur stets
das riet, was die revoltierenden Intellektuellen wollten. Wahrscheinlich war die Natur aber für die meisten, die sie anriefen, ein
ebenso bestimmtes und klar umrissenes Wesen, wie es vorher Gott
gewesen war und der dialektische Materialismus später werden
sollte.

Bei den russischen Schriftstellern und Agitatoren der Zarenzeit spielte die Natur keine so große Rolle. Bei Tolstoj und seinen
Zeitgenossen mangelt es jedoch nicht an Hinweisen auf die Natur:
Die Gegenüberstellung der ‚künstlichen' Gesellschaft und der ‚natürlichen' Instinkte wurde auch von der sozialistischen Propaganda nicht verschmäht, und die Liberalen bezogen mehr Begeisterung als feste Normen aus einem Potpourri westlichen fortschritt-
lichen Denkens von der Renaissance bis zu Darwin. Aber die offizielle Ideologie der erfolgreichen Radikalen in Rußland war der
Marxismus. Der Marxismus findet das Bestehen von Kapitalisten,
die Herrschaft der Bourgeoisie ganz natürlich. Nur findet er auch
ihre Vernichtung durch das Proletariat ganz natürlich. Diese Vernichtung ist durch Kräfte gesichert, die von den Kapitalisten nicht
beeinflußt werden können. Der unausweichliche Ablauf der Wirtschaft sollte für den Marxisten herbeiführen, was der Puritaner
von Gott und der Aufklärer von der Natur und der Vernunft erwartete. Der wesentliche Punkt, den alle diese vorrevolutionären
Agitatoren gemeinsam haben, der wesentliche Bestandteil des revolutionären Mythus ist diese abstrakte, allmächtige Kraft, die
den perfekten Verbündeten der Revolutionäre darstellt.

Hier wollen wir einen Augenblick bei einem besonderen Punkt
verweilen: Gott, die Natur oder der dialektische Materialismus
stellt nicht nur den Sieg der jetzt Unterdrückten sicher. Die jetzt
Herrschenden haben – das wird ‚bewiesen', für die Propaganda
muß es sogar bewiesen werden – die Herrschaft rein zufällig erworben oder durch einen verabscheuungswürdigen Trick, während Gott oder die Natur gerade nicht aufpaßte. So wurden in der

englischen Revolution die Royalisten und sogar die Gentry als
‚Normannen' bezeichnet, Abkömmlinge einer Gruppe fremder
Eroberer, die kein Recht auf englischen Boden hatten. John Lilburne, der Führer der ‚Leveller' oder Gleichmacher, geht so weit,
zu behaupten, das ganze *Common law* sei ein Gesetz für Sklaven,
von den normannischen Eroberern dem freien Volk Englands auferlegt. Die amerikanische Abneigung gegen die englische Fernre-
gierung bedurfte kaum solcher künstlicher Förderung. Den Franzosen erklärte kein Geringerer als der Abbé Siéyès, daß alle ihre
Schwierigkeiten von der fränkischen Usurpation herrührten, die
mehr als ein Jahrtausend zuvor stattgefunden hatte. Der französische Adel von 1789, das waren die Nachkommen barbarischer
Germanen, während das gewöhnliche Volk von Frankreich von
zivilisierten Galliern und Römern abstammte. Die Revolution
stellte nur die Lage von 450 n. Chr. wieder her. Der Marxismus
deutet die Ausbeuterklasse, ohne solche pseudohistorische Begriffe zu Hilfe zu nehmen. Dennoch findet man in der russischen revolutionären Agitation zahlreiche Hinweise auf die Bodenaneignung
durch den Adel, auf dessen warägischen, tatarischen oder westlichen, auf jeden Fall ausländischen Ursprung. Das gegenwärtige
Übel wie das künftige Gute bedürfen der Einstufung durch den
‚Mythus" im Sinne Sorels.

Man hat schon viel darüber gestritten, ob die revolutionäre
Ideologie die revolutionäre Aktion ‚verursacht' oder ob sie nur
eine Art unnötiger Dekoration ist, mit welcher die Revolutionäre
ihre wirklichen Motive und Handlungen verhüllen. Diese Diskussion ist größtenteils zwecklos, weil sie sich auf einen rohen Kausa-
litätsbegriff stützt, der oberhalb einer sehr einfachen Stufe für
wissenschaftliche Arbeit unhaltbar ist. Machte Rousseau die französische Revolution, oder machte die Revolution ihn? Es ist die
bekannte Frage, ob die Henne aus dem Ei kommt oder das Ei aus
der Henne. Wir vermerken: In unserer vorrevolutionären Gesellschaft gehen mit den wirtschaftlichen, sozialen und politischen
Umständen, die der unentwegte Moderne in den Mittelpunkt stellt,
immer Reden und Schriften über Ideale einher, über eine bessere
Welt, über sehr abstrakte Kräfte, die dahin wirken, diese bessere
Welt herbeizuführen. Die Gleichartigkeit besteht nicht im Auftre-

ten bestimmter Ideen – diese können bei verschiedenen Revolutionen sehr verschieden sein –, sondern darin, daß überhaupt Ideen verkündet werden. Ideen sind immer ein Bestandteil der vorrevolutionären Situation. Dabei wollen wir es bewenden lassen. Keine Ideen, keine Revolution. Damit ist nicht gesagt, daß Gedanken die Revolution ‚verursachen‘ oder daß das beste Mittel zur Verhinderung von Revolutionen die Gedankenzensur ist. Wir meinen nur, daß Ideen zu den in Wechselwirkung stehenden Variablen gehören, die wir hier untersuchen.

Klassen und Klassengegensätze

Bestimmte Gruppen in unseren vier Gesellschaften hegten eine Abneigung, manchmal mit Verachtung gemischt, gegen andere Gruppen. Wenn wir die enge wirtschaftliche Deutung des Ausdrucks vermeiden, können wir diese Gruppen ‚Klassen‘ nennen. Wenn wir daran denken, daß der Kampf nicht einfach zwischen zwei Klassen, etwa Feudalklasse gegen Bourgeoisie oder Bourgeoisie gegen Proletariat, stattfand, so können wir auch von Klassenkämpfen sprechen. In dieser oder jener Form scheint diese Art Kampf, nebst anderen gewaltsamen Auseinandersetzungen, auch in den stabilsten westlichen Gesellschaften endemisch zu sein.

Auch in der Normalgesellschaft, die den Kontrast zu unserer vorrevolutionären Gesellschaft bildet, kann man nicht annehmen, daß der Löwe neben dem Lamm lagert. Die Beziehung zwischen der privilegierten oder herrschenden Oberklasse und dem Volk ist vielleicht die ‚Mimesis‘ Toynbees. Man teilt Ideale, die niederen Gruppen blicken zu den oberen auf. Burke und John Adams, vielleicht auch Platon, suchten diese Beziehung zum Ausdruck zu bringen. Die Diagnose ist hier wieder sehr schwierig, denn wir können nicht genau wissen, worin hier die wahre Gesundheit besteht. In den meisten Gesellschaften des Abendlandes, auch im Athen des 5. Jahrhunderts und dem europäischen Hochmittelalter, den Perioden, die heute als goldene Zeitalter erscheinen, scheint keine vollständige Mimesis geherrscht zu haben. Überall hört man:

Als Adam grub und Eva spann,
wo war denn da der Edelmann?

Dieser Klassenhaß steigert sich aber in den Zeiten eines *ancien régime* merklich, wird immer schärfer. Man sieht in den Klassenunterschieden nicht mehr Schranken, die der Tüchtige, Tapfere und Ehrgeizige übersteigen kann, sondern unnatürliche und ungerechte Privilegien, von bösen Menschen gegen die ausdrücklichen Intentionen des Allmächtigen, der Natur oder der Wissenschaft geschaffen. Diese Klassenkämpfe sind aber keineswegs einfache Duelle. Es gibt Gruppen innerhalb der Gruppen, Strömungen innerhalb der Strömungen. Wir wollen versuchen, einige dieser Strömungen zu analysieren.

Zunächst scheint die sogenannte herrschende Klasse in unseren vier Gesellschaften in sich gespalten und unfähig zu sein. Unter der herrschenden Klasse verstehen wir, vielleicht etwas zu großzügig, die Leute in leitenden Positionen, die Leute des öffentlichen Lebens: Politiker, hohe Beamte, Bankiers, Geschäftsleute, adlige Großgrundbesitzer, Offiziere, die Priesterschaft, vielleicht auch einige Intellektuelle. Der formale genealogische Adel hat nie genügt, um eine abendländische herrschende Klasse zu definieren. Auch am Beginn der modernen Zeit war die herrschende Klasse von der Art, die wir eben skizziert haben: eine Minderheit von Menschen, die ein bewegtes Leben zu führen scheinen, um die es Skandale gibt; sie geben in der Mode den Ton an, sind reich, haben einflußreiche Positionen inne oder sind zumindest angesehen; kurz, sie herrschen. Sie sind die ‚politische Klasse‘ Moscas.[7] In einer sozial stabilen Gesellschaft akzeptiert die große Masse der armen und mittleren Schichten, ebenso die Schicht der Unbekannten und Erfolglosen, die nach Geburt und Erziehung zur herrschenden Klasse zu gehören scheinen, in Wirklichkeit die Führung durch die Leute, die auf der Spitze der gesellschaftlichen Pyramide stehen. Der Traum all dieser ‚Unteren‘ ist es, in jene

---

7 Vgl. Gaetano Mosca: *Die herrschende Klasse. Grundlagen der politischen Wissenschaft.* Geleitwort von Benedetto Croce [1896], München 1950 (Anm. des Herausgebers).

Führungsgruppe aufzusteigen, nicht aber, sie zu stürzen. Das mag allerdings nicht ganz Toynbees ‚Mimesis‘ sein.

Die herrschenden Klassen in unseren Gesellschaften scheinen tatsächlich ihre Funktionen nicht ausreichend erfüllt zu haben. Das erscheint nicht nur im nachhinein so, weil sie gestürzt wurden. Außer in Sparta und Preußen stellten die einfachen militärischen Tugenden an sich noch keine herrschende Klasse dar. Eine solche Klasse darf aber nicht vor der Anwendung von Gewalt zu ihrer Selbstbehauptung zurückschrecken. Sie darf Klugheit und Originalität bei ihren Mitgliedern nicht zu hoch schätzen. Zumindest Klugheit kann sie in ausreichendem Maße von außerhalb dingen. Eine tüchtige herrschende Klasse muß ungefähr folgende Mischung von Eigenschaften besitzen: militärische Tugenden, Achtung für überliefertes Denken und Verhalten, Bereitschaft zum Kompromiß und, wenn nötig, zu Neuerungen. Diese Eigenschaften besaßen die Römer der Zeit der Punischen Kriege, auch die Engländer des 18. Jahrhunderts, wenn die letzteren auch in den Beziehungen mit Amerika versagten.

Wenn zahlreiche und einflußreiche Mitglieder einer solchen Klasse zu glauben beginnen, daß sie die Macht zu Unrecht innehaben oder daß alle Menschen Brüder sind, alle gleich vor der ewigen Gerechtigkeit; wenn sie zu glauben beginnen, daß die Überzeugungen, in denen man sie erzogen hat, töricht sind; wenn sie dem Spruch huldigen ‚Nach uns die Sintflut‘ – dann werden sie wahrscheinlich einem ernsten Angriff auf ihre gesellschaftliche, wirtschaftliche und politische Stellung nicht widerstehen können. Die Dekadenz einer herrschenden Klasse und die Beziehung dieser Dekadenz zur Revolution ist ein hoch interessantes, aber wie so viele andere Fragen der historischen Soziologie noch wenig erforschtes Thema. Hier können wir nur bemerken, daß dieser Verfall nicht unbedingt ein ‚moralischer‘ im Sinne der christlichen Sittenlehre sein muß. Nicht selten huldigten durchaus tüchtige herrschende Klassen dem Trunk, dem Spiel, dem Ehebruch und grausamen Arten des Sports – in unseren Augen alles verwerfliche Dinge. Man kann ruhig behaupten, daß die mangelnde Eignung der französischen Aristokratie zum Herrschen sich weit mehr in dem tugenhaften Lafayette verkörperte als in der Pompadour oder der Dubarry.

Ein klassisches Beispiel bilden hier die Russen. Nach ihren literarischen Erzeugnissen zu urteilen, beklagten die russischen Aristokraten schon Jahrzehnte vor 1917 ständig mit slawischer Wehmut die Sinnlosigkeit des Lebens und die Rückständigkeit Rußlands. Das ist zwar nicht das wirkliche Gesamtbild, aber es ist sicher, daß viele Angehörige der russischen herrschenden Schichten das Gefühl hatten, daß die Tage ihrer Privilegien gezählt waren. Viele von ihnen gingen, wie Tolstoj, zur Gegenseite über. Andere wurden Liberale und begannen nach französischem Muster einmal Konzessionen zu machen, um sie das nächste Mal wieder zurückzuziehen. Selbst in Hofkreisen war es 1916 üblich geworden, über den Zaren und seine Mitarbeiter zu witzeln. Der vielgehaßte Zarenminister Protopopow schrieb:

> *Selbst die höchsten Schichten waren vor der Revolution zu Frondeuren geworden. In den großen Salons und Klubs wurde die Politik der Regierung scharf und gehässig kritisiert. Man wühlte in den Familienverhältnissen des Zaren. Man erzählte sich Witze über das Staatsoberhaupt. Man dichtete Spottverse. Viele Großfürsten nahmen offen an diesen Zusammenkünften teil. Man merkte erst im letzten Augenblick, wie gefährlich dieses Amüsement war.*

Wenn Angehörige der herrschenden Schichten von staatlichen Machtpositionen aus zur Gewaltanwendung griffen, taten sie es nur sporadisch und halb. Über das Problem der Gewalt werden wir noch zu sprechen haben, wenn wir zum Beginn der tatsächlichen Revolution kommen. Hier genüge die Feststellung, daß die russische Oberschicht, ungeachtet ihres berühmten ‚Asiatentums', gegen Ende des 19. Jahrhunderts ein sehr schlechtes Gewissen gegenüber der Gewaltanwendung hatte und deshalb die Gewalt mangelhaft anwendete. Der Effekt war, daß die Betroffenen noch mehr gereizt, aber nicht niedergeschlagen wurden. Die Grenze zwischen Gewalt und friedlicher Überredung ist ein dünner Strich, den man nicht nach Formeln, ‚wissenschaftlichen' Regeln oder Lehrbüchern ziehen kann; nur Männer, welche die Kunst des Regierens beherrschen, können ihn ziehen. Ein deutli-

ches Zeichen der Unfähigkeit der herrschenden Klasse zum Wei-
terherrschen ist das Fehlen dieser Kunst. Die Geschichte bezeugt
diesen Mangel durch die Mißstimmung und die vielen kleineren
Unruhen vor der Revolution.

Rußland bleibt der klassische Fall einer unfähigen herrschenden Klasse, aber Frankreich ist ein fast ebenso gutes Beispiel. Die
Salons, in denen man sich über das *ancien régime* so den Mund
zerriß, gehörten oft adligen Damen und wurden von Adligen fre-
quentiert. Königliche Prinzen wurden Freimaurer und verhielten
sich nicht ihren Privilegien und ihrem Rang entsprechend. In
Frankreich sieht man besonders deutlich eine typische Begleiterscheinung der Zersetzung einer herrschenden Klasse: Einige ihrer
Mitglieder machen sich bewußt die Sache der unzufriedenen oder
unterdrückten Klassen zu eigen. Der Herr tritt freiwillig auf die
Seite des Knechts. Man darf in solchen Fällen vermuten, daß es
bald zu einem Tausch der Rollen kommen wird. Lafayette ist hier
ein Beispiel. Er war ehrgeizig, aber nicht intelligent, und richtete
sich nach der jeweiligen Mode. Er bemühte sich, immer das zu
tun, was seine eigenen Kreise am meisten bewundern würden. Er
war ein schlechter Tänzer – seine Kreise bewunderten gute Tänzer. Er ging deshalb nach Amerika, um für die Sache der Freiheit
zu kämpfen – auch das war etwas, was man in seinen Kreisen be-
wunderte. Eine herrschende Klasse kann aber nicht mit Nutzen
für die Freiheit kämpfen, das heißt für die Freiheit der anderen.

Es ist hier erneut darauf hinzuweisen, daß das Vorhandensein
aufrührerischer Radikaler in den Oberschichten nur ein einziges
Symptom in einem komplizierten Syndrom ist.

Diese verlorenen Söhne der Oberklasse müssen in einer aus
dem Gleichgewicht gekommenen Gesellschaft verhältnismäßig
zahlreich und auffällig werden; sie müssen, zusammen mit den Zy-
nikern und den nur ihrem Vergnügen Lebenden, in ihrer Klasse
tonangebend werden. Sonst ist es nicht ein Symptom der Zersetzung einer Oberschicht. Lothrop Stoddard nennt die Angehörigen
der Oberklasse, die sich an die Seite des Volkes stellen, irregeleite-
te Obere. Auch in der so stabilen Gesellschaft des viktorianischen
Englands waren sie keineswegs selten – aber sie waren in der ,Ge-
sellschaft' nicht tonangebend. Das sind sie auch im heutigen Ame-

rika nicht, wo die Lamonts und Vanderbilts (Lamont: Partner des Hauses Morgan, Vanderbilt: alte Millionärsfamilie) im allgemeinen nicht linksradikal sind und gewiß nicht marxistisch. Auch scheinen die heutigen irregeleiteten Oberen in Amerika nicht fähig zu sein, sich auf ein Programm zu einigen. Im Gegensatz zu denen, die im 18. Jahrhundert die bestehende Ordnung angriffen, sind sie nicht einmal äußerlich geeint. Wie die viktorianischen Gesellschaftskritiker verteilen sie sich auf fast alle Varianten abendländischer Weltanschauung. Nur wenn die ‚irregeleiteten Oberen‘ Amerikas sämtlich stalinistische Kommunisten wären, könnte man ihre Existenz im Jahre 1952 als mögliches Symptom bei der Diagnose einer vorrevolutionären Gleichgewichtsstörung in Betracht ziehen.

Im Amerika des 18. Jahrhunderts ist diese Dekadenz einer herrschenden Klasse unter den wichtigeren Symptomen der kommenden Revolution nicht zu finden. Die einheimische herrschende Klasse war noch jung, noch in Bildung begriffen, und als Klasse betrachtet, zeigte sie nichts von der Unfähigkeit, die wir in Frankreich und Rußland festgestellt haben.

Doch hat natürlich ein großer Teil der kolonialen herrschenden Klasse die amerikanische Revolution gefördert; das ist wahrscheinlich einer der Gründe, warum diese Revolution vor der Stufe der Schreckensherrschaft haltmachte. Die herrschende Klasse Englands wiederum war um die Zeit der amerikanischen Revolution unfähig, einen festen Kurs gegen Amerika zu steuern. Zwar konnte sie sich im 18. und 19. Jahrhundert in England halten, aber nur durch Konzessionen an das Bürgertum – eben jene, die ihr französisches Gegenstück verweigerte. Viele dieser Engländer waren hinsichtlich der Beziehungen zu Amerika keineswegs Verteidiger der bestehenden Ordnung. Fox, Burke, überhaupt die Whigs stellten sich noch nach 1775 auf die Seite der Amerikaner. Ihre Haltung stärkte fraglos die Moral der Aufständischen.

Dieses Symptom ist auch im 17. Jahrhundert in England feststellbar. Zwar zeigt die englische Aristokratie der Zeit Jakobs I. selbstredend nicht dieselbe Mischung von Müdigkeit, Zweifel, humanitären Hoffnungen und Verantwortungslosigkeit, wie wir sie in Rußland und Frankreich gesehen haben. Die meisten dieser Ele-

mente finden sich aber in der Gruppe, die später unter dem Namen ‚Kavaliere" bekannt wurde. So romantisch und malerisch die
Kavaliere in der Literatur und in der Tradition auch erscheinen,
kann man doch kaum sagen, daß sie die Solidarität und Ausgegli-
chenheit zeigten, die eine herrschende Klasse braucht. Die Kava-
lier-Legende ist auch nicht ganz ein Produkt der Jahre nach der
Revolution. Die Kavaliere waren wirklich Romantiker. In einer
harten Welt von Puritanern und Großverdienern hatten sie schon
die Suche nach der goldenen Vergangenheit begonnen, die so
kennzeichnend für die Emigranten späterer Revolutionen ist. Die
Aufgeklärten und Begeisterten, die Lafayettes und Tolstojs, fehlen
auch in der englischen herrschenden Klasse jener Zeit nicht ganz.
Man mag die Einschätzung der Engländer im 19. Jahrhundert –
als nüchtern, praktisch und kompromißbereit – akzeptieren, aber
man darf nicht vergessen, daß ein Edelmann der Tudorzeit das
politische Denken um das Wort ‚Utopie' bereicherte und daß Harrington im 17. Jahrhundert eine andere berühmte Utopie schrieb,
die *Oceana*.[8]

Eine besondere Tatsache verhüllt das wahre Ausmaß des Abfalls vieler fähiger und ehrgeiziger englischer Edelleute von der
bestehenden Ordnung in der ersten Stuartzeit. Es ist die Tatsache,
daß sie nicht, wie Lafayette, nach Amerika und zu den abstrakten
Menschenrechten flohen, sondern zu Gott und dem Weg des Heils.
Das Puritanertum in seinen vielen Gestalten zog nicht nur das nie-
dere Volk an, auch nicht nur die Händler und Bankiers, sondern
auch einen erheblichen Teil der Gentry und des höheren Adels.
Cromwell selbst war ein *gentleman*, ein Angehöriger der landbe-
sitzenden Aristokratie. Es ist für diese Zeit schwierig, Politik und
Religion zu trennen, denn im Gefühl der damals lebenden Menschen waren beide unentwirrbar verflochten. Soweit man aber
von einer politisch-juristischen Opposition unter den beiden ersten Stuarts sprechen kann, kamen ihre Führer fast ausschließlich aus der Gentry und dem höheren Adel. Männer wie Hampden

---

8   Vgl. James Harrington: *Oceana 1656*. Ed. Hermann Klenner. Leipzig 1991.
    Die in dieser, übrigens Cromwell gewidmeten Schrift geschilderte Idealgesell-
    schaft ist eine konservative Agrardemokratie. (Anm. d. Hsg.)

und Essex ähneln Washington darin, daß sie im Grunde Konservative sind, die durch die Unfähigkeit der gerade regierenden Machthaber zum Aufstand getrieben werden. Sie sind nicht, wie Lafayette, sentimentale Abtrünnige ihrer Klasse.

Vielleicht mit Ausnahme Amerikas erweisen sich die herrschenden Klassen des *ancien régime* deutlich als gespalten, als unfähig, die Funktionen einer herrschenden Klasse zu erfüllen. Ein Teil hat sich den Intellektuellen angeschlossen und ist der bestehenden Ordnung abtrünnig geworden, ja hat dem Kampf für eine neue Ordnung sogar Führer gestellt. Einzelne Mitglieder sind zu Rebellen geworden, weniger wegen einer Zukunftsvision als einfach aus Langeweile in der Gegenwart. Wieder andere sind resigniert, gleichgültig oder zynisch geworden. Die gewöhnlichen Mitglieder der herrschenden Klasse haben vielfach oder sogar in ihrer Mehrzahl den Glauben an sich selbst und ihre Stellung behalten, diesen einfachen Glauben, der anscheinend für eine herrschende Klasse notwendig ist. Das gilt für den englischen Squire, den französischen und den russischen Landedelmann. Für das Leben der Oberschicht waren diese Leute aber nicht maßgebend. Sie folgte einer Mode, und diese Mode war, mit den Intellektuellen von der bestehenden Ordnung abzufallen. Die nüchternen Tugenden, der ganze Komplex von Werturteilen, der eine privilegierte Klasse gegen andere und sich selbst schützt, all das war in Whitehall, in Versailles, am alten Hof zu Petersburg aus der Mode gekommen. Der *esprit de corps*, der Korpsgeist, ist zu subtil, um sich mit chemischen oder statistischen Methoden analysieren zu lassen. Die Menschen in solchen Gruppen werden durch fein ausgewogene Gefühle und Gewohnheiten zusammengehalten. Dieses Gleichgewicht kann sich ändern durch wieder andere, schwer nachzuweisende Veränderungen. Jedenfalls ist eine Änderung zu beobachten. Gerade der Witz, die Verfeinerung, die Kulturblüte der englischen Kavaliere, der Aristokraten in Versailles und in den Salons, der russischen Oberschicht mit ihrem Ballett, ihrer Oper, ihren Romanen, das alles sind Zeichen der Dekadenz einer herrschenden Klasse – nicht unbedingt moralischer, aber jedenfalls politischer Dekadenz.

Auch wenn man die einfacheren Formen der wirtschaftlichen
Deutung der Geschichte unzulänglich und irreführend findet,
kann man nicht leugnen, daß in dreien unserer Gesellschaften
(England, Frankreich und Rußland) klare Anzeichen dafür vorhanden sind, daß die wirtschaftliche Lage der herrschenden
Schichten stark erschüttert war. Die Lebenshaltung des Adels beziehungsweise der Gentry war erheblich gestiegen. Schönere Fläu-
se, schönere Kleidung, Kunstluxus mit Gemälden und Skulpturen,
Musik – das alles kostete viel Geld und war, rein wirtschaftlich
gesehen, keine gute Kapitalanlage. Geschichtsbücher behaupten
zwar manchmal, den Edelleuten sei der geschäftliche Gelderwerb
streng verboten gewesen, aber das wurde, selbst in Frankreich,
durchaus nicht so strenggenommen. Doch es bleibt Tatsache, daß
die *gentlemen* jener Zeit zum Geldverdienen weder begabt noch
erzogen waren. Sie lebten meist von der landwirtschaftlichen
Pacht, die sich nicht im Gleichschritt mit der teurer gewordenen
Lebensführung erhöhen ließ. Sie lebten auch von Pensionen, Sine-
kuren und anderen Zuwendungen von seiten des Staates, die ebenso unelastisch waren, weil der Staat immer weniger Geld hatte.
Ludwig XIV. beutete seinen Neuadel systematisch aus, indem er
die Adelspatente oft zurückzog, um sie den Betroffenen neu zu
verkaufen. Namentlich für die französische und russische Oberschicht ist es deutlich, daß die Mißstimmung, die ihren Korpsgeist
untergrub, teilweise auf ihre wirtschaftlichen Schwierigkeiten zu-
rückging.

Soviel über die oberen oder herrschenden Schichten. Die Klassen unmittelbar unter ihnen zeigen in England, Frankreich und
Rußland, in geringerem Grade auch in Amerika, eine lebhafte Abneigung gegen ‚die da oben‘. Hier müssen wir uns wieder fragen,
was in den Klassenbeziehungen innerhalb abendländischer Gesellschaften als ‚normal‘ anzusehen ist. Die Auffassung, daß es in einer normalen Gesellschaft keine Klassengegensätze gibt, ist ebenso
abzulehnen wie die marxistische Ansicht, daß in den bisherigen
Gesellschaften der Klassenkampf ein unablässiger und stets gleich
erbitterter gewesen ist. Nehmen wir den amerikanischen Süden
vor dem Bürgerkrieg als Beispiel. Eine Darstellung, die zufriede-
ne, wohlgenährte Sklaven, wohlhabende Handwerker und Kauf-

leute ohne die geringste Abneigung gegen ihre aristokratischen Kunden, darüber eine fröhliche, vornehm-patriarchalische Pflanzeraristokratie zeigt, ist selbstredend Unsinn. Das gleiche gilt aber auch für eine Darstellung, die nur ewige Unruhe unter den Sklaven, Neid und Haß unter den ärmeren Weißen, Hochmut und Furcht unter den Pflanzern zeigt. Die Menschen in abendländischen Gesellschaften sind nie frei, gleich und brüderlich gewesen. Es hat immer politische, soziale und wirtschaftliche Ungleichheit der Gruppen, die wir Klassen nennen, in diesen Gesellschaften gegeben. Das Bestehen von Klassengegensätzen ist eine Tatsache, auch wenn es im Interesse der herrschenden Klasse liegen mag, dies abzustreiten. In einer normalen Gesellschaft jedoch sind die verschiedenen, keineswegs rein wirtschaftlichen Gegensätze der Klassen anderen Belangen, weiteren oder engeren, untergeordnet, überschneiden sich mit anderen Gegensätzen, werden durch andere Interessen gedämpft. Sicher erfahren sie keine Stärkung oder Schürung durch Unterstützung seitens der Intellektuellen wie in den *anciens régimes*, die wir betrachten.

Man lehrt uns gewöhnlich, daß in England die Klassengegensätze durch die guten Beziehungen zwischen den Landedelleuten und den Bauern, durch den Übergang der jüngeren Söhne des Adels ins Bürgertum (in England erbt nur der älteste Sohn den Adelstitel) und durch einen angeblichen englischen Sinn für Solidarität und Anständigkeit gemildert wurden. Doch gab es gerade in England im 17. Jahrhundert einen heftigen Klassenkampf. Eine bürgerliche Puritanerin Lucy Hutchinson schrieb, in dem hoch moralischen Ton, der solche Klassenkämpfe in vorrevolutionären Gesellschaften zu begleiten pflegt:

> *Der Königshof war eine Stätte der Wollust und der Ausschweifungen geworden . . . der Adel war sittlich verkommen . . . die Masse der Gentry erlernte die Art des Hofes schnell, und jedes große Haus im Lande wurde bald ein Augiasstall der Unreinheit. Dann wurden Mord, Inzest, Ehebruch, Trunksucht, Unzucht und Fluchen zu geduldeten Lastern, weil sie ja nur das Beispiel des Hofes nachahmten.*

Wir brauchen uns nicht darüber zu verbreiten, daß das französische wie das russische Bürgertum seine Aristokratie haßte, ihr zugleich mit Neid gegenüberstand, aber sich ihr auch moralisch überlegen fühlte. Die Aufzeichnungen dieser Schichten lassen die Intensität und weite Verbreitung dieser Gefühle erkennen. Mit vierzehn Jahren sagte Manon Philipon, die spätere Madame Roland, nach einer Woche bei einer Hofdame der Dauphiné zu ihrer Mutter: „Noch ein paar Tage, und ich werde diese Leute so verabscheuen, daß ich meine Abneigung nicht mehr werde beherrschen können." Die Mutter fragte, was ihr diese Aristokraten denn getan hätten. Das Mädchen antwortete: „Man spürt zu stark die Ungerechtigkeit, man muß jeden Augenblick an die Absurdität des Ganzen denken." Je höher der französische Bourgeois stieg, je näher er in seiner Lebensführung an den Adel heranrückte, um so stärker fühlte er die Kluft, die ihn von seinem adligen Nachbarn trennte. Rivarol schreibt in seinen Memoiren:

> *Was die Nation am meisten aufbrachte, waren nicht die Steuern, nicht die ‚Lettres de cachet' (willkürliche Verhaftungsbefehle des Königs) und die anderen Übergriffe der Behörden; es waren auch nicht die Schikanen der ‚Intendants' und der langsame Gang der Justiz; es war der Hochmut des Adels. Das sieht man daraus, daß die Bourgeois, die Schriftsteller, die Finanzleute, kurz, alle, die den Adel beneideten, es waren, die das Kleinbürgertum der Städte und die Bauern auf dem Lande gegen den Adel aufhetzten.*

Elinor Barber hat gezeigt, daß bis zum Ende des 18. Jahrhunderts wohlhabende und ehrgeizige französische Bourgeois eher danach trachteten, in den Adel aufzusteigen als ihn abzuschaffen. Die adelige Reaktion in den letzten Dekaden vor 1789 machte die Verwirklichung solcher Ambitionen eher schwierig; Die Verbreitung der Ideen der ‚Philosophen', eher noch jener von Bernardin de St. Pierre, Rousseau und anderer nicht eigentlicher Philosophen, erzeugten eine Gefühlswelt z. B. einer Madame Roland. Aus welchem Grunde immer, das Gefühl, das sie zeigte, war ‚typisch'. Ich wiederhole, daß es keine angemessene Weise gibt, dieseGefühle in irgendeiner Gesellschaft zu messen. Aber einmal mehr mögen wir zu einem Vergleich zu unserer Gesellschaft Zuflucht nehmen. Die Ermordung Präsident Kennedys, die in einem traurigen Rekord an aus extremistischen Ideen gespeister verbaler und physischer

Gewalt gipfelte, bewegte viele Publizisten zur Besorgnis vor einer umfassenden Destabilisierung , wenn nicht sogar einer Revolution im Lande. Senator Goldwaters Bemerkung über die Vorzüge des Extremismus irritierte gewaltig. Aber irgendwie lagen all diese alarmistischen Artikel falsch: Etwas in den sozialen Spannungen, in den Klassenkämpfen am Vorabend einer Revolution, fehlte in den U. S. Niemand, der je in eine unstabile Gesellschaft eingetaucht ist, kann die unsere als eine derartige empfinden.

Wieweit die unteren Klassen oder das Proletariat in diesen Gesellschaften wirklich gegen die Bessergestellten in Bewegung gebracht wurden, ist nicht ganz klar, ausgenommen vielleicht Rußland. In England ist kaum zu bezweifeln, daß die besseren Handwerker in den großen Städten und die Bauernschaft in Gebieten wie Ost-Anglia zum Puritanismus bekehrt wurden, was Gegnerschaft zu den anglikanischen Oberschichten bedeutete. Mit den religiösen Phrasen und dem biblischen Eifer der Broschürenliteratur ist unentwirrbar ein starker Sozialhaß verflochten, der sich später in vollem Umfang zeigte, als die Revolution sich zu ihrem radikalen Höhepunkt steigerte. Die französischen Bauern zeigten in vielen, vielleicht den meisten Gebieten durch ihre Handlungen im Jahre 1789, daß sie Haß gegen ihre nicht auf den Gütern wohnenden Pachtherren und das Pachtsystem im allgemeinen hegten. Es ist aber nicht schlüssig bewiesen worden, daß dieser Haß stärker und allgemeiner war, als er es durch die Jahrhunderte immer gewesen war. Wir wissen nicht einmal, ob die Bauern den ganzen Zustand oder nur Einzelpersonen mit ihrem Haß bedachten. Sicher ist die alte Vorstellung, noch in den Werken Taines deutlich, daß die französischen Bauern im Jahre 1789 unter verschärfter Doppelunterdrückung durch Regierung und *seigneurs* ächzten, mehr ein revolutionärer Mythus als eine historische Tatsache. Es ist noch viel objektives Studium der tatsächlichen Gefühle unterdrückter Klassen erforderlich.

Das russische Proletariat war zumindest in den großen Städten durch einige Generationen der marxistischen Propaganda ausgesetzt gewesen und hatte, innerhalb seiner Eliten, das Gefühl entwickelt, eine Sendung gegen Aristokraten wie Bürgertum zu haben.

Die Frage, was die wirklichen Gefühle der russischen Bauern gegen die oberen Klassen waren, ist sehr schwierig zu beantworten. Wie im Frankreich des 18. Jahrhunderts dürfen wir große Verschiedenheiten vermuten, je nach den örtlichen Verhältnissen, dem Charakter des Großgrundbesitzers und der Wirtschaftslage des Bauern. Es gibt einige Anzeichen dafür, daß man mit dem Beginn des 20. Jahrhunderts die Verallgemeinerung wagen kann: Je besser es den Bauern ging, um so unzufriedener waren sie. Hier fehlt es jedoch, wie auch auf den anderen Gebieten unserer Untersuchung, sehr an einer bestimmten Art verläßlichen Materials; weder Historiker noch Soziologen haben sich ausreichend und systematisch mit den *Gefühlen* einzelner sozialer Gruppen oder Klassen gegenüber anderen Gruppen beschäftigt.

Wir haben die Unfähigkeit der herrschenden Schichten und das Vorhandensein ungewöhnlich feindseliger Gefühle gegen sie in den mittleren und teilweise den unteren Schichten festgestellt. Es ist noch zu fragen, wieweit diese Klassengrenzen starr waren beziehungsweise wieweit es in diesen Gesellschaften die ‚freie Bahn dem Tüchtigen' gab. Man könnte apriorisch behaupten, daß die Herausbildung eines starren Kastensystems, welches den Aufstieg des Fähigen aus den unteren Schichten verhindern würde, in abendländischen Gesellschaften ein bedeutsames Vorzeichen der Revolution wäre. Es wäre die Sperre der Zirkulation der Eliten, nach Pareto. Die niedersten Volksschichten scheinen fähige Männer hervorzubringen. Eine Ansammlung fähiger und unzufriedener Männer würde unruhigen, zum Aufruhr bereiten Gruppen eine natürliche Führerschicht liefern. Es ist aber in unseren Gesellschaften überaus schwer, nachzuprüfen, wieweit dem Talent der Aufstieg offenstand. Die Norm einer abendländischen Gesellschaft in dieser Hinsicht ist schwer darstellbar, auch wenn wir uns mit einer rohen Skizze begnügen wie bei den anderen Variablen.

Man könnte mit einer typisch amerikanischen Voraussetzung beginnen und sagen, daß zumindest in den USA der Mensch die volle Freiheit der *opportunity*, die bekannten, unbegrenzten Möglichkeiten' hat. Greifen wir nun einige amerikanische Selfmademen des 20. Jahrhunderts heraus: den Boxer Williams, den Automobilfabrikanten Ford, den Kabarettisten Bob Hope und den

Romanautor Dreiser. Sie kommen alle aus den ärmeren Schichten. Für unsere Untersuchung wäre es einfach, wenn wir sagen könnten, daß in den Gesellschaften des *ancien régime* diese fähigen Männer durch den Kastengeist der Oberschicht am Aufstieg verhindert worden wären, so daß sie entweder unbekannt bleiben oder aber revoltieren mußten. Das würde jedoch nicht stimmen. Über solche hypothetischen Fragen dürfen wir nicht mit einer gänzlich unangebrachten Sicherheit urteilen. Der Berufsathlet als solcher hätte wohl in keiner anderen Gesellschaft als der unseren den Reichtum von Williams erwerben oder soviel Ehren – beziehungsweise öffentliche Aufmerksamkeit, wenn man es lieber so sagen will – erfahren können, außer vielleicht im Rom der Gladiatoren. In der frühen Feudalgesellschaft aber hätte ihm die bloße physische Kraft und das Geschick im Kampf den Ritterschlag einbringen können. Auch in späteren Gesellschaften hätte ein adeliger Schirmherr ihm zum Aufstieg verhelfen können. Ford ist das Beispiel des Erfinders und Unternehmers. Wahrscheinlich hätte keine Gesellschaft außer der amerikanischen ihn zum Nationalhelden gemacht, aber vermutlich hätte er auch im Frankreich des 18. Jahrhunderts und noch im Zarenreich unseres Jahrhunderts viel Geld verdienen können. Hope amüsierte die Menschen. Die abendländische Gesellschaft hat die Leute, die sie amüsierten, gewöhnlich angemessen und manchmal besonders hoch entlohnt. Vielleicht haben die Aristokratien ihre Verachtung für diese Menschengattung nie ganz verbergen können, und die Demokratien haben nie versucht, ihre Bewunderung für sie zu verbergen. Ungeachtet des Beispiels des Figaro von Beaumarchais, scheinen die Schauspieler, Musiker, Hofnarren usw. mit ihrem sozialen Status nicht unzufrieden gewesen zu sein. Im Frankreich des 18. Jahrhunderts war man sicher sehr nett zu ihnen, sie bekamen viel Geld und wurden viel beachtet. Was nun Dreiser betrifft, so wäre er unter den *philosophes* ganz in seinem Element gewesen, mit gewissen nationalen und rassischen Varianten auch unter den Gorkis und Tschechows. Er hätte verhältnismäßig ebensoviel Geld verdient und noch mehr Ehrungen erfahren.

Wir haben es hier mit sehr subtilen Variablen menschlicher Gefühle zu tun. Wahrscheinlich haben in allen Gesellschaften und zu allen Zeiten soundso viel Menschen das Empfinden, daß sie Fähigkeiten besitzen, denen durch die bestehenden sozialen, politischen und wirtschaftlichen Beschränkungen die freie Entfaltung versagt bleibt. Eine Anzahl Menschen fühlt sich immer blockiert und niedergehalten, manche sind es tatsächlich. In Gesellschaften, die am Vorabend einer Revolution stehen, gibt es vermutlich eine sehr große Zahl solcher Menschen. Es läßt sich aber schwer angeben, auf welchen Gebieten sich die Beschränkungen am empfindlichsten geltend machen. Die gegebene Lage ist hier wie in anderen Fällen ein Komplex von Behinderungen, von denen eine oder zwei bis drei, für sich genommen und ohne weitere Störungselemente, nichts als eine normale soziale Tatsache wären. Auch gibt es noch andere Elemente als die soziale Behinderung. Auf Loyalität dressierte Menschen können große Härten ertragen. Tatsachen und Gefühle scheinen unabhängig voneinander zu variieren. So hat es in der abendländischen Gesellschaft, im Gegensatz etwa zur Hindu-Gesellschaft mit ihren Kasten, stets ein hohes Maß von ‚freier Bahn dem Tüchtigen‘ gegeben. Die Zirkulation der Eliten ist seit jeher im Gange. Wir können hier nur einen Blick auf unsere Gesellschaften werfen, um zu sehen, ob es in den Jahren vor der Revolution irgendwelche besondere Behinderungen dieser Zirkulation gegeben hat.

Im Frankreich des 18. Jahrhunderts war der Weg zu Reichtum und Ruhm praktisch unbeschränkt offen für Geschäftsleute, Abenteurer und Abenteurerinnen, Schauspieler, Künstler, Schriftsteller – für Samuel Bernard, für Pâris-Duverney, für Cagliostro, für Madame Dubarry, für Fragonard, für Voltaire. Der Weg zu politischer Macht war schwerer, obwohl der Abbé Dubois, ein Apothekersohn, bis zum Gipfel steigen konnte. Im ganzen war die entscheidende politische Macht, die Macht der Programmaufstellung und des Politikmachens, den Höflingstalenten noch zugänglicher als einfach Hochgeborenen. Die administrative Macht lag fast ganz in den Händen der *noblesse de robe*, einer erblichen, gewissenhaften und fähigen Bürokratie. Die höchsten Ehren sollen allerdings nur den hundertprozentig Hochadeligen zugänglich gewesen sein. Unter der Führung der *noblesse de robe* zog der Adel im 18. Jahrhundert nach mancherlei Anzeichen die Zügel an, um strebsamen Nichtadeligen den Zugang zu der Spitze zu erschweren. Sicher gab es einen privilegierten Adel, der eine abstrakte Abneigung auf seiten manches Bourgeois hervorrief, der dem Adel direkt nie begegnete.

Das Rußland des 20. Jahrhunderts ist in vieler Hinsicht eine genaue Parallele. An der Spitze der Gesellschaft stand ein privilegierter Adel und sperrte plebejischen Talenten den Zugang zu den höchsten gesellschaftlichen Ehrenstellungen. Diese Klasse wurde von denen, die sie von außen sahen, auf das heftigste abgelehnt. Zweifellos waren viele ihrer Mitglieder unerträglich hochmütig, aufgeblasen, eitel, ausschweifend, hohlköpfig. Dennoch war im vorrevolutionären Rußland der Weg zu Ruhm und Vermögen für neue Aspiranten keineswegs verschlossen. Neue Industrien schossen in die Höhe, das Theater-, Musik- und Ballettleben entwickelte sich lebhaft, an den Universitäten und in der Verwaltung gab es Stellungen für fähige, strebsame junge Männer, auch wenn sie aus dem Dorfe kamen. Man mag Rasputin als ein wenig erfreuliches Beispiel für die Losung ‚freie Bahn dem Tüchtigen‘ ansehen, aber es bleibt eine Tatsache, daß dieser sibirische Bauer die Spitze der gesellschaftlichen Pyramide erreichte.

Die Zirkulation der Eliten scheint allerdings an einer empfindlichen Stelle gestoppt worden zu sein: in den sogenannten freien Berufen und besonders den ‚geistigen‘ Berufen. Hier ging es um Leute, die sich leicht in der Entfaltung gehemmt, vom besseren Leben ausgeschlossen fühlten. Ein Studium der französischen Gesellschaft in den Jahren unmittelbar vor der Revolution zeigt eine Art Stauung unter den nach Paris strömenden intelligenten jungen Männern, die hier mit Reden und Schreiben hochkommen wollten. In seinem *Tableau de Paris* erzählt Mercier, wie man an jedem sonnigen Tag junge Leute am Seine-Ufer sehen konnte, die ihr einziges Hemd auswuschen, das abgenutzte, aber mit Spitzen gezierte Symbol eines hohen sozialen Status. Spätere, von Temperament und Moral her Revolutionsführer wie Marat und Brissot, waren vor 1789 auf dem Gebiet der Literatur oder der Wissenschaft gescheitert. Auch in Rußland findet man Anzeichen einer Stauung unter den ‚Arbeitern mit dem weißen Kragen‘, wie der Amerikaner sagen würde: Intellektuelle, Bürokraten, Büroangestellte usw. Eine ähnliche Zirkulationsstörung in der Gesellschaft der Weimarer Republik hatte, wie bekannt, einen erheblichen Anteil an der NS-Revolution von 1933. Dieses Symptom fehlt, wie die meisten anderen Anzeichen starker sozialer Spannungen, im Amerika des 18. Jahrhunderts fast vollständig. In der englischen Revolution findet man es ebenfalls kaum, zum Teil wegen Mangels an geeignetem historischem Material. Es ist verständlich, daß eine Stauung der Eliten auf dem Weg zum Erfolg im Journalismus, in der Literatur und ähnlichen Berufen schnell ihren Ausdruck im Abfall der Intellektuellen findet.

Es scheint schließlich, daß soziale Gegensätze dann am stärksten sind, wenn eine Klasse zu Reichtum gelangt ist, aber sich zu Recht oder Unrecht von höchstem sozialem Rang und offenen politischen Machtstellungen ausgeschlossen fühlt. Das war der Fall bei der kalvinistischen Gentry und Kaufmannschaft in England im 17. Jahrhundert, bei der amerikanischen Kolonialaristokratie und Kaufmannschaft, zumindest in ihrem Verhältnis zur englischen herrschenden Klasse, beim französischen Bourgeois des 18. Jahrhunderts, beim russischen Bürger des 19. und 20. Jahrhunderts. In jeder dieser Gesellschaften konnten einzelne über alle Schranken hinweg aufsteigen, auch aus niedrigeren Klassen als dem Bürgertum. Auch als Klasse hatte das Bürgertum in allen vier Gesellschaften ein entscheidendes Mitspracherecht bei großen politischen Entscheidungen schon vor der Revolution. An der Spitze des Landes standen aber andere, privilegierte Kreise. Die höchsten gesellschaftlichen Ehren blieben dem Bürgertum verschlossen. Dieses Ausgeschlossensein tat sich unablässig kund in allen möglichen Handlungen und Symbolen. Lange vor Marx und der *Oceana* von Harrington wußten die Männer des praktischen Lebens, daß politische Macht und gesellschaftlicher Rang der wirtschaftlichen Macht dienstbar sind. Wenn der Reichtum, zumal in der zweiten oder dritten Generation, nicht alles kaufen kann, steht man vor einem recht verläßlichen Vorzeichen einer Revolution.

Zusammenfassung

Am auffallendsten ist es, daß einige, wenn nicht alle Vorzeichen dieser Art sich in fast jeder modernen Gesellschaft zu jeder Zeit finden: Budgetdefizite, Beschwerden über die Steuern, Begünstigung bestimmter Interessenten durch die Regierung auf Kosten anderer, Wirrwarr in der Verwaltung, Abfall der Intellektuellen, Verlust des Selbstbewußtseins innerhalb der herrschenden Klasse, Bekehrung vieler Mitglieder dieser Klasse zu der Überzeugung, daß ihre Vorrechte ungerecht oder der Gesellschaft abträglich seien, Intensivierung der sozialen Gegensätze, Aufstiegssperre, namentlich in den gehobenen Berufen, Trennung der wirtschaftlichen Macht von der politischen Macht und gesellschaftlichem Spitzenrang. Hinterher kann man bekanntlich leicht klug sein, und so können wir nun sagen, daß in vier oder zumindest drei Gesellschaften diese Zeichen, dazu wohl noch andere, die wir hier nicht besprochen haben, in ungewöhnlicher Kombination und in ungewöhnlicher Intensität vorhanden waren, ehe es zur eigentlichen Revolution kam. Wir müssen aus unseren Untersuchungen sicher aber auch folgern, daß eine Diagnose der Revolution in ihrem Frühstadium überaus schwierig ist. Eine knappe Formel, ein Rezept oder eine Liste von Regeln ist dafür nicht möglich. Das gilt schließlich auch für die Diagnose menschlicher Krankheiten. Medizinische Autoritäten erklären, daß auch die besten Diagnostiker nicht alle Schritte, die sie bei der Analyse unternehmen, formallogisch darstellen könnten.

Dennoch müssen wir nicht vor einer mystischen Gabe der kurzfristigen Prophezeiung beim erfolgreichen Diagnostiker erschauern. Seine Methoden sind keineswegs magisch. Er hat nur die Gabe, aus früherer Erfahrung und gegenwärtiger Beobachtung eine gültige Verallgemeinerung zu bilden, oder – wenn man will – das Richtige zu erahnen. In unserem Fall können wir eine weitere Feststellung hinsichtlich der Revolutionsvorzeichen wagen. In unseren vier Gesellschaften, namentlich in Frankreich und Rußland, wird immer mehr von Revolution gesprochen, je näher sie rückt; man wird sich der sozialen Spannungen, der bestehenden Hemmungen und Reizungen zunehmend bewußt. Es

gibt immer Unheilspropheten; die spezielle Voraussage einer tatsächlichen Revolution, wie sie etwa der Marquis von Argenson
vierzig Jahre vor der französischen machte, wiegt nicht allzu
schwer. Wenn aber solche Befürchtungen oder Hoffnungen zum
Gemeingut werden, wenn sie sozusagen in der Luft liegen, dann
darf man dieses allgemeine Empfinden als ziemlich sicheres Anzeichen einer kommenden Revolution ansehen. Auch dann kann man
aber noch nicht viel damit anfangen, denn die Menschen scheinen
die Revolution immer erst in der nächsten Generation, nicht in
der eigenen zu erwarten. Die wirkliche Revolution kommt immer
überraschend. Das gilt auch für Rußland, wo die Revolution sehr
lange in der Luft lag.

Sie muß aber tatsächlich in der Luft liegen, nicht nur im Mund
der berufsmäßigen Seher und ängstlichen Konservativen. Sie muß
vor allem über den Kreis der Intellektuellen hinausgreifen. Der
Abfall der Intellektuellen ist als Teil eines Syndroms ein wertvolles
Zeichen, für sich allein besagt er aber nichts. Schließlich hat es
immer zu den großen Aufgaben der Intellektuellen in der westlichen Gesellschaft gehört, die gewöhnlichen Sterblichen aus ihrem
gedankenlosen Optimismus aufzurütteln. Kassandra kann sich
vielleicht mit dem gleichen Recht wie Platon als Gründerin einer
großen akademischen Tradition bezeichnen. Ihre Nachfolger haben allerdings ihre unselige Unfehlbarkeit nicht ganz zu erreichen
vermocht.

III

Die ersten Stadien einer Revolution

Der ewige Figaro

In der *Hochzeit des Figaro* von Beaumarchais (Erstaufführung in Paris 1784) gibt es einen berühmten Monolog des Figaro, der eigentlich alles zusammenfaßt, was wir eben mit Mühe untersucht haben. Figaro selbst ist der fähige junge Mann, den ein auf Vorrechten beruhendes altes System ungerechterweise niederhält. Beim Aufgehen des Vorhangs wartet er im Dunkel, um seine Braut und seinen Herrn, den Grafen Almaviva, bei einem Stelldichein zu überraschen. Seine anfänglichen Gedanken über die weibliche Unbeständigkeit gehen schnell in einen heftigen Angriff auf seinen vornehmen Herrn über. „Weil Ihr ein großer Herr seid, haltet Ihr Euch für ein Genie! ... Adel, Vermögen, Rang, Stellung – all das macht den Menschen so stolz. Aber was habt Ihr getan, um all diese schönen Dinge zu verdienen? Ihr habt Euch die Mühe gemacht, auf die Welt zu kommen!" Dann blickt er auf die Kämpfe seines Lebens zurück: seine obskure Geburt, seine chemischen, pharmazeutischen, medizinischen Studien, die ihm mangels vornehmer Geburt nur zu einer Berechtigung verhalfen, die Tierheilkunde auszuüben, dann das Schreiben eines Stückes mit dem unvermeidlichen Konflikt mit der Zensur. Dann schrieb er über die Staatsfinanzen und wurde dafür eingesperrt, später in der Zeitung und wurde von neuem zum Schweigen gebracht. Eine Beamtenstelle bekam er nicht, weil er unglücklicherweise die Qualifikation dafür besaß. Dann versuchte er es mit dem Glücksspiel, aber seine vornehmen Schutzherren zogen ihm das Geld aus der Tasche. Schließlich mußte er zu seinem alten Beruf als Bader zurückkehren. Das ist zum Teil eine Autobiographie von Beaumarchais, einem Krämersohn. Der Autor war aber unter dem *ancien régime* reich und berühmt geworden; er hatte Anteil an der französischen

Hilfe für die amerikanischen Revolutionäre. Es war ihm jedenfalls im *ancien régime* recht gut gegangen.

Durch den Monolog sind berühmte Stellen verstreut, die das vornehme Publikum entzückten und im ganzen Land zitiert wurden. Ganze Familien kamen aus der Provinz nach Paris, um Figaros Hochzeit zu sehen und die Angriffe brillanten französischen Geistes gegen eine schlechte Regierung zu hören. Hier einige der bekanntesten Seitenhiebe von Beaumarchais: *Sie können den menschlichen Geist nicht unterkriegen; sie rächen sich, indem sie ihn mißhandeln . . . Nur kleine Leute haben Angst vor kleinen Schriften ... Für diese Stelle brauchte man einen Buchhalter; es bekam sie ein Tänzer ... Um in dieser Welt vorwärtszukommen, ist ‚savoir faire' wichtiger als ‚savoir'.* In dieser einen Rede sind so viele Anzeichen der kommenden Revolution, daß wir mit dem Hernachwissen des Historikers sagen dürfen, daß die Revolution im ‚Figaro' schon fast voll entwickelt vorliegt. Dazu gehört natürlich auch die Tatsache, daß die Zensur nach langem Schwanken das Stück von Beaumarchais *nicht* verbot.

In den Jahren kurz vor dem Ausbruch der Revolution steigt der Chor der Proteste gegen die Tyrannei der Regierung an. Es hagelt Pamphlete, Theaterstücke, Adressen, die interessierten ‚Druckgruppen' sind sehr aktiv. Die Regierung bestätigt durch ihr Verhalten angesichts dieser Angriffe keineswegs das Bild, das ihre Gegner von ihr entwerfen. Vielleicht schlagen ihre tyrannischen Versuche, die rebellische Opposition zu unterdrücken, deshalb fehl, weil diese Opposition zu stark, zu klug, zu anständig ist. Vielleicht schlagen sie auch fehl, weil sie von Beamten, die selbst schon fast oppositionell sind, nur lahm durchgeführt werden. Jedenfalls schlagen sie fehl.

Auch die Zeit der persönlichen Herrschaft Karls I. vor der englischen Revolution war nicht ganz so ruhig und glatt, wie sie auf den ersten Blick aussieht. Viele puritanische Geistliche wußten sich dem Versuch Lauds, sie aus der Hochkirche zu entfernen, zu entziehen. Die übrigen fanden massenhaft unabhängige Kanzeln und Druckereien. Strafford konnte zwar 1638 schreiben: *Das Volk ist sehr ruhig und, wenn ich mich nicht sehr irre, mit Sr. Majestät gnädiger Regierung und dero Schutz sehr zufrieden.* Er irrte sich aber sehr. Günstigstenfalls waren diese elf Jahre des Absolutismus die Ruhe vor dem Sturm.

In unseren drei anderen Gesellschaften finden wir nicht einmal diese täuschende Ruhe, sondern eine ständig anwachsende revolutionäre Agitation. In Amerika blieb kaum eine Kolonie von irgendwelchen Unruhen in der Zeit zwischen dem Stempelgesetz und der Schlacht von Lexington verschont. In allen schwoll die Agitation der Kaufleutekomitees, der Korrespondenzkomitees, der ‚Söhne der Freiheit‘‘ und ähnlicher Gruppen an. Die französische Regierung näherte sich in den achtziger Jahren des 18. Jahrhunderts immer mehr dem Bankrott. Mit jedem Versuch eines Ausweges brachte sie die Einberufung der Generalstände und das Signal zur Revolution immer näher. In Rußland war die Gesellschaft sich der Möglichkeit einer Revolution auffallend klar bewußt. Russen der oberen Schichten sprachen seit einer Generation davon, daß sie ‚auf einem Vulkan säßen‘, daß ‚der Sturm aufziehe‘ und nach ihnen die Sintflut komme. In den Jahren 1905 und 1906 fand unter der Wirkung der Niederlage im Krieg gegen Japan eine Art Generalprobe der großen Revolution statt. Die patriotische Begeisterung von 1914 brachte die offenen Vorbereitungen zur Revolution zeitweilig zum Stillstand, aber Rußlands militärische Niederlagen 1914/15 führten erneut zu Verhältnissen, die denen von 1905 immer ähnlicher wurden.

Die Ereignisse in den ersten Stadien

Die russische Revolution begann deutlicher als unsere anderen mit einem einzelnen, dramatischen Vorgang: den Straßenkrawallen von Petersburg im März 1917. Auch in Rußland brauchten die Revolutionäre jedoch vier bis fünf Tage, ehe sie begriffen, daß das planlose Herumziehen der Petersburger Massen den Sturz der Romanows herbeiführen könne. Die Geschichte und das patriotische Ritual haben bestimmte dramatische Episoden, wie die Gefechte von Lexington und Concord oder den Sturm auf die Bastille, als den Anfang von Revolutionen hervorgehoben. Die Zeitgenossen wußten zwar, wie erregend diese Vorgänge waren, doch sie begriffen nicht immer sofort, daß sie von der revolutionären Agi-

tation bereits zur Revolution übergegangen waren. Die ersten revolutionären Schritte pflegen den Revolutionären durchaus nicht
klar zu sein. Der Übergang vom Agitieren zum Handeln ist selten
plötzlich und scharf abgegrenzt.

Karl I. bestieg 1624 den Thron und geriet fast sofort in Konflikt mit dem Unterhaus, hauptsächlich wegen der Steuern. Aus
diesem Konflikt entstand die berühmte *Petition of Right* von 1628,
mit welcher das Haus der Gemeinen den König zwang, sich mit
bestimmten Einschränkungen der Macht der Krone einverstanden
zu erklären. Karl versprach, keine Zwangsanleihen auszuschrei-
ben, niemandem die Einquartierung von Soldaten aufzuzwingen,
im Frieden nicht das Standrecht zu verkünden und niemanden
ohne ausreichende Begründung gefangenzusetzen. Durch diesen
Erfolg ermutigt, gingen die Gemeinen unter der Führung des tem-
peramentvollen Sir John Eliot weiter. Sie lehnten die Bewilligung
der üblichen Zölle ‚nach Tonne und Pfund‘ ab und betonten in
aggressiver, ja revolutionärer Weise ihre Vorrechte. Bei der Debatte vom 2. März 1629 hielten zwei Abgeordnete, Denzil Holles
und Valentine, den *Speaker*, den Vorsitzenden des englischen Parlaments, gewaltsam auf seinem Stuhl fest, indes Eliot eine scharfe
Resolution über die Ungesetzlichkeit des Zahlens von Zöllen ohne
Genehmigung des Parlaments beantragte. Es folgte eine stürmische Debatte, die durchaus das Niveau der späteren französischen
Nationalversammlung hatte; in der Verwirrung wurden die Anträ-
ge Eliots angenommen, noch ehe die vom König verfügte Parla-
mentsauflösung durchgeführt werden konnte. Die Abgeordneten
hatten sich zu einer gewaltigen Geste des Protests aufgerafft. Von
diesem Tage an blieb England elf Jahre ohne Parlament. Eliot
wurde wegen Aufruhrs verhaftet. Er erklärte, der König habe keine Macht über ein Unterhausmitglied. Eliot starb 1632 als überaus wirkungsvoller Märtyrer.

In den Jahren des Absolutismus, der ‚persönlichen Herrschaft‘, wie es die englische Geschichte nennt, bemühte sich Karl
mit Unterstützung seiner beiden großen Helfer Strafford und
Laud nach besten Kräften, die Verwaltung Englands nach den
Grundsätzen der Regierung durch Fachleute und der Leistungs-
steigerung durch Zentralisation, die das politische Erbe der Re-

naissance geblieben waren, zu reorganisieren. Er machte seine Sache in mancher Hinsicht überraschend gut und mag, wie die liberalen Historiker des 19. Jahrhunderts so gern glaubten, dem englischen Charakter und dem tiefsten Wesen der englischen Institution zuwidergehandelt haben. Er war sicher auf dem Weg zum Bankrott. Ein Konflikt mit den schottischen Presbyterianern beschleunigte das Unvermeidliche nur noch. Karl berief im Frühjahr 1640 ein Parlament ein, löste es aber nach vier Wochen wieder auf. Nun rückte eine schottische Armee in England ein, und Karl mußte sie mit Geld zum Abzug bewegen. Um sich Geld zu verschaffen, berief er wieder ein Parlament ein. Dieses ‚Kurze Parlament' bereitete den Boden für das ‚Lange Parlament', das am 3. November 1640 zusammentrat und am 20. April 1653 aufgelöst, aber 1659, knapp vor der Stuart-Restauration, kurzfristig wieder zum Leben erweckt wurde. Die Lebenszeit dieser ungewöhnlichen Versammlung deckt sich daher ungefähr mit den zwanzig Jahren der englischen Revolution.

Das ‚Lange Parlament' ging sofort an die Arbeit. Am 11. November 1649, eine Woche nach seiner Eröffnung, beantragte Pym die Hochverratsanklage gegen Strafford. Das konservativere Haus der Lords hielt den Antrag auf, worauf das Unterhaus 1641 ein Gesetz annahm, das die Verhaftung Straffords vorsah. Eine Anklage hätte zumindest formell ein Gerichtsverfahren bedeutet, während dieses Gesetz den Prozeß sozusagen auf legislativem Weg vorwegnahm. Die Lords ließen Strafford bereitwillig fallen, wenn sie auch den Prozeß gegen ihn verhindert hatten. Am 12. Mai fiel sein Haupt unter dem Henkerbeil. Kaum acht Jahre später sollte der Kopf seines königlichen Herrn rollen.

Noch ein Jahr sollte vergehen, ehe es zu bewaffneten Auseinandersetzungen zwischen Karl I. und dem Parlament kam. Mit elf Stimmen Mehrheit beschloß das Parlament die ‚Große Remonstranz', eine lange Aufzählung aller Klagen, die sich während der elf Jahre des Absolutismus gegen den König angesammelt hatten. Karl antwortete auf dieses Mißtrauensvotum mit dem Versuch der Verhaftung von sechs Parlamentsmitgliedern: Lord Kimboltons im Oberhaus, der Abgeordneten Pym, Hampden, Haselrig, Holles und Strode im Unterhaus. Sie hatten formal Hochverrat begangen, indem sie mit den einrückenden Schotten verhandelt hatten. In der Hitze des Gefechts erschien Karl I. persönlich mit Bewaffneten im Unterhaus und versuchte, die genannten Abgeordneten zu verhaften. Das Haus antwortete ihm mit einer ähnlichen passiven Resistenz, wie sie der französische Dritte Stand bei der Sitzung vom 17. Juni 1789 betrieb, als Ludwig XVI. ihm die Bildung einer Nationalversammlung verbieten wollte. Die bedrohten Abgeordneten flohen in die Londoner City, und Karl I. war wieder hilflos. In der City durfte der König nach altem Recht keine Verhaftung vornehmen. Nach diesem Erfolg beschloß das Unterhaus, Milizoffiziere zu ernennen und sich so die militärische Gewalt zu sichern. Karl I. rüstete nun seinerseits und schlug im August 1642 sein Feldlager zu Nottingham auf. Der englische Bürgerkrieg hatte begonnen.

Es ist Geschmackssache, welches dieser miteinander verketteten Ereignisse man als den Beginn der englischen Revolution bezeichnen will. Die ersten kritischen Ereignisse liegen zwischen der Einberufung des ‚Langen Parlaments‘ und dem Ausbruch des Bürgerkrieges zwei Jahre nachher. Die Hinrichtung Straffords oder Karls vergeblicher Verhaftungsversuch im Unterhaus geben vielleicht dramatische Daten für den Revolutionsbeginn. Im Sommer 1642 hatte die englische Revolution jedenfalls unverkennbar Gestalt angenommen.

Auch in Amerika ging es nicht schneller. Man kann zwar in gewissem Sinne sagen, daß die amerikanische Revolution eigentlich 1765 mit dem Stempelgesetz begann oder daß jedenfalls die Agitation, die zur Widerrufung dieses Gesetzes führte, die Generalprobe für die Bewegung des anschließenden Jahrzehnts bildete. Die Reichsregierung war jedenfalls entschlossen, in Amerika lebhaft zu regieren. Townshends milde Zölle auf Tee, Glas, Blei und noch einige Importwaren gingen mit einem Versuch einher, sie auf rationelle, moderne Art einzuheben. Die königliche Zollbürokratie in Amerika war pflichttreu, aber nicht böswillig. Das Ergebnis waren Zusammenstöße mit zunehmend besser organisierten Gruppen von Amerikanern. Es kam zum Teeren und Federn von Zolldenunzianten, zum Raub beschlagnahmter Güter unter den Augen der Zollbeamten, zu Schmährufen gegen englische Truppen, dann zu den historischen Zwischenfällen, die in allen amerikanischen Schulbüchern stehen, wie dem Bostoner Massaker von 1770 und der ‚Bostoner Tea Party'.

Die Schließung des Hafens von Boston, die Entsendung einer Armee nach Massachusetts und die Quebec-Akte selbst waren Maßnahmen der Reichsregierung gegen die schon im Aufstand befindlichen Kolonien. Man kann lange darüber streiten, an welchem Punkt der formale Beginn der amerikanischen Revolution anzusetzen ist. Man kann dazu den ersten Kontinentalkongreß 1774, die Gefechte von Lexington und Concord 1775 oder die Unabhängigkeitserklärung vom 4. Juli 1776 nehmen. Die komplexen Gruppenkämpfe, aus denen die Revolutionen entstehen, werden erst später in offiziellen Daten für das patriotische Ritual fixiert. Die ersten Schritte der amerikanischen Revolution waren vielfältig und erstreckten sich über ein Jahrzehnt. Nur ein Pedant kann verlangen, ein bestimmtes Einzeldatum aus dieser langen Reihe von Geschehnissen als offiziellen Beginn der amerikanischen Revolution herauszulösen.

Die französische Revolution hatte eine Inkubationszeit von mehreren Jahrzehnten. Offener und klarer Widerstand gegen die königliche Regierung wie in den Parlamenten Karls I. und den amerikanischen Kolonialparlamenten ist in Frankreich nicht zu finden, denn dort gab es keine solchen Vertretungskörperschaften. Am nächsten kam diesem Begriff noch das *parlement* von Paris, eine Art oberstes Gericht, dessen Richter Aristokraten waren und ihre Stellen ererbt hatten. Das Pariser *parlement*, dem sich die *parlements* der Provinz anschlossen, begann in den achtziger Jahren des 18. Jahrhunderts einen direkten Zwist mit der Krone, dessen Gipfelpunkt der offene Trotz gegen die Königsmacht und die Zwangsverschickung der Richter war. Die öffentliche Meinung war, zumindest in Paris, fast ganz auf seiten der Richter. Sie wurden, ungeachtet ihrer Zugehörigkeit zum Hochadel, die Helden und Märtyrer des Tages.

Das Näherrücken des Bankrotts hatte inzwischen den König genötigt, im Jahre 1787 eine Notabelnversammlung einzuberufen, eine Art schnell zusammengestellter Sonderkommission führender Hocharistokraten, von denen Ludwig XVI. im Stil des 18. Jahrhunderts wahrscheinlich Aufklärung erhoffte. Diese wurde ihm sicher zuteil, denn in der Versammlung befanden sich viele Intellektuelle aus der Oberklasse, wie Lafayette, die überzeugt waren, daß Frankreich aufhören müsse, eine ‚Despotie‘ zu sein. Es müsse sich eine moderne Verfassung von der Art geben, wie sie die neuen Staaten der amerikanischen Union in Mode gebracht hatten. Die Notabelnversammlung war daher über die Frage der Geldbeschaffung sehr geteilter Meinung, aber einig in der Auffassung, daß man die Nation konsultieren müsse. Die Krone gab schließlich nach, rief den bürgerlichen Schweizer Necker in die Regierung zurück (er galt als Finanzkünstler) und berief die Generalstände auf das Frühjahr 1789 ein.

Die Generalstände hatten das letzte Mal im Jahre 1614 getagt. Man wußte nicht recht, wie sie eigentlich zu wählen waren. Nach langem Suchen in den Archiven ließ man 300 Vertreter des Ersten Standes, der Geistlichkeit, wählen, ferner 300 Vertreter des Zweiten Standes, des Adels, und 600 Vertreter des Dritten Standes, der Bürgerschaft. Die doppelt so große Zahl der bürgerlichen Vertreter im Vergleich zu jedem der beiden anderen Stände hatte keinen Präzedenzfall im Jahre 1614 oder noch früher. Sie war ein revolutionärer Schritt, eine dem König abgerungene Konzession, ein Eingeständnis, daß der Dritte Stand auf irgendeine Art wichtiger war als die anderen Stände. Nach der alten Verfassung entschied aber eine Ständemehrheit, nicht eine Abgeordnetenmehrheit. Wenn zwei Stände, zum Beispiel Geistlichkeit und Adel, etwas beschlossen, so wurde es auch gegen den dritten Stand durchgeführt. Als die Generalstände im Mai 1789 zusammentraten, war die große Frage, ob man der alten Verfassung folgen und nach Ständen abstimmen solle oder nach Abgeordnetenstimmen in einer großen gemeinsamen Versammlung von 1.200 Mitgliedern, in welcher der Dritte Stand zusammen mit den ‚Liberalen‘ aus den beiden anderen Ständen die Mehrheit haben mußte. Der König hatte diese Frage bezeichnenderweise offengelassen. Erst als der Dritte Stand energisch die gemeinsame Versammlung forderte, bestand der König auf den drei Sonderversammlungen.

Diese Frage der Abstimmung nach Ständen oder nach Abgeordneten war der formelle Anlaß zur französischen Revolution.

Der Dritte Stand stellte sich auf die Hinterbeine und lehnte jede Behandlung irgendwelcher meritorischer Fragen ab, solange sich die anderen Stände weigerten, mit ihm zur ‚Nationalversammlung" zusammenzutreten. Der bloße Name war schon gute Revolutionspropaganda. Es gab einen zwei Monate währenden Kampf mit dramatischen Augenblicken, aber er war im wesentlichen ein parlamentarischer ohne Gewaltakte. Durch einen königlichen Fehler aus seinem üblichen Sitzungssaal ausgesperrt, trat der Dritte Stand am 20. Juni 1789 schnell in einer sonst zum Tennisspiel bestimmten Halle zusammen und schwur, nicht auseinanderzugehen, ehe Frankreich eine Verfassung bekommen hätte.

Diese Episode kommt im patriotischen Ritual der jetzigen Französischen Republik gleich nach dem Sturm auf die Bastille, was zumindest teilweise auf das berühmte Gemälde von David zurückgeht, das mehr allegorisch als realistisch zu nennen ist. Wichtiger war die drohende Haltung des Dritten Standes im Plenum der Generalstände am 23. Juni, als der König in prächtigem Aufzug erschien und die Abstimmung nach Ständen durchzusetzen suchte. Nachdem der König die Versammlung wieder verlassen hatte, blieben die Abgeordneten des Dritten Standes auf ihren Plätzen. Auf das Ersuchen des Oberhofmeisters, den Saal zu verlassen, soll Mirabeau die berühmte Antwort gegeben haben: „Wir sind hier auf Grund des Willens der Nation versammelt und weichen nur der Gewalt." Bald darauf gab der König nach, wenn auch wahrscheinlich nicht wegen Mirabeaus Rednerkunst. Anfang Juli hatte sich die Nationalversammlung ordnungsgemäß konstituiert und stand bereit, die Aufklärung, die so lange theoretisch gewesen war, in die Praxis umzusetzen. Die ersten Schritte zur französischen Revolution waren getan.

Wer den Revolutionsbeginn nur auf die ersten Gewalttaten datieren will, wird sich an den 14. Juli 1789 halten. Ein Pariser Mob, unterstützt von zum Volk übergegangenen Soldaten, stürmte die düstere Bastille, eine als Gefängnis dienende alte Festung am Ostrand der Stadt. Der Tag der Erstürmung der Bastille ist französischer Nationalfeiertag, ein ganz hoher Feiertag in einer der bestorganisierten Nationalreligionen der Gegenwart. Man hat ihn als solchen mit Legende umkränzt, ihm eine Martyrologie angefügt und ihn der nüchternen Berührung der Geschichtsforschung zu entziehen gesucht. Dem historischen Betrachter erscheint der Sturm auf die Bastille als eine verworrene Geschichte. Er ging mindestens ebensosehr auf die Schwäche des königlichen Gouverneurs de Launay zurück wie auf die Stärke der Belagerer. Für uns ist es wichtig, daß Paris drei Tage in den Händen des Mobs war und daß dieser Mob gegen den Hof und für die Nationalversammlung brüllte. Nach dem Abebben der Unruhen konnte die Nationalversammlung, genauer gesagt ihre revolutionäre Mehrheit, in dem beruhigenden Bewußtsein weitermachen, daß das Volk auf ihrer Seite stand. Sie wußte nun, daß sie sich bei der Umgestaltung Frankreichs um königliche Proteste nicht mehr zu kümmern brauchte.

Die Revolution in Rußland setzte sich schnell in Bewegung. Wie wir schon gesehen haben, gab es revolutionäre Präzedenzfälle genug, und mehrere Generationen hatten schon den unvermeidlich kommenden Sturm diskutiert. Die ersten Vorgänge, die zur Februarrevolution (nach dem westlichen Kalender Märzrevolution) von 1917 führten, kamen aber auch für linke sozialistische Führer, wie Kerenski, überraschend. Die Sozialisten in aller Welt feiern am 8. März den ‚Frauentag‘. Nach dem alten russischen Kalender war das der 23. Februar. An diesem Tag gingen die Petersburger Arbeiterinnen auf die Straße und riefen nach Brot. Von da an sah man täglich größere Menschenmassen auf der Straße. An den Straßenecken sprachen die Redner der radikalen Gruppen. Soldaten aus der großen Petersburger Kriegsgarnison mischten sich unter das Volk und schienen mit ihm zu sympathisieren. Auch die Kosaken verhielten sich nicht feindlich, jedenfalls machten sie keinen kampflustigen Eindruck.

Die Staatsspitzen berieten inzwischen. Teilmaßnahmen wirkten nicht. Am 11. März wurde beschlossen, die Unruhen nach einem schon lange für solche Fälle ausgearbeiteten Plan zu unterdrücken. Der Plan funktionierte aber nicht. Die Soldaten der Garnison, die nicht an die Front gehen wollten, begannen zu schwanken. Am 12. März brach die erste Meuterei aus. Eines der Eliteregimenter der Zarenarmee nach dem anderen strömte aus den Kasernen, um sich den Volksmassen anzuschließen, nicht etwa, um auf sie zu schießen. Aus dem Nichts erschienen Führer, wie Unteroffiziere und Vorarbeiter, und dirigierten ihre kleinen Gruppen an die strategisch wichtigen Punkte. Den Historiker bringen die Einzelheiten dieser Woche mit all ihrer Verworrenheit zur Verzweiflung, aber eine Tatsache steht fest: Es gab keine kaiserliche Regierung mehr in der Hauptstadt, überhaupt keine formelle Regierung. Allmählich bildete sich der Kern der kommenden Sowjetregierung in den Gewerkschaften, sozialistischen Gruppen und anderen Organisationen der Arbeiterschaft. Der Zar und seine Berater, zu bestürzt und unfähig, der Bewegung Herr zu werden, verhinderten die legale Duma an der Bildung einer Regierung. Statt dessen setzten sich Gemäßigte aller Richtungen zusammen, um den Kern der künftigen provisorischen Regierung zu schaffen. In diesem chaotischen Zustand scheint das Handeln der Gemäßigten ein gleichförmiger Zug aller Revolutionen zu sein. Gefühl und Erziehung zwingen sie, einen Versuch zur Beendigung der Unordnung zu machen, soviel wie möglich von der gewohnten Routine zu retten.

Sozialisten und Liberale forderten übereinstimmend die Abdankung des Zaren. Nikolaus II. war vom Hauptquartier nach Zarskoje Selo unterwegs, wurde aber bei Pskow durch die zunehmenden Unruhen aufgehalten. Hier dankte er am 15. März 1917 zugunsten seines Bruders, des Großfürsten Michael, ab. Soweit es noch eine zentrale Regierungsmacht in Rußland gab, scheint sie in den Händen eines Ausschusses der Duma gelegen zu haben. Dieser Ausschuß machte Michael persönlich seine Aufwartung. Kerenski, Mitglied des Ausschusses, war wie gewöhnlich auch an diesem kritischen Punkt neurasthenisch. Auf Michaels Ablehnung der Krone antwortete er mit einem Ausbruch des Entzückens. Rußland würde also Republik werden! Die ablehnende Antwort des Großfürsten war wohl mehr auf persönliche Feigheit zurückzuführen. Es bleibt ein Problem der ‚Wenn...‘-Geschichte, was geschehen wäre, wenn dieser Romanow mutig, entschlossen und fähig gewesen wäre. Diese Frage kann niemand beantworten, aber sie erinnert uns daran, daß in der Geschichte auch in den soziologischsten Augenblicken das dramatische Moment der Persönlichkeit und des Zufalls nicht vernachlässigt werden darf.

Mit der Abdankung Michaels am 16. März 1917 hatte die russische Revolution offenkundig begonnen. In der Provinz gab es noch einen Rückschlag, weil in abgelegenen Bezirken der Sturz der Romanows erst nach Wochen bekannt wurde. Aber das Werk dieser acht Tage war die Vernichtung einer zentralistischen, bürokratischen Regierung an ihrem vitalen Punkt, ihrem Haupt, ihrem Nervenzentrum. Die Februarrevolution ließ vieles in Rußland unverändert, aber politisch war in einer Woche geschehen, was in England und Frankreich seinerzeit Jahre erfordert hatte. Die Romanows waren schneller verschwunden als die Stuarts und die Bourbonen.

Spontaneität oder Plan?

Aus der voranstehenden Skizze der ersten Schritte bei vier Revolutionen ergeben sich für den erzählenden Historiker auffallende Unterschiede in den vier Abläufen. Die englische Revolution begann in einer sehr alten, fest eingewurzelten Vertretungskörperschaft, die amerikanische begann vornehmlich in Neuengland unter Leuten, die an Stadtversammlungen und Kolonialparlamente gewöhnt waren; die französische Revolution entwickelte sich aus den Sitzungen einer gesetzgebenden Körperschaft, die es schon lange nicht gegeben hatte, mit Abgeordneten, die des parlamentarischen Lebens ungewohnt waren; die russische Revolution begann mit Straßenkrawallen in der Hauptstadt und entwickelte sich ohne Unterstützung einer parlamentarischen Körperschaft weiter, denn die alte Duma trat nur in Gestalt eines Notausschusses in Erscheinung. Persönlichkeiten, Zeitpunkte und Orte sind sehr verschieden. Karl I., der 1642 zuversichtlich seine Feldstandarte zu Nottingham hißte, scheint in keiner Weise mit dem zusammengebrochenen Nikolaus II. vergleichbar, der sich in seinem Zug von streikenden Arbeitern und meuternden Truppen herumschieben ließ und trist in einer Provinzstadt abdankte. Man könnte sogar nationale Unterschiede feststellen. Der geordnete und fast ritterliche Bürgerkrieg der Engländer ist auf den ersten Blick etwas ganz anderes als die Raserei des 14. Juli oder das tragikomische Schauspiel der Hauptstadt Petersburg in den Händen einer Masse, die nicht einmal ein gutes Schlagwort hatte.

Hier sollten wir aber innehalten. Auf der zwanglosen Stufe bloßer Ähnlichkeiten im Dramatischen oder Erzählerischen bieten diese ersten Revolutionsstadien ebenso eindrucksvolle Ähnlichkeiten wie Unterschiede. Der Parlamentsvorsitzende Lenthall trotzte dem königlichen Versuch zur Verhaftung der fünf Abgeordneten. Mirabeau donnerte dem verblüfften Oberhofmeister am 23. Juni seine Herausforderung entgegen. Patrick Henry warnte einen König vor dem Schicksal gewisser anderer Herrscher. Diese Männer scheinen die gleiche Sprache zu sprechen, die gleiche wirksame Pose einzunehmen. Das englische Unterhaus ähnelt in dem Tumult seiner Schlußsitzung im Jahre 1629 sehr der französischen Nationalversammlung in ihren häufigen Augenblicken der Siedehitze und scheint auch nicht allzu verschieden von gewissen historischen Sitzungen des Petersburger Sowjets.

Die Emotionen von Menschen in Gruppen, die Rhetorik und die Gesten, die diese Emotionen ausdrücken und ihre Umsetzung in Handlungen bewirken, sind gleichartiger, als der Rationalist es wahrhaben will. Jede Vertretungskörperschaft von einigen Hundert Mitgliedern reagiert in bestimmter Weise auf bestimmte Reize, dies um so sicherer und ausnahmsloser, weil sie nicht logisch reagieren kann, einer neuen Lage nicht so frei gegenübertreten kann wie der Forscher seinem Experiment. Aufgeregte Vertretungskörperschaften sind auffallend gleichartig, ob sie nun aus unberechenbaren" Russen, ‚erregbaren‘ Franzosen oder ‚vernünftigen‘ Engländern bestehen. Die Parallelen im Verhalten von Menschen in solchen Gruppen können uns nicht überraschen.

Es ist uns allerdings wichtiger, zu sehen, ob es in diesen vier Revolutionen nicht Regelmäßigkeiten gibt, die man nebeneinanderstellen, nach ihrer Beziehung zum ganzen Verlauf der Bewegung gruppieren kann, um ihnen einen Platz in unserer Modellvorstellung vom Fieber anzuweisen. Welche Beweise besitzen wir dafür, daß wir vor einem Prozeß stehen, der bestimmte gemeinsame Stadien durchläuft? Finden diese ersten Revolutionsschritte unter zwar theatralisch verschiedenen, aber soziologisch gleichen Bedingungen statt?

Eine Regelmäßigkeit ist kristallklar: In sämtlichen vier Gesellschaften versuchte die Regierung, Geld bei Leuten zu holen, die nicht zahlen wollten. Alle vier Revolutionen begannen bei Menschen, die gegen gewisse Steuern waren, sich zum Protest gegen diese organisierten und schließlich einen Punkt erreichten, wo sie für die Beseitigung der bestehenden Regierung agitierten. Das bedeutet nicht notwendigerweise, daß die Steuergegner eine radikale Revolution wünschten oder voraussahen. Es bedeutet, daß der Übergang vom Reden über notwendige große Veränderungen – in allen vier Gesellschaften lag ja etwas in der Luft – zu konkreten Aktionen unter dem Anreiz unpopulärer Steuern erfolgte.

Ebenso klar ist eine zweite Regelmäßigkeit, obwohl die sich daraus ergebenden Folgen weniger deutlich sind. Aus den ersten Schritten der Revolution ergibt sich offenkundig eine Frontenbildung. Zwei Parteien stehen einander gegenüber und liefern einander die ersten Gefechte: die Partei des *ancien régime* und die Partei der Revolution. Aus der konfusen Unzufriedenheit der Vorrevolutionszeit ist eine klare Schlachtfront geworden. Am Ende der Periode der ersten Schritte hat die Revolutionspartei gesiegt. Das trübe Wasser des Zweifels und der Debatten ist für den Augenblick klar geworden. Die Revolution, kaum begonnen, scheint vorbei. Eine kurze Zeit der Freude und der Hoffnung, die schönen, illusionären Flitterwochen eines unmöglichen Paares, des Realen und des Idealen, findet man in England, nachdem das ‚Lange Parlament‘ den Minister Strafford beseitigt und dem König einige Konzessionen abgerungen hatte; in Amerika nach dem Gefecht von Concord und dem moralischen Sieg von Bunker Hill; in Rußland nach der Abdankung des Zaren.

Auch der altmodische, erzählende Historiker kann nicht leugnen, daß alle vier Revolutionen eine Frühperiode durchmachten, in der sich der Gegensatz zwischen alt und neu klar herauskristallisierte und das Neue einen großen Sieg errang. Über die Gründe dafür sind sich Historiker, politische Theoretiker, Soziologen und Artikelschreiber noch nicht einig. Der Kern der Frage, die gelöst werden muß, ehe eine Soziologie der Revolution möglich wird, ist folgender: Die eine Seite behauptet, daß diese ruhmvollen ersten Schritte der Revolution fast spontan seitens einer einigen Nation

erfolgen, die sich in all ihrer Macht und Tugend erhebt, um ihre
Bedrücker in die Schranken zu weisen. Die andere Seite behauptet, daß diese ersten Schritte die Frucht einer Reihe ineinander
verzahnter Verschwörungen sind, die von kleinen, aber entschlossenen Gruppen Mißvergnügter ausgehen. Die erste Ansicht wird
im großen und ganzen von den Freunden einer bestimmten Revolution vertreten, die zweite von ihren Feinden oder zumindest von
Leuten, die das Andenken des *ancien régime* hochhalten. Was
Rußland betrifft, so hat Lenins fester Glaube an die Rolle einer
streng marxistischen Minderheit ohne bürgerliche Legalitätsskru-
pel der ,Plan'-Theorie die offizielle Weihe gegeben. Dagegen halten die amerikanische und die französische Tradition, auch die
englische, an der Überzeugung fest, daß die Revolutionen der betreffenden Länder spontane Erhebungen ihrer empörten Völker
waren. Das Thema hat allerdings vielerlei Variationen; verschiedene Autoren haben diese Elemente der Spontaneität und der Planung in verschiedenen Anteilen zusammengemischt. Besonders
deutlich und in mancher Hinsicht typisch für unsere Zwecke erscheint dieser Gegensatz in der Geschichtsschreibung der französischen Revolution. Cochin sprach von einem Gegensatz der *thèse
des circonstances* und der *thèse du complot*, also der Erklärung
aus den Umständen und der Erklärung aus einer Verschwörung.
Wer im ganzen mit der Revolution einverstanden war, behauptete,
daß das Volk Frankreichs und besonders das Volk von Paris durch
die Zwingherrschaft des Königs und des Hofes zur Revolte gereizt
wurde und die Umstände des sozialen, politischen und wirtschaftlichen Lebens von 1789 an sich eine ausreichende Erklärung der
Geschehnisse bieten. Sind solche Umstände gegeben, dazu Menschen französischen Blutes, so gibt es ebenso natürlicherweise, sozusagen automatisch, eine Revolution, wie ein Funken, der ins
Pulverfaß fällt, eine Explosion hervorruft.

Man kann einzelne Schritte des revolutionären Geschehens in
diesem Lichte betrachten. Nach der französischen republikanischen Tradition war der Sturm auf die Bastille in keiner Weise von
Anfang an geplant. Paris hörte von der Entlassung Neckers, bemerkte die Truppenkonzentrationen um die Stadt – und in einer
Million vergessener Gespräche verbreitete sich die Furcht, daß

der König und seine Partei im Begriff wären, die revolutionäre Nationalversammlung heimzuschicken und mit dem Säbel zu regieren. Daher erhob sich Paris in all seiner Macht und zerstörte mit sicherem Instinkt die Bastille, das Symbol des verhaßten alten Regimes. Das souveräne Volk handelte hier ganz von selbst, sozusagen unter dem Antrieb einer Naturkraft, des Hasses gegen das Unrecht; geführt wurde es nicht von einem Generalstab, nicht von einer kleinen Gruppe, die einen Schlag geplant hatte, sondern von Hunderten kleiner Leute, den Unteroffizieren der Revolution.

Die Gegentheorie behauptet, daß die ganze revolutionäre Bewegung in Frankreich das Werk einer ränkevollen, gewissenlosen Minderheit war, der Freimaurer, Aufklärer und berufsmäßigen Hetzer. In der Zeit nach 1750 verschafften sich diese Leute die Herrschaft über die Presse und die Rednertribünen und impften den Franzosen, die lesen und schreiben konnten, den Haß gegen die bestehenden Einrichtungen ein, besonders gegen die Kirche. Die Finanzschwierigkeiten der Regierung benutzten diese Verschwörer, um sich in die Regierung selbst einzuschleichen; schließlich erlangten sie die Zusage der Einberufung der Generalstände. Durch geschickte Wahlmache in einer nicht an Parlamente gewöhnten Masse besetzten sie den Dritten Stand mit Anhängern ihrer Sekte und durchsetzten sogar die Reihen der beiden anderen Stände. Sie waren diszipliniert und wußten dank jahrelangen Diskussionen über politische Reformen genau, was sie wollten. Der Kreis der Eingeweihten und Entschlossenen konnte, obwohl nur eine kleine Minderheit unter den 1.200 Abgeordneten der großen, formlosen Nationalversammlung, deren Handlungen steuern.

Den Autoren dieser Schule erscheint der Tag des Bastillesturms ganz anders. Der König zog Truppen zum Schutz, nicht zur Auflösung der Nationalversammlung zusammen; er wollte sie vor der Minderheit wilder Radikaler schützen, die diese Einrichtung mißbrauchten. Die Radikalen, eine Niederlage befürchtend, hetzten Paris auf. Sie schickten Redner an die Straßenecken und in die Cafés, sie verteilten radikale Flugblätter und Broschüren, sie sandten Agenten in die königlichen Truppen, um diese zu zersetzen. Sie bezahlten sogar Dirnen, um einen Weg zur Beeinflussung der Soldaten zu finden. Alles war von langer Hand für einen günstigen Augenblick vorbereitet. Als die Entlassung Neckers diesen Augenblick brachte, wurde das Signal gegeben – und Paris erhob sich. Nicht spontan; irgendwo saß ein Generalstab, dem Mirabeau (als Beauftragter der Orléanisten) sowie die meisten bekannten Führer der Nationalversammlung angehörten, und säte im Eiltempo die Saat der Revolution.

Mit entsprechenden Abänderungen kann man diesen Gegensatz zwischen Spontaneität und Planung in allen unseren Revolutionen feststellen. Für die Anhänger der Stuarts, die heute noch ihre Ansichten drucken lassen, war die englische Revolution eine leider erfolgreiche Verschwörung finsterer, geldscheffelnder Kalvinisten gegen das *Merry England*, das fröhliche England der Tradition. Häufiger ist allerdings die von den Whigs, die dem modernen England seine Grundhaltung gaben, vertretene Auffassung, wonach die Parlamentsanhänger die freiheitsliebenden Kinder der Magna Charta waren, die mit natürlicher Spontaneität gegen die unerträgliche Tyrannei der Stuartkönige aufstanden. Die amerikanischen Englandtreuen, die Loyalisten, behaupteten stets, daß die Besten des Landes auf ihrer Seite standen und die Whigs (die Liberalen) der Kolonien nur durch ihre bessere Organisation und ihre Machenschaften die Oberhand behielten. Der amerikanische Schüler lernt hingegen, daß Georg III. persönlich ein Tyrann war, ein Mann, der hessische Söldner gegen die Amerikaner dingte, um die letzteren zu feiger Unterwerfung zu zwingen. Die amerikanische Revolution war eine spontane Reaktion gekränkter freier Männer gegen die britische Unverschämtheit.

Auch eine Anzahl russischer Emigranten glaubt anscheinend noch heute, daß eine Minderheit bedenkenloser Bolschewiken auf irgendeine Art die Februar- *und* die Oktoberrevolution ‚machte‘. Für den Marxismus ist die Revolution nichts Schändliches, er gibt die Bedeutung von Führung und Planung bei revolutionären Bewegungen durchaus zu. Die offizielle kommunistische Erklärung der Revolution redet zwar reichlich von der Schuld des Zarenregimes, welches das Volk bedrückte, worauf die Masse des Volkes im Februar 1917 begeistert und fast hundertprozentig gegen den Zaren aufstand, aber zugleich gibt sie, sogar mit großem Stolz, die Rolle der bewußt eine Revolution vorbereitenden Führung zu.

Das war jedenfalls die amtliche, streng marxistische Erklärung, die noch im ersten Band der *Geschichte der russischen Revolution* von Trotzki in klassischen Worten zu finden ist.

Daß es zu diesen beiden gegensätzlichen, in ihren zugespitzten Formen ganz unvereinbaren Erklärungen für die ersten Schritte der Revolution kommen kann, ist schon an sich eine deutliche Regelmäßigkeit, die wir uns als ein Ergebnis unserer vergleichenden Revolutionsforschung vormerken wollen. Die beiden Deutungen treten sehr früh auf. Die siegreichen Revolutionäre schreiben ihren Erfolg dem Aufstand der Massen gegen eine unerträgliche Tyrannei zu, indes die geschlagenen Anhänger des alten Regimes ihre Niederlage den skrupellosen Machenschaften einer Minderheit schlauer Bösewichte zuschreiben. Keine dieser Erklärungen zielt auf eine wissenschaftliche Deutung von Tatsachen hin oder legt überhaupt Wert auf Tatsachen. Es handelt sich um einen Ausdruck des Bestrebens, gewisse menschliche Gefühle zu befriedigen. Auch die Erklärung der Revolutionäre trachtet übrigens, über die Gewalttätigkeit hinwegzugehen, und scheint sich in gewisser Weise der Tatsache der Revolution zu schämen. Das ist ganz natürlich, denn sobald die Revolutionäre einmal an der Macht sind, wünschen sie auch an der Macht zu bleiben. Sie halten es für zweckmäßig, unter den Regierten das Gefühl hervorzurufen, daß Widerstand gegen sie – die Regierenden – sinnlos und unrecht ist. Im allgemeinen neigen die erfolgreichen Revolutionäre nicht zu der These Jeffersons, der alle zwanzig Jahre eine Revolution wünschte. Sie streben vielmehr danach, einen Mythus ihrer eigenen Revolution zu schaffen; danach wird diese zu der letzten, die notwendig war. Das wird auch im Marxismus vorweggenommen, denn mit der proletarischen Revolution kommt die klassenlose Gesellschaft, in der es keinen Klassenkampf und keine Notwendigkeit einer Revolution geben wird.

Wir können jedoch noch weiter gehen, nachdem wir diese Meinungsverschiedenheiten zwischen den Freunden und den Gegnern einer bestimmten Revolution vermerkt haben. Wir können die Verallgemeinerung riskieren, daß beide Erklärungen ein gewisses Körnchen Wahrheit enthalten. Das mag manchem als eine ‚echt liberale" Kompromißlösung erscheinen, die sich an das veraltete

Schlagwort vom goldenen Mittelweg klammert und entsprechend verwaschen ist. Sie scheint aber in besseren Beziehungen zu den Tatsachen zu stehen als die beiden extremen Deutungen.

Der Bastillesturm ist wieder ein Beispiel: Es gibt reichlich Beweise dafür, daß in jenen Julitagen tatsächlich organisierte Gruppen dazu beitrugen, daß es in Paris zu Unruhen kam. Wir wissen, daß die radikalen Gruppen, die ‚Patrioten' der Versailler Versammlung, enge Verbindung mit Pariser Politikern hatten. Von den Wahlen zum Dritten Stand war in Paris eine Art rudimentäre politische Organisation zurückgeblieben. Diese Pariser Wähler trugen viel dazu bei, daß eine neue Stadtverwaltung und eine neue Nationalgarde aus den Unruhen hervorgingen. Die royalistischen Behauptungen über Agenten, die sich unter das Volk mischten und Hetzschriften verteilten, vielleicht auch die Geschichten von den gekauften Prostituierten sind größtenteils wahr. Unwahr hingegen ist die Behauptung, daß diese Elemente einer Planung von einer oder zwei Verschwörergruppen ausgingen, von dem Herzog von Orléans oder ein paar Freimaurern. ‚Verschwörung' ist überhaupt kein guter Ausdruck, ausgenommen für die Zwecke der rechtsgerichteten Propaganda. Man sieht nur Gruppen von der Art, wie der Soziologe sie überall findet: ‚Druckgruppen', Ansätze politischer Parteien, halbreligiöse und halbverrückte Sekten. Es findet sich aber kein Beweis dafür, daß diese sehr verschiedenen Gruppen im Juli 1789 von einer Zentralstelle aus dirigiert, von einem geheimen Direktorium geleitet wurden.

Vielmehr deutet alles vorliegende Material darauf hin, daß nach Neckers Entlassung diese Gruppen so erregt waren, daß das nachfolgende Geschehen in gewissem Sinne spontane Aktion eines Mobs war. Über die Massenpsychologie ist das letzte Wort noch nicht gesprochen, doch sind sich die Gelehrten darüber einig, daß auch der geschickteste Massenführer das Verhalten einer Masse nicht immer voraussagen kann. In Paris gab es damals mindestens zwei Dutzend ‚Mobs'. Die Leute gingen auf die Straße, weil ihre Nachbarn schon auf der Straße waren. Sie zogen auf und ab, sangen und schrien, blieben hier und da stehen, um noch etwas zu trinken oder einem Straßenredner zuzuhören. Selbsternannte Führer kleiner Gruppen waren eine wertvolle Ergänzung etwaiger

planmäßiger Aktionen. Der Beschluß zum Marsch auf die Bastille
scheint an mehreren Stellen selbständig gefaßt worden zu sein.
Niemand weiß genau, wer zuerst die Glanzidee hatte, aus dem
Hôpital des Invalides Handwaffen zu holen. Die Unruhen scheinen weniger wegen des Falls der Bastille abgeklungen zu sein als
wegen der Müdigkeit der Randalierenden. Man kann schwer länger als drei Tage randalieren und betrunken sein.

Was für den Bastillesturm gilt, das gilt auch für die allgemeine
Vorbereitung und die ersten Stadien der Revolutionen im allgemeinen, die wir hier besprochen haben. Die russische Februarrevolution in Petersburg erweckt ganz den Eindruck einer erweiterten Neuauflage des Bastillesturms. Zu den besten Werken Trotzkis
gehört die Schilderung der Februarrevolution. Er gibt eine abge-
wogene Darstellung des Anteils spontaner Volkserhebungen und
bewußter revolutionärer Taktik. Kerenski schreibt direkt, daß
„die Revolution von selbst kam, von niemandem angestiftet, aus
dem Zusammenbruch des Zarentums geboren". Trotzki gibt zu,
daß niemand um diese Zeit eine Revolution geplant oder erwartet
hatte und daß sie sich aus gewöhnlichen sozialistischen Kundge-
bungen und einem mäßigen Straßenkrawall entwickelte. An der
Entwicklung hatten aber, fügte er hinzu, „bewußte, erfahrene
Führer, größtenteils von Lenins Partei geschult", einen maßge-
benden Anteil. Ob die Sache mit Lenins Partei stimmt, bleibe da-
hingestellt, aber es ist sicher, daß in den letzten Tagen der Petersburger Unruhen die Führer des kommenden Stadtsowjets und die
Führer der kommenden provisorischen Regierung sich zum Sturz
der Zarenherrschaft verbanden.

Die Rolle der ‚Druckgruppe‘ ist im Frühstadium der amerikanischen Revolution besonders evident. Schon im April 1763 gründeten die Bostoner Kaufleute eine ‚Gesellschaft zur Förderung des
Handels und Gewerbes in der Provinz Massachusetts‘. Ein Ausschuß von 15 Mitgliedern hatte die Geschäfte zu führen und Versammlungen einzuberufen. Tätigkeitsberichte gingen an Kaufleute
in anderen Kolonien. Zur Bekämpfung des Stempelgesetzes gründeten die Radikalen die ‚Gesellschaft der Freiheitssöhne‘, eine
Massenorganisation für revolutionäre Arbeit. Der Verband tagte
manchmal öffentlich, manchmal geheim. Seine ‚Wachsamkeits-

ausschüsse' führten, wie sich ein Historiker ausdrückt, eine Art Inquisition ein, die Ein- und Verkauf bei allen Geschäftsleuten, Einnahmen und Ausgaben aller Haushalte und die Meinung jedes einzelnen überwachte. Im Norden boten Stadt und Grafschaft, im Süden nur die Grafschaft den Rahmen für öffentliche Versammlungen und Resolutionen. Die ‚Korrespondenzkomitees', ursprünglich als private Druckgruppen gegründet, wurden von Sam Adams geschickt manipuliert, bis sie die konservativeren Stadtversammlungen teilweise ersetzt hatten. Adams berief 1773 einen gemeinsamen Ausschuß für Boston und eine Anzahl Nachbarstädte ein, der die nun ziemlich konservativen Kaufleute niederstimmte. Während der ganzen Zeit wurde im Bedarfsfall auch Gewalt angewendet, von größeren Unternehmungen wie der *Boston Tea Party* zu individueller Verprügelung von ‚Tories'. Die Revolutionäre nannten sich ‚Whigs' nach der liberaleren der beiden englischen Parteien, während sie ihre Gegner ‚Tories' nannten, was schon damals der Spitzname der englischen Konservativen war.

Niemand wird jedoch behaupten, die amerikanische Revolution sei das Werk einer winzigen Minderheit gewesen. Als sich der Kontinentalkongreß 1775 gegen den König stellte, hatte er im Volke breite Unterstützung – das Ergebnis von zwölf Jahren englischer Fehler, abwechselnder Gewährung und Zurücknahme von Konzessionen, einer langen Politik der Schwankungen und dazu einer vielschichtigen amerikanischen Agitation. Es läßt sich unmöglich sagen, wieviel Whigs, wieviel Loyalisten und wieviel Indifferente oder Neutrale es beim Ausbruch der Feindseligkeiten in den dreizehn Kolonien gab. Wahrscheinlich waren die Loyalisten verhältnismäßig zahlreicher als die streng Königstreuen im Frankreich von 1789 und sicher weit zahlreicher als die Zarenanhänger im Rußland von 1917; umgekehrt waren sie wohl weniger zahlreich als die Stuartanhänger im England von 1642. Wie die anderen Revolutionen war auch die amerikanische teilweise das Ergebnis der Tätigkeit einer aktiven, fähigen und keineswegs kleinen Minderheit, die ihrerseits eine große Mehrheit bearbeitete, die genug Grund zur Unzufriedenheit hatte, um sich im richtigen Augenblick aufhetzen zu lassen.

Die Theorie, welche die Revolution aus den Umständen erklärt, sieht Revolutionen als wuchernde Naturgewächse an. Ihre
Saat geht von selbst inmitten der Tyrannei und Korruption auf,
von äußeren Kräften ohne menschliche Planung gelenkt. Die Ver-
schwörungstheorie betrachtet dagegen Revolutionen als Treib-
hausgewächse, deren Samen von den Gärtnern der Revolution
sorgsam in wohlvorbereiteten und gedüngten Boden gesät wird.
Die Pflanzen reifen auf geheimnisvolle Weise gegen die Kräfte der
Natur, dank dem Werk dieser Gärtner. Beide Extreme müssen wir
ablehnen, denn sie entsprechen nicht der Wahrheit. Wir glauben,
daß Revolutionen tatsächlich aus Samen sprießen, die von Menschen gesät wurden, welche eine Änderung der bestehenden Verhältnisse wollen; wir glauben auch gern, daß diese Menschen ganz
geschickt gärtnern. Wir glauben aber nicht, daß diese Gärtner gegen die Natur arbeiten; sie arbeiten vielmehr auf einem Boden und
in einem Klima, die ihren Zielen günstig sind. Das Endergebnis
kann man als gemeinsames Produkt des Menschen und der Natur
betrachten.

Die Rolle der Gewalt

In den ersten Phasen unserer Revolutionen kann man noch eine
Regelmäßigkeit erkennen, die wohl die deutlichste und wichtigste
von allen ist. In jeder Revolution gibt es einen Punkt oder mehrere Punkte, wo die bestehende Staatsautorität von den Revolutionären durch illegale Akte herausgefordert wird. Jede Staatsmacht
greift in einer solchen Lage zur polizeilichen oder militärischen
Gewalt. Auch unsere Regierungen reagierten so, aber stets mit
auffallendem Mißerfolg. Die Vertreter der herrschenden Klasse
erwiesen sich als offenkundig unfähig, in angemessener Weise Gewalt anzuwenden. Betrachten wir unsere historischen Fälle.

In England gab es kein nennenswertes stehendes Heer und
noch weniger eine Polizei im modernen Sinne. Die Frage, wem die
kleine Armee letztlich unterstehen solle, war eine der großen
Streitfragen zwischen den zwei ersten Stuarts und dem Parlament
gewesen. Um das Heer zusammenzuhalten, hatte die Krone die
Soldaten bei den Bürgern einquartieren müssen. Diese Einquar-

tierungen schufen viel böses Blut. Als ein schottisches Heer über die Grenze einrückte, mußte Karl I. das Lange Parlament einberufen, um Lösegeld zur Befreiung von diesem Heer zu erhalten. Als der Bruch zwischen König und Parlament näher kam, trachteten beide Seiten danach, eine Streitmacht aufzustellen. Karl I. verfügte über eine ergebene adlige Offizierskaste und eine genügende Pächtergefolgschaft des Adels und der Gentry, um eine Armee aufzustellen, die sicher die stärkste war, die in einer unserer vier Revolutionen der alten Regierung zur Verfügung stand. Der Bürgerkrieg zeigte jedoch, daß der König im Vergleich zu den Menschenreserven der Parlamentspartei nicht genug gute Soldaten hatte. Er wurde vor allem deshalb geschlagen, weil er nicht genug militärische Machtmittel besaß.

Ähnlich waren bei der amerikanischen Revolution weder die amerikanischen Englandtreuen noch die englischen Heere stark genug, um die Revolutionäre mit der Waffe in der Hand niederzuschlagen. Namentlich im Anfangsstadium führten die Engländer unbekümmert Maßnahmen durch, deren Unbeliebtheit ihnen bekannt war, trafen aber keine entsprechenden polizeilichen Vorkehrungen. Im Rückblick erscheint das erstaunlich, aber die lange Tradition loyaler englischer Selbstverwaltung ließ einen englischen Kolonialadministrator nicht an andere Methoden denken. Jedenfalls ist es Tatsache, daß die englischen Streitkräfte in Nordamerika im Jahre 1775 nicht entfernt ausreichten, die Autorität der Kolonialregierung aufrechtzuerhalten. Es ist schwer abzuschätzen, wieviel zusätzliche Truppen der englische Befehlshaber Gage hätte haben müssen, um die königliche Macht in der Bucht von Massachusetts zu bewahren. Das ist wieder ein Fall von ‚Wenn …‘-Geschichte. Man würde aber umgekehrt die Gewalt des Unabhängigkeitssinnes der Yankees überschätzen, wollte man annehmen, daß keine noch so große Armee die Kolonie Massachusetts hätte niederhalten können. Wäre ein Napoleon statt eines Gage dagewesen, wäre der Kampf vielleicht anders ausgegangen. Vielleicht wäre aus einer Unterdrückungspolitik schließlich doch irgendwie eine erfolgreiche Revolution hervorgegangen, aber das muß uns hier nicht beschäftigen. Wir müssen nur feststellen, daß auch in Amerika ein wesentliches Versagen der Regierung gleich

zu Beginn darin bestand, daß sie nicht in der Lage war, in angemessener Weise und mit Geschick bewaffnete Gewalt anzuwenden.
Ludwig XVI. hatte 1789 eine ziemlich verläßliche Armee. Seine
französischen Soldaten mögen der Propaganda der ‚Patrioten‘ zugänglich gewesen sein, er hatte aber erhebliche Leibgarden, die
aus fremden Söldnern bestanden, hauptsächlich Schweizern und
Deutschen, und nicht auf die französischen Agitatoren hörten.
Daß die Schweizer um der Pflichterfüllung willen zu sterben bereit
waren, erwies sich drei Jahre später beim Sturm auf die Tuilerien.
Der König verfügte über ein fähiges Offizierskorps, besonders in
der Artillerie; in diesem Stadium war es im ganzen verläßlich. Im
entscheidenden Augenblick jedoch, bei den Pariser Krawallen im
Juli, konnten er und seine Ratgeber sich nicht zum Einsatz der
Truppen entschließen. Auf die Gefahr hin, wieder ‚Wenn…‘-Ge-
schichte zu treiben, müssen wir uns fragen, was wohl geschehen
wäre, wenn ein paar disziplinierte Militärabteilungen mit Artillerie im Juli 1789 gegen die Demonstranten eingesetzt worden wären. Napoleon sollte bald zeigen, daß eine solche Streitmacht ohne
weiteres den Widerstand von Zivilisten brechen konnte. Diese Tatsache sollte sich 1848 und 1871 erneut bestätigen. Es gab keine
Garantie dafür, daß Ludwig XVI. die Niederschlagung des Aufstandes gelungen wäre. Er probierte es aber nicht einmal – das ist
der Hauptpunkt. Wieder versagte eine Regierung, als sie Gewalt
anwenden sollte.

Ein besonders deutliches Beispiel für die Rolle des Militärs
und der Polizei gibt Petersburg in den Revolutionstagen von 1917.
Der von der Regierung ausgearbeitete Plan zur Wiederherstellung
der Ordnung in der Stadt schlug fehl. Erst dadurch wurde aus
chaotischen, ziellosen Straßendemonstrationen eine Revolution,
was heute alle Beteiligten von Zaristen bis zu Trotzkisten zugeben.
Und warum schlug der Plan fehl? Weil im kritischen Augenblick
die Soldaten sich weigerten, gegen das Volk anzutreten. Regiment
auf Regiment lief zum Volke über. Eine disziplinierte Armee mit
Artillerie ist auch einer noch so begeisterten Menge ziviler Revolutionäre derart überlegen, daß selbst die unfähigen Machthaber in
Petersburg die Unruhen hätten unterdrücken können, wenn die
Kosaken und ein paar Eliteregimenter, zum Beispiel das Preobra-

schenski-Regiment, wirklich regierungstreu gewesen wären. Vielleicht wäre auch hier nach einigen Monaten unter den gegebenen Bedingungen ein neuer und ärgerer Aufstand gekommen, aber das muß uns nicht interessieren. Am Rande ist zu vermerken, daß die heute weitverbreitete Ansicht, die modernen Waffen hätten Straßenaufstände endgültig unmöglich gemacht, wahrscheinlich irrig ist. Auch moderne Waffen müssen von Soldaten oder Polizisten geführt werden, und diese Menschen sind der Zersetzung zugänglich.

Das auffallende Versagen der Herrschenden, wenn sie Gewalt anwenden sollen, ist kaum als ein zufälliges oder isoliertes Phänomen zu betrachten. Vielmehr scheint es eng mit der allgemeinen Unfähigkeit der herrschenden Klasse zusammenzuhängen, von der wir schon im vorigen Kapitel gesprochen haben. Lange Jahre des Verfalls haben die Disziplin der Truppen untergraben, schlechte Behandlung hat die Soldaten an die Seite der Zivilisten getrieben, die Offiziere glauben nicht mehr an die konventionellen und stupiden militärischen Tugenden. Es fehlt an zentraler Leitung, an Vertrauen, an Handlungswillen. Das gibt es höchstens noch bei einzelnen, und es geht im Meer der allgemeinen Unfähigkeit, Entschlußlosigkeit und Niedergeschlagenheit verloren. Die konservative Sache, selbst im Falle Karls I., ist von Anfang an verloren. Anders war es in Amerika, wo es zwar eine unfähige Kolonialregierung, aber keine unfähige einheimische Oberklasse gab.

Wir können also das Versagen der Konservativen bei der Gewaltanwendung getrost der Dekadenz der herrschenden Klasse zuschreiben. Es handelt sich um Gruppen von einer Größenordnung, die der Soziologe für seine Verallgemeinerungen gewohnt ist. Bei dem Versuch, die vier gekrönten Häupter unserer Gesellschaften unter einen Hut zu bringen, reicht die statistische Grundlage allerdings nicht aus. Dennoch ähneln Karl I., Georg III., Ludwig XVI. und Nikolaus II. einander so sehr, daß man das schwer für einen Zufall halten kann. Trotzki versichert, daß jede im Verfall befindliche Gesellschaft mit einem solchen unfähigen Regime endet. Wir sind dessen nicht ganz so sicher, aber die Gleichartigkeit im Verhalten dieser vier Männer scheint uns doch ein vollwertiges Element unserer beobachteten Regelmäßigkeiten zu sein. Ihr Charakter trug jedenfalls sehr dazu bei, die Revolutionäre ihre ersten und entsheidenden Siege über eine unfähige Staatsautorität gewinnen zu lassen.

Zumindest kann man bei allen diesen Monarchen bestimmte Fehler feststellen, die einen Mangel an Fähigkeit zur Menschenführung anzeigen. Ein schlechter Fußballspieler mag hundert Gründe für seine Fehler haben, aber er bleibt ein schlechter Spieler. Unsere vier Könige waren schlechte Könige, obwohl sie gute Familienväter und im ganzen wohlmeinende Menschen waren. Der Zar war kleinlich und eifersüchtig, dazu unwissend und abergläubisch. Nach herkömmlichen Maßstäben war er der schlechteste der vier Herrscher. Er war aber keineswegs ein grausamer Tyrann. Ludwig XVI. war freundlich und wohlmeinend, aber für die Staatsgeschäfte völlig ungeeignet. Beide waren geistig minderbemittelt, standen unter der Herrschaft willensstarker, leidenschaftlicher, stolzer und unwissender Frauen. Beide hinterließen Tagebücher, die verblüffende Parallelen der Dummheit zeigen. Ludwig XVI. vermerkte am Tag des Sturms auf die Bastille in seinem Tagebuch: „Nichts Bemerkenswertes." Nikolaus II. schrieb während einer ähnlichen Krise: „Machte einen langen Spaziergang und schoß zwei Krähen. Nahm den Tee noch bei Tageslicht ein."

Mit den Persönlichkeiten aller dieser Herrscher können wir uns hier, so interessant es wäre, nicht beschäftigen. Georg III. war hochmütig, stupid und hartnäckig, eine schlechte Kombination für einen Herrscher. Karl I. war menschlich der sympathischste von allen. Die romantische Legende, die um ihn entstand, hat eine reelle Basis. Aus vielen Gründen war er aber ein schlechter König. Vor allem war er unfähig, zu verstehen, was in den Köpfen der Puritaner vorging, einschließlich der schottischen Kalvinisten. Er war hochmütig und neigte zugleich zu Ränken. Jedenfalls wußten unsere vier Herrscher im Anfangsstadium der Revolution keinen richtigen Gebrauch von der Gewalt zu machen, und das wäre auch so gewesen, wenn sie über mehr Machtmittel verfügt hätten.

Es ergibt sich somit eine Gleichmäßigkeit in unseren Revolutionen: Sie hatten erst dann ihre ersten Erfolge und wurden regelrechte Revolutionen statt bloßer Diskussionen, Beschwerden und Krawalle, als die Revolutionäre die Truppen der Regierung geschlagen oder zu sich herübergezogen hatten. Wir können es hier nicht versuchen, Gleichmäßigkeiten auch für andere Revolutionen oder für die Revolution im allgemeinen zu dekretieren. Vorsichtig und als Hypothese können wir aber eine Verallgemeinerung wagen: Noch nie ist eine Regierung von Revolutionären gestürzt worden, ehe sie die Herrschaft über ihre Truppen oder die Fähigkeit zu deren zweckmäßigem Einsatz verloren hatte. Umgekehrt hat noch keine Revolution gesiegt, ehe sie das Übergewicht der militärischen Machtmittel auf ihre Seite gebracht hatte. Das gilt von Pfeil und Bogen bis zu Maschinengewehr und Gas.

Die Flitterwochen der Revolution

Das erste Stadium der Revolution endet in allen vier Gesellschaften mit dem Sieg der Revolutionäre nach mehr dramatischem als ernstem Blutvergießen. Das verhaßte alte Regime war so leicht zu schlagen! Der Weg ist frei für die Erneuerung, über die man so lange geredet, auf die man so lange gehofft hat. Selbst die russische Februarrevolution, die mitten in der Schmach der Niederlage gegenüber den Deutschen und Österreichern ausbrach, schwelgte in Hoffnung und Freude, wie das alle vier Revolutionen sozusagen von Natur aus taten. Die Russen in der ganzen Welt hörten die Nachrichten mit Vergnügen. Die Liberalen waren so glücklich wie ihre Vorfahren von 1776 und 1789. Jetzt war der Schandfleck des Absolutismus von Rußland genommen, es konnte selbstbewußt seinen Platz bei den westlichen Schwesterdemokratien einnehmen und sich mit neuem Schwung dem Kreuzzug gegen die einzigen noch vorhandenen Mächte der Finsternis, die Hohenzollern und Habsburger, anschließen.

Die Flitterwochenphase der Revolution tritt in Frankreich am deutlichsten zutage, wo die Revolution im Frieden kam und eine große geistige Bewegung, die Aufklärung, die Menschen auf ein neues Wunder vorbereitet hatte. Wordsworth sang in England von „Frankreich, das den Gipfel goldner Stunden erlebt", und von der „menschlichen Natur, die neugeboren scheint". Dichter in zwölf Zungen feierten die Erneuerung Frankreichs und der Menschheit. Auch nüchterne Kaufleute, Gebildete, Gutsbesitzer, also Leute, die im 20. Jahrhundert die Revolution meist mit Abscheu betrachten, schlossen sich dem Jubel an. Im fernen, unaufgeklärten Rußland illuminierten Adlige ihre Häuser, um den Sturm auf die Bastille zu feiern. Der dänische Schriftsteller Steffens erzählt, wie sein Vater eines Abends in Kopenhagen seine Söhne um sich versammelte und ihnen mit Freudentränen in den Augen mitteilte, daß die Bastille gestürmt worden war. Nun habe eine neue Ära begonnen, sagte er, und wenn die Söhne im Leben keinen Erfolg hätten, müßten sie die Schuld bei sich selbst suchen, denn von nun an werde „die Armut verschwinden, der Ärmste werde den Lebenskampf zu den gleichen Bedingungen wie der Höchste antreten, mit gleichen Waffen auf demselben Boden". Amerikaner und Engländer jubelten, weil der ‚Erbfeind' zu den sich selbst regierenden Völkern gestoßen war. Die Franzosen selbst waren für einen kurzen Augenblick des Glücks einmütig. Der König hatte seine Irrtümer eingesehen, hatte den Paladin Lafayette umarmt und war freiwillig in seine gute Stadt Paris gekommen, um die Hochrufe der Helden von der Bastille entgegenzunehmen.

Doch selbst in Frankreich waren die Flitterwochen kurz, noch kürzer in Rußland; in England und Amerika waren sie nie so deutlich. Am Anfang, namentlich im Moment der Kraftprobe, sieht sich das alte Regime einer einheitlichen Opposition gegenüber. Die Opposition setzt sich aus verschiedenen Gruppen zusammen, ist niemals jene Vereinfachung, das ‚geeinte Volk". Die Notwendigkeit wirksamer Politik gegen die Regierung schweißt sie aber zusammen, sie wird eine echte politische Einheit, was mehr ist als eine Zufallskoalition gegensätzlicher Elemente. Ihr Sieg ist, wenn wir die Ausdrücke kritisch und nicht sentimental nehmen, der Sieg des ‚Volkes' über seine ‚Unterdrücker'. Es hat sich in der Krise stärker und fähiger erwiesen als die alte Regierung. Es ist jetzt die Regierung geworden und steht vor neuen Problemen. Sobald es diese Probleme wirklich anpackt, ist es mit den Flitterwochen bald vorbei.

IV

Typologie der Revolution

Die Klischees

Es wäre schön, wenn wir an diesem Punkt unserer Betrachtung
den Revolutionär als Typus isolieren könnten. Könnten nicht im
Sinne unserer Fieberanalogie einzelne Personen als ‚Überträger‘
gelten und klassifiziert, benannt, beschrieben werden, vom Standpunkt der Wirtschaft, der Soziologie, der Psychologie und des gesunden Menschenverstands? Allerdings könnten wir hier leicht
irregehen. Wir müssen uns davor hüten, Revolutionäre und besonders revolutionäre Führer buchstäblich als ‚Keimträger‘ der
Revolution anzusehen. Hier wie in unserer ganzen Studie darf uns
eine solche Modellvorstellung nicht ins Reich der Phantasie führen. Sie soll eine Hilfs- und nicht eine Zwangsvorstellung sein.
Mehr als je müssen wir Ausdrücke des Lobes und Tadels vermeiden, wie sie auf diesem Gebiet an jeder Ecke lauern. Schon das
bloße Wort ‚Revolutionär‘ führt bei den meisten Menschen zu einer kritiklosen Personifizierung, zu den Scheidemünzen des täglichen Sprachgebrauchs, der für Begriffe wie ‚Dichter‘, ‚Professor‘
oder ‚Franzose‘ zu genügen pflegt.

Auch der tiefste Denker und Wortkünstler kommt im täglichen
Leben den Klischees des Mannes auf der Straße sehr nahe. Wir
stellen uns selbstredend den Dichter nicht als langhaarig, zart, tu-
berkulös und bohemienhaft vor, auch nicht den Professor als unpraktisch, zerstreut, freundlich und bärtig, oder den Franzosen
als höflichen, charmanten Frauenhelden mit gewichstem Schnurr-
bärtchen. Wir können diese Worte aber nicht immer streng auf
ihren Inhalt überprüfen und nur einen streng systematischen Gebrauch zulassen. Wir müssen mit ihnen eben auskommen und sie
unserer Erfahrung und unseren Empfindungen ungefähr anpassen.

In der Soziologie der Revolution ist die Bedeutung, die das Wort ‚Revolutionär' auf dieser Stufe für verschiedene Personen und Gruppen annimmt, schon an sich ein bedeutsames Element. Die Stellung der verschiedenen Menschengruppen zur Revolution läßt sich wohl am leichtesten an den Klischees studieren, die aus Worten wie ‚Revolutionär', „Jakobiner', ‚Kommunist' und so weiter entstehen. Obwohl hier keine vollständige Untersuchung dieser Art möglich ist, müssen wir uns einige dieser Klischees näher ansehen, teils der Warnung und teils des Kontrastes halber.

Die Nebentöne des Wortes ‚Revolutionär' sind für die Mehrzahl der Amerikaner des 20. Jahrhunderts unangenehm. Auf dem Niveau der ultrakonservativen Presse erscheint der Revolutionär als wild blickender, unrasierter, schäbig gekleideter, schreiender Mensch, der Komplotte gegen die Regierung schmiedet, an Straßenecken spricht und zur Gewalttätigkeit bereit ist, die er jedoch gleichzeitig fürchtet. Auch auf höherem Bildungsniveau dürften viele Amerikaner ähnliche Vorstellungen vom Revolutionär haben. Sicher glauben sie, daß er ein merkwürdiger Kauz ist, unter vorrevolutionären Bedingungen ein Taugenichts, ein Mensch, der an Minderwertigkeitsgefühlen leidet, Neid gegen Bessergestellte hegt und aus Prinzip gegen jede Regierung ist. Andere Leute haben andere, bessere Bilder vom Revolutionär. Hält man sich an unsere ‚proletarischen' Schriftsteller, die selbst keine Proletarier sind, so ist der Revolutionär ein stämmiger, breitschultriger Stahlarbeiter, der von den Irrtümern, welche die Bourgeoisie ‚Bildung' nennt, nicht angekränkelt ist; er kennt sich aber gut in Marx und Lenin aus und ist eine starke, gütige Kämpfernatur mit ganz schwach lyrischem Einschlag eines Shelley.

Der soziale Zweck solcher Vorstellungen liegt auf der Hand: In einer alten bürgerlichen Gesellschaft wie den USA sind antirevolutionäre Gefühle wahrscheinlich für die Erhaltung der gesellschaftlichen Stabilität wichtig. Revolutionäre waren 1776 gut, aber heute sind sie es nicht. Jede bestehende und gut funktionierende Gesellschaft muß anscheinend eine große Zahl von Leuten aufweisen, die solche Vorstellungen über die Revolutionäre haben. Selbst in Rußland mit seinen noch frischen Revolutionserinnerungen strengt sich die Regierung mächtig an, noch lebende einherwan-

delnde Revolutionäre in Verruf zu bringen. Ein Revolutionär sein
war 1917 gut, heute ist er das nicht. Revolution in Sowjetrußland
ist zumindest ‚konterrevolutionär‘. Umgekehrt stärken die Radikalen, die sich unter einem Revolutionär einen wunderbaren
Mann, einen Helden und Märtyrer vorstellen, sicher ihre eigene
soziale Disziplin und Kampfbereitschaft.

Der Sozialwissenschaftler kann sich mit alldem nicht zufrie-
dengeben. Er muß eine objektive Einteilung der Revolutionäre
versuchen, so kompliziert, wie seine Daten es erfordern mögen.
Selbst ein flüchtiger Blick auf unsere vier Revolutionen zeigt, wie
weit die hier skizzierten Klischees von der Wirklichkeit entfernt
sind. Auch die Vorstellung von den abgerissenen, brüllenden und
bombenwerfenden Taugenichtsen, die es in der jetzigen Gesellschaft zu nichts gebracht haben, wird von einem geschichtlichen
Rückblick keineswegs bestätigt. Wenn wir ordnungsgemäß nicht
nur die Leute des Revolutionsanfangs, sondern auch die Machthaber der Schreckenszeit betrachten, so wird unser Typus noch
komplizierter.

Greifen wir eine Reihe Namen heraus: Hampden, Sir Harry
Vane, John Milton, Sam Adams, John Hancock, Washington,
Thomas Paine, Lafayette, Danton, Robespierre, Marat, Talleyrand, Hébert, Miljukow, Konowalow, Kerenski, Tschitscherin,
Lenin, Stalin. Alle sind Revolutionäre, alle erhoben die Waffen
gegen die bestehende Staatsautorität. Unter ihnen finden wir
Hochadlige, Leute aus der Gentry, Kaufleute, Journalisten, Pfarr-
amtskandidaten, Geschichtsprofessoren, Juristen, Parteiführer
und andere. Wir finden dabei einige sehr reiche, auch ein oder
zwei arme Leute. Manche waren nach herkömmlichen Maßstäben
‚gute‘ Menschen, manche ‚böse‘. Einige waren schon vor der Revolution in bedeutenden Positionen, andere waren unbekannt,
zwei oder drei hatten es zu nichts gebracht, ehe ihnen die Revolution eine Aufstiegsmöglichkeit bot. Eine so bunte Liste läßt sich
schwer auf einen gemeinsamen Nenner bringen.

Es empfiehlt sich, zwischen den ‚Gemäßigten‘ der ersten Revolutionsperiode und den ‚Extremisten‘ der kritischen Periode zu
unterscheiden. Man kann aber nicht sagen, nur die Extremisten
wären echte Revolutionäre. Auch George Washington hatte der

englischen Krone den Treueid geschworen. Sein Eidbruch wäre im
Falle des Scheiterns der Revolution als Verrat angesehen worden.
Gewisse Historiker lehren, daß Essex und Pym die geheiligten Gesetze Englands verteidigten und keine richtigen Revolutionäre waren. In der Zeit um 1640 war das nicht die in Europa herrschende
Ansicht. Vielmehr sah man in der Parlamentspartei abscheuliche
Rebellen gegen den König. Damals war die Monarchie in den Köpfen der Europäer noch sehr fest verwurzelt. Auch die Gemäßigten
gehören zu unseren Revolutionären, auch wenn sie ein höheres
Gesetz gegen ein niedrigeres verteidigten und nicht dem Klischee-
typ des Revolutionärs entsprachen.

Wirtschaftliche und soziale Position: Die Gefolgschaft

Einen guten Aufschluß über den Personenbestand revolutionärer
Bewegungen geben die verhältnismäßig objektiven Indizien des
wirtschaftlichen und sozialen Status der Teilnehmer an einem
Aufstand. Nun erfährt man aber schwer etwas über die revolutionäre Gefolgschaft – im Gegensatz zu den Führern. Wie der gewöhnliche Soldat im Krieg ist der gewöhnliche Revolutionär na-
menlos und stumm. Für die französische Revolution ist eine solche
Studie nicht ganz unmöglich. Es sind Aufzeichnungen der Jakobinerklubs vorhanden, die als Zentren der revolutionären Aktion
dienten. Diese Klubs ähneln den englischen ‚Unabhängigen‘, den
russischen Sowjets und den amerikanischen ‚Korrespondenzkomitees‘. Man hat hier zahlreiche Mitgliederverzeichnisse gefunden, gewiß nicht vollständig, aber immerhin umfangreich. Der
Verfasser dieses Werkes hat diese Listen vor einigen Jahren durchgesehen und war mit Hilfe von Steuerlisten und anderen Doku-
menten in den französischen Archiven in der Lage, ungefähre statistische Feststellungen über diese Revolutionäre zu machen. Hier
seien einige davon zusammengefaßt (nach dem Buch des Autors:
Die Jakobiner: Eine Studie zur neueren Geschichte).

Man kann die soziale und wirtschaftliche Stellung der jakobi-
nischen Revolutionäre im vorrevolutionären Frankreich in der
Tat annähernd ermitteln. Für die Jahre von 1785 bis 1790 gibt es
Steuerlisten. In diesen findet man viele der Jakobiner und die ih-

nen auferlegten Steuern. Diese direkten Steuern standen ungefähr im Verhältnis zum Einkommen. Wir wissen daher einiges über die Wirtschaftslage der Jakobiner. Auch wird meist der Beruf angegeben, was ein weiterer Hinweis auf die soziale Stellung des Betreffenden ist. Man kann einzelne Klubs im Hinblick auf bestimmte Stadien der Revolution untersuchen, etwa mit Hilfe einer Durchmusterung für die gemäßigte und einer zweiten für die radikale Periode.

Bei zwölf Klubs mit zusammen 5405 Mitgliedern, gerechnet für die ganze Revolutionszeit von 1789 bis 1795 einschließlich der gemäßigten wie radikalen Phasen, ergibt sich, daß 62 Prozent der Mitglieder dem Bürgertum angehörten, 28 Prozent der Arbeiterschaft und 10 Prozent dem Bauernstand. Betrachten wir einmal zwölf Klubs begrenzt auf die gemäßigte Periode von 1789 bis 1792: Von 4037 Mitgliedern waren 66 Prozent Bürger, 26 Prozent Arbeiter, 8 Prozent Bauern. Bei 42 Klubs in der radikalen Periode von 1793 bis 1795 mit 8062 Mitgliedern ergab sich folgendes Bild: 57 Prozent waren Bürger, 32 Prozent Arbeiter und 11 Prozent Bauern. Die Steuerlisten bestätigen, was schon aus der Berufs- und Sozialeinteilung hervorgeht. In acht Klubs, die für die ganze Revolutionsperiode betrachtet werden, zahlten die Mitglieder im Durchschnitt 32,12 *Livres* Steuern gegenüber einem Steuerdurchschnitt in den Städten in Höhe von 17,02 *Livres*. Dagegen zahlten in 26 Klubs, die nur für die radikale Periode betrachtet werden, die Mitglieder 19,94 *Livres* gegenüber einer Durchschnittssteuer in Höhe von 14,45 *Livres*. Obwohl sich die Mitglieder der Klubs besonders in der radikalen Periode gewiß aus etwas tieferen Schichten rekrutierten, kann man sich doch der Schlußfolgerung nicht entziehen, daß der Jakobiner weder ein Edelmann noch ein Bettler war, sondern den verschiedensten dazwischenliegenden Schichten angehörte. Die Jakobiner bieten außerdem einen vollständigen sozialen Querschnitt durch ihre Wohngegenden.

Auch andere verhältnismäßig objektive Zahlenangaben können uns behilflich sein: Häufig ließen sich die Altersklassen der Klubmitglieder während der Revolution ermitteln. Soweit es sich um die Masse der Mitglieder handelt, bestätigte sich die Vorstellung nicht, daß die Revolutionäre sich aus jungen, noch wenig verantwortungsbewußten Leuten zusammensetzen. Bei zehn Klubs schwankte das Durchschnittsalter zwischen 38 und 45 Jahren. Für alle zehn Klubs ergab sich ein Durchschnitt von 41,8 Jahren. Altersmäßig handelte es sich hier also nicht um Menschen, die gerade ihre Sturm-und-Drang-Zeit erlebten. Es handelte sich auch nicht um Ortsfremde, die etwa zur Anfeuerung der Massen an den Ort der Revolution importiert worden wären. Unter 2949 Mitgliedern von 15 Klubs waren nur 378 oder 13 Prozent nach 1789 zugezogen. Die Mitglieder wechselten mit dem zunehmenden ‚Linkskurs' der Bewegung. Zahlreiche Gemäßigte emigrierten oder wurden guillotiniert, und die Extremisten, übrigens keineswegs stets den unteren Klassen entstammend, ‚lenkten' die Klubs. Immerhin brachten es in 6 Klubs, die 1789 bis 1795 insgesamt 3028 Mitglieder hatten, etwas über 31 Prozent fertig, die ganze Zeit über ihre Mitgliedskarten zu behalten; sie waren der Reihe nach gute Monarchisten, gute Girondisten und gute Montagnards gewesen. Es stimmt nicht, daß die Klubs nach dem Sturz der Monarchie (1792) in die Hände der unteren Schichten oder der Arbeiterklasse gerieten oder daß Neueintretende sich hauptsächlich aus dem Proletariat rekrutierten. Auch ist es deutlich, daß der Durchschnitt dieser Leute nicht zu den Personen zählte, die es in ihrer früheren Umwelt zu nichts gebracht hatten. Vielmehr repräsentieren sie die fähigeren, strebsameren und erfolgreicheren Elemente unter den Einwohnern ihrer Stadt. Sie entsprechen etwa der üblichen Mitgliedschaft eines modernen Rotary-Klubs in Amerika und anderwärts.

Für die englische Revolution läßt sich eine ähnliche statistische Betrachtung kaum anstellen, denn es gibt hier keine vergleichbaren Listen. Hinsichtlich der Mitglieder der Sowjets in dem kritischen Jahr 1917 gibt es wohl entsprechendes Material, aber man müßte es aus zerstreuten Quellen zusammentragen, die es nur in Rußland gibt. Über die Mitglieder der amerikanischen Revolutionsgruppen, der Kaufleutekomitees und Kongresse, wissen wir dagegen wesentlich mehr. Auch für die englische Revolution läßt sich genug verstreutes Material auffinden, um einige Aussagen über die personelle Zusammensetzung der Bewegung zu gestatten.

Für das Anfangsstadium der englischen Revolution steht fest, daß die Männer hinter dem Parlament wohlhabende, respektable Bürger waren. Etwas übertrieben, aber nicht ohne ein Körnchen Wahrheit schreibt der zeitgenössische Historiker Baxter, daß beim Ausbruch des Aufstandes „gerade die gemäßigten Konformisten und episkopalen Protestanten, die so lange über Neuerungen, Arminianismus, Papismus, Monopole, ungesetzliche Steuern und die Gefahr der Willkürherrschaft geschrien hatten, das Banner des Krieges erhoben". Die Kaufleute in London und Bristol, große Lords, die kleine landbesitzende Gentry, all diese erhoben sich gegen ihren König. Selbst in der extremistischen Krisenperiode der englischen Revolution, die etwa 1647 mit der akuten Spannung zwischen der ‚Neuen Musterarmee' und den Presbyterianern beginnt, sind die Revolutionäre keineswegs ein ‚Gesindel'. Die ‚Musterarmee' entsprach den französischen Jakobinern und den russischen Bolschewiken; selbst Baxter schreibt über sie: „Eine sehr große Zahl der Soldaten und viele der Offiziere rechnete ich zu den anständigen, nüchternen und frommen Männern, andere waren durchaus aufgeschlossen, zum Anhören der Wahrheit bereit und von redlichen Absichten." Nach der Schätzung eines anderen Historikers gehörten 1645 von den 37 führenden Offizieren der ‚Musterarmee' neun dem Adel, einundzwanzig der Gentry an, und nur sieben waren ‚keine Gentlemen von Geburt'. Die englische Unterklasse, zumindest das proletarische Element im Gegensatz zu den selbständigen Handwerkern, stand in dem Konflikt im ganzen abseits. Selbst die wildesten Sektierer kamen zwar aus niederen, aber nicht aus Elendsschichten. Sie hatten sich selbst so weit gebildet, daß sie den theologischen Disputen folgen konnten. Sie stellten die aktiven, ehrgeizigen Elemente ihrer Klasse dar. Die ärmeren Bauern, namentlich im Norden und Westen, stellten sich vielmehr auf die Seite des Königs und bekämpften die Revolutionäre.

In Amerika waren es, wie schon erwähnt, die Kaufleute, die zuerst die Opposition gegen die Krone organisierten. Sie fanden Widerhall bei vielen Pflanzern in der südlichen Küstenebene und bei vielen durchaus respektablen Farmern im Inneren. Gewiß gibt es viele Anzeichen für eine recht lebhafte Teilnahme der sogenann-

ten ‚Hefe' des Volkes an der Bewegung. Die Bostoner ‚Söhne der
Freiheit', die den Großteil der Gewalttätigkeiten in ihrer Heimat-
stadt verübten, waren Arbeiter und trafen sich regelmäßig in einer üblen Kneipe. Die Tories, die man heute ‚Loyalisten' nennt,
sahen natürlich in ihren Gegnern nur einen Haufen ‚Gesindel'.
Der zeitgenössische Autor Hutchinson schreibt über die Bostoner
Stadtversammlung: „Sie besteht aus den untersten Schichten des
Volkes unter dem Einfluß einiger Angehöriger der höheren Klassen, die rabiat und maßlos sind, sich außerdem in sehr schlechter
materieller Lage befinden. Die Wohlhabenden und die Leute mit
gutem Charakter haben sich aus diesen Versammlungen zurückgezogen, da sie dort nur angegriffen wurden."

Die Grenze zwischen Tory und Whig ist unregelmäßig. Sie
hängt noch von vielem anderem ab als dem wirtschaftlichen Status. Die reichen Gutsbesitzer von Cambridge ergriffen die Partei
der Krone, aber viele nüchterne und respektable Farmer, Kaufleute und Anwälte schlossen sich der Revolution an. Sie waren
vermutlich über die Streiche der wilden jungen Lehrlinge, die sich
‚Freiheitssöhne' nannten, schockiert, aber das veranlaßte sie
noch nicht, zu den Engländern überzugehen, wenn sie auch dem
Kongreß einigermaßen kritisch gegenüberstanden. Ein gutes Anzeichen für die Gutbürgerlichkeit der Revolution ist das Mitmachen der Geistlichkeit, die mit Ausnahme der Episkopalen (der
englischen Hochkirche) in den meisten Kolonien ziemlich allgemein auf seiten der Revolution stand. Ein verärgerter Loyalist
schrieb:

> „Zu den ‚besseren' Söhnen der Freiheit gehören die Geistlichen,
> die von der Kanzel über Freiheit, Unabhängigkeit und das Ab-
> schütteln der Treue zum Mutterlande schmettern, anstatt ihrer
> Herde lieber Sanftmut, Nüchternheit, Hingabe an ihren Beruf
> und beständigen Gehorsam gegenüber den britischen Gesetzen zu
> predigen. Diese Geistlichen sind von Anbeginn die Anstifter und
> Helfer jeder Verschwörung und Persekution."

Die Stärke der Revolution lag im ‚einfachen Volk'. Das war kein
Mob und kein Pöbel, denn die amerikanische Gesellschaft war
ländlich, nicht städtisch; es waren ländliche Handwerker, kleine
Bauern und Grenzsiedler. Der Widerstand gegen die englischen

Herrschaftsansprüche hatte seinen Ursprung allerdings bei den
‚besseren Leuten‘ und war nach A. Graydon „in seinen Anfängen
echt aristokratisch".

Die russische Februarrevolution scheint von allen Klassen der
Bevölkerung begrüßt worden zu sein, ausgenommen die Konservativsten der Konservativen, etwa ein Teil der Offiziere, der Hof-
leute und des alten Adels. Niemand weiß, wer die Februarrevolution ‚gemacht‘ hat, aber sie war bestimmt sehr volkstümlich. Fast
jeder half gern mit, der Zarenherrschaft den Todesstoß zu verset-
zen: der liberale Adlige, der Bankier, der Industrielle, der Rechts-
anwalt, der Arzt, der Beamte, der wohlhabende Bauer (später
‚Kulak‘ genannt), der Arbeiter. Auch die Bolschewiken, deren
plötzlicher Sieg im Oktober 1917 den ‚Fahrplan‘ der russischen
Revolution so verschieden von der englischen und französischen
Revolution werden ließ, waren keineswegs ein ‚Gesindel‘ oder eine
‚Masse‘, wie das die unentwegten Hasser der Revolution glauben.
Die Bolschewiken rekrutierten sich anscheinend vor allem aus den
fähigen und aktiven Elementen unter den qualifizierten Arbeitern
der Industrie von Petersburg, Moskau, Iwanowo-Wosnessensk,
des Donbeckens und so weiter. Ihre hauptsächlichen Führer kamen meist aus dem Bürgertum. Man könnte die von Miljukow geführten ‚Kadetten‘ aus der Liste der Revolutionsparteien weglas-
sen, sicher aber gehörten zu diesen die Menschewiken und Sozialrevolutionäre, die von den bolschewistischen Geschichtsschrei-
bern später als ‚Versöhnler‘ bezeichnet wurden. Die Menschewiki
waren meist Intellektuelle, aber die Sozialrevolutionäre kamen
auch aus den Reihen der wohlhabenderen Bauern, der ländlichen
Genossenschaftler, der Ladenbesitzer und ähnlicher Elemente.

Wirtschaftliche und soziale Position: Der Führer

Bisher haben wir die Masse der Revolutionäre betrachtet und festgestellt, daß sie im ganzen keineswegs die ‚Hefe der Gesellschaft‘
darstellen, nicht einmal bei dem großen proletarischen Aufstand.
Gewöhnlich umfassen sie Angehörige fast aller sozialen und wirtschaftlichen Gruppen, ausgenommen vielleicht die obersten Spitzen der Gesellschaft. Essex, Washington und Lafayette gehörten

allerdings sogar zu den letzteren. Auch in Rußland diente der pro-
minente Zarengeneral Brussilow noch 1920 dem Sowjetregime
beim Polenfeldzug.

Wir wollen uns nun einmal die Führer ansehen und zunächst
nach den vergleichsweise objektiven Maßstäben ihrer sozialen
Herkunft und ihrer wirtschaftlichen Stellung urteilen. Bei den Jakobinern konnte der Verfasser die rein örtlichen Führer studieren, die Männer also, die normalerweise nicht in die Geschichte
eingehen. Die Laufbahn einiger Dutzend dieser Subalternoffiziere
der Revolution machte deutlich, daß die Führer im wesentlichen
die gleiche soziale Stellung innehaben wie ihre Gefolgschaft. Mög-
licherweise gibt es unter den Führern der Terrorzeit mehr Männer, die im Jahre 1789 als Versager im Lebenskampf zu betrachten
waren oder die zumindest mit ihrer Umwelt ständig auf Kriegsfuß
standen. Der Anteil dieser dörflichen Marats ist aber nicht besonders groß.

Die Führer der französischen Revolution im Landesmaßstab
setzten sich aus einer gemischten Gesellschaft zusammen. In den
Jahren 1789 bis 1792 gehören zu ihnen Hochadlige, wie der Herzog von Orléans, Vetter des Königs, der Graf Mirabeau, die Lameths, Lafayette; dann viele Anwälte, von bekannten Pariser Ad-
vokaten wie Camus bis zu unbekannten, aber durchaus respektablen Provinzanwälten wie Robespierre aus Arras (er hatte sich
einst *de* Robespierre geschrieben), oder gesuchten Anwälten wie
Danton, der aus einer bäuerlichen Familie in der Champagne
kam. Man trifft auch Gelehrte, wie den Astronomen Bailly, den
Chemiker Lavoisier, den Mathematiker Monge, an. Die neue
Großmacht, die Presse, lieferte Journalisten wie Marat und Des-
moulins, Publizisten wie Brissot, einen Provinzbourgeois aus
Chartres, und Condorcet, Marquis und Aufklärer. Nach 1792 gelangten nur noch wenige Führer neu an die Spitze. Die Männer,
die Frankreich 1793 bis 1794 regierten, hatten wohl weniger
Schliff als die hoffnungsvollen Intellektuellen des Salons der Madame Roland und hätten im Versailles des Jahres 1783 deplaciert
gewirkt. Im ganzen waren sie aber keiner anderen sozialen Herkunft als die Leute, die in Wirklichkeit das alte Frankreich regiert

hatten: die gebildete Bourgeoisie, aus der letzten Endes die Bürokratie stammte.

Man weiß natürlich, wie hoch angesehen und gutbürgerlich die
Männer waren, welche die amerikanische Unabhängigkeitserklärung unterzeichneten. Von den 56 Unterzeichnern hatten 33 die
Universität absolviert, und nur 4 besaßen keine höhere Schulbil-
dung. Es gab 5 Ärzte, 11 Kaufleute, 4 Farmer, 22 Juristen und
3 Geistliche. 12 Unterzeichner waren Söhne von Geistlichen. Fast
alle waren wohlhabend. Sam Adams, der zu den radikaleren Führern gerechnet wird, stammte aus einer gutsituierten Kaufmanns-
familie und absolvierte 1740 die Harvard-Universität. Selbst die
Loyalisten, die gern mit Worten wie ,Gesindel' um sich warfen,
konnten den revolutionären Führern nicht viel mehr vorwerfen,
als daß sie Dilettanten in der Kunst des Regierens wären. Am 6.
April 1776 schrieb ein Konservativer im *Middlesex Journal* über
sie: „Aus Ladenbesitzern, Gewerbetreibenden und Anwälten sind
Staatsmänner und Gesetzgeber geworden ... Fast jedes Mitglied
der regierenden Partei in Amerika sieht sich jetzt, jedenfalls nach
eigener Auffassung, in einer höheren Stellung als früher oder als
überhaupt je zu erwarten war."

Wir müssen die soziale Herkunft der gemäßigten Führer der
englischen Revolution nicht untersuchen. Offenkundig gehörten
sie zu den höchsten Kreisen des Landes. Die Radikalen sind eine
interessante Mischung von Gentlemen aus guten Familien, von Au-
todidakten, die Karriere machen wollten, und ,gewöhnlichen'
Leuten, die von einer Art heiligen Furors ergriffen waren. Cromwell selbst war ein Gutsbesitzer aus der Grafschaft Ost-Anglia,
dessen Familie erheblichen Anteil an dem neuen Reichtum hatte,
der aus den Tudor-Konfiskationen stammte. (Die Tudor-Könige
hatten Land der Großgrundbesitzer konfisziert und an Bauern
oder kleinere Gutsbesitzer verteilt.) Von ähnlicher Herkunft war
sein Adjutant und Schwiegersohn, der Anwalt Ireton, und das
gleiche gilt von vielen anderen Führern der ,Unabhängigen'. Der
,Königsmörder' Ludlow war der Sohn von Sir Henry Ludlow in
der Grafschaft Wiltshire und hatte am Trinity College in Cambridge studiert. Sogar John Lilburne, der ,Leveller' (die Leveller
oder Gleichmacher waren eine radikaldemokratische und halbso-

zialistische Sekte, die später von Cromwell unterdrückt wurde), stammte aus guter Familie mit einem jahrhundertealten Stammbaum. Er war ein typischer Vertreter der kleinen Gentry, deren Söhne häufig ins Geschäft gingen. Wir wissen wenig von der Herkunft von Männern wie dem ‚Digger' Winstanley (die Digger oder Gräber waren eine Sekte, die das Gemeineigentum am Boden predigte und fremdes Land zum Zeichen der Inbesitznahme umgrub; auch mit ihnen machte Cromwell kurzen Prozeß) oder Edward Sexby, einem Soldaten in Cromwells Leibregiment, der später als eine Art internationaler Agent des Republikanismus auftrat. Robert Everard, ein anderer Führer der seltsamen kommunistischen Digger, war Hauptmann und ein gebildeter Mann. Viele weitere Beispiele schließen sich an.

Auch in Rußland finden wir, was die soziale Herkunft der revolutionären Führer betrifft, eine ausgeprägtere Parallele zu den anderen Revolutionen, als man angesichts des proletarischen Charakters der russischen Revolution annehmen würde. Die Gemäßigten waren allerdings in Rußland nur so kurze Zeit an der Macht, daß sie kaum mitzählen. Kadetten wie Miljukow, ein Historiker aus gutbürgerlicher Familie, Tereschtschenko, ein Kiewer Zuckermillionär, Gutschkow, ein reicher Moskauer Kaufmann und der alte Fürst Lwow erinnern an die reichen puritanischen Lords und Kaufleute der englischen Revolution oder die hochgeborenen Förderer der französischen. Die menschewistischen und sozialrevolutionären Führer waren meist Intellektuelle, kleine Beamte, Gewerkschafts- und Genossenschaftsfunktionäre. Einige ihrer besten Redner kamen aus Georgien, der ‚Gironde' der russischen Revolution. Kerenski war ein radikaler Provinzanwalt aus einer Beamtenfamilie in Simbirsk, der Wolgastadt, die jetzt Uljanowsk heißt, weil ein Größerer als Kerenski ebenfalls aus Simbirsk war. Tatsächlich stammte W. I. Uljanow, besser unter dem revolutionären Namen Lenin bekannt, aus derselben sozialen Schicht wie Kerenski. Sein Vater war Gymnasialinspektor in Simbirsk, was im Zarenreich ziemlich viel bedeutete; er gehörte dem höheren Bürgertum an.

Die anderen Bolschewikenführer sind eine gemischte Gesellschaft. Man findet Intellektuelle wie Trotzki und Kamenew, beide

sehr gebildet, dann Dscherschinski, der aus dem polnisch-litau-
ischen Adel stammte, den Chemiker Swerdlow, dem berufsmäßigen Bauern Kalinin, den aus georgischer bäuerlich-handwerklidi-
er Familie stammenden Stalin (geb. Dschugaschwili), den seine
Mutter zum Priester bestimmt und tatsächlich auch einige Zeit ins
Seminar geschickt hatte. Tschitscherin gehörte dem Hochadel an,
der rote Heerführer Antonow-Owsejenko kam aus dem Bürgertum. Die Friedensverhandlungen in Brest-Litowsk zeigen deutlich
den nichtproletarischen Charakter der bolschewistischen Führung. Als die erste russische Delegation hier eintraf, um mit den
Deutschen zu verhandeln, waren zum Zeichen der proletarischen
Revolution die Matrosen, Arbeiter und Bauern mit je einem Abge-
sandten vertreten. Von dem Bauern erzählte man sich, wahrscheinlich unter arbeiterfeindlichem Einfluß, daß er sich hauptsächlich für die Getränke interessierte, die hier serviert wurden.
Als die Verhandlungen nach einer Pause ernsthafte Gestalt annah-
men, verzichteten die Russen auf die proletarische Verzierung,
brachten die drei Vertreter des ‚werktätigen Volkes‘ nicht mehr
mit und schickten Delegierte, die zwar nicht so hochgeboren wie
ihre deutschen Partner, aber diesen vermutlich an Bildung überlegen waren: Joffe, Kamenew, Pokrowski, Karadian und eine etwas neurotische bolschewistische Dame namens Bizenko, die sich
mit der Erschießung eines kaiserlichen Beamten in der verhaßten
alten Zeit die Sporen verdient hatte. Doch gibt selbst der strengste
Marxismus zu, daß das Proletariat sich nicht am eigenen Zopf aus
dem Sumpf ziehen kann und daß es daher auf Führer angewiesen
ist, die aus einer Schicht mit genügend Mitteln für den Erwerb einer Bildung kommen, die ihnen die Deutung der Feinheiten der
marxistischen Glaubenslehre gestattet.

Schließlich ist die Unerfahrenheit der Revolutionsführer in
unserem Schrifttum im allgemeinen übertrieben dargestellt worden. Sie hatten, namentlich in Rußland, eine lange Schulung in
der Praxis oppositioneller, verfolgter Kleingesellschaften, der revolutionären Gruppen. Nun sind Gruppen von Revolutionären
anderen Menschen durchaus ähnlich, und lernt man sie führen,
kann man auch andere Menschen führen; es ist eine recht gute
politische Schulung. Auch in Frankreich waren die Mitglieder der

Nationalversammlung nicht gänzlich politische Neulinge. Abgesehen von ihrer beruflichen Erfahrung mit anderen Menschen, waren viele von ihnen Diplomaten, Beamte oder Lokalpolitiker in Provinzen mit eigenen Ständen gewesen. Alle waren an die Politik von ‚Druckgruppen‘ gewöhnt. Die revolutionären Führer sind gewöhnlich alles andere als akademische, weltfremde, reine Theoretiker. Sie treten keineswegs plötzlich aus dem Kloster in den Sitzungssaal ein. Wohl mag ihre Schulung sie unmerklich zur Leitung einer stabilen Gesellschaft ungeeignet gemacht haben, aber das ist eine andere, derzeit unlösbare Frage. Jedenfalls sind sie zur Führung einer unstabilen Gesellschaft durchaus geeignet.

Wir haben somit festgestellt, daß sowohl Führer als auch Gefolgschaft in aktiven revolutionären Gruppen nicht präzise als Angehörige bestimmter sozialer oder wirtschaftlicher Gruppen klassifiziert werden können. Sie sind nicht einmal auffallend jung. Die Führer sind meist in mittlerem Alter, in den Dreißiger- oder Vierzigerjahren, und gewiß jünger als die meisten politischen Prominenten in stabilen Gesellschaften, die eine natürliche Neigung zur Regierung der Alten haben. Aber die Jünglinge in den Zwanzigerjahren, die St. Justs und Bonapartes, sind die Ausnahme, nicht die Regel. Die Führung der russischen Revolution, die wir in zeitgenössischer Verzerrung als die ‚Radikalste‘ zu betrachten geneigt sind, war an Jahren die älteste unter allen unseren Revolutionen. Die Revolutionäre pflegen einen Querschnitt durch ihre Gesellschaften darzustellen, mit einem kleinen Zusatz von Angehörigen der höchsten Schichten (Beispiel: Lafayette). Was die aktiven Führungsgruppen betrifft, so findet man dort sehr wenige Vertreter der untersten Volksschichten. Das gilt von den Bolschewiken ebenso wie von den Puritanern und Jakobinern. Der Mob, der Pöbel mag zu Straßenkämpfen und Schlösserverbrennungen herbeigerufen werden, aber er ‚macht‘ bestimmt nicht die Revolution und leitet sie nicht – auch nicht proletarische Revolutionen.

Charakter und Anlage

Nun kommen wir zu einer schwierigeren Aufgabe; hier ist unser Wissen weder so objektiv noch so leicht katalogisierbar wie hinsichtlich der sozialen und wirtschaftlichen Stellung der Revolutionäre. Es handelt sich um das psychologische Grundproblem der Typenzugehörigkeit der Revolutionäre: Gehören sie zu den Typen, die der Mann auf der Straße als seltsam, exzentrisch oder, einfach ausgedrückt, als verrückt ansieht? Man könnte meinen, daß ein völlig zufriedener Mensch unmöglich ein Revolutionär sein kann. Es gibt jedoch so viele Möglichkeiten, unzufrieden zu sein, wie es Möglichkeiten zum Zufriedensein gibt. Die gröberen Marxisten und die gröberen klassischen Volkswirte machen einen gemeinsamen Fehler: Sie nehmen beide an, daß das Wirtschaftliche vollständig alles erfaßt, was Menschen glücklich oder unglücklich macht. Es gibt viele Motive menschlichen Handelns. Der Nur-Volkswirt, der sich auf das Studium rationaler Handlungen beschränkt, kann sie nicht in Betracht ziehen. Die Menschen tun vieles, was sinnlos erscheinen muß, wenn wir annehmen, daß sie *gänzlich* von rationalen wirtschaftlichen Antrieben geleitet werden: Sie verhungern nahezu bei Studien im Britischen Museum, um *Das Kapital* zu schreiben, sie erobern Wüsten, weil sie sich einbilden, daß der gehißten Flagge der Handel folgt, oder sie wollen die Demokratie in allen Teilen der Welt verankern. Der Teilnehmer an einer Revolution ist, ehe sie gesiegt hat – nach dem Sieg ist sie keine Revolution mehr –, ein unzufriedener Mensch. Zumindest ist er klug genug, um zu erkennen, daß es genug andere Unzufriedene gibt, die man zu einer revolutionären Gruppe vereinen kann. Die Unzufriedenheit dieser Personen muß einmal näher betrachtet werden.

Hier läßt sich die Methode statistischer Untersuchung größerer Gruppen wie bei den Jakobinern nicht anwenden. Man hat alte Tagebücher und Briefe von gewöhnlichen Menschen gesammelt. Die russische Revolution hat versucht, das Andenken des Arbeiters X aus den Putilow-Werken oder des Matrosen Y von der ,Aurora' wachzuhalten. Trotzki schildert sehr beredsam die Rolle der heroischen Arbeiter, Soldaten und Bauern in seiner *Geschichte der russischen Revolution*, aber er widmet der Geschichte der großen Namen ebensoviel Raum, als wäre er ein ,bürgerlicher' Historiker. Die ,Beschreibungen' der betreffenden Personen aus den Federn der Gegenseite sind, sachlich wertlos, höchstens als

Maßstab der Intensität der politischen Gefühle in Revolutionszeiten zu betrachten. Die amerikanischen Loyalisten hielten die Revolutionäre für wilde Radikale, minderwertige Verschwörer, während in amerikanischen Schulbüchern die englandtreuen Tories oft als Schurken, Verräter und moralisch minderwertig dargestellt werden.

Selbst aus unserer eher milden Revolution ist der Satz eines Loyalisten überliefert: „Es wäre ein Vergnügen, durch amerikanisches Blut zu fahren, das bis zu den Naben der Wagenräder reicht."

Mit der Gruppenpsychologie ist hier also nicht viel anzufangen. Wir müssen uns einige der Führer persönlich ansehen. Da gibt es eine ganze Menge biographischer Daten. Die angelsächsischen biographischen Lexika sind hier sehr brauchbar; auch die Franzosen arbeiten an einem ähnlichen Werk für Frankreich, aber die Arbeiten sind noch nicht abgeschlossen. In Rußland liegen diese Dinge schwieriger. Es gibt viele Schriften über Lenin, Trotzki und Stalin, aber sie widersprechen einander. Über die kleineren Gestalten der Revolution gibt es noch nicht einmal in russischer Sprache brauchbares Material. In der russischen Revolution arbeitete man viel mit Decknamen, die seinerzeit vielleicht als Schutz gegen die Zarenpolizei entstanden, dann aber zu einer Mode unter den Revolutionären wurden.

Wir werden unsere Tatsachen gewissen menschlichen Charaktertypen zuordnen müssen, wie das schon viele Autoren von Theophrastus bis zu Molière und Bagehot getan haben. Das mag wissenschaftlich nicht immer ganz exakt sein, aber es ist vielleicht eine praktischere Methode als alles, was die Formalpsychologie oder -soziologie bisher hervorgebracht hat. Diese etwas weniger genau definierten Typen sind realer als die Abstraktionen der durchschnittlichen Soziologie.

Nehmen wir als ersten den Gentleman-Revolutionär, den ,irrenden Oberen', den Hochgeborenen, der komischerweise nicht ,hoch oben" bleiben will. Er ist keineswegs ein einfacher Typ. In ihm vereinigen sich manchmal zahlreiche revolutionäre Züge. Man muß zugeben, daß in unseren vier Gesellschaften die Abneigung dieser Personen gegen die Lebensweise ihrer Klasse teilweise

von der Unfähigkeit herrührt, gewisse von dieser Klasse hochge-
schätzte Tätigkeiten erfolgreich auszuüben. Man muß kein Skeptiker sein, um zuzugeben, daß Lafayette gegen den Königshof re-
bellierte, weil er dort eine schlechte Figur machte. Zum Kampf um
die Freiheit bedurfte es nicht der Kunst des Menuetts. Lafayettes
Freiheitsliebe war sittlich gewiß wertvoller, als wenn er nur Pensi-
on, Rang oder Mätressen geliebt hätte. Aus seinen Handlungen
müssen wir aber folgern, daß er bald begriffen hatte, nur die Liebe zur Freiheit würde ihm eine Karriere bringen. Wenn wir heute
an den amerikanischen Hochschulen einen jungen Kommunisten
oder Marxisten aus gutem Hause finden, so können wir beinahe
darauf schwören, daß er weder Fußballkapitän seiner Fakultät
noch Sekretär einer angesehenen Studentenverbindung ist.

Sicherlich ist nicht zu bestreiten, daß viele dieser ‚irrenden
Oberen' von aufrichtigem Idealismus beseelt sind. Ihre eigene gesellschaftliche Gruppe erscheint ihnen langweilig, herzlos, hart
und ausschweifend. Sie sehen Möglichkeiten einer besseren Welt
und lassen sich von den Schriften der Intellektuellen beeinflussen,
die mit dem Abfall von der bestehenden Ordnung begonnen haben. Sie kämpfen für das Reich Gottes auf Erden. Gewöhnlich
fühlen sie sich auf Erden nicht sehr wohl, aber aus vielen Gründen, die meistens nicht einfach damit abgetan werden können,
daß man sie als eine Angelegenheit für Psychiater erklärt. Der
englische Dichter Shelley, der sehr revolutionär gesinnt war, aber
nie Gelegenheit hatte, außerhalb der Dichtung sich in Revolutionen hervorzutun, ist ein Beispiel dieses empfindlichen und oft
neurotischen Typs. Dscherschinski, der polnische Aristokrat, der
die blutdürstige Tscheka schuf, war ein zartbesaiteter, ehrlicher
Fanatiker. Der Marquis von St. Huruge, der bei den Unruhen und
Straßenkämpfen der französischen Revolution eine recht unerfreuliche Rolle spielte, war anscheinend mehr oder minder unzu-
rechnungsfähig und konnte auch keineswegs ein Gentleman genannt werden. Ein Gentleman und ein Gelehrter war dagegen der
Marquis von Condorcet. Er hatte viel von der Eitelkeit, die bei
beiden Typen zu finden ist, und wenig von dem gesunden Menschenverstand, der gelegentlich mit ihnen einhergeht. Im Grunde
seines Herzens war er gütig und empfindlich.

Andere fallen von ihrer eigenen Klasse ab und schließen sich der Revolution aus unedlen, aber sozial nützlichen Motiven an, sobald sie den Sieg der Revolution nahe glauben. Nicht selten sind diese Männer, wie Mirabeau, etwas dunkle Charaktere, die sich durch ihren Lebenswandel kompromittiert haben. Manchmal sind sie Talleyrand ähnlich, vorsichtige und verständige Männer, denen es vor allem darauf ankommt, für sich eine hohe und einflußreiche Stellung zu behaupten. Solche Leute kennen kein Gefühl der Treue zu abstrakten Begriffen wie Recht und Unrecht. In den Anfängen der Revolution, auch in Rußland, schließen sich viele wohlhabende, einflußreiche Leute ohne besondere Intelligenz oder Dummheit der Revolution an, nur weil eine Revolution gerade im Gange ist und anscheinend siegt. Oft lockt diese Männer, die vorher nie politische Macht besessen hatten, eben die Aussicht auf diese Macht. Hier nur einige Beispiele: der Herzog von Orléans, Bailly, Tereschtschenko, Konowalow. Im Grunde waren sie alle ziemliche Durchschnittstypen, die sich sowenig für die Hagiographie – christlich, freudianisch, marxistisch – eignen wie der Leser oder der Verfasser dieses Buches.

Gehen wir nun zu Führern über, die aus niedrigeren Klassen als der herrschenden stammen, so finden wir die gleiche bunte Vielfalt der sogenannten menschlichen Natur: Dummköpfe, Schurken, Idealisten, berufsmäßige Agitatoren, Diplomaten, Verrückte, Feiglinge und Helden. Es läßt sich selbstredend nicht leugnen, daß in Revolutionszeiten oft Leute an die Spitze kommen, von denen man in normalen Zeiten nie etwas gehört hätte. In den meisten Fällen hatten sie es in der alten Gesellschaft zu nichts gebracht. So war der *Ami du Peuple* Marats vor der Revolution kein Erfolg gewesen. Marat war ein Autodidakt niedriger Herkunft, der sich akademische Titel und Ehrungen zulegte, die seine Zeitgenossen und Biographen nicht immer bestätigen konnten. Er versuchte hartnäckig, den Parnaß der *philosophes* zu stürmen, wurde aber nie in ihren Kreis aufgenommen. Wie die meisten aufgeklärten Schriftsteller des 18. Jahrhunderts dilettierte er in den Naturwissenschaften und stellte eine modifizierte Form der alten Phlogistontheorie der Verbrennung auf, die keine Anerkennung fand. Lavoisier und seine neue Chemie setzten sich nach 1780 durch. Marat erkannte die Bedeutung dieser wissenschaftlichen Revolution nicht.

Beim Zusammentritt der Generalstände im Jahre 1789 war Marat ein enttäuschter Intellektueller, dem es nicht gelungen war, in den Kreis der Schreiber und Redner aufgenommen zu werden, die im Frankreich des 18. Jahrhunderts ein so ungewöhnliches Ansehen genossen. Hätte man damals das Wort ‚Gehirntrust‘ schon gekannt, so wäre es ohne die ironischen Nebentöne gebraucht worden, die es im 20. Jahrhundert in Amerika haben sollte. Der von den Erzeugern der öffentlichen Meinung abgelehnte Marat platzte 1789 vor Neid und Haß gegen alles, was in Frankreich Verehrung und Wertschätzung genoß. Bald sollte der revolutionäre Journalismus ihm ein Ventil bieten. Er wurde der Wachhund der Revolution – ein toller Wachhund, der in seinem *Ami du Peuple* stets Verschwörungen gegen das Volk entdeckte, stets die an der Macht Befindlichen haßte, auch wenn sie seiner eigenen Partei angehörten. Stets schrie er nach Blut und Rache; er war zweifellos ein höchst unangenehmer Mensch. Es läßt sich aber schwer sagen, ob er unangenehmer war als gewisse Journalisten des normalen und unrevolutionären Amerikas im 20. Jahrhundert. Im Jahre 1790 war der Journalismus in Frankreich eine neue Sache, von der man viel erwartete. Marat hatte allerdings eine Ausrede: Er litt an einer damals unheilbaren Hautkrankheit, die eine ständige nervöse Überreizung bewirkte.

Die ‚Gescheiterten‘ sind jedoch nicht alle so einfache Typen wie Marat. Samuel Adams war nach den Maßstäben des sparsamen und nüchternen Neuenglands seiner Zeit ein Mensch, der es zu nichts gebracht hatte. Immerhin war Adams ein geschickter Agitator und Organisator. Er brachte es schließlich zum Gouverneur von Massachusetts. Heute würde man einen solchen Mann in ein Werbebüro holen, wo er wahrscheinlich mehr Geld verdienen würde als in der Politik seiner Zeit.

Ein anderer Revolutionär, der vor der Revolution nichts war, ist Thomas Paine, der an zwei Revolutionen teilnahm, der amerikanischen und der französischen. Mit 38 Jahren, also kein junger Mann mehr, ging er 1774 nach Amerika. Er stammte aus einer englischen Handwerker- und Quäkerfamilie und hatte sich die Bildung des 18. Jahrhunderts angeeignet, hauptsächlich in der Naturwissenschaft und in der Aufklärungsphilosophie. Er übte sechs Berufe aus, von der Seeräuberei bis zum Stallbau und zum Ladenbetrieb. Seine Ehe war gescheitert, er trat zweimal in den Zolldienst ein und verließ ihn wieder, er war als ‚der Stadtatheist‘ der Stadt Lewes in Sussex (England) bekanntgeworden. Einmal hatte er für die anderen Zolleinnehmer – es handelte sich um Reste der Binnenzölle – erfolglos bei der Regierung interveniert, was ihn endgültig seine Stelle kostete, aber die Aufmerksamkeit Benjamin Franklins auf ihn zog. Dieser ermunterte ihn zur Auswanderung nach Amerika. Paine kam wie mancher andere Europäer nach Philadelphia als ein Mensch, der von vorn anfangen muß. Die Revolution gab ihm den gewünschten Start. Er gründete die Zeitschrift *Common Sense* (‚Der gesunde Menschenverstand‘) und wurde durch sie ein bekannter Publizist. Paine war ein berufsmäßiger Radikaler, ein Journalist vom Gralsrittertyp, ein religiöser Rationalist, der es in normalen Zeiten höchstens zu durchschnittlichen Leistungen gebracht hätte.

Gelegentlich schwemmt die Revolution auch Männer mit großen praktischen Fähigkeiten an die Spitze, die sich sogar die Achtung hartgesottener Konservativer erwerben. Diese Tüchtigen lebten im Dunkel, weil sie niemand daraus hervorholte; vielleicht waren sie auch in eine der Stockungen der Elitezirkulation hineingeraten, von denen wir gesprochen haben. Das klassische Beispiel ist Cromwell, der ohne die puritanische Revolution ein einfacher Landedelmann und weiter nicht hervortretender Abgeordneter im Unterhaus geblieben wäre. Ähnliches kann man von George Washington sagen. Auf diese ‚Vernünftigkeit‘ der revolutionären Führung kommen wir noch zurück.

Wir haben bisher noch nicht von den Männern des blutigen Terrors gesprochen, von Carrier und den *Noyades* von Nantes, von Collot d’Herbois und den Mitrailladen von Lyon, von den für uns namenlosen Agenten der Tscheka, neben deren Tätigkeit der französische Terror geradezu mild erscheint, auch nicht von der Cromwellschen Besiedlung (Nord-)Irlands, deren englische Werkzeuge hinsichtlich der Dauerwirkung wohl den Rekord unter allen Terroristen halten. Wir kommen noch auf das Problem der terroristischen Methoden während der kritischen Revolutionsperioden zurück. Hier wollen wir nur hervorheben, daß sich unter den Revolutionären stets eine Anzahl Leute findet, die von der Nachwelt als typische Revolutionsungeheuer abgestempelt werden. Niemand kann diese Tatsache bestreiten, auch nicht die weitere Tatsache, daß man solche Menschen nur unter Heranziehung der Kriminologie und der abnormalen Psychologie verstehen kann.

Ein typisches Beispiel für diese Sorte von Revolutionären ist Carrier. Republikanische Apologeten versuchen zwar, das düstere Bild, das seine Gegner von ihm gemalt haben, abzuschwächen, aber dieser Versuch ändert nichts an der Tatsache, daß er in Nantes eine wilde, sich überschlagende Revolutionsjustiz betrieb. Ihm erschien es rationeller, die Verurteilten gruppenweise in der Loire zu ertränken, als sie auf die langsam von Stadt zu Stadt wandernde Guillotine warten zu lassen. Carrier war ein Provinzanwalt, der sich in den Konvent hatte wählen lassen, nachdem er seinem örtlichen Klub beigetreten war und dort die üblichen Phrasen der Aufklärung wiederholt hatte. Nach Nantes wurde er als Sonderbevollmächtigter geschickt; dort scheint ihm die Macht in den Kopf gestiegen zu sein. Nantes lag am Rande der stets gefährlichen Vendée. Carrier mag von der Angst vor einem Attentat seiner Gegner zu seinem summarischen Verfahren getrieben worden sein. Er trat großspurig auf, gab große Gesellschaften und redete viel; er hinterließ so viel Haß, daß er nach dem Terror gestürzt und zum Tode verurteilt wurde.

Carrier erinnert zwar an gewisse Gangstertypen der amerikanischen Literatur, aber eine spezielle pathologische Neigung zum Blutvergießen, eine krankhafte Veranlagung von der Art, die nach dem Marquis de Sade benannt ist, findet man eigentlich nicht bei ihm. Diese Art Geisteskrankheit findet man eher bei den Kerkermeistern und Mitläufern der Revolutionen als bei ihren Führern, selbst wenn diese nicht höher stehen als Carrier. Viele Leute halten die Taten revolutionärer Pöbelmassen für die scheußlichsten, wie etwa die Septembermorde in Paris im Jahre 1792, die in der Geschichte der amerikanischen Lynchjustiz enge Parallelen haben. Hier findet man einige der entsetzlichsten Beispiele menschlicher Grausamkeit, aber diese sind keineswegs spezifisch mit Revolutionen verbunden. Pogrome und Lynchen liegen auf mindestens gleicher Ebene. Revolution und Pöbel sind keine gleichbedeutenden Begriffe. Man findet das eine ohne das andere. Die eigentlich revolutionäre Grausamkeit ist die wohlberechnete der revolutionären Justiz mit ihren Justizmorden, wie in Rußland durch den GPU-Chef Jeschow 1934 nach der Ermordung Kirows.

Dann gibt es noch einen Typ, den man irrigerweise für eine Begleiterscheinung der Revolution hält. Es ist der ‚Spinner‘, der phantastische Doktrinär, der Mann, der im Besitz ‚sicherer Mittel‘ zur Herbeiführung des Millenniums ist. Das ist die ‚verrückte Zone‘ der Revolution, eine Randzone, die am Anfang ihre Stunde erlebt; in der englischen Revolution machte sie sich deutlich bemerkbar, zumindest im Schrifttum. Die Revolution ist aber eine ernste Angelegenheit, die keine exzentrischen Störungen verträgt. Sobald die offizielle revolutionäre Linie festgelegt ist – sie ist hart und starr, aber nicht ‚verrückt‘ –, werden die ‚Spinner‘, sanft oder gewalttätig, niedergehalten. Es gibt Revolutionen für die Menschenrechte oder den Marxismus, aber es hat nie eine Revolution für die *Single Tax* (die von dem amerikanischen Bodenreformer Henry George im 19. Jahrhundert als soziales Allheilmittel vorgeschlagene Einheitssteuer), das Freigeld, die Theosophie, den Vegetarismus oder die okkulte Wissenschaft gegeben. Nur sehr stabile Gesellschaften, wie das Viktorianische England, können es sich leisten, einen Hydepark diesen ‚Spinnern‘ zu überlassen. Auch wer Cromwell, Washington, Robespierre, Napoleon, Lenin und Stalin für Angehörige der ‚verrückten Zone‘ hält, muß zugeben, daß sie andere, mit ihnen nicht übereinstimmende ‚Verrückte‘ jederzeit radikal auszuschalten wußten.

Man kann auch keinen speziellen ‚verbrecherischen‘ oder ‚Regenerierten‘ Revolutionärstyp isolieren, auch nicht mit Hilfe anthropometrischer Messungen. Man hat das tatsächlich versucht. Es gibt Leute, die glauben, daß Revolutionäre einen bestimmten Schädelindex haben oder überwiegend dunkelhaarig sind. Es gibt gewiß Revolutionäre, die sich, wie Carrier, etwa so verhalten wie Verbrecher in stabilen Gesellschaften. Ihre Zahl ist aber nicht besonders hoch.

Eher ist ein anderer Revolutionstyp charakteristisch zu nennen, der streitsüchtige, stets opponierende Typ, der sich gern gegen die konformistische Masse stellt. Dieser zackige Anarchismus war zum Beispiel im englischen Puritanismus häufig. Nicht nur Einzelpersonen, sondern ganze Gruppen machen es sich zum Prinzip, nicht das mitzumachen, was ‚alle Welt‘ tut. Ein Sozialhistoriker schreibt:

„Was immer gerade Mode war, lehnte der Puritaner ab. Wenn Spitzen modern waren, trug er große Bänder. Als 1638 die Spitzen aus der Mode kamen und breite, spitzengeränderte Bänder getragen wurden, trug der Puritaner ein ganz schmales Bändchen. Wenn die Schuhe vorn breit waren, trug er spitze. Die Strumpfmode war farbig und nie schwarz; der Puritaner trug nur schwarze Strümpfe. Er trug kurze Hosenbänder und vor allem kurz geschorenes Haar. Am Ende der Regierungszeit der Königin Elisabeth I. war kurzes Haar ein Zeichen des Puritanismus.“

Am deutlichsten ist dieser Typ in einzelnen Personen zu erkennen. Der englische ‚Gleichmacher‘ John Lilburne ist die personifizierte und unangenehme Tugend. Er muß schon aus einer Familie sonderbarer Käuze gestammt haben, denn sein Vater, ein kleinerer Gutsbesitzer aus Durham, soll als letzter Engländer versucht haben, das feudale Recht auf den Zweikampf als Mittel der Entscheidung eines Zivilprozesses geltend zu machen. Lilburne liebte es, jeden anzugreifen und dafür vor Gericht gestellt zu werden. Erst griff er den Hof an, dann die Presbyterianer und Unabhängigen. Zwanzig Jahre lang wurde Lilburne vor allen Gerichten des Landes wegen Beleidigung der jeweiligen Regierung verklagt, ob König, Parlament, Republik oder Protektor. Kaum war die Cromwellsche Republik errichtet, mußten sich die Gerichte mit Mr. Lilburne befassen. Er war noch stolzer als die anderen englischen Puritaner. Im Jahre 1653 sagte er als Angeklagter vor Gericht zu seinem Richter, einem mit Cromwell hochgekommenen Handwerkersohn: „Sie sollten lieber ein Hökergeschäft betreiben als über jemanden, der so hoch über Ihnen steht, zu Gericht sitzen.“ Der ‚Königsmörder‘ Marsten, der etwas von diesen Dingen verstanden haben sollte, erklärte: „Wenn alle Menschen außer John Lilburne aussterben würden, so würde John mit Lilburne und Lilburne mit

John prozessieren." Die Schriften Lilburnes sind voll der Selbst-
gerechtigkeit, die man bei denen findet, die stets für das Recht
kämpfen und die irgendwie einen Genuß darin zu finden scheinen,
daß angeblich oder wirklich das Recht stets gekreuzigt wird, indes
das Unrecht ewig triumphiert. Bis zu den Märtyrern ist es nicht
mehr weit.

Sicher hatte Lilburne die lautersten Motive. Er glaubte an die
absolute Demokratie, sein Programm forderte das allgemeine
Stimmrecht, alle zwei Jahre Parlamentswahlen, religiöse Duldsamkeit und Gleichheit aller vor dem Gesetz. Diese Zielsetzungen
sollten sich in England und anderswo später durchsetzen. Im Jahre 1645 konnte aber nur ein Doktrinär, ein Fanatiker dieses Programm für unmittelbar realisierbar halten. Lilburne war nicht
nur streitsüchtig und darauf erpicht, ein Märtyrer zu sein; er war
sicher auch ein sogenannter Idealist. Dieser Typ kommt in den
Revolutionen häufig vor und verdient Beachtung. Es scheint nicht
angebracht, einen einzelnen Typ als den perfekten Revolutionär
hervorzuheben. Wer aber unbedingt so einen Typ herausgestellt
wissen will, der halte sich nicht an den verärgerten Versager, den
neidischen Streber, nicht an den blutgierigen Irren, sondern an
den Idealisten. Die Idealisten sind heute der Kitt einer stabilen,
normalen Gesellschaft. In der westlichen Gesellschaft haben sie
aber in normalen Zeiten keine Machtstellung inne. Wir verehren
in normalen Zeiten unsere Idealisten, unsere Dichter und Denker,
wir verleihen ihnen gelegentlich Preise und Ehrendoktorate, aber
wir wählen sie nicht in unsere Regierung. Insbesondere lehnen wir
es ab, ihnen unsere Außenpolitik zu übertragen.

Es ist tatsächlich ein Kennzeichen der Revolution, daß der
Idealist in Revolutionszeiten endlich die Möglichkeit erhält, die
Verwirklichung seiner Ideale zu versuchen. Während der Revolution wimmelt es von Männern, die sehr hohe Auffassungen vom
menschlichen Verhalten haben, sehr idealistische Ansprüche an
dieses stellen. Es ist aber nicht notwendig, daß wir uns mit der
Definition des Begriffs ‚Idealist' aufhalten; denn wir wissen, wann
wir einen Idealisten vor uns haben. Robespierre wäre in jeder Gesellschaft ein Idealist geworden. Man erzählt, daß der junge Robespierre lieber auf ein Richteramt verzichtete, als die Todesstrafe

auszusprechen. Diese war für seine aufklärerische Erziehung untragbar. Die Anekdote ist zwar wie viele andere historische Legenden von den Historikern widerlegt worden; in gewissem Sinne sind aber alle diese Geschichten ‚wahr‘. Robespierre war sicher ein echtes Kind der Aufklärung. Man muß nur seine Reden lesen, die voll von den Versimpelungen, Sittensprüchen und Hoffnungen jenes naiven Zeitalters sind, um zu wissen, daß er eher ein Amt als seine Ideale aufzugeben imstande war. So sagte er einmal, „laßt die Kolonien zugrundegehen als ein Prinzip“. Er war fähig, für seine Ideale Menschen zu töten.

Diese Ideale erscheinen uns in der Gestalt, die sie 1793 angenommen hatten, weniger heroisch, und man erkennt eine Grundlage von persönlichem Ehrgeiz und schlichter Eitelkeit. Dennoch ist es eine Tatsache, daß Robespierre ein Frankreich wollte, in dem es weder Reiche noch Arme geben sollte, ein Frankreich, in dem man nicht spielen, trinken oder ehebrechen sollte, weder töten, rauben noch betrügen; es sollte auch keine großen und kleinen Laster geben. Das Frankreich, das Robespierre vorschwebte, sollte von charaktervollen, intelligenten Männern regiert werden, die vom ganzen Volk gewählt waren und weder Geld noch Postenjägerei kannten und die jährlich willig ihren Nachfolgern Platz machten; das Land sollte Frieden nach innen und außen haben. Robespierres persönliche Anständigkeit wird auch von Historikern, die seine Anschauungen ablehnen, kaum bezweifelt. Zu seiner eigenen Zeit, namentlich unmittelbar nach seinem Sturz, klagte man ihn aber fast jedes Verbrechens und sogar der Sittenlosigkeit an. Tatsächlich scheint er aber mit keinem der üblichen Laster behaftet gewesen zu sein; in seiner Umgebung gab es weder Trunksucht noch Glücksspiel, noch Abenteuer mit Frauen. Neuere Historiker wollen Material dafür gefunden haben, daß er einige Zeit eine Mätresse in Paris hatte. Sollte das zutreffen, dann muß er sich hygienische Gründe dafür eingebildet haben, es sei denn, der Provinzanwalt wollte damit zeitweise die vornehmen Pariser nachahmen. Der Robespierre des Terrors aber hatte derartige Gedanken längst abgestreift und war als der ‚Unbestechliche‘ das lebendige Symbol der Tugendrepublik in seinem öffentlichen wie privaten Leben.

Der idealistische Typ ist durchaus nicht einfach. Cromwell gehört sichtlich nicht zu dieser Kategorie, aber in ihm lag etwas von dem puritanischen ‚Sucher'. Das macht seine gewundene und sogar betrügerische Politik unverständlich, besonders, wenn man die Menschen als logisch konsequent ansehen will. Auch bei Lenin und Trotzki zeigen sich merkwürdige Verbindungen von Idealismus und Realismus. Diese Verbindung bedeutet nicht einfach, daß sie zur Verwirklichung ihrer Ideale auch realistische Methoden anwenden können. (Robespierre, Gladstone und Wilson konnten es.) Es bedeutet, daß sie auch direkt realistische Ziele zu verfolgen imstande waren. Lenin war ein geschickter Propagandist und Organisator, unzweifelhaft besaß er auch staatsmännische Fähigkeiten. Aber zumindest 1917 scheint er wirklich gedacht zu haben, daß die Weltrevolution vor der Tür stehe und daß in Rußland unverzüglich die absolute wirtschaftliche Gleichheit eingeführt werden könne. Die NEP von 1921 dagegen zeigte, daß Lenin seine Ideale nicht bis zum Zusammenbruch durchzusetzen bereit war.

Trotzki war einer der fähigsten Kritiker unter den Marxisten und gelegentlich sogar zur Skepsis seinen eigenen Zielen gegenüber fähig. Seine Begabung als Minister in schwierigen Zeiten und als Redner stellte er in den Bürgerkriegsjahren 1917 bis 1921 unter Beweis. Der Trotzki der Emigrationszeit dagegen scheint ‚nach dem Mond zu heulen", wie man im Englischen sagt – ein unfreundlicher Ausdruck für Idealismus. Wäre Trotzki an der Macht geblieben, hätte er vielleicht Frieden mit der Bürokratie, der Ungleichheit, der Thermidor-Dekadenz und all den anderen Übeln geschlossen, die er später mit dem Namen Stalins verband. Aber gerade Trotzkis Unbedingtheit, die Unfähigkeit, seine Ziele der menschlichen Natur oder Schwäche anzupassen, erklärt vielleicht, warum er sich in Rußland nicht halten konnte.

Der sentimentale Idealismus war 1917 in Rußland nicht modern. Die harten Realitäten oder zumindest die harten Formeln des marxistischen Sozialismus waren an die Stelle der naiven Hoffnungen getreten, mit denen die französische Revolution zur Schaffung einer besseren Welt angetreten war. Bei Lenin und Trotzki erkennt man diesen Willen, als hartgesottener Realist zu erscheinen, was ihnen zum Teil auch gelang. Stalin gelang es jedenfalls vollkommen. Es gab aber unter den russischen Führern einen echten weichen Idealistentyp, den heute fast vergessenen ersten Kulturkommissar Lunatscharski. Die Welt schuldet ihm Dank für die Verhinderung der Zerstörung wertvoller Kunstschätze.

Der amerikanische Autor Eric Hoffer hat ein Buch über Massenbewegungen unter dem Titel *Der wahre Gläubige* geschrieben. Er kommt zu dem Schluß, daß Revolutionen von ‚Männern des Wortes' vorbereitet werden – wir würden sagen, den abgefallenen Intellektuellen –, daß sie von ‚Fanatikern' wie Robespierre auf die Spitze getrieben und schließlich von praktischen ‚Menschen der Tat' wie Cromwell, Bonaparte und Stalin gezähmt und in geordnete Bahnen geleitet werden. Die ‚Männer des Wortes' sind nach Hoffer begabte Intellektuelle, die über diese böse Welt klagen, sich aber nicht für die rauhe Arbeit der wirklichen Revolution eignen. Die ‚Männer der Tat' dagegen sind Tatmenschen normalen Typs, denen an einer geordneten Regierung liegt. Der wirkliche Faktor der revolutionären Massenführung ist nach Hoffer der ‚Fanatiker', der nach Ansicht dieses Autors der in der alten Gesellschaft erfolglose Intellektuelle mit schöpferischen Neigungen ist. Marat war ein unbeachteter Chemiker, Robespierre dilettierte als Schriftsteller, Lenin war ein ehrgeiziger Philosoph, der Marx oder zumindest seinen Zeitgenossen Plechanow übertreffen wollte, während Mussolini vergeblich ein Intellektueller und Hitler ein Maler sein wollte. Der Fanatismus dieser Menschen wird aus der Quelle ihres Mißerfolgs in der schöpferischen Kunst, in der sie hervorragen wollten, gespeist. In ihrer revolutionären Rolle wollen sie dann die Gesellschaft vernichten, die sie nicht zu schätzen wußte. Sie sind eigentlich Idealisten, aber verbitterte, dämonische, unmenschliche Idealisten, egozentrisch bis zum äußersten.

Die ‚Männer des Wortes', die soviel für die Vorbereitung der Revolution leisteten, können den Sturm der Revolution nicht mit ansehen. Hoffer schreibt:

„Anders der Fanatiker. Das Chaos ist sein Element. Wenn die alte Ordnung einzustürzen beginnt, eilt er herbei, um die ganze verhaßte Gegenwart zu vernichten. Er genießt die Vision einer Welt, die plötzlich zerstört wird. Weg mit Reformen! Alles Bestehende ist faul, und man kann Faules nicht reformieren. Seinen

Willen zur Anarchie begründet er mit der plausiblen Behauptung, daß es keinen neuen Beginn geben könne, solange das Alte noch die Landschaft verschandle. Er schiebt die erschrockenen Männer des Wortes beiseite, soweit sie noch da sind, aber er bedient sich weiter ihrer Lehren und Schlagworte. Er allein weiß um das innerste Verlangen der Massen, die in Bewegung geraten sind: das Verlangen nach der Gemeinschaft, der großen Heerschau, dem Aufgehen der verdammten In dividualität in dem gewaltigen Ganzen. Die Nachwelt ist König. Wehe denen, die innerhalb und außerhalb der Bewegung an der Gegenwart hängen!"

Dann gibt es schließlich noch den Mann, der die Massen zu faszinieren versteht, den revolutionären Redner. Man kann ihn den Idealisten zurechnen; selbst wenn er zum Teil auch die Aufgabe hat, die Massen zu Gewalttaten aufzureizen, ist er doch in der Hauptsache der Prediger, der Prophet, der Ritualvollzieher, der Mann, der die Masse zusammenhält. In dieser Rolle brauchen seine Worte kaum irgendeinen wirklichen Sinn zu haben, aber man kann sie gewöhnlich in dem Volke wohlgefällige Forderungen und Äußerungen zerlegen. Das gilt weitgehend für Robespierre, aber auch für Patrick Henry, Vergniaud und Zeretelli. Dieser Typ findet sich in allen normalen Gesellschaften und genießt auch meist eine Wertschätzung. In der russischen Revolution scheint Sinowjew eine derartige Rolle gespielt zu haben. Lenin verstand, wie wertvoll Sinowjew als Redner und örtlicher Petersburger Führer war, hielt aber gar nichts von seiner Intelligenz.

Zusammenfassung

Es sollte nun klargeworden sein, daß man zu einer Revolution ungefähr ebenso viele Menschentypen braucht, wie es überhaupt in der Welt gibt. Es ist wahrscheinlich, daß unsere Revolutionen, namentlich in ihren Krisenperioden, Männer von einer Art emportrugen, die in normalen oder gesunden Gesellschaften nicht hochgekommen wären. Insbesondere scheinen große Revolutionen in den Krisenperioden extreme Idealisten in Machtstellungen zu bringen, die sie normalerweise nicht innehaben. Sie geben auch Sondertalenten für Revolverjournalismus Gelegenheit zur Betätigung, wie etwa Marat. Sie schaffen neue Positionen, die besetzt werden müssen, wodurch geschickte junge Leute, die auch skrupellos sein können, eine Möglichkeit zur Entfaltung erhalten. Zumindest für einige Zeit verschaffen sie auch dem chronischen Rebellen und Querulanten sowie den ‚Spinnern‘, die soziale und politische Wunderpläne offerieren, etwas mehr öffentliches Gehör.

Sie schaffen aber keine neue Menschheit. In allen vier Revolutionen, auch der russischen, bestand die Gefolgschaft aus gewöhnlichen Menschen, die etwas energischer und experimentierfreudiger als ihre weniger aktiven Zeitgenossen waren. In der englischen, amerikanischen und französischen Revolution waren auch recht wohlhabende Kreise vertreten. Diese Revolutionäre litten nicht an Erscheinungen, die nach dem Psychiater riefen. Sie waren auch kein Pöbel und kein Abschaum der Menschheit. Auch waren diese Führer keine minderwertigen Menschen, die plötzlich zu Machtstellungen emporstiegen, denen sie nicht gewachsen waren. Sicher verschafft die Revolution einer Menge Schurken Aufstiegsmöglichkeiten, aber das gibt es auch ohne Revolution, wie die Affären der Perioden Grant und Harding in der amerikanischen Geschichte zeigen. Jedenfalls sind Männer wie Hampden, Pym, Cromwell, Washington, John Adams, Hamilton, Jefferson, Mirabeau, Talleyrand, Carnot, Cambon, Danton, Lenin, Trotzki, Stalin die Träger großer Fähigkeiten. Sie sind in einem beinahe technischen Sinne fähig, Menschen zu führen und einer komplizierten Gesellschaft vorzustehen.

Nun soll man daraus keineswegs schließen, daß es zwischen Revolutionen und normalen Zeiten eigentlich keinen wirklichen Unterschied gebe. Revolutionen sind vielmehr einzigartig, namentlich in ihren Krisenperioden. Die Unterschiede zwischen einer im Gleichgewicht befindlichen und einer revolutionären Gesellschaft lassen sich aber nicht damit erklären, daß in der Revolution eine vollkommen neue Mannschaft ‚dran‘ ist; auch nicht damit, daß eine Anzahl Schurken das gute Volk hineingezogen hat; ebensowenig damit, daß eine Gruppe von Helden und Weisen die korrupte alte Bande hinausgeworfen hat. So einfach ist dieser Komplex wieder nicht. Im ganzen zeigt sich, daß Revolutionäre mehr oder minder nur ein Querschnitt durch die gewöhnliche

Menschheit sind. Während bestimmter Phasen der Revolution verhalten sie sich aber so, wie wir es von solchen Menschen nicht erwarten würden. Woher kommt das nun? Die Erklärung muß in Veränderungen gesucht werden, welche von ihren Lebensbedingungen, von ihrer revolutionären Umwelt, an diesen Menschen hervorgerufen wurden.

V

Die Rolle der Gemäßigten

Das Problem der Gemäßigten

Im Sommer 1792 verließ Lafayette mit einigen seiner Offiziere die französische Armee und ging zu den Österreichern über. Diese sperrten ihn prompt ein, denn für sie war er ein gefährlicher Revolutionär. Doch Lafayette war weit glücklicher als viele seiner Mithelden von 1789, die es vorzogen, in Frankreich zu bleiben; sie wurden als gefährliche Gegenrevolutionäre und Reaktionäre guillotiniert. Fedor Linde, ein gemäßigter Sozialist, der im April 1917 ein finnisches Regiment veranlaßte, gegen den noch gemäßigteren und alliiertenfreundlichen Miljukow zu demonstrieren, wurde später von Kerenski als Regierungskommissar an die Front geschickt und dort von meuternden Soldaten gelyncht. Im Jahr 1647 wurde Denzil Holles, der 1629 geholfen hatte, den Parlamentsvorsitzenden in seinem Sessel festzuhalten, mit zehn anderen presbyterianischen Abgeordneten aus dem Parlament ausgeschlossen, weil er versucht haben sollte, ‚die Rechte und Freiheiten der Untertanen zu beseitigen‘. Im Jahr 1648 wurde er nochmals gewählt, mußte aber bald nach Frankreich fliehen, um sein Leben zu retten. Der französische Gemäßigte Vergniaud prägte das Wort von der Revolution, die gleich dem Saturn ihre Kinder verschlingt.

Die Flitterwochen dieser Revolutionen waren kurz. Bald nach dem Sturz des alten Regimes wurde deutlich, daß die Sieger nicht so einmütig über die Zukunftspläne waren, wie es nach den ersten Siegesreden und -feiern geschienen hatte. Diejenigen, die den Regierungsmechanismus übernommen hatten, waren in allen vier Gesellschaften die sogenannten Gemäßigten. Sie vertraten den wohlhabenderen, bekannteren und höhergestellten Teil der Opposition gegen die alte Regierung, und es galt als selbstverständlich, daß sie deren Nachfolge antraten. Auch im Rußland des Februar

1917 herrschte das Gefühl vor, daß die Gemäßigten die Regierung übernehmen sollten. Heute sieht es aus, als hätte an sich irgendeine sozialistische Koalition – Sozialrevolutionäre und Menschewiken, eventuell mit einigen bolschewistischen Anhängseln – in jenem Monat ebensogut die Macht übernehmen können. Die Kadetten und anderen bürgerlichen Gruppen hatten keinen allzu großen Anhang im Lande. Fürst Lwow und die anderen wohlmeinenden Gemäßigten konnten aber in den ersten Wochen ohne Schwierigkeiten die zumindest nominelle Regierung übernehmen.

Die Gemäßigten an der Macht hatten, wie sich zeigte, weniger Einheitlichkeit und Parteidisziplin, als sie während der Oppositionszeit zu besitzen schienen. Sie standen vor schwierigen Aufgaben: Reformen, eine neue Verfassung, die tägliche Verwaltungstätigkeit. Bald sahen sie sich auch bewaffneten Feinden gegenüber, zum äußeren Krieg kam der innere. Gegen sie trat eine immer stärkere und unduldsamere Gruppe Radikaler auf, die behaupteten, daß die Gemäßigten die Revolution verraten hätten, daß sie sie abzustoppen suchten, daß sie ebenso schlimm wären wie das alte Regime. Nach einiger Zeit, die in Rußland kurz, in England und Frankreich länger war, kam es zu einer Kraftprobe zwischen den Gemäßigten und den Extremisten, die in vieler Hinsicht der alten Auseinandersetzung zwischen der früheren Regierung und den Revolutionären ähnelte. Die Gemäßigten erlitten eine Niederlage. Sie mußten emigrieren, sie wurden verhaftet und hingerichtet, günstigstenfalls tauchten sie irgendwo unter und gerieten in Vergessenheit. Die Extremisten ergriffen nun die Macht.

In der amerikanischen Revolution kam es nicht soweit. Extremisten von der Art der ‚Unabhängigen‘, der Jakobiner und Bolschewiken kamen nicht ernstlich an die Macht. Dennoch hatte in Amerika im ersten Stadium der Revolution ein Kampf zwischen Gemäßigten und Radikalen stattgefunden. Er hatte mit dem Sieg der Radikalen geendet. Seine Frucht war die Unabhängigkeitserklärung.

In allen unseren Revolutionen können wir also die Tendenz zur Verschiebung nach links feststellen, von den Konservativen des alten Regimes über die Gemäßigten zu den Extremisten. In dem Maße, wie die Macht nach links rückt, wird sie konzentrierter, ihre Basis im Land und im Volk wird enger, denn nach jeder Krise muß die geschlagene Gruppe aus der Politik ausscheiden. Man kann es auch so sagen: Nach jeder Krise neigen die Sieger dazu, sich in einen rechten Flügel, der an der Macht ist, und einen linken, der opponiert, zu spalten. Bis zu einem bestimmten Stadium endet jede Krise mit dem Sieg der radikalen Opposition. Die Einzelheiten sind bei jeder Revolution verschieden. Die einzelnen Stadien sind in ihrer Länge oder Abfolge nicht gleich. In Amerika rückt die Macht nie so weit nach links wie in den anderen Ländern.

Letztlich muß festgehalten werden, daß das Wort ‚gemäßigt‘, wie es hier für Gruppen in den vier spezifischen Revolutionen gebraucht wird, Obertöne hat, die fehlen, wenn es für politisch stabile Gesellschaften verwendet wird. In Methoden und Zielen verhalten sich unsere Revolutionäre oft recht ungemäßigt. Man kann die Position vertreten, daß die Presbyterianer und nicht die Independenten, die Gironde und nicht der Berg, sogar daß die Menschewiki und nicht die Bolschewiki Extremisten waren. Gewiß wurden die letztgenannten drei Gruppen am Ende Verteidiger der Ordnung und Autorität. Aber die erstgenannte Drei wurden zuletzt in eine Position manövriert, in der sie von rechts und von links angegriffen wurden. Vielleicht ist der Begriff ‚Kompromissler‘, an dem die Menschewiki, Sozialrevoluzionäre, Narodniki u. a. durch die triumphierenden Bolschewiki festgemacht wurden, ein sogar besserer Begriff als ‚Gemäßigte‘ – für jene Wirklichkeit, die wir in diesem Kapitel in Worte zu fassen versuchten.

Dennoch ist dieser Kampf zwischen Gemäßigten und Radikalen ein weiteres, genau umrissenes Stadium in unseren Revolutionen. Sein unzweifelhaftes Bestehen stellt eine brauchbare, wenn auch etwas einfache Gleichmäßigkeit im Revolutionsablauf dar.

Vorgänge unter der Herrschaft der Gemäßigten

Beim Ausbruch des Bürgerkriegs im Sommer 1642 standen Royalisten und Parlamentspartei einander in Waffen gegenüber. Die royalistische Sache war nach den Schlachten von Marston Moor 1644 und Naseby 1645 hoffnungslos. Die Parlamentspartei hatte eigentlich im Augenblick des Bruches mit dem König gewonnen. Die Royalisten spielten im Grunde nur die Rolle, die in Amerika die Englandtreuen, in Frankreich die Königstreuen, in Rußland die Weißen Armeen spielten. Bei der Parlamentspartei war seit 1642 eine zunehmende Spaltung in Gemäßigte und Extremisten wahrzunehmen.

Die Spaltung war anfangs nicht eine solche zwischen zwei Parteien. Auf der äußersten Rechten der Parlamentspartei standen einige gemäßigte Hochkirchenleute mit einem Schuß Puritanismus, meist konstitutionelle Monarchisten. Vielen von ihnen lag im ganzen wenig an Religionsfragen. Sie glaubten, die Kirchenfragen ließen sich leicht regeln, wenn einmal die politischen Probleme gelöst wären. Zwischen dieser Gruppe und den gemäßigten Royalisten, die sich etwas widerstrebend auf die Seite ihres Königs geschlagen hatten, war der Unterschied gering. Dann kam die große gemäßigte Partei presbyterianischen Glaubens und puritanischer Ethik, die im Grunde monarchistisch war, allerdings in dem späteren Sinne der Whigs, wonach der König herrscht, aber nicht regiert. Der linke Flügel der Presbyterianer sagte sich aus Haß gegen König Karl bald von der Monarchie los und vereinigte sich mit den Extremisten. Diese nannten sich in der englischen Revolution die Unabhängigen. Sie waren extreme Kalvinisten und forderten die Unabhängigkeit jeder Kirchengemeinde. Ihre Vorstellungen von der Kirchenverfassung entsprachen dem späteren Kongregationalismus, einer der englischen und amerikanischen Freikirchen. Politisch hielten zu ihnen andere Gruppen, aus denen später die englischen Nonkonformisten oder Dissenter mit ihren Freikirchen hervorgingen, besonders die Baptisten. Die ‚Neue Musterarmee‘, durch welche diese Radikalen sich in der Revolution durchsetzten, bestand aus Anhängern aller evangelischen Glaubensrichtungen und zahlreicher wirtschaftlicher und sozialer Anschauungen. Der Kern der radikalen Gruppe waren aber die Unabhängigen. Weiter links fand man andere Gruppen, die ‚Levellers‘ oder Gleichmacher, die ‚Diggers‘ oder Bodenumgräber und die ‚Männer der Fünften Monarchie‘, von denen wir später noch sprechen werden.

Der heutige Leser wird es verwunderlich finden, daß in der englischen Revolution die Hochkirchler, die Presbyterianer und die Unabhängigen zugleich die Konservativen, die Gemäßigten und die Extremisten darstellten. Bei einer sogenannten idealistischen Betrachtung kämpften diese Engländer im 17. Jahrhundert für religiöse Ideale; nicht zu vergleichen mit den Franzosen, die für weltliche Dinge, wie Freiheit, Gleichheit, Brüderlichkeit fochten, schon gar nicht mit den Russen, die nur für wirtschaftliche Interessen kämpften. Der heutige Anhänger der wirtschaftlichen Geschichtsdeutung wird dazu neigen, die religiösen Differenzen als bloße ‚Ideologien‘ anzusehen, als Vorwände für im Grunde wirtschaftliche Differenzen. Für ihn sind die Presbyterianer die kleine Gentry und die bürgerliche Kaufmannschaft, die Unabhängigen sind kleinbürgerliche Handwerker und Bauern. Die beiden Gruppen erledigten die feudale Oberklasse und gerieten dann miteinander in Streit. Sowohl der ‚Idealist‘ als auch der ‚Materialist‘ ist hier im Unrecht. Politik, Wirtschaft, Kirchenverfassung und Theologie waren im Kopf eines Engländers des 17. Jahrhunderts unentwirrbar miteinander verflochten. Ihre Konflikte sind Konflikte zwischen Menschen, nicht zwischen den Abstraktionen des Philosophen, des Volkswirts oder des Soziologen. Diese Konflikte zeigen die Aufeinanderfolge konservativer, gemäßigter und extremistischer Vorherrschaft. Natürlich waren die betreffenden Gruppen nicht mit ähnlichen Gruppen in späteren Revolutionen identisch. Sie lasen andere Bücher, trugen andere Kleider und stritten über andere Ideen als die Männer von 1789 und 1917. Was aber die Beziehungen zwischen Politik und Temperament betrifft, ist die Analogie mit anderen Revolutionen auffallend. Die presbyterianischen ‚Kompromißler‘ wurden von den Radikalen ebenso verdrängt wie die Girondisten in Frankreich und die Kadetten sowie die ‚Versöhnler‘ in Rußland.

In Amerika ist die Laufbahn von John Dickinson, einem Gemäßigten, der sich weigerte die Unabhängigkeitserklärung zu unterzeichnen, bezeichnend. Er wurde zwar weder verletzt noch eingekerkert, aber erbittert attackiert und erlangte niemals mehr politischen Einfluß.

Im Sommer 1643 trat die Versammlung von Westminster zusammen, eine presbyterianische Synode. Der von der Parlamentspartei beherrschte Teil Englands kam unter den bekannten ‚Schottischen Vertrag‘. Man entfernte Kreuze, Bilder, Kruzifixe, farbige
Kirchenfenster; die Predigt wurde länger, die Liturgie einfacher.
Das Parlament regierte souverän. Es gab aber bald Anzeichen,
daß die Presbyterianer Gegner finden würden. Die Schlacht von
Marston Moor war kein presbyterianischer Sieg. Cromwell und
seine Ironsides hatten sie gewonnen; sie waren keine guten Presbyterianer.

Sie waren Unabhängige, manche waren Anabaptisten (Wieder-
täufer), Antinomisten und alles mögliche andere. Einer der Unterführer beschwerte sich bei Cromwell, weil einer seiner Offiziere
ein Anabaptist war. Cromwell erwiderte: „Und wenn schon … Soll
er deshalb nicht dienen dürfen? Hüten Sie sich, zu scharf gegen
Leute vorzugehen, denen Sie nichts vorzuwerfen haben, als daß
sie in religiösen Dingen nicht in jedem Punkt mit Ihnen überein-
stimmen.“

Als die ‚Neue Musterarmee‘ (New Model Army) aus dem Kern
der Cromwellschen Ironsides aufgebaut worden war und die
Schlacht von Naseby gewonnen hatte, zeigten sich Gegensätze zwischen Armee und Parlament, Unabhängigen und Presbyterianern, Extremisten und Gemäßigten. Die Differenzen betrafen die
religiöse Duldsamkeit und das Schicksal Karls I. Die Presbyterianer verlangten eine Staatskirche, die nach ihren organisatorischen
und theologischen Grundsätzen aufgebaut sein sollte, mit einem
Minimum an Duldsamkeit gegenüber den ‚Papisten‘ und ‚Prälatisten‘ auf der Rechten und den Sekten zur Linken. Sie verlangten
auch einen König, selbst wenn er Karl Stuart hieß. Die Unabhängigen verlangten ‚Duldsamkeit‘, worunter sie jedoch nicht dasselbe verstanden wie ein Engländer oder Amerikaner des 19. Jahrhunderts. Als sie zur Macht kamen, waren sie keineswegs duld-
sam, nicht einmal in dem Sinne, in dem sie Duldsamkeit gepredigt
hatten. Solange sie noch in der Opposition waren, stimmten sie
dem Grundsatz zu, daß der religiöse Glaube eine persönliche Angelegenheit sei und daß der Staat nicht danach streben sollte, allen
seinen Bürgern den gleichen Kult und die gleiche Kirchenorgani-

sation aufzuzwingen. Was den König betraf, waren sie 1645 größtenteils zu der Überzeugung gelangt, daß Karl Stuart unmöglich sei. Cromwell selbst war vermutlich nie ein doktrinärer Republikaner, aber viele seiner Leute waren es bestimmt.

Es gibt kein bestimmtes Ereignis, das den Übergang der Macht in England von den Gemäßigten zu den Extremisten genau abgrenzen würde. Der Vorgang war schon ziemlich weit fortgeschritten, als der Kornett Joyce von der Armeepartei im Juni 1646 den König auf Schloß Holmby verhaftete, gerade als Karl I. im Begriff war, sich dem Parlament zu unterwerfen und sich zu verpflichten, drei Jahre lang als presbyterianischer König zu regieren. Die Macht war schon fast ganz in den Händen der Extremisten, als zwei Monate später das Parlament unter dem Diktat der Armee widerwillig dem Ausschluß der elf führenden presbyterianischen Abgeordneten zustimmte. Karl benutzte den Streit zur Förderung seiner eigenen Interessen. Seine verwickelten Ränke führten aber zu nichts als einem kurzen Krieg zwischen den schottischen Presbyterianern und den Cromwellisten. Einen Augenblick schöpften die Gemäßigten neue Hoffnung, aber Cromwell schlug die Schotten im August 1648 bei Preston Pans, wodurch der Armee die Alleinherrschaft auf der britischen Insel zufiel. Die Liquidierung der Gemäßigten im folgenden Dezember durch die ,Pridesche Säuberung' war danach nur eine Formalität. Oberst Pride wurde mit zehn Mann an die Parlamentstür kommandiert mit dem Auftrag, die ,unpassenden' Abgeordneten abzuweisen, wenn sie zur Sitzung wollten. Auf diese Weise wurden 96 Presbyterianer aus dem Parlament entfernt. Es verblieben 50 bis 60 Abgeordnete, die verläßlich extremistisch waren. Aus dem Langen Parlament wurde das Rumpfparlament.

In Amerika wurde der Konflikt nie so deutlich. Hier kann man sagen, daß die Konservativen identisch mit jenen Loyalisten waren, die keine Klagen gegen die Reichsregierung vorbrachten, während die Gemäßigten in den Kaufleuten und Grundbesitzern zu erkennen sind, die mit der Agitation gegen das Stempelgesetz die ganze Bewegung in Gang brachten. Die Radikalen bildeten eine nicht ganz einheitliche Gruppe, die schließlich die Unabhängigkeitserklärung durchdrückte. In den zehn Jahren vor dem Aus-

bruch der Feindseligkeiten gegen die britische Armee gab es hier
also einen Dreifrontenkampf. Die Radikalen waren geschickte Re-
volutionstaktiker. Die ‚Korrespondenzkomitees' und ‚Sicherheits-
ausschüsse' entwickelten sich zu den Kontinentalkongressen. John
Adams schrieb bewundernd: „Was für ein Apparat! Frankreich
ahmte ihn nach und brachte eine Revolution hervor... Ganz Europa wollte die Sache für revolutionäre Zwecke nachmachen." Den
entscheidenden Sieg erfochten die Radikalen mit der von ihnen
durchgeführten Organisierung des Ersten Kontinentalkongresses
im Jahre 1774. Der amerikanische Historiker Schlesinger sen.
schreibt darüber:

„Die Radikalen hatten mehrere wichtige Ziele erreicht. Sie
hatten im kontinentalen Maßstab einen Organisationstyp und eine
Taktik wiederholt, die in vielen Teilen des englischen Amerikas
eine entschlossene Minderheit in den Stand versetzt hatte, die
Führung an sich zu reißen ... Sie hatten den Kaufleuten die Waffen entrissen, welche diese zur Förderung ihrer egoistischen Interessen in den vorangegangenen Jahren geschmiedet hatten, und
richteten diese Waffen nun gegen deren Urheber, für Ziele, die
niemand als die Radikalen anstrebten. Sie hatten ferner die ganze
Frage zu einer nationalen gemacht, und zwar so, daß die radikalen Gruppen überall an Ansehen gewinnen mußten, während die
Stellung der gemäßigten Elemente geschwächt wurde, weil man sie
nun der Opposition gegen den Kontinentalkongreß bezichtigen
konnte."

Der Bastillesturm am 14. Juli 1789 besiegelte die Niederlage
der konservativsten Gruppe, der wahren Royalisten. Die siegreichen Revolutionäre blieben nicht lange einig. Die Machtverschiebung nach links begann schon nach wenigen Monaten. Im Oktober
desselben Jahres brachte man das Königspaar unter Tumult von
Versailles nach Paris. Die Führer der gemäßigten Konservativen
mußten ins Ausland fliehen, darunter Mounier, der ein Bewunde-
rer der englischen Verfassung war und für Frankreich ein Zwei-
kammerparlament und einen wirklichen König wollte. In den
nächsten Jahren stand einer gemäßigten Gruppe um Mirabeau,
Lafayette und die Lameths eine radikale Gruppe um Petion, Robespierre, Danton und Brissot gegenüber. Aus ihnen sollten bald

die Führer der rivalisierenden republikanischen Gruppen, der ‚Gironde" und des ‚Berges', werden. Vorderhand kämpften sie vereint gegen die Gemäßigten. Den Gemäßigten gelang es, die neue Verfassung zu schaffen und das neue Regime in den Sattel zu setzen. Dann brach aber der Krieg mit Österreich und Preußen aus. Die Verfassungsartikel über die Monarchie, die Religion und manches andere funktionierten nicht. Der König wurde von vielen seiner Untertanen des Verrats verdächtigt. In dem allgemeinen Wirrwarr stürzten die aktiven, gutorganisierten Radikalen durch den Sturm auf die Tuilerien am 10. August 1792 die Monarchie.

Monarchisten und milde Liberale wie Lafayette hatten nun keinen Anteil mehr an der Regierung. Frankreich wurde Republik. Als den Tag der endgültigen und entscheidenden Niederlage der Gemäßigten in Frankreich nimmt man aber besser den 2. Juni 1793. In solchen Fragen, wie überhaupt bei der Einteilung geschichtlicher Ereignisse in Perioden, kann man verschiedener Meinung sein. Konservative, Gemäßigte und Radikale lassen sich in unseren Gesellschaften nicht ganz scharf abgrenzen, und der Machtübergang von einer Gruppe auf die andere läßt sich nicht immer datumsmäßig genau festlegen. Man möchte meinen, daß kein Gemäßigter für die Abschaffung der Monarchie stimmen konnte. Dennoch dürfte der rechte Flügel der Republikaner, in der Geschichte die Girondins genannt, von den Zeitgenossen aber die Brissotins, in Wirklichkeit aus Gemäßigten bestanden haben, denen die Umstände Entschlüsse aufzwangen, die ihnen unangenehm radikal und extremistisch vorkamen. Sicher wünschten sie nicht den Tod des Königs. Sie waren meist wohlhabende Anwälte, Bürger und Intellektuelle. Nach der Verurteilung des Königs im Januar 1793 waren sie überzeugt, daß die Revolution weit genug getrieben worden war und abgestoppt werden mußte. Was immer sie in der Vergangenheit gewesen waren, so waren sie jetzt Gemäßigte geworden. Bald darauf hatten sie die Macht im Pariser Jakobinerklub und damit den meisten anderen revolutionären Klubs verloren, die Macht über das ganze Netz von Organisationen, das den Radikalen in der ersten Zeit der Revolution so sehr bei der Erreichung ihrer Ziele dienlich gewesen war. Sie hatten nicht einmal die Unterstützung des ‚Tals', wie im Gegensatz zum radikalen

‚Berg' die zaudernden und mehr oder minder neutralen Deputierten des Konvents genannt wurden. Ihre Feinde waren aggressiver, besser organisiert und vielleicht auch hemmungsloser. Jedenfalls hatten sie mehr Erfolg.

Genau wie bei den englischen Presbyterianern folgte die Forderung, die jetzt gemäßigten Führer aus dem Konvent auszuschließen und zu verhaften. Am 2. Juni 1793 kam es zu einer Kraftprobe. Die Extremisten sorgten dafür, daß der Sitzungssaal von radikalen Pariser Milizen umstellt war, hinter denen sich eine große, den Gemäßigten feindlich gesinnte Menschenmenge ansammelte. Der Konvent versuchte seine Würde zu verteidigen und die Verhaftung der 22 Mitglieder abzulehnen, die der ‚Berg' forderte. Unter Führung seines Vorsitzenden zog der Konvent feierlich vor das Haus, um für Respekt vor der Versammlung als Verkörperung des Volkswillens zu demonstrieren. Die Deputierten zogen rings um den Garten und stießen vor jeder Tür auf eine Wand von Bajonetten, dahinter ein ‚Volk', das momentan seinen eigenen Willen hatte. Sie kehrten in den Saal zurück und beschlossen die Verhaftung der 22 Girondins. Die radikalen ‚Montagnards' hatten nun die unbeschränkte Macht.

Schneller ging es in Rußland, doch ist der Ablauf der Geschehnisse dort fast der gleiche wie in England und Frankreich. Die erste provisorische Regierung, der nominell Fürst Lwow, in Wirklichkeit Miljukow vorstand, bestand hauptsächlich aus Kadetten. Diese stellten den linken Flügel der bürgerlichen Gruppen in der alten Duma dar, waren aber nach westlichen Begriffen nichts als ‚Fortschrittsparteiler', ‚Liberale' oder ‚Demokraten'. Weiter rechts stehende Gruppen entsandten mehrere Vertreter in die Regierung. Die Sozialisten waren nur durch Kerenski vertreten. Nach kaum zwei Monaten zerfiel diese Regierung wegen der Frage der Fortführung des Krieges an der Seite der Alliierten. Miljukow mußte wegen zu großen Entgegenkommens gegenüber dem alliierten Imperialismus gehen. Nun traten mehrere Menschewiki und Sozialrevolutionäre in das neue Kabinett ein. Im Juli übernahm Kerenski nach einer Krise auch formell die Führung. Im September schieden die Kadetten endgültig aus, und Kerenski blieb an der Spitze einer sehr schwachen gemäßigt sozialistischen Regierung zurück.

Die Sozialisten, die bei der Weiterführung des Krieges mit den bürgerlichen Regierungen zusammenarbeiteten, wurden von den Bolschewiki die ‚Kompromißler‘ getauft. Solche Sozialisten gab es in fast all den Gruppen, in die sich dieser politische Glaube im 20. Jahrhundert in Rußland gespalten hatte. Die üblichen dogmatischen Differenzen innerhalb des Marxismus wurden hier durch eine Richtung kompliziert, die in der russischen Geschichte nach einem speziellen, tiefverankerten slawischen Dorfkommunismus suchte. Unter russischen Verhältnissen mußte man diese Sozialrevolutionäre, Trudowiki, Narodniki und Menschewiki, als Gemäßigte bezeichnen. (Trudowiki = Partei der Arbeit, eine ältere gemäßigte sozialistische Gruppe; Narodniki = die alte große Partei Wolja Naroda, Volkswille, mit einem halbsozialistischen Programm und einer Tradition in bezug auf Volksaufklärung; Menschewiki = Minderheitler, die gemäßigte Fraktion der russischen Sozialdemokratie, im Gegensatz zu den Bolschewiki = Mehrheitler, den Radikalen, die bei einer Zufallsabstimmung auf einem Londoner Auslandskongreß 1903 einmal die Mehrheit erhalten hatten. Anm. d. Übers.) Diese Gruppen wollten nicht die Diktatur des Proletariats einführen. Sie wollten den Krieg gewinnen, und sie wollten soziale Reformen mittels parlamentarischer Methoden. Sie hatten den Kadetten schon lange nicht getraut, unter dem Druck der Verhältnisse aber mit ihnen zusammengearbeitet. Den Kadetten selbst erging es wie den puritanischen Hochkirchlern und den französischen ‚Feuillants’: Sie wurden von ihren weiter links stehenden Mitarbeitern hinausgedrängt.

Die Bolschewiki lehnten die Teilnahme an allen diesen Regierungen ab. Sie blieben dabei, daß der bürgerlichen Revolution vom Februar früher oder später die proletarische Revolution folgen müsse, die Marx gepredigt und vorausgesagt hatte. Lenin, der aus seinem Schweizer Exil zurückgekehrt war und einige Monate der bürgerlichen Freiheit genoß, entschied sich dafür, daß eine proletarische Revolution in Rußland möglich wäre. Seine Partei war in diesem Punkt keineswegs einig, aber sein Führertalent hielt die kleine Gruppe zusammen. Die Fehler der Kompromißler, die

Niederlage, die allgemeine Desorganisation spielten ihm in die Hände. Im Juli kam es in Petersburg zu einem vorzeitigen Arbeiteraufstand, anscheinend nur örtlich und widerstrebend von einigen Bolschewiki geführt. Nach seinem Scheitern mußte Lenin in die Illegalität gehen, während Trotzki und Lunatscharski eingesperrt wurden. Der nachfolgende Pendelausschlag nach rechts endete mit dem Marsch des Generals Kornilow auf Petersburg. Diese Vorgänge führten dazu, daß die Bolschewiken neuen Mut und neue Anhänger gewannen. Lenin dirigierte ihre Politik von seinem finnischen Versteck aus. Trotzki wurde freigelassen und zum Präsidenten eines neuen, nun unter bolschewikischer Herrschaft stehenden Petersburger Sowjets gewählt. Lenin kehrte heimlich nach Petersburg zurück und führte bei einer entscheidenden Sitzung des Zentralkomitees seiner Partei den Vorsitz. Der Aufstand wurde beschlossen. Mit meisterhafter revolutionärer Taktik versicherte sich ein militärisches Revolutionskomitee der Petersburger Garnison. Bewaffnete Gruppen sicherten sich die Kommunikationen und die Zeitungsdruckereien. Am festgesetzten Tag nahmen die Bolschewiken die damalige Hauptstadt Petersburg fast ohne Blutvergießen und erstaunlich leicht in Besitz. Selbst der Sturm auf den Winterpalast, der Höhepunkt des Aufstandes, hatte etwas Operettenhaftes. Die Oktoberrevolution in Petersburg war fast so unblutig wie die Pridesche Säuberung oder der 2. Juni 1793, die entsprechenden Ereignisse in der englischen beziehungsweise französischen Revolution. In Moskau kam es zu wirklichen Kämpfen, aber auch hier siegten die Bolschewiken binnen einer Woche. Kerenski floh. Die Herrschaft der Gemäßigten in Rußland war vorüber.

Die Doppelherrschaft

Die russische Revolution ist ein gutes Beispiel einer Parallele, die noch weiter geht als die etwas oberflächliche Gleichartigkeit des Machtübergangs von den Konservativen über die Gemäßigten an die Radikalen, von der Rechten über die Mitte an die Linke. Die Sache hat auch eine institutionelle Seite. Die Theoretiker und Historiker der russischen Revolution nennen die anschließende Zeit *Dvojevlastije*, Doppelherrschaft.

Wir können uns hier nicht in die Philosophie des Souveränitätsbegriffs vertiefen, die schon so viele Autoren beschäftigt und befriedigt hat. In einer normalen abendländischen Gesellschaft findet man schwer eine einzelne Person oder Gruppe von Personen, welche über die letzte und höchste Entscheidungsgewalt hinsichtlich der Handlungen der Gesellschaft verfügt. Die Pluralisten dürften bei der Beschreibung gesellschaftlicher Vorgänge durchaus im Recht sein. Die Politik eines modernen Staates entsteht auf Grund eines ebenso kunstvollen wie natürlichen Prozesses des Ausgleichs der Wünsche gegensätzlicher Gruppen, und es wäre unsinnig, zu behaupten, ein einzelner, identifizierbarer ,Souverän' bestimme die Politik. Doch besitzen normale Gesellschaften eine geordnete Kette von Institutionen, durch welche die kämpfenden Gruppen schließlich ihre Konflikte beilegen, zumindest für den Augenblick. Einer akademischen Analyse mag dieses System koordinierter Einrichtungen schwerfällig, unzweckmäßig und unvernünftig erscheinen. Es ist so verwickelt, daß sogar die Politiker, die sein Funktionieren sichern, es nicht verstehen. Die Menschen tun vieles durchaus mit Erfolg, ohne zu wissen, wie sie es eigentlich machen.

Jedenfalls funktioniert dieses System und sichert die Entscheidung schwebender Fragen. Manchmal sorgt es auch dafür, daß sie in der Versenkung verschwinden, was ebenfalls eine Art Entscheidung ist. Diejenigen, denen die Entscheidung nicht gefällt, können auf verschiedenen Wegen versuchen, sie abzuändern, von der Agitation bis zur Verschwörung oder Sabotage. Gesellschaftlich oder zahlenmäßig starke Gruppen können unter günstigen Umständen sogar die Aufhebung einer schon gefällten Entscheidung erreichen, wie die Geschichte des amerikanischen Alkoholverbots oder die Desorganisation der Schulen lehrt. Im allgemeinen aber haben die getroffenen Entscheidungen Gesetzeskraft, und offener Ungehorsam wird strafbar.

Wenn eine zweite, entgegengesetzt eingestellte Kette von Institutionen andere, entgegengesetzte Entscheidungen fällt, liegt Doppelherrschaft vor. Innerhalb derselben Gesellschaft verlangen

zwei Garnituren von Einrichtungen, Führern und Gesetzen nun
Gehorsam, nicht nur in einer einzelnen Angelegenheit, sondern in
dem ganzen Netzwerk von Handlungen, aus denen das Leben des
durchschnittlichen Menschen besteht. Die faktische Aufhebung
des Verfassungszusatzes über das Alkoholverbot durch zahlreiche
Bürger in großen Gebieten der Vereinigten Staaten bedeutete an
sich nicht, daß es in Amerika eine revolutionäre Situation oder
eine Doppelsouveränität gab. Wenn aber etwa der große amerikanische Gewerkschaftsbund die letzten zehn Verfassungszusätze
und das Eigentumsrecht faktisch aufheben, eigene Gesetze bei den
Arbeitern in den Betrieben durchsetzen und Verwaltungsaufga-
ben auf dem Gebiete des Marktwesens, der Kanalisierung, der Polizei usw. an sich ziehen würde – dann gäbe es in Amerika Doppelherrschaft, zwei staatliche Souveränitäten. Das würde an die Lage
in Rußland im Sommer 1917 erinnern.

Der Konflikt zwischen Staats- und Bundesregierung in einem
Staat wie Alabama hinsichtlich der Bürgerrechte kommt einer Instanz von Doppelsouveränität näher. Wo die weißen Bürgerräte,
der Ku Klux Klan, die weißen Gewerkschaften und andere Gruppen, angeführt von einer revolutionären Junta direkt in die Admi-
nistration von Alabama eingreifen, haben wir eine – natürlich
komplizierte – Art von Doppelsouveränität durch die föderale
Struktur unserer Politik. Wir hätten faktisch eine Siuation wie in
Rußland im Sommer 1917, als die legale provisorische Regierung
durch die illegalen Sowjets herausgefordert wurden.

In allen unseren Revolutionen findet sich die legale Regierung
nach den ersten revolutionären Schritten nicht nur feindlich ge-
sinnten Einzelpersonen und Parteien gegenüber (was ja für jede
Regierung gelten würde), sondern einer Gegenregierung, die besser organisiert ist, bessere Leute hat und besseren Gehorsam findet. Diese Gegenregierung ist natürlich illegal, aber ihre Führer
und Anhänger zielen zu Anfang nicht bewußt darauf ab, an die
Stelle der legalen Regierung zu treten. Oft wollen sie ihr nur er-
gänzend an die Seite treten, ja sie sogar im Verlauf des revolutionären Geschehens schützen und erhalten. Dennoch sind sie eine
Gegenregierung und nicht bloß Kritiker oder politische Gegner.

Bei einer revolutionären Krise nehmen sie ganz natürlich und einfach den Platz der gestürzten Regierung ein.

Dieser Prozeß bahnt sich schon in den alten Regimes an, ehe es zu den ersten Schritten der Revolution kommt. Die Puritaner in England, die Whigs in Amerika, der Dritte Stand in Frankreich, die Kadetten und Kompromißsozialisten in Rußland, sie alle verfügten über Organisationen, die eine Art Hoheit und Loyalität forderten. Mit diesen Organisationen konnten sie das alte Regime bekämpfen und im stillen an die Revolution denken. In dem Stadium der Doppelherrschaft wird dieser Prozeß klarer und deutlicher, ausgenommen vielleicht in Amerika.

Sobald das erste Stadium der Revolution vorüber ist, wird aus dem nun einsetzenden Kampf zwischen Gemäßigten und Radikalen ein Kampf zwischen zwei rivalisierenden Staatsapparaten. Der Apparat der Gemäßigten ist die legale Regierung, die einiges von dem Ansehen geerbt hat, das anerkannten Autoritäten innewohnt. Sie hat auch einen Teil der Finanzquellen der alten Regierung, alle ihre Einrichtungen und den Großteil ihrer Schulden geerbt. Versucht sie, die bestehenden Einrichtungen zu ändern, so findet sie, daß sie merkwürdig beharrlich und schwer zu beseitigen sind. Die legale Regierung wird in weiten Kreisen unbeliebt, weil sie eben eine sichtbare und verantwortliche Regierung ist. Sie muß auch einen Teil der Unbeliebtheit der Regierung des alten Regimes auf sich nehmen.

Keine solchen Schwierigkeiten hindern die illegale Regierung der Extremisten. Sie besitzt das Ansehen, das die jüngsten Ereignisse den Angriffsfreudigen gegeben haben, die behaupten können, in der vordersten Reihe der Revolution zu stehen. Im Vergleich zu einer normalen Regierung trägt sie wenig Verantwortung. Sie braucht nicht zu versuchen, wenigstens zeitweise den alten Apparat und die alten Einrichtungen des früheren Staates zu benutzen. Vielmehr besitzt sie für den Augenblick den großen Vorteil, den aktionsfähigen Apparat benutzen zu können, den die Revolutionäre, sowohl Gemäßigte als auch Radikale, bereits zu schaffen begannen, als sie noch eine ‚Druckgruppe‘ oder, wie in Rußland, eine unterirdische Verschwörergruppe unter dem alten Regime waren. Die endgültige Eroberung dieses Apparats oder dieser Organisation, wenn man diesen Ausdruck vorzieht, scheint der wirklich entscheidende Schritt zu sein, der den Sieg der Extremen über die Gemäßigten sichert, lange bevor dieser Sieg sich in den politischen Ereignissen offenbart. Warum behalten die Gemäßigten nicht die Herrschaft über die Organisation, an deren Schaffung und deren Ausbau sie so stark beteiligt waren? Diese Frage ist nicht einfach zu beantworten. Eine nähere Betrachtung des Schicksals der Gemäßigten wird vielleicht eine teilweise Antwort bringen. Zunächst müssen wir aber feststellen, wieweit die eben gegebene Analyse den Tatsachen unserer vier Revolutionen entspricht.

Karl I. und das Lange Parlament stellten offensichtlich seit Ausbruch des Bürgerkriegs im Jahre 1642, wenn nicht von der ersten Sitzung im Jahre 1640 an, eine Doppelherrschaft dar. Nachdem der Bürgerkrieg die Niederlage des Königs gebracht hatte, sah sich das Parlament, unter der Herrschaft der Gemäßigten, in der Rolle der legalen Regierung. Fast gleichzeitig trat ihm aber die radikale Armee gegenüber, die bald zu Handlungen schritt, die in dieser Welt nur Regierungen zustehen. Die Tatsache, daß Karl I. noch da war, komplizierte die Lage, ebenso das Vorhandensein der schottischen Armee, jedenfalls bis zu der Hinrichtung des Königs im Jahre 1649; aber die Umrisse des Zweikampfs zwischen der eben legal gewordenen Regierung der presbyterianischen Gemäßigten im Parlament und der illegalen Regierung der extremistischen Unabhängigen in der ‚Neuen Musterarmee‘ sind deutlich zu erkennen.

In Amerika sieht man die Doppelherrschaft am deutlichsten in den Jahren vor dem endgültigen Bruch von 1776. Die Grenze zwischen der legalen und der illegalen Regierung verwischte sich, namentlich in einer Kolonie wie Massachusetts, auf Grund der Tatsache, daß die Stadtversammlungen und Koloniallandtage zum legalen Regierungsapparat gehörten, aber oft von aktiven Angehörigen des illegalen Regierungsapparates beherrscht wurden. Jedenfalls wurde der Apparat, dessen Endergebnis die kontinentalen Kongresse waren – an sich illegale Körperschaften – von den Revolutionären gegen die bestehende Regierung eingesetzt.

Während die französischen Gemäßigten, die Feuillants oder konstitutionellen Monarchisten, noch die gesetzgebende Körperschaft und den zentralen Staatsapparat beherrschten, hatten ihre immer mehr republikanischen Gegner die Jakobinerklubs in die Hand bekommen, die den Rahmen der zweiten, illegalen Regierung bildeten. Die Macht über diese Gesellschaften öffnete ihnen den Weg zu vielen örtlichen Verwaltungsstellen, und von dieser Position aus konnten sie die gemäßigten Feuillants hinausdrängen und die Monarchie zerstören. Der Vorgang wiederholte sich, als die gemäßigten Girondins die gesetzgebende Körperschaft beherrschten, während die extremistischen Montagnards die wichtigsten jakobinischen Stützpunkte und mindestens eine sehr wichtige Verwaltungseinheit, nämlich die Pariser Stadtverwaltung, beherrschten. Am 2. Juni 1793 siegte wieder die illegale Regierung über die legale.

In Rußland war die Doppelherrschaft, *Dvojevlastije*, ganz klar. Die aus der Februarrevolution hervorgegangene provisorische Regierung hatte durch ihre Verbindung mit der Duma einen gewissen Anspruch auf Legitimität. Zwar nahm sie in den nächsten sechs Monaten immer mehr Sozialisten verschiedener Schattierungen auf und führte so die Verschiebung nach links durch, die wir in allen unseren Gesellschaften gefunden haben, aber sie blieb gemäßigt und war sich ihrer Legalität bewußt.

Auf der anderen Seite hatten die Bolschewiken nebst einigen mit ihnen verbündeten radikalen Gruppen im Spätsommer die Herrschaft über das Netz von Sowjets erlangt, das teilweise eine Tradition der gescheiterten Revolution von 1905 war. Es stand als illegale Regierung der legalen gegenüber. Sowjet heißt ‚Rat‘ und bedeutete ursprünglich im Russischen nicht mehr als im Deutschen. Die Sowjets waren örtliche Räte von Gewerkschaftsangehörigen, Soldaten, Matrosen, Bauern und geeigneten Intellektuellen. Sie schossen mit der Auflösung der Zarenherrschaft im Jahre 1917 wie Pilze aus dem Boden, zumal die Erinnerung an den Aufstand von 1905, in dem ein Petersburger Sowjet eine große Rolle gespielt hatte, noch in allen lebendig war. Die Bolschewiken konzentrierten sich auf die Sowjets, was klug von ihnen war. Dagegen konzentrierten sich die ‚Kompromißler‘ immer mehr auf die Teilnahme

an der legalen Regierung. Die Bolschewiken konnten den Kompromißlern die wichtigen Sowjets in Petersburg, Moskau und anderen
Industriezentren entreißen. Hier findet sich eine merkwürdige De-
tailparallele mit der französischen Revolution. Der bolschewistische Aufstand siegte, obwohl die Bolschewiken nicht das ganze
Netz der Sowjets beherrschten, ähnlich wie die Montagnards gesiegt hatten, ohne das ganze Netz der Jakobinerklubs zu beherrschen. In beiden Fällen genügte die Herrschaft über die wichtigsten Elemente der illegalen Regierung.

Schwäche der Gemäßigten

In dieser Phase der Revolution stehen also den Gemäßigten, welche den offiziellen Regierungsapparat beherrschen, die Extremisten gegenüber, die einen Apparat beherrschen, der für Propaganda, ‚Druckgruppen‘-Tätigkeit und sogar den Aufstand aufgebaut wurde, nun aber immer mehr als Regierungsapparat dient.
Diese Phase endet mit dem Sieg der Extremisten und der Verschmelzung der beiden Staatshoheiten zu einer einzigen. Nun
müssen wir die Frage untersuchen, warum die Gemäßigten in diesen Revolutionen die Macht nicht behaupten konnten.

Hier treffen wir zunächst auf das schon vorhin bemerkte Paradoxon, daß in den ersten Stadien der Revolution die Herrschaft
über den Regierungsapparat an sich eine Quelle der Schwäche für
die Inhaber dieser Herrschaft ist. Schritt für Schritt verlieren die
Gemäßigten das Vertrauen, das sie sich als Gegner des alten Regimes erworben haben. Mehr und mehr begegnen sie dem Miß-
trauen, das die hoffnungsfrohe Masse naiverweise mit der Vorstellung von den ‚Erben des alten Regimes‘ verbindet. Die Gemäßigten werden in die Defensive gedrängt und machen Fehler auf Fehler, unter anderem deshalb, weil sie so wenig an die Defensive gewöhnt sind. Aus ihrer Lage könnte nur übermenschliche Klugheit
sie befreien, aber die Gemäßigten sind nur zu menschlich.

Gegenüber dem Widerstand der radikaleren Gruppen, die
über ein Netz von Organisationen verfügen, das wir die illegale
Regierung genannt haben, stehen den Gemäßigten drei Wege offen. Sie können versuchen, die illegale Regierung zu verbieten. Sie

können versuchen, sie selbst in die Hand zu bekommen. Schließlich können sie noch eins tun: sich nicht um sie kümmern. Praktisch schwanken sie zwischen diesen drei Möglichkeiten hin und her, wobei sie Kombinationen versuchen. Der Schlußeffekt ist eine vierte Politik, die auf eine Stärkung ihrer Gegner in der illegalen Regierung hinausläuft.

Die Gemäßigten haben es schwer, die gegnerischen Verbände zu verbieten. Die Revolutionen wurden sämtlich im Namen der Freiheit gemacht, im Zeichen einer, marxistisch ausgedrückt, bürgerlich-individualistischen Ideologie – auch die russische Februarrevolution. Die Gemäßigten mußten wohl oder übel bestimmte ‚Rechte‘ ihrer Feinde achten, vor allem deren Rede-, Presse-und Versammlungsfreiheit. Mehr noch, die Gemäßigten glaubten meist ehrlich an diese Rechte und rechneten damit, daß die Wahrheit siegen würde. Sie hatte doch eben erst gegen die Tyrannei des alten Regimes gesiegt. Auch wenn der Gemäßigte im Notfalle eine extremistische Zeitung verbietet, eine extremistische Versammlung auflöst, ein paar extremistische Führer einsperrt, plagt ihn das Gewissen. Überdies erheben die noch nicht eingesperrten Extremisten sodann ein fürchterliches Propagandageschrei. Die Gemäßigten, sagen sie, verraten die Revolution und machen es genauso wie die verruchten Tyrannen des alten Regimes.

Die russische Revolution ist ein gutes Beispiel in dieser Hinsicht. Zwischen Februar und Oktober konnten die Kadetten und die Kompromißsozialisten die bolschewistische Propaganda und die sonstige politische Tätigkeit der Bolschewisten nicht gut verbieten. Als sie das nach dem vorzeitigen bolschewistischen Juliaufstand versuchten, hagelte es Proteste von allen Seiten, besonders natürlich von den Bolschewiken selbst. Das war Despotismus, das war schlimmster Zarismus. Hatte nicht die Februarrevolution für alle Zeit die politische Freiheit, die Presse- undKoalitionsfreiheit nach Rußland gebracht? Kerenski durfte die Waffen des Zaren nicht gebrauchen. Stalin konnte zwar später die Methoden Peters des Großen und Iwans des Schrecklichen anwenden, aber das besagt nur, daß die ‚liberale‘ Phase der russischen Revolution bestimmt vorbei war, als Stalin die Macht ergriff. Kerenski war 1917 nicht der Mann, der seine Gegner energisch niederschlagen konnte. Aber wäre er es gewesen, so hätte ihn die sogenannte öffentliche Meinung in jenen Tagen daran gehindert. In Frankreich war es ähnlich. Man gewährte den Jakobinern die Rede- und Organisationsfreiheit; sie betonten nachdrücklich ihre Rechte als freie Männer, um sich für die Diktatur vorzubereiten.

Auch bei dem Versuch, den Apparat in die Hand zu bekommen oder in der Hand zu behalten, den sie gemeinsam mit den Radikalen zur Beseitigung des alten Regimes aufgebaut haben, bleibt den Gemäßigten der Erfolg versagt. Hier ist ein einzelner ausschlaggebender Grund nicht zu sehen. Die Gemäßigten sind natürlich stark von der eigentlichen Regierungstätigkeit in Anspruch genommen, die ihnen weniger Zeit für Soldatenausschüsse, Jakobinerklubs oder Sowjetsitzungen läßt. Vielleicht scheinen sie sich dafür auch zu gut. Für das rauhe und nicht immer saubere Handwerk der ‚direkten Aktion‘ sind sie temperamentmäßig ungeeignet. Sie haben moralische Bedenken. Sie sind nicht ganz die edlen Seelen, als welche die historische Legende die Girondins hinstellt; viele von ihnen, zum Beispiel Brissot und Kerenski, sind recht geschickt im politischen Manipulieren. Aber sie sind im Amt und pflegen die nüchternen Tugenden dessen, der Macht und Verantwortung hat. Diese Tugenden machen sie aber ungeeignet zur Führung kämpferischer revolutionärer Gesellschaften.

Wie immer man die Vorgänge erklärt, liegt die Tatsache der Gleichförmigkeit klar zutage. Die französische Revolution zeigt, wie die Gemäßigten versagen. Anfangs stand das jakobinische Netz der ‚Gesellschaften der Verfassungsfreunde‘ kaum weiter links als die Gruppe um Lafayette. Als die Jakobiner nach links zu rücken begannen, machten die ‚Fayettisten‘ ein paar schwächliche Versuche, die Gesellschaften in der Hand zu behalten; dann traten sie aus und gründeten ihren eigenen Verband, die Feuillants. Diese reichten aber nie über kleine Gruppen des Bürgertums und der Pariser Intellektuellenzirkel hinaus. Später versuchten noch Neugründungen wie die ‚Freunde der Monarchie‘ und die ‚Friedensfreunde‘, mit den Jakobinern zu konkurrieren, aber ohne Erfolg. Gaben die Gemäßigten den Armen Brot, so schrien die Jakobiner, daß sie das Volk bestechen wollten. Taten die Gemäßigten nichts, so schrien die Jakobiner, daß sie unsozial seien. Die Jakobiner sprengten schließlich regelmäßig die Versammlungen der ‚Friedensfreunde' mit Hilfe gedungener Verbrechertypen (die sie häufig gar nicht zu dingen brauchten) und liefen dann mit der Forderung zu den Behörden, die ‚Friedensfreunde' als Gefahr für die öffentliche Ordnung zu verbieten. Die Behörden waren entweder in Jakobinerhänden oder hatten mehr Angst vor den Jakobinern als vor den Friedensfreunden, und so blieb die revolutionäre Erledigung der Angelegenheit nicht aus.

Auch die Presbyterianer konnten den Vormarsch der Unabhängigen in der Armee und in den örtlichen Pfarrsprengeln nicht aufhalten. In Rußland waren die Bolschewiken in den wichtigeren Sowjets im Vordringen gegenüber den Kompromißlern. Betrachtet man den Petersburger Sowjet in der Zeit von Februar bis Oktober, so sieht man, wie geschickt Lenins Partei jeden Fehler ihrer Gegner auszunützen wußte, wie sie die Wühlarbeit verstand, sich von den Betriebssowjets bis zum Stadtsowjet emporarbeitete. Die Kompromißler verloren ständig Boden, ungeachtet der Rednergabe Kerenskis, Zeretellis und Tscheidses.

Die Position der Gemäßigten leidet an einer sozusagen organischen Schwäche. Sie stehen zwischen zwei Gruppen, den verbitterten, aber noch nicht zum Schweigen gebrachten Konservativen und den zuversichtlichen, aggressiven Radikalen. Es gibt noch Redefreiheit und andere politische Rechte, so daß auch die Konservativen noch sprechen können. Die Gemäßigten scheinen bei allen Revolutionen der Losung des französischen ‚Linkskartells' von 1924 zu folgen, die lautete: „Links steht kein Feind." Sie sind gegen die Konservativen, gegen die sie sich eben erhoben haben, aber sie geben nur schwer zu, daß die Radikalen, mit denen sie eben gemeinsam gekämpft haben, ihre Feinde werden könnten. Alle Ideen und Gefühle, mit denen die Gemäßigten in die Revolution gegangen sind, geben ihnen einen Linksdrall. Gefühlsmäßig wollen sie nicht in der Revolution zurückstehen, ja sie hoffen, die Extremen beim Werben um die Volksstimmung noch zu überbieten. Die Feinde auf der Linken lassen sich durch das Schlagwort ‚Links keine Feinde' nicht versöhnen; wohl aber macht es eine Unterstützung der Gemäßigten durch die noch nicht ganz zu vernachlässigenden Konservativen unmöglich. Wenn schließlich die

Gemäßigten Angst vor der drohenden Haltung der Extremen bekommen, wenden sie sich nach rechts um Hilfe, aber sie finden
keine Konservativen mehr. Diese sind emigriert oder haben sich
aufs Land zurückgezogen; sie wollen nicht mehr. Ein Konservativer, der nicht mehr will, ist natürlich kein Konservativer mehr,
sondern nur noch ein weiterer psychologischer Versager. Der letzte Hilferuf der Gemäßigten an die Konservativen besiegelt das Ende der Gemäßigten. Sie stehen allein, niemand unterstützt sie. Sie
stehen einer Regierung vor, die keineswegs mehr über den siche-
ren und gewohnheitsmäßigen Gehorsam der Soldaten und Beamten verfügt. So erliegen sie leicht dem Aufstand. Bezeichnenderweise waren die Pridesche Säuberung, die französische Krise vom
2. Juni 1793 und die Petersburger Oktoberrevolution nicht viel
mehr als Staatsstreiche.

Bei der englischen, französischen und russischen Revolution
läßt sich jeweils eine kritische Maßnahme erkennen, die bei diesen
Vorgängen eine zentrale Rolle spielt. Es ist eine Maßnahme der
Gemäßigten, die sie die Unterstützung der Rechten kostet und es
den Radikalen ermöglicht, eben diese Maßnahme gegen ihre Urheber auszunützen. Solche Maßnahmen waren die ‚Stumpf-und-
Stiel-Bill‘ in der englischen, die Kirchenverfassung in der französischen und das Dekret Nr. 1 in der russischen Revolution.

Die ‚Stumpf-und-Stiel-Bill‘ hatte ihren Ursprung in einer von
15 000 Personen unterzeichneten Petition, die Ende 1640 dem Unterhaus zuging. In dieser Petition wurde die Beseitigung der englischen Hochkirche ‚mit Stumpf und Stiel‘ gefordert. Selbstredend
stellten sich die gemäßigten Hochkirchler von Hyde und Falkland
bis zu Digby gegen eine Maßnahme, die ihre Kirche zerstören wollte. Ebenso selbstverständlich waren aber die Presbyterianer für
diese Maßnahme. Politisch kluge Gemäßigte wie Pym hätten die
‚Bill‘ vielleicht unter den Tisch fallen lassen; aber als die Bischöfe
es ablehnten, ihre Sitze im Oberhaus aufzugeben, unterstützte
auch Pym das Verlangen. Diese Abgrenzung der Fronten machte
fast jeden Hochkirchler zum Royalisten. Als 1642 der Bürgerkrieg
ausbrach, sahen sich die Presbyterianer am äußersten rechten
Flügel der Parlamentspartei. Nur links konnten sie Verbündete
finden. Die Unabhängigen – Cromwell selbst hatte das Kirchenge-

setz im Unterhaus eingebracht – konnten nun behaupten, die Presbyterianer seien um nichts besser als die Bischöfe, und aus denselben Gründen, aus denen man die letzteren beseitigte, müsse man auch die ersteren beseitigen. Später erwiesen sich die Gemäßigten unfähig, den Krieg siegreich zu Ende zu führen. Nun mußten Maßnahmen wie die ‚Selbstversagungs-Order‘ und die Schaffung der ‚Neuen Musterarmee‘ von einer presbyterianischen Mehrheit hingenommen werden, die nicht überwältigend groß war und sich selbst der Möglichkeit einer Unterstützung von rechts beraubt hatte.

Das Gesetz über die ‚zivile Verfassung der Geistlichkeit‘, praktisch eine Verfassung der (katholischen) Kirche, sollte die Grundlage für die Erneuerung des Christentums in Frankreich bilden. Es war monatelang in der Nationalversammlung diskutiert worden. Die Gemäßigten, die es durchbrachten, scheinen es ehrlich gemeint zu haben. Sie waren vielleicht schlechte Katholiken, aber nicht direkt antiklerikal, obwohl sie den weltlichen Geist des Zeitalters in sich aufgenommen hatten. Die Maßnahme entfremdete sie aber den guten Katholiken und ermunterte zugleich die radikalen Antiklerikalen, den christlichen ‚Aberglauben‘ ganz ausrotten zu wollen. Ganz naiv sah das Gesetz die Wahl der Pfarrer durch die örtlichen politischen Wahlkörper vor, die auch die wählbaren Beamten wählten. Bischöfe sollten von dem Departement-Wahlkörper gewählt werden, der die Abgeordneten zur Gesetzgebenden Versammlung wählte. Die historischen Diözesen wurden aufgehoben. Die neuen, ziemlich gleich großen Diözesen deckten sich mit den Departements, in die Frankreich nun eingeteilt war. Dem Papst waren diese Wahlen ‚zu notifizieren‘.

Die neue Verfassung sah Zuschüsse des Staates an die Geistlichkeit vor, zumal ja das Kircheneigentum als Sicherheit für die Assignaten vom Staat übernommen worden war. Natürlich konnte kein Papst auch nur einen Moment an Zustimmung zu einem solchen Gesetz denken. Es war gänzlich unkanonisch, Priester und Bischöfe von Körperschaften wählen zu lassen, in denen Protestanten, Juden und erklärte Atheisten Sitz und Stimme hatten. Zwar gab es die übliche diplomatische Pause, aber der Bruch zwischen dem Papst und der revolutionären Regierung war unvermeidlich. Damit wurde die mächtige konservative Gruppe der Katholiken in unversöhnliche Opposition getrieben. Ein Schisma setzte ein, das sich bis in jedes Dorf erstreckte. Die neue ‚Konstitutionelle Kirche' war dabei den wirklichen Radikalen ebensowenig annehmbar wie die alte römische Kirche. Als die Tage des Terrors nahten, mußten die Gemäßigten eine Kirche schützen, die ihnen ihrerseits kaum Unterstützung bot.

Das Dekret Nr. 1 kam ohne lange Diskussion zustande. Eigentlich darf man es nicht als spezifische Maßnahme der Gemäßigten ansprechen, obwohl der namhafteste Sowjetführer, der an seiner Ausarbeitung beteiligt war, der gemäßigte Sokolow war und die ‚Kompromißler" es eifrig verkündeten. Das Dekret ging vom Petersburger Sowjet aus, in den letzten Tagen der Februarrevolution. Es war an die Armee gerichtet. Es enthielt die üblichen revolutionären Maßnahmen, wie Aufhebung der Grußpflicht, soziale und politische Gleichstellung von Offizieren und Mannschaften usw., vor allem aber sah es die Wahl von Soldatenräten vor, welchen die gesamte Verfügung über die Waffen, besonders jene der Offiziere, zu übertragen war. Weiter hatte jede militärische Einheit die politischen Weisungen der Sowjets zu befolgen. Dem Militärkomitee der Duma war in militärischen Angelegenheiten zu folgen, falls der Sowjet keinen Einspruch erhob. Das Dekret richtete sich praktisch vor allem an die Petersburger Garnison, seine Anordnungen fanden aber bei den Fronttruppen schnell Gehör. Nun waren die Konservativen überzeugt, daß mit der Revolution nichts zu machen war. Auch liberale Offiziere waren nun in der Stimmung, spätere Staatsstreichversuche von rechts zu begrüßen. Die Aufgabe der Gemäßigten, die militärische Schlagkraft Rußlands für den äußeren Krieg wiederherzustellen, war indessen hoffnungslos erschwert. Die Soldaten selbst wurden aber durch das Dekret keineswegs williger zur Fortsetzung des Krieges. Das Dekret war von den Soldaten begrüßt worden, aber das kam hauptsächlich den Bolschewiki zugute; wo das Dekret unbeliebt war, richtete sich die Unbeliebtheit gegen die Kompromißler. So sehen wir das typische Schicksal der Gemäßigten in allen Revolutionen ablaufen.

In allen unseren Gesellschaften stehen die Gemäßigten früher oder später vor der Aufgabe des Krieges. In England brachen die Kämpfe im Jahre 1642 aus. Ehe der erste Bürgerkrieg vorbei war, hatten sich Cromwell und die Unabhängigen unentbehrlich gemacht und standen an der Schwelle der Macht. In Frankreich brach der äußere Krieg im Frühjahr 1792 aus; wenige Monate darauf war die Monarchie gestürzt. Der Krieg lief im Frühjahr 1793 schlecht; im Juni des gleichen Jahres hatten die Montagnards die gemäßigten Girondins, die so für den Krieg gewesen waren, gestürzt. Die russische Revolution trat mitten in einem niederlagenreichen Krieg ein; die Gemäßigten hatten nie Gelegenheit, ihre Regierungskunst im Frieden auszuüben. Es scheint klar zu sein, daß die Gemäßigten nicht erfolgreich Krieg führen können. Warum? Die Beantwortung dieser Frage ist nicht so einfach. Zweifellos spielt die Hingabe der Gemäßigten an den Schutz der individuellen Freiheitsrechte mit. Wenn man Freiheit, Gleichheit, Brüderlichkeit allzu ernst nimmt, kann man keine Armee organisieren.

Moderne Kriege machen es anscheinend notwendig, auch die Zivilregierung militärartig zu organisieren. Sie muß stark und zentralistisch sein. Die individuellen Freiheitsrechte spielen mitnichten die erste Rolle. Es gibt wenig Debatten, wenig ‚Regierung durch Diskussion' nach gemäßigtem Geschmack, wenig Kompromiß und wenig Mäßigung. Schon Madison sagte: „Der Krieg ist die Mutter der Machtvermehrung der Staatsführung." Auch die amerikanischen Kriege bestätigen das. Die Staatsführung aber, deren Macht während der Revolution steigt, ist nicht die gemäßigte. Der Terror in Frankreich und Rußland läßt sich teilweise als notwendige Machtkonzentration in Händen einer kriegführenden Regierung erklären. Damit ist er aber durchaus nicht vollständig erklärt. Die Notwendigkeit einer Zentralisierung der Macht zwecks Führung des Krieges gehört jedoch sicher zu den Gründen der Niederlage der Gemäßigten. Sie brachten einfach nicht die Disziplin, die Begeisterung, die kritiklose Treue auf, ohne die man keinen Krieg führen kann. So traten sie ab.

Das Versagen der Gemäßigten

Für die empfindsamen Seelen, welchen wir die Geschichte der Revolutionen und unsere Begriffe davon verdanken, war das Mißgeschick der Gemäßigten eine große Tragödie. Sie stellen die Gemäßigten als brave Leute dar, die von den Umständen und von skrupellosen Gegnern erdrückt wurden, als von einer harten Welt zertretene Idealisten, denen jedoch die Auferstehung sicher ist, welche die Geschichte den Gerechten verspricht. Der sanfte Falkland und der gelehrte Condorcet lächeln aus dem einzigen Himmel, zu dem die Sterblichen den Schlüssel haben, zu uns hernieder. Allerdings haben auch nichtrussische Historiker noch keinen Himmel für Miljukow und Kerenski gebaut. Erstens ist ihr Versagen noch zu deutlich in aller Erinnerung, zweitens werden die russischen Gemäßigten in ihrem Heimatlande noch nicht geehrt.

Die Gemäßigten sind meist bessere oder zumindest normalere Menschen als ihre radikalen Gegner. Aber Führer und Geführte zusammen bilden hier ein buntes Gemisch, das sich nicht leicht in marxistische oder psychologische Kategorien einordnen läßt. Die überlieferte Vorstellung, daß sie Idealisten waren und deshalb Schiffbruch erlitten, weil in dem rauhen politischen Geschäft der Idealist immer scheitern muß, ist irreführend. Man kann eher das Paradox wagen: Sie erlitten Schiffbruch, weil sie sogenannte Realisten waren, das heißt mehr nach dem ‚gesunden Menschenverstand' vorgingen.

Pym und Mirabeau, die noch vor dem Offenkundigwerden der Niederlage der Gemäßigten eines friedlichen Todes starben, genießen heute noch als geschickte Politiker und vernünftige Gemäßigte historisches Ansehen. Der Ruf der anderen ist eher wie heute der Ruf Kerenskis. Der beredte kompromißlerische Führer erscheint uns als ein Mann der Worte, ein Redner, der die Massen wohl bewegen, aber nicht führen kann, der auf dem Gebiet der Tat unfähig und unpraktisch ist. Das gilt ebenso für die Gironde und für die kleineren presbyterianischen Führer. Alle waren sie eine Art Realisten. Sie gebrauchten große Worte und Phrasen als Tröstung und Genuß für sich und ihre Zuhörer. Sie glaubten aber nicht so daran, wie dies ihre radikalen Gegner taten. Sie beabsichtigten nicht, diese Worte logisch bis in die letzte Konsequenz zu verwirklichen. Sie gebrauchten die Worte so, wie es die meisten Menschen in normalen Gesellschaften tun, auch so realistische Politiker wie Gladstone. Einem Roßtäuscher wären sie nicht als Realisten erschienen. In den Grenzen, die solchen Typen – etwas vom Priester, vom Administrator, vom Schauspieler, vom Lehrer – von Herkommen und Brauch gezogen sind, waren sie ganz praktische Leute.

Nun stand die Zeit aber Kopf. Als die Krise der Revolution da war, konnte nur der Mann mit einem gehörigen Schuß von fanatischem Idealismus zum Führer werden. Er mußte ihn zumindest überzeugend spielen. Auf dem Höhepunkt der Revolution sind die Rollen des Realismus und des Idealismus vertauscht. Wir sprechen noch davon. Wenn die Krise naht, verschärfen sich die Klassengegensätze. Die Gemäßigten hassen definitionsgemäß nicht sehr, sie sind nicht mit der zweckmäßigen Blindheit begabt, die einen Robespierre oder Lenin unentwegt den Weg zur Macht verfolgen läßt. In normalen Zeiten können gewöhnliche Menschen gar nicht den intensiven, andauernden und unbequemen Haß für Gruppen ihrer Mitmenschen empfinden, wie ihn die Extremisten in Revolutionszeiten predigen. Dieser Haß ist eine heroische Emotion – solche Emotionen strengen aber sehr an. Die Armen mögen die Reichen hassen, die Protestanten die Katholiken, die Bürger den Edelmann, der Südstaatler den Yankee und so weiter. Solche Abneigungen sind aber im normalen Leben sozusagen tägliche Routine, ein Teil des Lebens wie Essen, Trinken und Lieben, eines Lebens, das ganz revolutionsfern ist.

Die Gemäßigten glauben also nicht wirklich an die großen Worte, die sie gebrauchen. Sie glauben nicht wirklich, daß eben der Himmel auf Erden ausbricht. Sie sind ganz für Kompromiß, gesunden Menschenverstand, Duldsamkeit, Bequemlichkeit. In einer normalen Gesellschaft sind diese Neigungen ihre Stärke und verhelfen ihnen zur Führerschaft, denn ihre Gefolgschaft will zumindest ebenfalls Ruhe und Bequemlichkeit. In unseren Revolutionen erhoben sich jedoch große Menschenmassen, von Sehnsucht und Erregung getrieben, auf eine Höhe, wo ihnen nichts mehr an Ruhe und Bequemlichkeit zu liegen schien. Die Gemäßigten konnten mit solchen Menschen politisch nicht umgehen. Sie konnten nicht einmal die ersten Schritte zu ihrem Verständnis tun. Gemäßigte und Ungemäßigte trennte eine Kluft, die weder Philosophie noch gesunder Menschenverstand überbrücken konnte. Man sagt zwar, unter den Blinden sei der Einäugige König, aber für die überhitzte Atmosphäre einer Revolution gilt das nicht. Die Gemäßigten waren alle sehr menschlich und irrten, aber selbst wenn sie irgendwo weise gewesen wären wie die Helden Plutarchs, wären sie wahrscheinlich gescheitert. Denn hier ist man in einem Traumland, das dennoch wirklich ist. In diesem Land sind die Klugheit und der gesunde Menschenverstand der Gemäßigten nicht Klugheit und gesunder Menschenverstand, sondern Torheit.

VI

Die Machtergreifung der Extremisten

Der Staatsstreich

Der Kampf zwischen den Gemäßigten und den Extremisten, der fast unmittelbar nach dem Sturz des alten Regimes beginnt, hat Straßenkämpfe, Enteignungen, hitzige Debatten, polizeiliche Eingriffe und einen endlosen Strom wilder Propaganda im Gefolge. Man schlägt sich die Köpfe blutig über Dinge, die in einer normalen Gesellschaft eine fast selbsttätige Lösung finden. Eine allgemeine Hochspannung herrscht vor, und das Fieber strebt der Krise zu. Die Fieberkurve geht zwar auf und nieder, im ganzen aber doch nach oben. Mit dem Sturz der Gemäßigten ist die Revolution in die Krise getreten.

Ehe wir eine Untersuchung des Verhaltens der Menschen in einer solchen Krise vornehmen, müssen wir den Prozeß der Machtergreifung durch die Extremisten noch näher betrachten. Eine solche Untersuchung wird in gewissem Sinne nur eine Umkehrung der bei den Gemäßigten gemachten Feststellungen sein: Die Gründe für den Erfolg der Radikalen sind nur die andere Seite der Gründe für den Mißerfolg der Gemäßigten. Wo diese schwach waren, da waren die Radikalen stark. Die Radikalen siegen, indem sie sich die Herrschaft über die illegale Regierung sichern und diese beim entscheidenden Staatsstreich gegen die legale Regierung einsetzen. Die Doppelherrschaft wird durch die revolutionären Handlungen der Unabhängigen, der Jakobiner und der Bolschewiken beseitigt. Die Gemäßigten hatten aber früher die Führung der Organisationen, die jetzt von den Radikalen gegen die Regierung geführt werden, mit den Radikalen geteilt. Der Schlüssel zum Sieg der Extremen liegt darin, daß sie bei diesen Organisationen (Cromwell-Armee, unabhängige Kirchen, Jakobinerklubs, Sowjets) ein Führungsmonopol erlangen.

Sie kommen in den Besitz dieses Monopols, indem sie – meist im Zuge zahlreicher Konflikte – alle aktiven Gegner aus diesen Organisationen hinausdrängen. Die Disziplin, Monomanie und Zentralisation der Führung, die zu den Kennzeichen der siegreichen Extremisten gehören, werden zuerst in den revolutionären Gruppen der illegalen Regierung entwickelt und vervollkommnet. Die hier gebildeten Charakterzüge herrschen auch nach der Machtergreifung, wenn die illegale Regierung zur legalen geworden ist. Viele dieser zweckmäßigen Eigenschaften stammen noch aus der Kampfzeit unter dem alten Regime, wo die Extremisten kleine, konzentrierte Gruppen bildeten, gegen die sich die ganze ‚Tyrannei' der alten Regierung richtete.

Die Unabhängigen lernten Disziplin und Hingabe an ihre Sache während einer langen Reihe von Verfolgungen, die schon unter Elisabeth I. begannen, deren berühmte Duldsamkeit sich nicht auf Katholiken oder Angehörige der Brownschen Sekte erstreckte. Die französischen Radikalen wurden unter dem *ancien régime* nicht so schlecht behandelt, wie ihre Nachkommen und Historiker gern glauben, aber die Zensur, die Bastille und die *lettres de cachet* (Haftbefehle ohne gesetzliche Grundlage) waren nur zu real, auch wenn die Gefolgschaft der Aufklärer nur selten direkt darunter zu leiden hatte. In Rußland wurden die Extremisten in der Schule der härtesten Unterdrückung gestählt. Sie hatten ein Jahrhundert Geheimbündelei, Verschwörungen, Eide, Märtyrertum hinter sich. Wie wir noch sehen werden, ist die große russische Revolution vorbei, aber viele der autoritären Züge der extremistischen Periode leben unverkennbar fort; das hat viele Gründe, die man noch nicht alle kennt. Einer davon ist die Stärke der autoritären kommunistischen Disziplin, die aus der Zeit der unterirdischen Verschwörungen stammt.

Aus dieser Vergangenheit erwächst eine Kampfgruppe, die neuestens auch sieggewohnt ist. Man kann nicht genau erklären, warum eine bestimmte Fußballmannschaft fortwährend siegt, noch weniger, warum eine Armee oder revolutionäre Partei siegt. Selbst in den einfachsten Fällen liegen so viele Variable vor, daß man keine Voraussage wagen kann, zumal die Qualität des Menschenmaterials am variabelsten ist. Fußballspieler wissen das, auch wenn Historiker und Soziologen es nicht wissen. Wir wissen, daß unsere Revolutionäre hervorragend organisierte, erfolgreiche Gruppen bildeten. Wir können Aussagen darüber versuchen, wie sie siegten, welche besonderen Stärken sie zeigten. Wir können aber keine allgemeingültige Formel für den erfolgreichen Aufbau revolutionärer Gruppen aufstellen; wir können nicht genau abmessen, warum gerade diese Revolutionäre siegten und andere eine Niederlage erlitten.

Wir werden später sehen, daß die große russische Revolution an sich vorbei ist: aber viele autoritäre Züge der extremistischen Zeit habe deutlich im heutigen Rußland überlebt. Eines der Gründe dieses Überlebens ist die große Stärke der autoritären kommunistischen Disziplin, die in den Jahren der Untergrundkonspiration und Kontrolle gestählt wurde.

Die Organisation der Radikalen

Das erste, was dem Betrachter an den siegreichen Radikalen der englischen, französischen und russischen Revolution auffällt, übrigens auch an den nicht ganz so radikalen Patrioten, die der amerikanischen Revolution zum Siege verhalfen, ist ihre zahlenmäßige Kleinheit. Die Organisationen, welche die Gemäßigten aus dem Felde schlugen, hatten stets nur eine winzige Minderheit der Bevölkerung zu Mitgliedern. Die aktiven Mitglieder waren selbstredend noch weit weniger zahlreich als die eingeschriebenen. Die Neue Musterarmee trat mit 22.000 Mitgliedern ins Leben und überschritt nie die Zahl von 40.000. England hatte damals drei bis fünf Millionen Einwohner – genau läßt sich das nicht angeben. Es gab nach den höchsten Schätzungen nie mehr als eine halbe Million Jakobiner, bei einer französischen Bevölkerung von wahrscheinlich mehr als 20 Millionen. Die russische Kommunistische Partei hat stets mit Stolz ihre zahlenmäßige Kleinheit betont. Sie wollte keine schwerfällige Bürgerpartei sein, voll gleichgültiger Mitglieder, die träge oder gar nicht abstimmen. Die Zahlenangaben sind hier wiederum unsicher, aber man darf sagen, daß bis zur Machtergreifung Stalins mit der Beseitigung der Rechtsopposition im Jahre 1929 die Partei niemals auch nur ein Prozent der russischen Hundertmillionenbevölkerung in ihren Reihen hatte. In Amerika lassen sich auch nur annähernde Zahlen noch schwerer feststellen, denn die Patrioten waren nicht in einem einheitlichen Verband organisiert. Es wäre ungerecht, die verhältnismäßig kleinen Kontinentalarmeen als Maß für die Stärke der Whig oder Patriotengruppe zu nehmen. Die besten Kenner stimmen jedoch darin überein, daß nach Abzug der erklärten Loyalisten und der sehr zahlreichen Indifferenten oder Neutralen nur eine Minderheit von nicht mehr als 10 Prozent der Bevölkerung als die Gruppe übrigbleibt, welche aktiv die amerikanische Revolution vorbereitete, unterstützte und durchkämpfte.

Man kann hier leicht einwerfen, daß zwar tatsächlich die revolutionären Gruppen sehr kleine Minderheiten sind, daß dies jedoch für alle politisch aktiven Gruppen gilt und daß die Radikalen in den genannten Revolutionen irgendwie ‚den Willen der Nation', deren ‚Seele' oder ‚Genius' repräsentierten oder durchführten. Das mag in metaphysischen Kategorien so sein, aber für unsere Methoden eignen sich solche Kategorien nicht. Vielleicht vollzogen die Jakobiner den ‚allgemeinen Willen' des französischen Volkes, aber die *volonté générale* ist ein metaphysischer Begriff, dessen Beziehung zu greifbaren Jakobinern wir hier unmöglich messen können.

Trotzki begnügt sich in einer seiner weniger realistischen Stimmungen damit, die geringe Anzahl der Bolschewiki im Jahre 1917 mit der großen Ausdehnung Rußlands und dem Vorhandensein der vielen gegnerischen Gruppen in Einklang zu bringen. ‚Die Bolschewiki', schreibt er, Orwells ‚*1984*' vorwegnehmend, „nahmen das Volk so, wie die vorangegangene Geschichte es geschaffen hatte und wie ihm der Vollzug der Revolution aufgetragen war. Die Bolschewiki erblickten ihre Sendung darin, an der Spitze dieses Volkes zu stehen. Gegen den Aufstand war Jedermann – ausgenommen die Bolschewiki. Aber die Bolschewiki waren das Volk."

Im 20. Jahrhundert haben sonst die Revolutionäre von rechts und von links nie gewagt, einen so konsequent nietzscheanischen Standpunkt hinsichtlich des Verhältnisses der wenigen Auserwählten und der Massen einzunehmen. Sie haben nicht zu sagen gewagt, daß die ‚Elite' eine Herrenschicht im vollen Sinne des Wortes, das Volk aber eine Sklavenschicht im vollen Sinne des Wortes sein sollte. Lenin steht oft hart an der Grenze dieses nietzscheanischen Standpunktes, zu schweigen von Hitler in *Mein Kampf*. Offiziell erklärten allerdings die Kommunisten, Nationalsozialisten und Faschisten, daß die Partei, die Elite, die regierende Minderheit, die Treuhänderin des Volkes, die Hirtin des Volkes sei, die nur regiert, um das Schicksal des Volkes zu bessern. Der Kommunismus verspricht bis heute, daß zum Schluß – nach der Niederlage des Weltkapitalismus, also in nicht absehbarer Zeit – der Unterschied zwischen Führern und Gefolgschaft, zwischen Partei und Volk in der klassenlosen Gesellschaft verschwinden werde.

In allen unseren Gesellschaften waren sich diese Radikalen ihrer geringen Anzahl durchaus bewußt und meist sehr stolz darauf. Sie fühlten sich über ihre Mitbürger erhaben, hatten sich einer Sache geweiht, an die ihre Mitbürger nach ihrer Auffassung nicht heranreichten. Manche der Radikalen mögen ehrlich davon überzeugt gewesen sein, daß sie das bessere Ich ihrer Mitbürger verträten und daß diese das Potential besäßen, so zu sein, wie sie, die Elitemenschen, es schon waren. Die meisten von ihnen waren aber hauptsächlich davon überzeugt, daß sie höher standen als die träge, flaue Masse ihrer Mitmenschen. Die englischen ‚Heiligen‘ des 17. Jahrhunderts, die Auserwählten eines Gottes, der exklusiver war als ein armseliger König dieser Welt, versuchten ihre Verachtung für die verdammten Massen nicht zu verbergen. Herzoge und Grafen waren natürlich ‚Masse‘ für diese radikalen Puritaner. Die Jakobiner übernahmen von der Aufklärung den Glauben an die natürliche Güte und die natürliche Vernunft des durchschnittlichen Menschen, weshalb sie ihre Verachtung für ihre Mitmenschen nicht so offen zeigen konnten. Die Verachtung war aber da, und der Jakobiner fühlte sich fast als ein ebenso erhabener Geweihter wie der englische Unabhängige. Den Bolschewiken wurde beigebracht, daß der dialektische Materialismus sich durch eine Elite der Arbeiterklasse verwirklicht und namentlich die Bauern unfähig sind, den Weg zu ihrem eigenen Heil zu finden. Daher erschien den Bolschewiken ihre geringe Anzahl ganz natürlich, ebenso ihr Höherstehen gegenüber den anderen.

Es gibt auch genügend Material dafür, daß im Verlauf der Revolutionen viele Leute der aktiven Politik den Rücken kehren und nicht einmal mehr wählen gehen. Diese Leute könnten zwar im Herzen mit den Radikalen sympathisieren, aber wahrscheinlicher ist es, daß sie größtenteils eingeschüchterte Konservative und Gemäßigte sind, denen die Märtyrerrolle nicht liegt und die andererseits die geistige, moralische und physische Anspannung nicht ertragen, die mit der Rolle des eifervollen Extremisten während der Revolutionskrise verknüpft ist. Zwei unserer Revolutionen liefern untrügliche Beweise für diesen Rückzug ‚gewöhnlicher' Leute aus der Politik. Wir dürfen annehmen, hier eine der gesuchten Gleichförmigkeiten der Revolution vor uns zu haben.

Die russische Februarrevolution brachte als selbstverständliche Morgengabe das allgemeine Wahlrecht mit sich. Nun hatte Rußland in dieser Hinsicht endlich den Westen eingeholt. Bei den ersten Wahlen wählte fast jedermann. Bald begann jedoch die Wahlbeteiligung abzunehmen. Im Juni 1917 erhielten die Sozialrevolutionäre bei den Wahlen zu den Moskauer Bezirks-Dumas 58 Prozent der Stimmen; im September erhielten die Bolschewiken 52 Prozent. Hatten die Bolschewiken durch demokratische Methoden Stimmen gewonnen? Keineswegs. Im Juni erhielten nämlich die Sozialrevolutionäre 375.000 von insgesamt 647.000 Stimmen, während im September die Bolschewiken 198.000 von insgesamt 381.000 abgegebenen Stimmen erhielten! Binnen drei Monaten hatte sich die Hälfte der Wählerschaft zurückgezogen. Trotzki erklärt das auf einfache Weise: „Viele Kleinbürger, die sich im Nebel der ersten Illusionen den Kompromißlern angeschlossen hatten, sanken bald in die politische Nichtexistenz zurück." Die Geschichte der französischen Wahlen zwischen den Blütetagen von 1789, wo sich noch die Lahmen zur Wahlurne schleppten, und dem Jahr 1793, wo manchmal weniger als 10 Prozent der Wahlberechtigten wählen gingen, zeigt dasselbe Bild. Man stimmte nicht für Jakobiner und Bolschewiken. Wahrscheinlich hätten auch die Engländer, wenn sie alle im Jahr 1648 hätten wählen dürfen, keine Unabhängigen, Gleichmacher, ‚Gräber', ‚Männer der Fünften Monarchie' oder ‚Millennisten' gewählt. Man geht einfach nicht zur Wahl und zieht die ‚politische Nichtexistenz' vor.

Dabei helfen freilich die Extremisten kräftig mit. Angeblich sind die Wahlen zwar frei, aber die Extremisten lassen sich nicht von freiheitlichen Prinzipien hemmen, die sie einmal verkündet haben mögen. Sie greifen bald zu einer Taktik, wie sie aus der jüngsten Geschichte von Gruppen wie dem Ku Klux Klan nur zu wohlbekannt ist: Verprügelung politischer Gegner, Saalschlachten, Wahlstörungen, Straßenkrawalle, Niederbrüllen gemäßigter Kandidaten, Verleumdung gegnerischer Persönlichkeiten in den radikalen Blättern und hundert andere Methoden dieser Art. Der ‚gewöhnliche‘, friedliche und ängstlich veranlagte Mensch geht dann lieber nicht zur Wahl; er würde, ginge er wählen, sich für die Gemäßigten entscheiden, die ihm näherstehen. Es ist nicht der Terror allein, der ihn abschreckt. Bloße Trägheit, die Unfähigkeit, sich unablässig um Politik zu kümmern, wie dies in Revolutionszeiten nötig ist, wirken hier ebenso mit. Der Durchschnittsmensch hat bald die ewigen Versammlungen und Propagandaschriften als Vorspiel der Wahlen von Hundefängern, Generalinspektoren, Präsidenten und Komitees satt, wie ihm auch die ständige Inanspruchnahme durch die ‚Selbstregierung‘ auf einer mehr als athenischen Basis zuwider ist. Er zieht sich zurück – und so wird der Weg für die Extremisten frei.

Ihre geringe Anzahl ist eine Quelle der Kraft für die Extremisten, denn mit großen Massen läßt sich in der Politik schlecht arbeiten. Schnelles Manövrieren, rasche und endgültige Entscheidung sind in der Revolution wichtig, wenn man zu einem Ziel durchstoßen will, ohne zu fragen, wer daran Anstoß nimmt. Dazu muß die aktive politische Gruppe klein sein. Die Monomanie und Hingabe, die Energie und Disziplin, die notwendig sind, um die Gemäßigten aus dem Felde zu schlagen, sind anders nicht zu erreichen. In großen Massen kann man das Fieber des Fanatismus nicht lange genug aufrechterhalten. Die Massen machen keine Revolutionen. Sie können für Aufmärsche rekrutiert werden, sobald die aktiven Wenigen die Revolution gewonnen haben. Unsere Revolutionen im 20. Jahrhundert, von rechts und links, haben zwar anscheinend unerhörte Massenbeteiligung gehabt, aber selbst die gewaltigen Aufmärsche in Deutschland, Italien und Rußland können den politischen Kenner nicht täuschen. Der Sieg der Bolsche-

wiken, Nationalsozialisten und Faschisten über die Gemäßigten
wurde nicht von den Massen errungen, sondern von kleinen, disziplinierten, fanatischen Bünden.

In dieser Phase der Revolution benutzen die siegreichen Radikalen die Volksabstimmung noch nicht. Eine freie Abstimmung
können sie einfach nicht riskieren. Das plebiszitäre Stadium
kommt erst später, wenn die Krise der Rekonvaleszenz gewichen
ist. Das kann bald sein, bei Revolutionen von rechts sogar sehr
bald, da die Männer der Rechten selten ganz von Idealen besessen
sind. Für die hier betrachteten Revolutionen gilt jedenfalls, daß
eine ehrlich durchgeführte Volksabstimmung im Kampf zwischen
Extremen und Gemäßigten fehlt und von den Extremen nach ihrer
Machtergreifung nicht gewagt wird. Das gilt noch für Rußland
und seine Vasallenstaaten.

Die Extremisten sind – wie gesagt – wenig zahlreich, aber ihrer
Sache fanatisch ergeben. Das Selbstbewußtsein der winzigen Minderheit scheint in Beziehung zur Stärke ihres Fanatismus zu stehen. Das eine nährt das andere. Mit ihren Zielen, ihren Träumen
von einer besseren Welt werden wir uns noch beschäftigen. Ihr
Fanatismus ist derselbe wie der religiöse. Die Bolschewiken und
Jakobiner waren so überzeugt wie die Kalvinisten, daß sie *allein*
recht hatten und ihr Programm das einzig mögliche war. Alle Radikalen waren bereit, sich einzusetzen, Ruhe und Sicherheit zu
opfern, sich der Disziplin zu unterwerfen und ihre Persönlichkeit
in der Gruppe aufgehen zu lassen. Sie wußten um die seelischen
Schwierigkeiten, die es bereitet, nach der jakobinischen Phrase
‚stets auf der Höhe der revolutionären Umstände zu bleiben‘,
doch konnten sie diese Schwierigkeiten überraschend gut überwinden und einen Korpsgeist aufrechterhalten, eine bündische
Gemeinschaft, die der ‚gewöhnliche‘ Mensch in gewöhnlichen Zeiten unmöglich erreichen oder längere Zeit aufrechterhalten kann.

Die große Disziplin der Radikalen ist teilweise ein Erbe der
Vergangenheit, ein Korrelat der kleinen Anzahl wie des Fanatismus. Ein gutes Beispiel ist wieder Cromwells ‚Neue Musterarmee‘.
Die Royalisten schickten ihr Haufen entgegen, die mit den bei ihnen üblichen Methoden rekrutiert worden waren; die ‚Musterarmee‘ schlug sie ohne weiteres. Sie schlug jedoch ebenso die Elite

der gegnerischen Truppen, die Reiterei, die sich aus den königstreuen Landedelleuten und ihren Gutsangehörigen rekrutierte. Die ‚Neue Musterarmee' dagegen rekrutierte sich aus eifrigen Puritanern; neue Kämpfer wurden in sie nur aufgenommen, wenn Soldaten, denen sie persönlich bekannt waren, für ihre Gesinnung bürgten. Die Ausbildung war kurz, aber weit schärfer als je in der englischen Militärgeschichte. Das Ergebnis war eine ausgezeichnete Armee – und eine kompakte Truppe stahlharter Revolutionäre, deren Degen die besten Absichten und die besten Reden der Gemäßigten in Stücke schlugen. Die Disziplin der Jakobiner war keine militärische, aber sie war sehr streng; sie ähnelte der Disziplin, die ein religiöser Ritterorden von seinen Mitgliedern verlangt. Unablässig überprüften die Jakobiner ihre Mitglieder, ständig gab es eine *épuration*, eine Säuberung wie heute in Rußland. Die geringste Abweichung vom beschlossenen Programm brachte einen Verweis oder allenfalls den Ausschluß mit sich. Man weiß auch, wie spartanisch es in der Frühzeit des Sowjetregimes in der russischen Kommunistischen Partei zuging. Freund und Feind haben das kennengelernt.

Die Extremisten setzten ihre Disziplin und ihr Können für die Verwirklichung der revolutionären Ziele ein. In den letzten Jahrhunderten wurde eine kunstvolle Taktik der Revolution entwikkelt, deren letzte Erben die russischen, chinesischen und kubanischen Kommunisten waren. Man hat schon viel über diese Taktik oder Technik geschrieben, die zum Teil die einer jeden erfolgreichen ‚Druckgruppe' ist: Propaganda, Wahlmache, Aufmärsche, Straßenschlachten, Entsendung von Abordnungen, gewaltlose Gewalt eines Ghandi, direkter Druck auf Behörden, gelegentlicher Terror mit Rizinusöl oder Teeren und Federn. Die Jakobiner, die Kommunisten und die ‚Söhne der Freiheit' verstanden dieses Handwerk besonders gut. Überraschenderweise findet man viele dieser Methoden schon im England des 17. Jahrhunderts, namentlich in London. In dieser Hinsicht ist die englische Revolution ebenfalls schon recht modern. Hier eine Episode, die man eher während der französischen Revolution erwartet hätte: Während der Debatte über das Milizdekret drang ein Haufen Handwerksgesellen „in das Haus der Gemeinen ein und ließ die Tür offen. Die

Gesellen behielten die Hüte auf ... und schrien: ‚Stimmt ab, stimmt ab!' In dieser provozierenden Haltung blieben sie stehen, bis die Abstimmung vorüber war." Man darf vermuten, daß diese Gesellen nicht spontan in das Parlament gingen. So etwas erfordert Organisation.

Schließlich folgen die Radikalen ihren Führern mit einer Hingabe und Einmütigkeit, die man bei den Gemäßigten nicht findet. Die am Anfang aller unserer Revolutionen ins Kraut schießenden Theorien über demokratische Gleichheit bilden kein Hindernis für die Entwicklung eines Führerprinzips unter den Extremisten, wie wir es gewöhnlich den faschistischen Bewegungen zuschreiben. Die Gemäßigten nehmen ihre Theorien ernst; in der ersten Phase der Revolution klagen sie darüber, daß X oder Y sich Machtbefugnisse anmaßt, die ein anständiger Mensch nicht verlangt. So wurden Mirabeau wie Kerenski von Gemäßigten und Extremen gemeinsam des Strebens nach der Diktatur bezichtigt. Robespierre und Lenin traten – buchstäblich – in ihre Fußstapfen, und hier hörte man nur die Heilrufe – jedenfalls im Inland. Diese Betonung des Führerprinzips zieht sich durch die ganze Organisation, von den subalternen Führern bis zu den großen Nationalhelden wie Cromwell, Robespierre und Lenin.

Eine solche Führung funktioniert gut, namentlich ‚oben'. Betrachtet man die Führer als sterbliche Menschen, so findet man natürlich Differenzen zwischen den Männern, aus denen der extremistische Generalstab besteht. Der Psychologe, der Romancier, sogar der Historiker könnte sie nicht unter einen Hut bringen. Einen soziologisch wichtigen Aspekt haben sie aber gemeinsam: Sie verbinden, in verschiedenem Grade, sehr hohe Ideale mit einer hundertprozentigen Verachtung der Hemmungen und Grundsätze, die den meisten anderen Menschen als Ideale dienen. Sie sind eine Variante der platonischen ‚königlichen Philosophen', nämlich mörderische Philosophen. Sie haben die realistische, praktische Art, die man selten bei den Gemäßigten findet; zugleich haben sie aber auch genug prophetisches Feuer, um Anhänger bei der Stange zu halten, die das Millennium schon an der nächsten Ecke warten sehen. Sie sind Praktiker, die nicht vom sogenannten gesunden Menschenverstand gehemmt sind. Sie sind Machiavellisten im Dienste des Guten und Schönen.

Bei einer Geheimsitzung des Zentralkomitees der bolschewistischen Partei kurz vor der Oktoberrevolution drängte Lenin auf den bewaffneten Aufstand, während die zarter Besaiteten unter seinen Kollegen der Ansicht waren, man müsse den Willen des russischen Volkes respektieren, das offenkundig gegen die Bolschewiki war. Lenin sagte: „Wir neigen dazu, die systematische Vorbereitung eines Aufstands als so etwas wie eine politische Sünde anzusehen. Aber auf die Konstituante zu warten, die klarerweise nicht für uns sein wird, ist sinnlos." Die Äußerung ist bezeichnend. Hier offenbart sich der Praktiker Lenin, der sich von einem demokratischen Dogma nicht beirren läßt. Nach der Oktoberrevolution schrieb er in der *Prawda* über „die Krise, die durch die mangelnde Übereinstimmung zwischen den Wahlen in die Konstituante und dem Volkswillen sowie den Interessen der arbeitenden und ausgebeuteten Klassen entstand". Der Volkswille ist irgendwie im Grunde der Wille der bolschewistischen Minderheitspartei. Irgendwie wirkt das demokratische Dogma noch. Man könnte analoge Fälle bei Robespierre, Cromwell und, so muß man befürchten, sogar bei dem amerikanischen Musterdemokraten Jefferson finden.

Heuchelei? Leuten mit wenig Phantasie und Welterfahrung müssen solche Handlungen als Heuchelei erscheinen. Mit weniger heroischen Maßstäben gemessen, gehören sie zu normalem menschlichem Handeln, um eine so abschätzige Bezeichnung zu verdienen. Der Robespierre, der als aufgeklärter junger Mann die Todesstrafe verworfen hatte, schickte seine Feinde nicht auf die Guillotine, weil er früher geheuchelt hatte. Er war vielmehr zu der Auffassung gelangt, daß seine Feinde überhaupt keine Menschen waren. Es waren Sünder, Verderbte, schlimmer als der Satan. Ihre Austilgung war für ihn nicht Todesstrafe im herkömmlichen Sinne des Wortes. Man konnte gewöhnliche Verbrecher immer noch nach humanitären Prinzipien behandeln. Die meisten von uns schließen solche Kompromisse mit sich selbst oft genug im täglichen Leben. Bei uns bestimmen aber Bequemlichkeit, Zweckmäßigkeit, Gewohnheit, sogar die Vernunft die Grenzen des Kompro-

misses. Für den revolutionären Extremisten sind diese Grenzen
aufgehoben. Im Delirium der Krise sind die Rollen des Realen und
des Idealen vertauscht. Hier ist endlich der Blinde König – oder
der Seher. Gewöhnliches irdisches Sehen, im Sinne des Augenarz-
tes, gilt hier nicht. Die Seher besitzen davon nur soviel, wie zur
Behauptung ihrer Führerstellung notwendig ist. Cromwell hatte in
erheblichem Maße den englischen Sinn für das Mögliche, und Lenin war sicher kein Katheder idealist. Robespierre war in mancher
Hinsicht der ‚reinste“ Seher von allen.

Doch waren sie alle, auch Robespierre, sogenannte Tatmenschen. Sie regierten und verwalteten, leiteten Organisationen, die
noch nicht genug Tradition und Routine hatten, um von selbst zu
laufen. Wenn diese Männer den Ruf ungewöhnlicher Skrupellosig-
keit hinterlassen haben, so mag das zum Teil auf den schlechten
Ruf zurückgehen, den der Terrorismus nun einmal hat. Die Skru-
pellosigkeit im unbedingten Dienst des Ideals war eine der Eigenschaften, die ihnen zu ihrer Führerstellung verhalfen. Cromwells
Ansehen bei den ‚Heiligen‘ des Parlamentsrestes stieg durch die
irischen Massaker sehr. In Frankreich sprach man einige Monate
von der ‚heiligen‘ Guillotine. In der ersten Phase des Bürgerkriegs
ließ Trotzki den Kommandeur, den Kommissar und jeden zehnten
Soldaten eines Petersburger Arbeiterregiments erschießen, das
vor dem Feind die Flucht ergriffen hatte. Zur Bestürzung seiner
zarter besaiteten Kollegen erhielt er auch weiter mit blutigen Mitteln die Disziplin aufrecht. Trotzki wurde der Retter und – ehe
Stalin kam – der Held der Revolution. Das Dekret Nr. 1 lag weit
zurück.

Bei den meisten Menschen besteht eine Kluft zwischen Worten
und Taten, zwischen dem, was sie sind, und dem, was sie sein
möchten, zu schweigen von dem, was sie zu sein glauben. Normalerweise lassen sie sich dadurch nicht sehr stören, die Kluft ist
auch nicht immer so tief. Bei extremistischen Führern in Revolutionszeiten erscheint diese Kluft dem Beobachter jedoch ungeheuer, viel tiefer als in normalen Zeiten. Manche, wie Fouché, scheinen nur zur Rettung der eigenen Haut Terroristen geworden zu
sein. Im allgemeinen kann aber nur ein überzeugter Extremist
während der Revolution Menschen umbringen, weil er die Mensch-

heit liebt; den ewigen Frieden auf dem Weg blutiger Gewalt erstre-
ben; Menschen befreien, indem er sie versklavt. Solche Wider-
sprüche würden den gewöhnlichen politischen Führer lähmen,
den Extremisten scheinen sie aber nicht im geringsten zu stören.
Wo der gewöhnliche Mensch eine Persönlichkeitsspaltung empfinden würde, wo sein Gewissen oder sein Wirklichkeitssinn, oder
beides, rebellieren würde, geht der Extremist unbekümmert seinen Weg weiter. So breit die Kluft zwischen dem Idealen und dem
Realen ist, er überspringt sie nach Belieben. Er ist in beiden Wel-
ten zu Hause. Er bedient sich komplizierter Menschen in Komitees, Abordnungen, Büros und Ministerien mit demselben Geschick, mit dem er schwungvoll und hinreißend die abstrakten,
unentbehrlichen, ja schrecklichen Worte gebraucht, die in Revolutionszeiten so magisch auf große Gruppen von Menschen wirken.

Kein noch so tüchtiger Heuchler könnte diese Gabe entwik-
keln. Die großen Führer des Terrors sind für ihre Aufgabe dank
einer echten Berufung qualifiziert – einer Berufung, die ihnen in
normalen Zeiten allerdings den Weg zu politischer Macht versper-
ren würde. Ihr Glaube an das Absolute ist nicht vorgetäuscht. Er
ist so real wie ihre praktische Begabung. Für einen Augenblick ist
das Absolute identisch mit praktischer Politik. Der Historiker
Maitland zitiert Coleridge zu diesem Punkt:

„Coleridge hat darauf hingewiesen, daß in Zeiten großer politischer Erregung die politischen Theorien in immer abstrakteren,
dem praktischen Leben immer weiter entrückten Worten formuliert werden ... Sie werden in weltanschauliche Form gekleidet...
Das Absolute geht um. Das relative oder teilweise Gute erscheint
als ein mageres Ideal. Man spricht nicht von diesen oder jenen
Menschen, von diesem oder jenem Volk oder Zeitalter – man
spricht vom Menschen schlechthin."

Die Extremisten sind tüchtig

Der Übergang von der Opposition zur Macht kommt den Extremisten nicht plötzlich. Das *Dwojewlastije*, die Doppelherrschaft, ist
ja kein Kampf zwischen Regierung und Opposition, sondern ein

Kampf zwischen zwei Regierungen in demselben Lande. Die Organisation der Revolutionäre, unter dem alten Regime nicht mehr als eine Druckgruppe, übernimmt während der Verwirrung der ersten Revolutionszeit allmählich Regierungsfunktionen und anerkennt in dieser Hinsicht nie mehr ganz die Autorität der provisorischen Regierung, der beinahe legitimen Erbin des alten Regimes. Der Vorgang ist bei allen Revolutionen der gleiche. Besonders deutlich tritt er in Rußland hervor. Von Anfang an nahmen die Sowjets, auch in den kleineren Städten, einen Teil der Verwaltung in die Hand. Trotzki gibt in seinem Geschichtswerk einige bezeichnende Beispiele:

„Der Saratower Sowjet sah sich gezwungen, in wirtschaftliche Konflikte einzugreifen, Fabrikanten verhaften zu lassen, die in belgischem Besitz befindliche Straßenbahn zu enteignen, die Arbeiterkontrolle in der Industrie einzuführen, die Produktion in den verlassenen Betrieben zu reorganisieren… Im Ural setzten die Sowjets oft ihre eigenen Gerichte ein, stellten Fabriksmilizen auf, deren Ausrüstung aus der Fabrikskasse bezahlt wurde, schufen eine Arbeiterinspektion, die Rohstoffe und Kohle für die Betriebe beschaffte, den Verkauf der Erzeugnisse überwachte und einen Lohntarif festsetzte. In einigen Uraldistrikten enteigneten die Sowjets den Grundbesitz und führten den gemeinschaftlichen Anbau ein.“

Offenkundig war die Losung ‚Alle Macht den Räten‘ in einigen Teilen Rußlands schon vor der Oktoberrevolution überholt.

Die ‚Gesellschaften der Freunde der Verfassung‘ waren bei ihrer Gründung im Jahre 1789 in Frankreich kaum mehr als eine ‚Druckgruppe‘ oder allenfalls eine französische Variante des Yankee-Caucus.[9] Bis 2. Juni 1793 hatten diese Gesellschaften jedoch eine Menge Funktionen übernommen, die normalerweise vom Staate ausgeübt werden. Wenn die ‚konstituierten Behörden‘ – wie die Jakobiner sie respektvoll nannten –, die gesetzgebenden Körperschaften und Stadträte, nicht taten, was die Jakobiner

---

9 Das Wort *Caucus*, vielleicht indianischen Ursprungs, bedeutet in Amerika soviel wie ‚innerer Kreis‘ oder ‚leitende Gruppe‘ einer Partei oder Organisation. Anm. d. Übers.

wollten, so nahmen die Jakobiner die Sache selbst in die Hand. Die Jakobinerklubs in der Provinz nahmen unter anderem sämtliche Gesetze gegen die katholische Geistlichkeit vorweg. Die Klubs waren parlamentsähnlich organisiert mit Geschäftsordnung, Ausschüssen, Funktionären und Protokoll. Sie hatten den Apparat eines Parlaments. Manchmal konnte ein Klub die zuständigen Behörden durch Überredung oder Einschüchterung zu den von den Jakobinern geforderten Maßnahmen bewegen. Wenn das nicht gelang, beschloß der Klub fast öffentlich Gesetze und Verordnungen. Mitglieder, die sich gegen dieses Eingreifen in die Tätigkeit gewählter Behörden stellten, wurden als Gemäßigte vorgemerkt und konnten froh sein, wenn sie später der Guillotine entrannen.

Daß die Männer, die die amerikanische Revolution vorantrieben, in der Kunst des Regierens keineswegs ungeübt waren, ist schon oft von angelsächsischen Autoren beiderseits des Atlantiks mit gewissem Stolz festgestellt worden. Hier wäre zu bemerken, daß die Übung durchaus nicht ganz aus legaler Betätigung stammte. Die amerikanischen Radikalen schulten sich zur Machtübernahme aus den Händen der Krone nicht nur in der Stadtversammlung und den Koloniallandtagen, sondern im Caucus, in Komitees und auf Kongressen, die auffallende Parallelitäten zu den Sowjets und Jakobinerklubs zeigen. Wie wir im nächsten Kapitel sehen werden, wandten sie zur Behauptung ihrer Macht unbedenklich die gleichen terroristischen Mittel an, mit denen sie an die Macht gekommen waren.

In England war die Lage komplizierter. Auf dem Umweg über die illegalen Verbände, deren Dachorganisation die ‚Neue Musterarmee‘ war, waren die verschiedenen Kongregationen der Unabhängigen gleichzeitig Agenturen der auf die Macht abzielenden Extremisten. Die Armee selbst begann bald nach der Schlacht von Naseby in einer Art, die einer normalen Armee fremd ist, in die Politik einzugreifen. Die erste Entfernung der Presbyterianer aus dem Parlament ging von einem Armeekomitee auf Grund von Armeeresolutionen aus. Die Unabhängigen und namentlich ihre Geistlichkeit hatten schon viel früher in sehr irdische Angelegenheiten einzugreifen begonnen. Sie strebten nach ‚voller moralischer Disziplinargewalt' über ihre Pfarrsprengel, das heißt einer Disziplinaraufsicht über das ganze Leben der Gemeinde.

Die Extremen sind also keine politischen Kinder oder unbeschriebene Blätter. Zu ihrer politischen Erfahrung aus der Zeit der Unterdrückung gesellt sich eine kurze, aber intensive Schulung in der Ausübung von Regierungsfunktionen noch vor der Machtergreifung. Es ist irrig, wenn man, wie dies namentlich englisch schreibende politische Schriftsteller gern tun, die Führer der Extremisten oder ihre Parteianhänger als unerfahren, ‚reine Theoretiker' oder ‚Metaphysiker' bezeichnet. Natürlich könnten gute Viktorianer wie Bagehot oder Maine (englische Historiker und Soziologen der sechziger Jahre des vorigen Jahrhunderts) die Ziele und Methoden dieser Extremisten niemals billigen. Diese himmelstürmenden Idealisten verschmähten jeden Kompromiß. Sie waren aber keine zum Handeln in der wirklichen Welt ungeeigneten akademischen Theoretiker. Im Gegenteil waren sie in einem fast biologischen Sinne dem besonderen, einmaligen Milieu der revolutionären Krise angepaßt wie ein Tier seinen Lebensbedingungen. Das ist das Geheimnis ihres Sieges.

Der Sturz der Gemäßigten vollzieht sich gewöhnlich sehr präzise. Er illustriert das Geschick der Revolutionsführer und die Eignung der revolutionären Organisationen für ihre Aufgaben. Wie wir gesehen haben, erfolgt der Sturz der Gemäßigten durchaus nicht im Wege einer großen Volkserhebung. Die Massen, deren konfuses Gewimmel dem Historiker die genaue Darstellung des Bastillesturms oder der Februarrevolution unmöglich macht, stören nicht die professionelle Exaktheit, mit der die Säuberungsaktion des Obersten Pride, der Sturz der Gironde oder die Oktoberrevolution durchgeführt wurde. In Frankreich kamen die Extremen durch zwei solche Staatsstreiche an die Macht. Der erste, der Sturz des Königtums am 10. August 1792, war das Werk planmäßigen Zusammenspiels verschiedener Organe der ‚Illegalen Regierung': der Jakobiner und anderer politischer Klubs, der *Fédérés*, der aus ganz Frankreich zum Jahrestag des Bastillesturms in Paris zusammengezogenen Milizen, der Stadtteil-Organisationen, aus denen die revolutionäre Pariser Kommune hervorging. Zehn Monate später schlossen sich fast die gleichen Elemente zusammen, um den Konvent durch Einschüchterung zur Auslieferung der Girondins zu veranlassen. Danton, Marat, vielleicht auch Robespierre, dazu eine Anzahl weniger bekannter, aber sehr fähiger Unterführer, bildeten den Generalstab, der beide Staatsstreiche leitete.

Die Oktoberrevolution war gründlich vorbereitet, wie ja in Trotzkis Geschichtswerk eingehend dargestellt wird. Trotzki berichtet über ein kennzeichnendes Detail:

„Die Schriftsetzer machten über ihre Gewerkschaft das militärische Revolutionskomitee in Petersburg auf die Zunahme der Druckaufträge auf reaktionäre Broschüren und Flugblätter aufmerksam. Es wurde beschlossen, daß die Typographengewerkschaft in allen verdächtigen Fällen Instruktionen bei dem Komitee einholen sollte. Das war die bestmögliche Kontrolle der gedruckten Agitation der Gegenrevolution."

Natürlich braucht man zur gedruckten Agitation nicht nur Pressefreiheit, sondern auch Schriftsetzer. Übrigens benutzte Perón in Argentinien eine ähnliche Taktik zur Beseitigung der unabhängigen Zeitung *La Prensa*. Durch vielerlei derartige Mittel wurde die Tätigkeit der Gemäßigten in den letzten Tagen vor dem Bolschewikenaufstand lahmgelegt. Man deklamierte nicht über den Generalstreik. Es gab nur eine koordinierte Besetzung von Machtzentren: Zeitungen, Post, Telegraphenamt, Banken, Ministerien.

Mit der dramatischen Verhaftung Karls I. durch den Kornett Joyce auf Schloß Holmby (3. Juni 1647) übte die ‚Neue Musterarmee' wohl zum ersten Male Regierungsbefugnisse aus. Als der König den Offizier fragte, woher er seinen Auftrag habe, soll Joyce, auf seine auf dem Schloßrasen aufmarschierten Soldaten zeigend, geantwortet haben: „Hier ist mein Auftrag." Eine solche Antwort ist kennzeichnend für alle unsere Revolutionen. Sobald die Extremisten einmal an der Macht sind, kümmern sie sich nicht mehr um die individuelle Freiheit oder die Formen der Legalität. In der Opposition schreien sie nach Freiheit und Duldsamkeit, aber an der Macht werden sie autoritär. Wir brauchen das weder zu beklagen noch uns darüber zu empören, auch wollen wir nicht von Heuchelei sprechen, denn wir wollen hier Gleichartigkeiten

im Verhalten der Menschen bei Revolutionen in bestimmten Gesellschaftssystemen feststellen. Hier scheint eine solche Gleichartigkeit vorzuliegen. Der Historiker der englischen Revolution,
Gardiner, schreibt:

„Erst vor kaum sechs Monaten hatten die Führer der Unabhängigen, Cromwell und Vane, in den sogenannten Hauptvor-
schlägen ein Toleranzsystem angestrebt. Dieses sollte sogar die
katholische Geistlichkeit schützen. Jetzt ließen sie Hunderte Menschen aus religiösen Gründen von der Universität Oxford verja-
gen."

Unter dem Rumpfparlament wurde eine strenge Pressezensur
eingeführt. Die diversen Vorschriften und Marotten des Purita-
nertums wurden, soweit wie möglich, amtliche Staatspolitik. Wie
später in Frankreich und Rußland machte die neue Regierung sofort ihre Gegner unschädlich und begann mit dem Aufbau des Apparats für den kommenden Terror. Wo die Armee, wie in Frankreich und Rußland, infolge der Versuche zur Einführung von
Freiheit, Gleichheit und Brüderlichkeit die Disziplin verloren hatte, wurde diese energisch wiederhergestellt. Der amerikanische
Historiker W. H. Chamberlin schreibt über die Vorgänge in Rußland:

„Die bolschewikische Heeresleitung begann nun in ähnlicher
Art den schädlichen und zersetzenden Einfluß der Soldatenräte zu
verurteilen, wie es Kornilow, Denikin und die alten Offiziere im
Jahre 1917 getan hatten. Der unbedingte Gehorsam gegenüber
dem Offizier wurde wieder zum Bestandteil der Disziplin der Roten Armee."

Die ‚Hauptvorschläge‘ und der ‚Volksvertrag‘, radikale Programme, die von der Armee unter dem Einfluß der *Levellers* beschlossen worden waren, hatten Punkte enthalten, die der Demokratie des 19. Jahrhunderts sehr nahekamen: gleich große Wahl-
bezirke, häufige Neuwahlen, Beschränkungen der Exekutive, sogar das allgemeine Wahlrecht für männliche Bürger. Cromwell
war wohl nie ein doktrinärer Rebell. Wahrscheinlich dachte er
über Autorität und Tradition etwa so, wie es bei einem Gutsbesitzer aus der Gentry zu erwarten war. Wenn ihm die Lage Gewis-
sensbedenken verursachte, so wohl nur deshalb, weil sich die gu-

ten alten parlamentarischen Einrichtungen nicht wiederherstellen ließen. Freie Wahlen waren das letzte, was man damals wagen konnte, gleichgültig, welches Wahlrecht man hätte anwenden wollen.

Das sogenannte Parlament der Heiligen, das 1653 nach der Auflösung des Rumpfparlaments zusammentrat, war kaum mehr als ein Rat von Delegierten, die mittels ‚Caucus'-Methoden aus den verläßlichsten Gruppen der Unabhängigen gewählt worden waren.

Auch in Frankreich wagten die Sieger des 2. Juni nicht, sich dem Volke zu stellen. Nur als Geste verabschiedeten sie die Verfassung von 1793 mit dem allgemeinen Wahlrecht, den Bürgerrechten und dem übrigen Zubehör der Demokratie, aber sie beließen sie mit Vorbedacht auf dem Papier. Sie wurde nie wirklich in Kraft gesetzt.

Die Bolschewiki hatten die provisorische Regierung monatelang angegriffen, weil sie keine Konstituante einberief. Schließlich wurde unmittelbar vor dem bolschewistischen Staatsstreich eine Konstituante gewählt, und zwar auf Grund des allgemeinen Wahlrechts. In ihr waren die Bolschewiki eine Minderheit. Lenin löste diese Konstituante im Januar 1918 leichten Herzens auf. Unter seinen Anhängern gab es jedoch, ungeachtet ihrer marxistischen Schulung, viele, die diese Mißachtung der demokratischen Gefühle und Traditionen nicht billigten. Auch in Frankreich hatten viele gute Jakobiner Bedenken hinsichtlich ihrer neuen Diktatur.

Hier half nur die Theorie, sie wirkte wie Balsam auf die Wunden des Gewissens. Die Theorie der revolutionären Diktatur ist in den drei Revolutionen, in denen sie formell auftrat, fast identisch. Freiheit für jedermann, richtige, volle Freiheit ist natürlich das Endziel. Im Augenblick würde solche Freiheit aber bedeuten, daß die noch aus der alten Zeit stammenden Bösen ihre verwerflichen Pläne durchführen, die schlechten alten Einrichtungen wiederherstellen und das Werk der Guten zunichte machen würden. Bei näherer Überlegung, so geht der Standpunkt der Extremisten weiter, wird es klar, daß wir unterscheiden müssen zwischen der Freiheit für diejenigen, die sie verdienen, und der Freiheit für solche, die sie nicht verdienen. Die letztere ist selbstredend eine falsche

Freiheit, Pseudofreiheit, Zügellosigkeit oder Anarchie. Gott hat den Heiligen die Freiheit gegeben – die wahre Freiheit, die im Gehorsam besteht –, aber den Sündern hat er keine Freiheit beschert. Papisten sind ebenso zu bekämpfen wie Teufel. Hätte jemand gesagt, man solle solche Sünder doch in Ruhe lassen, so wäre das den englischen Puritanern des 17. Jahrhunderts so absurd vorgekommen, wie uns der Vorschlag vorkäme, die malariaverbreitenden Mücken in Ruhe zu lassen. Robespierre formulierte die Sache klassisch: „Die revolutionäre Regierung ist der Despotismus der Freiheit gegen die Tyrannei." Für Marx ist die Diktatur des Proletariats ein notwendiges Übergangsstadium, in welchem die letzten Spuren kapitalistischer Methoden und kapitalistischen Denkens ausgetilgt werden. Bedenkenlose Gewaltanwendung ist in dieser Periode, die leider von unbestimmter Dauer ist, erforderlich. Wer einmal ein Kapitalist war, bleibt es ewig. Wenn aber alle Menschen endgültig Brüder sind, beginnt auch endgültig die Freiheit der klassenlosen Gesellschaft.

Getröstet in dem Wissen, daß sie durch das, was dem Ungläubigen als Tyrannei erscheint, der Freiheit im höchsten, wahrsten Sinne des Wortes dienen, gehen die Extremisten daran, ihre Macht in entsprechenden Einrichtungen zu verankern. Hier wollen wir eine weitere Gleichartigkeit festhalten. Mit dem Sieg der Radikalen hört die Machtverschiebung von rechts nach links auf. Den Extremen bleiben die Schwierigkeiten, denen andere, anfangs siegreiche Gruppen seit Anbeginn der Revolution begegneten, nicht erspart. Unter ihnen entwickeln sich innere Kämpfe, sie drohen in feindliche Gruppen zu zerfallen. Diese Gruppen kann man nicht mehr säuberlich in Rechte und Linke einteilen. Ihrer Opposition wird schnell ein Ende gemacht, wozu nicht einmal mehr ein Staatsstreich erforderlich ist. Die dogmatischen Differenzen sind jetzt so haarspalterisch geworden, so weit vom Verständnis der Massen entfernt, daß man sie in der Person einiger Führer symbolisieren kann. Sie werden durch Verbannung oder Hinrichtung dieser Führer erledigt. Was mit großen Volksaufständen begann, endet nun in der Enge eines ‚Gerichts'-Saals.

Frankreich ist hier das klarste Beispiel. Die Montagnards, die Sieger des 2. Juni, zerfielen in die drei Fraktionen Robespierres,

Dantons und Héberts. Es gab aber noch weitere Unterfraktionen. Wäre Marat nicht schon im Sommer 1793 ermordet worden, hätte es noch größere Komplikationen gegeben. Der zum Schluß als Sieger hervorgehende Robespierre rationalisierte die Lage dahin, daß sie ein Kampf zwischen den wahren Revolutionären einerseits, den Ultrarevolutionären (Hébert) und den Konterrevolutionären (Danton) anderseits wäre. Er erschien sich selbst als der Mann der goldenen, tugendhaften Mitte zwischen proletarischer Zügellosigkeit und bürgerlicher Korruption. Die wirkliche Situation war unglaublich verwickelt. Es wären Bände notwendig, um sie auch nur darzustellen. Sowohl Hébertisten als auch Dantonisten, ‚Anarchisten‘ und ‚Verräter‘, wurden vom Revolutionstribunal verurteilt und in zwei großen, etwas gemischten Gruppen auf die Guillotine geschickt. Einige Monate lang diktierte Robespierres Partei in Frankreich unbeschränkt.

Die siegreichen Unabhängigen im England von 1649 sahen sich einer verblüffenden Vielfalt von religiösen Sekten gegenüber, die im Zuge der begrüßenswerten Bewegung für die allgemeine Toleranz zum Siege mitgeschwommen waren. Über die Lehren dieser Gruppen sprechen wir gleich noch. Inzwischen vermerken wir, daß Cromwell nicht nur Papisten, Prälatisten und Presbyterianer weiter niederhielt, sondern auch dafür sorgte, daß die ‚Männer der Fünften Monarchie‘, die ‚Gräber‘, die ‚Gleichmacher‘, die ‚Millennisten‘, die ‚Quäker‘ usw. daran gehindert wurden, ihre weitreichenden Pläne in der Praxis zu erproben. In dieser Erde durften die ‚Gräber‘ nicht mehr graben. Die alte Taktik des ‚Links steht kein Feind‘, die seit dem Beginn der Revolution gegolten hatte, wurde nun endgültig aufgegeben. Trevelyan hat einmal geschrieben: „Sobald sie die Verantwortung übernehmen, wird aus allen Revolutionären eine Art Konservative. Robespierre ließ die Anarchisten guillotinieren. Die erste administrative Handlung der englischen Königsmörder bestand darin, die Leveller zum Schweigen zu bringen.“ Es gibt also, wenn man will, noch extremere Gruppen als diejenigen, die wir Extremisten genannt haben. Aber sie gehören schon zur ‚verrückten Randzone‘. Sie sind die unpraktischen Menschen, die von manchen Konservativen irrigerweise für die typischen Revolutionäre gehalten werden. Ihnen gelingt bestimmt nie eine Machtergreifung.

In Rußland ist die Opposition gegen den offiziellen Bolschewismus nach der Oktoberrevolution noch in Dunkel gehüllt. Das Dunkel wird sogar immer dichter. Dennoch gab es zu Lebzeiten Lenins und namentlich im ersten Jahr nach der Oktoberrevolution große Spannungen in der bolschewistischen Partei. Lenin und die Seinen vernichteten oppositionelle Gruppen, auch wenn sie behaupteten, ‚revolutionärer‘ zu sein als die Leninisten. Man verzichtete auf die törichte Losung ‚Links steht kein Feind‘. Dank der ausgezeichneten Disziplin der bolschewistischen Partei und den drängenden Notwendigkeiten des Krieges gegen die ‚Weißen‘ und die Alliierten drangen die Berichte über diese Kämpfe nicht so an die Öffentlichkeit, wie dies in England und Frankreich geschehen war. Nach Lenins Tod wurden die Kämpfe aber mehr oder weniger öffentlich ausgetragen, öffentlich, soweit dies in Rußland eben möglich war. Der ‚linke‘ Trotzki und der ‚rechte‘ Bucharin wurden von dem strenggläubigen Stalin so weggefegt wie Danton und Hébert von dem strenggläubigen Robespierre. Die russischen Schauprozesse der dreißiger Jahre mit ihren Geständnissen und die sie begleitende Terrorwelle scheinen einer anderen Phase der Revolution anzugehören. Es sind innere Schwierigkeiten einer Gesellschaft, die einen bestimmten Abschnitt der Revolution durchlaufen hat. Trotz einigen oberflächlichen Analogien gehören sie wohl nicht zu den Gleichartigkeiten, über die wir hier sprechen. Wir kommen auf sie noch zurück.

Diese kleinen Oppositionsgruppen sind unentwirrbar mit verschiedenen exzentrischen Gruppen verflochten, die erst auf dem Höhepunkt des Schreckens verstummen, wenn überhaupt. Sie stellen die ‚verrückte Randzone‘ dar, die in jeder komplexen Kultur zu finden ist. In den ersten Stadien der Revolution sowie während des Kampfes zwischen Gemäßigten und Extremen sind sie aktiv und lautstark. Für den tatsächlichen Revolutionsverlauf spielen sie eine geringere Rolle als konservative Historiker – und überhaupt Konservative – zu behaupten pflegen. Sie stellen aber interessante Abwandlungen des revolutionären Glaubens dar und beleuchten die allgemeine Geschichte der Ketzerei und der Ketzer.

Was man heute für eine geradezu rassisch fundierte Vorliebe der Engländer für den Mittelweg hält, ist in den Jahren der englischen Revolution kaum zu finden. Man konnte, wie Lytton Strachey satirisch aufzählt, ein Behmenist werden, ein Coppinist, ein Salmonist, ein Digger, ein Traskit, ein Tyronist, ein Philadelphier, ein Christadelphier, ein Baptist des Siebenten Tages, abgesehen von den Muggletoniern, die es bis vor kurzem noch gab. Diese Ausdrücke bedeuten uns heute kaum noch etwas. Immerhin hat der englische Historiker Gooch recht, wenn er darauf hinweist, daß die englische Revolution einige der bedeutendsten kommunistischen Programme der Weltgeschichte hervorgebracht hat. Schon 1647 schrieb John Hare eine Broschüre gegen das Privateigentum, ohne klar zu sagen, was er an seine Stelle setzen wollte. Chamberlen forderte in seiner Schrift *Der Anwalt des Armen* die Sozialisierung aller Kron- und Kirchengüter und die Wiederherstellung der in Privatbesitze aufgeteilten Allmende. Sie sollten als ,Nationalgrundbesitz' verwaltet und zugunsten der Armen bewirtschaftet werden.

Die bemerkenswerteste unter den kommunistischen Gruppen waren die Digger oder ,Gräber', und wäre es nur deshalb, weil sie ihre Ideen in die Wirklichkeit umzusetzen versuchten. Die Einleitung zu dieser Bewegung bildete eine Broschüre unbekannter Herkunft vom Dezember 1648 mit dem für die damalige Zeit bezeichnenden Titel *Das Licht leuchtet in Buckinghamshire*. Anfang April 1649 kam ein gewisser Everard, ein aus der ,Musterarmee' ausgestoßener Soldat, mit einigen Anhängern zum St.-Georgs-Berg in der Grafschaft Surrey: „Er begann die Erde umzugraben und säte Bohnen, Möhren und Pastinaken." Wie Everard erklärte, habe er eine Stimme gehört, die ihm gebot, die Erde umzugraben und ihre Früchte zu empfangen. Seine Sekte wolle eingezäuntes Privatland nicht antasten, sondern nur brachliegenden öffentlichen Besitz in Kultur nehmen. General Fairfax sah die ,Gräber' zunächst als harmlose Sektierer an und ließ sie graben.

Noch apokalyptischer ging es bei den Millennisten oder Männern der Fünften Monarchie zu. Nach ihrer Ansicht ging die Vierte Monarchie der Bibel zu Ende, und es nahte die fünfte, die Herrschaft der Heiligen. Die Heiligen waren selbstverständlich sie selbst. Sie spalteten sich jedoch wegen der Frage, ob man der göttlichen Vorsehung nachhelfen dürfe oder nicht. Manche glaubten, Gott könne den Sturz der Mächtigen dieser Welt durchaus allein bewirken. Andere hielten es für erlaubt und vermutlich auch für zweckmäßig, die Feinde des Herrn mit dem irdischen Schwert zu bekämpfen und das Anbrechen des Tages zu beschleunigen, an welchem die Heiligen zu Reichtum gelangen und mit Gott auf Erden herrschen würden. Das Dilemma erinnert ein wenig an den Konflikt zwischen Militanten und Revisionisten im Sozialismus des 19. Jahrhunderts.

Verglichen mit dem Phantasieaufwand der Engländer hinsichtlich des Himmelreichs auf Erden, haben die beiden anderen Revolutionen in diesem Punkt wenig zu bieten. Die Angelsachsen glauben zwar, daß die Franzosen keine Phantasie haben, aber von den Russen kann man das auf keinen Fall sagen. Die Antwort liegt vielleicht darin, daß weder die Aufklärung noch der dialektische Materialismus die Phantasie so zu beflügeln vermochte wie die Bibelausgabe König Jakobs. Übrigens war Frankreich hinsichtlich der verrückten ‚Randzone‘ keineswegs unproduktiv. Da gab es die *Enragés* unter Varlet und Roux, die ihre Basis in den ärmeren Vierteln von Paris hatten und anscheinend eine unklare kommunistische Linie vertraten. Sie waren jedenfalls gegen die Reichen, gegen die neue Handelsaristokratie. Die Führer der Hébertisten, einer anderen volkstümlichen Pariser Gruppe, die manchmal mit den *Enragés* verwechselt wird, waren meist ‚gelbe‘ Journalisten und Glücksritter; ihre Gefolgschaft muß jedoch utopischen Träumen angehangen haben. Dann gab es den unglaublichen Kreis um Cathérine Théot, die ‚Mutter Gottes‘, der in Robespierre eine göttliche Erscheinung sah. Wahrscheinlich haben die französischen republikanischen Professoren recht, wenn sie meinen, daß diese Dinge zum Teil von den Gegnern Robespierres angestiftet wurden, um ihn lächerlich zu machen. Schließlich verfügen die Menschen auch auf dem Höhepunkt der Revolution noch über etwas Humor. Es bleibt aber Tatsache, daß die Théot und ihr Kreis existierten.

Die Vollständigkeit und die Schnelligkeit des bolschewistischen Sieges erklären in Rußland wahrscheinlich das Fehlen konkurrierender Utopien. In der Ukraine fand man alle politischen Spielarten vertreten: von zaristischen Machthabern über sanfte Narodniki und Partisanenführer bis zu richtigen ‚Roten‘. In der russischen Revolution lag aber eine Bestialität von dem Typ, den der Amerikaner mit dem Ausdruck ‚Hund frißt Hund‘ bezeichnet, und dieser Zug scheint einen milderen Wahn von der Art Everards oder Cathérine Théots unmöglich gemacht zu haben.

Der Apparat der Diktatur

Die Regierungsform der extremistischen Diktatur ist ein roher Zentralismus. In den Einzelheiten gibt es in unseren verschiedenen Gesellschaften Unterschiede, aber im ganzen zeigen das englische ‚Commonwealth‘ der Revolutionszeit, die französische Revolutionsregierung und die bolschewistische Diktatur während des sogenannten Kriegskommunismus solche Gleichartigkeiten, daß kein Biologe oder Zoologe zögern würde, sie als solche zu registrieren, wenn er ihnen bei seinen Objekten begegnen würde. Insbesondere wird die Entscheidung vieler Angelegenheiten den örtlichen oder nachgeordneten Behörden entzogen, namentlich wenn diese ‚demokratisch‘ gewählt sind, und von wenigen Personen in der Hauptstadt monopolisiert. Zwar übten Cromwell, Robespierre und Lenin unbestritten die Macht aus und regierten wirklich, aber die charakteristische Form der revolutionären Regierung ist doch das Komitee. Die Regierung des Terrors ist eine Kollegialdiktatur.

Dieser zentralisierte Vollzugsausschuß, ob Wohlfahrtsausschuß, Allrussisches Zentralexekutivkomitee oder sonstwie genannt, ruht auf einer gefügigen, wenn auch redseligen gesetzgebenden Körperschaft und verfügt über eine improvisierte Bürokratie, die sich hauptsächlich aus aktiven Parteiangehörigen und dem sektenartigen Klub rekrutiert, der den Kern der extremistischen Gruppe bildet. Die alten Gerichte können nicht in der herkömmlichen Weise weiterarbeiten. Man errichtet deshalb neben ihnen Sondergerichte, Revolutionstribunale, oder baut sie durch Ernennung neuer Richter und Zuweisung neuer Zuständigkeiten ganz um. Schließlich tritt eine besondere Revolutionspolizei auf.

Die russische *Tscheka* ist jedermann bekannt. Daß sie unter anderen Namen weiterbesteht, ob als *GPU*, *NKWD* oder *MWD*, ist kein Symptom andauernder Revolution in Rußland, sondern nur ein Zeichen für die Ähnlichkeit des jetzigen Rußlands mit dem Zarenstaat. In Frankreich wurden diese polizeilichen Aufgaben von den revolutionären Ausschüssen und dem allgemeinen Sicherheitskomitee wahrgenommen, in der englischen Revolution von der neuen unabhängigen Geistlichkeit und den Armeekomitees. In England war die Struktur des Zentralismus rudimentär und einfach; da war die abnorme Diktatur Cromwells, der vom Rumpfparlament 1650 errichtete Oberste Gerichtshof, der die gesetzgebende, die vollziehende und die richterliche Gewalt so gründlich in sich vereinigte wie nur je die Oberste Kammer der Tudors und Stuarts, das seltsame Experiment mit den ‚Generalmajoren" von 1655 bis 1656. Die Tatsache des Zentralismus in England ist unbestreitbar. Selbst die geheiligten Funktionen des Erzhüters der englischen örtlichen Freiheiten, des Friedensrichters, wurden während der extremistischen Herrschaft unablässig unter Feuer genommen.

Diese improvisierten Diktaturen sahen sich nicht nur den gewöhnlichen Regierungsproblemen gegenüber, sondern auch dem inneren wie dem äußeren Krieg. Dazu mußten sie versuchen, wenigstens eine Anzahl von Reformen durchzuführen. Namentlich während der französischen und der russischen Revolution mußte die neue Regierung zu planwirtschaftlichen Maßnahmen greifen: sie mußte Löhne und Preise festsetzen, die Währung manipulieren, Lebensmittel rationieren usw. Hier muß uns nicht die Frage beschäftigen, ob es sich dabei in Frankreich nur um kriegsbedingte Maßnahmen handelte. Es kommt darauf an, daß die Regierung zu ihnen greifen mußte. In Rußland handelte es sich natürlich um einen bewußten Versuch, den marxistischen Sozialismus durchzuführen.

Alle diese Dinge waren aber mehr oder minder Improvisationen. Die Terrorregierungen waren im ganzen weniger leistungsfähig, stellten einen schlechter funktionierenden Absolutismus dar als viele Regierungen in Nichtrevolutionszeiten, die sich nie einen vergleichbaren Ruf der Willkür und des Blutdurstes erwarben. Stalins Regierung war weit besser zentralisiert als die Regierung

Lenins. Dasselbe gilt von Napoleon im Vergleich zu Robespierre. In der Tat liegt einer der Gründe, daß man die Terrorregierungen so tyrannisch und unerträglich findet, eben in ihrer Unfähigkeit. Gewiß führten sie ihre großen Aufgaben durch, retteten ihre Länder vor Zerfall und feindlicher Eroberung, aber alles vollzog sich sehr schlampig und in den Details ungekonnt. Die Verwaltung war meist unerfahren, bestand aus kleinen Fanatikern, oft nur unfähigen Schreiern, die in den Klubs oder der Partei zu Prominenz gelangt waren. Sie standen unter enormem Druck von oben; denn man verlangte Ergebnisse von ihnen. Oft oblagen ihnen zentrale wirtschaftliche Aufgaben der Revolution, wie die Konfiskation der Güter der Royalisten und der Pfründen in England, die Verteilung der beschlagnahmten Güter der Kirche und der Emigranten in Frankreich. Das bot große Möglichkeiten zur Korruption. Sie mußten mit einer teilweise oder überwiegend feindselig eingestellten Bevölkerung arbeiten. Man darf sich nicht wundern, daß diese Schreckensherrschaften hauptsächlich ihrer Untaten wegen in der Erinnerung fortleben und daß ihre Geschichte, wenn sie vollständig geschrieben werden sollte, außerordentlich kompliziert wäre. Nichts ist in dieser Hinsicht aufschlußreicher als das Studium der Lokalgeschichte. Hier sieht man den Terror, wie er wirklich war: kein stetiges, festes Regiment von oben wie in einem Heer oder im alten Sparta, sondern ein Zustand von Furcht und Spannung, die Auflösung der nüchternen kleinen Gleichförmigkeiten des Provinzlebens. Viel hängt von der zufällig wirkenden Persönlichkeit am Orte ab. Ein vernünftiger Gutsherr, ein gemäßigter und fähiger Revolutionär im Gemeindehaus – dann kommt ein Dorf vielleicht ganz gut durch die Revolution. Anderswo kann der Terror ebenso wüten wie in der Hauptstadt.

Die geringe Leistungsfähigkeit der Regierungen dieser Krisenperiode zeigt sich besonders deutlich, wenn sie versuchen, das Wirtschaftsleben des Landes zu regulieren und zu kontrollieren. Diese Maßnahmen haben wenig mit eigentlicher Planwirtschaft zu tun. Immerhin konnten Frankreich 1793 bis 1794 und Rußland 1918 bis 1921 mittels absoluter staatlicher Wirtschaftslenkung Armeen versorgen und ihre Zivilbevölkerungen mehr oder minder am Leben erhalten. Das französische ‚Maximum' bedeutete

Höchstpreise und Höchstlöhne, der russische Kriegskommunismus war eine noch vollständigere Form der Planwirtschaft. Doch wurden die Höchstpreise in Frankreich sehr oft überschritten. Als Teil der Lokalgeschichte betrachtet, könnte man hier manches amüsante Detail finden. Auch in Rußland blühte unter dem Kriegskommunismus der Schwarzhandel. In Moskau spielte er sich namentlich auf dem Sucharewka-Markt ab, den Lenins Regierung trotz der gelegentlichen Razzien tolerierte. Wer immer konnte, fuhr aufs Land, um bei den Bauern Lebensmittel zu erhandeln, ungeachtet aller Verbote. Auch hier sind die Details des täglichen Lebens das eigentlich Interessante. Ihre Darstellung wäre eines begabten Sozialhistorikers würdig.

Die Historiker, selbst revolutionsfeindliche, stimmen darin überein, daß es in der kritischen Zeit selten gewöhnliche Gewaltverbrechen gibt. Soviel Grausamkeit und Korruption es auch unter den neuen Männern der Verwaltung und der Justiz geben mag und sowenig das neue Regime die Ruhe und Ordnung zu sichern imstande ist, sind doch gewöhnliche Räuber, Mörder, Wegelagerer und dergleichen auffallend wenig tätig. Der gutmütige und dumme Konservative ist schnell mit der Erklärung bei der Hand: Die Verbrecher stehen alle im Dienst der Regierung. Das trifft aber keineswegs zu. Die kriminellen Elemente sind in Revolutionszeiten vielmehr von dem allgemeinen Feldzug gegen das Verbrechen und das Laster eingeschüchtert, der mit der Terrorperiode anläuft und über den wir noch sprechen müssen. Diebe und manchmal sogar Prostituierte wurden während der französischen Revolution sogar gelyncht. Man findet analoge Beispiele auch in England und Rußland. Nur kann man mit dem Verbrechen nicht durch Lynchjustiz fertig werden. Es handelt sich hier um eine besondere Situation, nicht um Rückschlüsse auf die ganze Kriminologie. Inmitten allgemeiner Hochspannung, einer Ausdehnung des öffentlichen Wirkungsbereichs bis zu einem Punkt, wo es kaum noch etwas Privates gibt, mag eine so private Sache wie ein gewöhnliches Verbrechen schwierig werden. Den Verbrecher hemmt nicht nur die Furcht vor der Lynchjustiz, sondern die undefinierbare allgemeine Angst, die er mit den gewöhnlichen Bürgern teilt. Die Angst benötigt kein Objekt. Unter dem Terror hat sie in der Tat oft kein solches. Die Krisenperiode ist kurz, dauert nur einige Monate, allenfalls ein paar Jahre. Jedenfalls können wir wieder eine einfache Regelmäßigkeit festhalten: In der kritischen Periode der Revolutionen nimmt die Kriminalität erheblich ab.

Gewöhnlich verstreicht ein kurzes Intervall zwischen dem Sturz der Gemäßigten und dem vollen Ausbruch des Terrors. Der Terrorapparat wird zwar hastig aufgebaut, aber das vollzieht sich doch nicht über Nacht. Es hat in der ersten Phase der Revolution genug Gewalttätigkeit gegeben, aber in dem Kampf zwischen Gemäßigten und Extremisten gab es auch Pausen. Der Druck fremder Heere und der mit ihnen verbündeten Emigranten muß nicht sofort sein Maximum erreichen. Im Verlaufe der nächsten Wochen setzen sich aber die zum Terror treibenden Kräfte durch.

Wir haben in diesem Kapitel den Aufstieg des Extremismus kurz dargestellt und eine Analyse der Gründe für seinen Sieg zu geben versucht. Wir haben sie bis zu dem Punkt begleitet, wo sie alle gegnerischen Gruppen erledigt und ihre Stellung durch Einführung des Zentralismus gefestigt haben. In den nächsten Monaten oder vielleicht ein ganzes Jahr lang können die Extremisten so extrem sein, wie sie wollen. Niemand wagt, ihnen entgegenzutreten. Wir haben die Krise im Fieber der Revolution erreicht, die man gewöhnlich die Schreckensherrschaft nennt. Diesem sehr wichtigen Gegenstand müssen wir ein eigenes Kapitel widmen.

VII

Die Herrschaft des Schreckens und der Tugend

Die Allgegenwart des Terrors

„8. August 1775. Mit Gewehren bewaffnete Männer zwangen einen Mann in New Milford, Connecticut, einen ganz unverbesserlichen Tory, der sie verdammte Rebellen und dergleichen genannt hatte, vor ihnen nach dem zwanzig Meilen entfernten Litchfield mit einer Gans auf dem Arm her zu marschieren. Nach der Ankunft teerten sie ihn, zwangen ihn, seine Gans zu rupfen, und bestreuten ihn dann unter Trommelwirbel mit den Federn. Schließlich mußte er niederknien und sich für ihre Milde bedanken." Die Jakobiner in Rodez in Südfrankreich stellten eine Liste ‚verfluchter Hunde von Aristokraten' und anderer Männer zusammen, die nicht würdig sein sollten, einen Schnurrbart zu tragen, das neue Symbol des Patriotismus, der republikanischen Männlichkeit und Rechtgläubigkeit. Der Überwachungsausschuß erhielt die Weisung, jeden, der unberechtigterweise einen Schnurrbart trug, verhaften und rasieren zu lassen, „wobei darauf zu achten ist, daß ohne Seife und mit einem möglichst stumpfen Messer rasiert wird". Das Rasieren scheint als politisches Ritual gegolten zu haben, denn am 3. Oktober 1775 sprachen die New-Yorker ‚Söhne der Freiheit' in einer Festsitzung dem Barbier Vredenburgh feierlich ihren Dank aus „für sein festes, mutiges und patriotisches Verhalten, indem er sich weigerte, eine gemeinhin Rasieren genannte Operation, die er am Gesicht des Kapitäns John Croser, Kommandant eines Truppentransportschiffs Seiner Majestät, begonnen hatte, zu Ende zu führen … Man kann nur wünschen, daß alle Meister der Rasierkunst diesem weisen und interessanten Beispiel folgen."

Diese unerquicklichen, zunächst auch nicht bedeutend erscheinenden Einzelheiten sind wichtig. Sie zeigen, wie die Terrorherrshaft bis ins Kleinste hineinreicht. Es gibt nicht nur das große Drama des Richtblocks, der Guillotine, des Erschießungspelotons, nicht nur den Machtkampf der Großen der neuen Ordnung, nicht nur die Hochspannung des äußeren und inneren Krieges. Es gibt auch die Tragikomödie von Tausenden ‚kleiner' Leben, in die plötzlich das Heroische einbricht, das normalerweise nicht in diesen Bereich gehört. Der Terror verbreitet sich unter hoch und niedrig wie eine Mode. Er erfaßt die Menschen mehr, als öffentliche Angelegenheiten sie je erfassen, es sei denn, sie wären berufsmäßige Politiker. Die Politik wird unter dem Terror für jeden Menschen in jedem Land so real, so dringend, so unausweichlich wie Essen und Trinken, Frau oder Geliebte, Arbeitsplatz und Wetter. Die politische Indifferenz, dieser Grundpfeiler des modernen Staates, wird dem Menschen unmöglich gemacht, und wäre er der größte Egoist oder der weltfernste Träumer.

Diese Teilnahme an der Gemeinschaft, dieses Mitspielen im Drama des revolutionären Staates bedeutet für die ‚Insider' und die ‚Outsider' etwas anderes. Die Einteilung ist, ungeachtet der vielen bestehenden Zwischenstufen, zweckmäßig. Die Insider sind die kleine, aktive Gruppe der Strenggläubigen der neuen Heilsbotschaft. Die Outsider sind die vielen, die außerhalb des revolutionären Kults bleiben. Betrachten wir zunächst, wie sich der Terror auf ihr Leben auswirkt.

Der Terror und der Außenseiter

Der gewöhnliche Außenseiter ist nicht der aktive Revolutionsgegner, der Emigrant oder Angehörige der ‚inneren Emigration' – auch nicht der verbitterte Gemäßigte. Er ist einfach der Mensch, der die Masse der modernen Gesellschaft ausmacht, der Mensch, der im großen und ganzen hinnimmt, was andere in der Politik anstellen, der Mensch also, der leicht zum Mitläufer der Aussichtsreichen oder Siegreichen wird. Namentlich in der Krisenperiode wirkt die Revolution auf ihn lästig. Sie bietet ihm zwar das Schauspiel der Feierlichkeiten des neuen revolutionären Kults: Aufmärsche, Freiheitsbäume, Feste der Vernunft usw. Aber selbst in Frankreich konnte man feststellen, daß die ‚Außenseiter' das sehr bald satt bekamen und das katholische Ritual schöner fanden. Ob sich die sowjetischen Massenrituale mit der Zeit auch abnutzen werden? Moderne Revolutionäre, besonders wenn sie sattelfest geworden sind, entwickeln allerdings eine weit bessere Regie als ihre Vorgänger. Auch verläuft der Terror der Revolutionen nicht völlig gleich.

Die revolutionäre Manie der Umbenennungen von Bezeichnungen und Namen verwirrt den Außenseiter und ärgert ihn. Die Engländer beschränkten sich dabei hauptsächlich auf Vornamen. Da gab es Vornamen wie ‚Preisegott‘, angeblich sogar ‚Vertraue-auf-Christus‘ und ‚Fliehe-die-Unzucht‘. Die Puritaner entnahmen ihre Anregungen hauptsächlich der Bibel, auch bevorzugten sie biblische Abstraktionen wie ‚Glaube‘, ‚Klugheit‘, ‚Karitas‘ usw.

Die Franzosen schöpften aus den Tagen der republikanischen Bürgertugend Roms, aus den Begriffen der Aufklärung, auch verewigten sie die Namen ihrer Führer und Märtyrer. Babeuf, der frühe Sozialist, wurde zu ‚Gracchus Babeuf‘. Claude Henri Graf von St.-Simon behielt seine Vornamen bei, ließ aber außer dem Grafen auch die kompromittierende Verbindung mit einem Heiligen fallen und hieß eine Zeitlang ‚Claude Henri Bonhomme‘. Wer unglücklicherweise Leroy (der König) hieß, fand es angebracht, sich auf ‚Laloy‘ (das Gesetz) umzunennen. Ein eifriger Jakobiner ließ seine Tochter republikanisch auf den Namen ‚Libre Constitution Leturc‘ taufen. Bei den Franzosen hörte die Sache allerdings nicht bei Personennamen auf; man änderte auch Straßennamen. Der Place Louis XV. wurde zum ‚Place de la Revolution‘, die Rue de la Couronne zur ‚Rue de la Nation‘. Ortsnamen wurden massenweise geändert. Orte, die nach Heiligen benannt waren, wurden umbenannt. Lyon, das sich durch Parteinahme für die Föderalisten gegen die Revolution vergangen hatte, wurde nach der Einnahme durch die Konventstruppen auf ‚Commune Affranchie‘ (Befreite Stadt) umgetauft. Aus Le Havre wurde ‚Havre-Marat‘. Statt *Monsieur* sagte man *Citoyen*, Bürger. Das Wort ‚König‘ war völlig tabu. Man strich es auch aus den Werken klassischer Autoren wie Racine. Es wurde sogar versucht, die Bienenkönigin *(reine abeille)* auf ‚Legebiene‘ *(abeille pondeuse)* umzubenennen.

Entschlossen, die ganze finstere Vergangenheit auszumerzen, revolutionierten die französischen Revolutionäre den Kalender. Namen wie Januar und Juli, die an den Römergott Janus beziehungsweise den Tyrannen Cäsar erinnerten, mußten verschwinden. So erfand man zwölf neue Monate und gab ihnen französischmelodische Namen, die mit Naturvorgängen zusammenhingen: *germinal* (Keimmond), *fructidor* (Fruchtmond), *brumaire* (Nebelmond). Sosehr sich die Franzosen der Universalität ihrer revolutionären Grundsätze und Ziele rühmten, beschränkten sie ihren Kalender doch auf die klimatischen Verhältnisse Frankreichs, denn der Kalender hätte in Australien oder im amerikanischen Mittelwesten keinen Sinn.

Die Bolschewisten nahmen nicht nur revolutionäre Decknamen an, sondern änderten auch fleißig Ortsnamen. Bisher haben sie, im Gegensatz zu den Franzosen, die neuen Namen beibehalten, wenigstens soweit sie das Andenken guter Stalinisten verewigen. Die große Katharina hatte ihren Namen mindestens so oft auf der Landkarte hinterlassen wie der große Alexander, aber heute ist er gänzlich aus Rußland verschwunden. Aus Jekaterinodar wurde Krasnodar (*krasnyi*, rot), aus Jekaterinburg wurde Swerdlowsk, aus Jekaterinoslaw wurde Dnjepropetrowsk. Das berühmte Nischni Nowgorod wurde auf Gorki umbenannt, wobei Wohlklang und historische Assoziationen verlorengingen. Stalin kam zu seinen Lebzeiten oft genug auf die Landkarte. Unter den Stalinstädten ist Stalinabad die exotischste. Symbolisch wirksam war aber besonders die Umbenennung von Zarizyn in Stalingrad (Zarizyn, Stadt der Zarin). Die Rolle, die diese Stadt im zweiten Weltkrieg spielte, dürfte den Namen auf lange Zeit festgelegt haben, wenn es nicht zu geradezu unvorstellbaren Umwälzungen kommt. Das sozialistische ‚Genosse‘ trat dem seinerzeitigen französischen ‚Bürger‘ zur Seite. (Die Anrede *graschdanin*, Bürger, ist auch in Rußland für Nichtmitglieder der Partei üblich.) Es gab auch revolutionäre Vornamen für Kinder. Aus Wladimir Lenin machte man ‚Wladilen‘, sehr zum Entsetzen der Altrussen.

Hier liegt tatsächlich ein gleicher Zug der Revolution in allen vier Ländern vor. Sogar die maßvolle amerikanische Revolution änderte einige Namen. King Street und Queen Street in Boston

wurden ‚Federal Street' und ‚State Street', aber aus irgendwel-
chen Gründen hieß die Hanover Street weiter nach der gehaßten
Dynastie. Wegen der hessischen Söldner, die England gegen die
Amerikaner einsetzte, nannten diese ein schädliches Insekt die
‚Hessenfliege'. Sie heißt heute noch so. In den Südstaaten nennt
man übrigens heute noch ein anderes schädliches Insekt den
‚Abraham-Lincoln-Käfer'. Der amerikanische Bürgerkrieg war ja
ebenfalls eine Revolution, wenn auch eine gescheiterte.

Die Umbenennungswut ist leicht erklärbar. Man braucht nur
an die Namensmagie der Primitiven zu denken. Die Jetztzeit erinnert uns ständig daran, wie nahe wir es zu den Primitiven haben.
Ändere den Namen, und du änderst die Sache, meint der Primiti-
ve. Die Außenseiter muß die Sache aber verdrossen haben. Es ist
zwar eine kleine Sache, aber das Leben des kleinen Mannes besteht aus kleinen Sachen, und er ändert gerade seine trivialen Gewohnheiten ungern.

Das Leben wird schwierig, sobald der Terror regiert. Selbst
der unbedeutendste und unpolitischste Mensch weiß nie, ob nicht
der Blitz morgen auch bei ihm einschlägt und man ihn plötzlich als
‚Klassenfeind' oder ‚Gegenrevolutionär' vors Tribunal zerrt. Die
Allgegenwart der Revolutionsregierung bildet eine ständige Dro-
hung für jedermann. Eine nähere Untersuchung dieses Punktes
kann hier nicht vorgenommen werden. Wir wollen aber zwei Dinge
herausgreifen.

Die Revolutionen haben zur Zeit ihres Höhepunktes einen as-
ketisch-puritanischen Zug – wenn man will, einen idealistischen.
Die Machthaber versuchen ernsthaft, die kleineren Laster beziehungsweise die größeren Vergnügen (wie manche es nennen würden) auszurotten. Die diesbezüglichen Versuche der englischen
‚Heiligen' sind wohlbekannt und hatten Auswirkungen bis nach
Neuengland hinüber. Das Ausland, das die französische Fähigkeit
zur Sinnenlust zu überschätzen pflegt, vergißt jedoch leicht, daß
man 1793 und 1794 in Paris ernsthaft versuchte, Paris zu säu-
bern, die Bordelle und Spielhöllen zu schließen, die Trunksucht
zu beseitigen. Die Tugend stand auf der Tagesordnung. Man durfte nicht einmal faul sein, sonst denunzierte einen ein Jakobiner bei
seinem Klub, und man wurde strafweise zum Heer eingezogen. Pa-

radoxerweise waren auch die Bolschewiki puritanisch eingestellt, wozu noch mehr zu sagen sein wird.

Gewiß wird es in der besseren Welt, die wir alle in gewissem Maße anstreben, keine Trunksucht, Hurerei, Faulheit, keine Glücksspiele usw. geben. Auf dieser Erde haben sich aber seit recht zahlreichen Generationen recht zahlreiche Menschen einem oder mehreren dieser Laster ergeben, zum Teil als Kompensation für die Stumpfheit ihres täglichen Lebens oder wegen anderer Mängel desselben. Wir moralisieren hier nicht, wir loben nicht und tadeln nicht, sondern ordnen Tatsachen. Man darf folgenden Revolutionssatz formulieren: Der Versuch der Extremisten, im Handumdrehen ein Leben ohne die üblichen Laster durchzusetzen, überfordert die Außenseiter beziehungsweise die Außenseiterinnen.

Der Außenseiter darf also die von ihm als legitim angesehenen Vergnügungen nicht mehr genießen. Überhaupt lassen ihm die neuen Herren kaum noch ein Privatleben. Das ist ein Grundzug der Revolutionen. Gorki schrieb, Lenin habe „wie noch niemand zuvor" die Menschen daran gehindert, ihr gewohntes Leben zu führen. Da die Menschen hinsichtlich ihres gewohnten Lebens ein deutliches Beharrungsvermögen haben, versteht man vielleicht, warum Stalin und nicht Trotzki der Nachfolger Lenins wurde. Die Revolution läuft den ganzen Tag hinter Müller und Schulze her. Klatsch, Zank und kleine Feindschaften nehmen in solchen Zeiten unerträgliche Formen an. Die Jakobiner sammelten, namentlich in der Provinz, eifrig allen Klatsch, aus dem die Notwendigkeit irgendeiner Reform hervorzugehen schien: Bürger X. soll seinen Hund anbinden, Bürger Y. soll sein Mädchen endlich heiraten, Bürger Z. soll niemanden mehr anschreien, der reiche Bürger R. soll seine Tochter dem armen, aber ehrlichen Jakobiner geben, der beim Klub gut angeschrieben ist. Solche Forderungen erwartet man wohl von Verwandten und Freunden, aber nicht vom Staat, noch nicht einmal vom totalitären. Zwar wird die Suppe bekanntlich nicht so heiß gegessen, wie sie gekocht wird, aber auf den Höhepunkten der Revolution verlangt man vom gewöhnlichen Bürger, daß er sie kochend heiß in sich hineinlöffelt. Da das auch der stärkste Magen auf die Dauer nicht aushält, lassen die Köche

die Suppe später etwas abkühlen. Das geschieht aber erst in der
Zeit der Rekonvaleszenz nach dem Revolutionsfieber.

Müller und Schulze dürfen kein altes Vergnügen mehr haben
und Laster schon gar nicht. Müller und Schulze müssen stets für
den revolutionären Staat da sein und gegen seine inneren und äußeren Feinde kämpfen und ständig laut und auffällig Heil und
Hurra rufen. Müller und Schulze müssen nicht nur wegen des
Krieges, sondern auch wegen der Unfähigkeit der Regierung lau-
fend Entbehrungen hinnehmen.

In den Zeitungen, in den Theatern, von den Kanzeln, den Red-
nerpulten und bei Massenaufmärschen hämmert man es ihnen ein,
daß sie zu jeder Stunde wachsam zu sein und die ,revolutionären
Errungenschaften' zu verteidigen haben. Unentrinnbar sind sie in
einem System dauernder Aufregung gefangen. Müller und Schulze
bekommen das allmählich satt und beginnen im Stillen zu hoffen,
es möchte doch bald jemand kommen und die Extremisten zum
Teufel jagen.

Als einzelne Akte würden diese Belastungen vielleicht nicht untragbar sein, so geballt aber sind sie für den gewöhnlichen Menschen zuviel. Politische Propaganda, die die Züge der Besessen-
heit trägt, scheint einen Sättigungspunkt zu besitzen, nach dessen
Überschreitung sie sich gegen ihre Urheber auswirkt. Unsere Erfahrungen mit den heutigen Diktaturen werden uns vielleicht in
dieser Hinsicht weitere Aufschlüsse bringen.

Der Terror und der Revolutionär:
Die Parallele mit der Religion

Für den ,Insider', den wahren Gläubigen, sieht die Revolution in
dieser kritischen Periode ganz anders aus, obwohl vielleicht auch
für die weniger fanatischen Revolutionäre nach einiger Zeit vieles
von dem gelten mag, was über den ,Außenseiter' gesagt wurde. Die
Revolution verlangt zuviel von ihm, er beginnt zu zögern und zu
zweifeln; die endlosen Zeremonien, Abordnungen, Komitees, Tri-
bunale, Milizübungen und anderen Requisiten der Tugendherrschaft beginnen ihn anzuöden. Er wird im stillen zum Außenseiter.
Es ist das Ergebnis von zu viel Politik für jedermann, wovon auch

unsere Zeit gezeichnet ist. Die ganz treu Ergebenen aber harren aus bis zum bitteren Ende, bis zum Richtblock, bis zur Guillotine, bis zur Erschießung, bis zum Exil.

Der ‚Insider‘ findet in seiner Hingabe an die Revolution anscheinend die seelische Befriedigung, die sonst die Religion gewährt. Man hat diese Analogie schon oft gebraucht. Bei der englischen Revolution ist sie sicher zutreffend. Man hat die Parallele auch für die französische und die russische Revolution gezogen. Da aber Jakobiner wie Bolschewiken dem Christentum erzfeindlich gegenüberstanden und sich mit Stolz Atheisten oder wenigstens Deisten nannten, haben sowohl Christen als auch Revolutionäre an der Analogie immer wieder Anstoß genommen. Namentlich auf den Marxisten wirkt die Behauptung, daß sein Verhalten dem religiösen Verhalten anderer Menschen ähnelt, wie ein rotes Tuch. Nach unseren geschichtlichen Erfahrungen scheint es allerdings, daß nur eine Religion große Menschenmassen bewegen kann, die Dinge zu tun, welche die Kommunisten verlangen. Unter Religion verstehen wir ein System bestimmter Gefühle, sittlicher Forderungen und ritueller Zeremonien. Der Marxismus als Religion hat die Welt schon verändert. Der Marxismus als ‚wissenschaftliche‘ Theorie wäre nie über *Das Kapital* von Karl Marx und allenfalls einige Fachzeitschriften hinausgekommen.

Diese Debatte ließe sich endlos weiterführen. Wer hier den Ausdruck ‚Religion‘ gebraucht, versucht ein Phänomen aus der Welt der Sinneserfahrungen zu beschreiben, das im Zusammenhang mit anderen Erscheinungen der Revolution gesehen werden muß. Die Anwendung dieses Wortes nimmt aber sicher viele Menschen gegen eine objektive Untersuchung des Gegenstands ein. Einen neutralen Ausdruck zu finden, der dasselbe besagen würde wie ‚Religion‘, wäre ein großer Dienst für die Soziologie. Da es ihn aber bisher nicht gibt, müssen wir weiter das Wort ‚Religion‘ gebrauchen. Wir müssen betonen, daß dieses Wort nicht unbedingt und ausschließlich einen theistischen Kult wie das Christentum bedeutet und daß es insbesondere nicht unbedingt den Glauben an das ‚Übernatürliche‘ in sich schließt. Nach unserer Ansicht ist für die Zwecke dieser Studie das wichtigste an einem religiösen Glauben, daß unter seinem Einfluß die Menschen sich angestrengt und inbrünstig für die Verwirklichung eines Ideals einsetzen, eines Lebensstils, den es bisher nicht allgemein oder überhaupt in größerem Maßstab gibt. Die Religion versucht, den Hoffnungen der Menschen nachhelfend, die Kluft zwischen dem, was die Menschen sind, und dem, was sie sein möchten, zu schließen. Zumindest in ihrer Jugend, in der Phase ihrer Frische und Aktivität, würde sie nie zugeben, daß diese Kluft von Dauer sein kann.

Das Element der Religion im Verhalten des eifrigen Extremisten festzustellen heißt nicht, das Vorhandensein wirtschaftlicher Motive zu leugnen. Vielmehr macht sich in dieser Phase eine deutliche Zuspitzung des Klassenkampfes bemerkbar. Wir können darin eine weitere Gleichartigkeit im Revolutionsablauf erblicken. Was immer man vom wirtschaftlichen Klassenkampf in der Zeit kurz vor der Revolution sagen mag – und in unseren vier Gesellschaften nimmt er verschiedenartige Formen an, die sich durchaus nicht mit Schlagworten wie ‚Feudaladel‘, ‚Bürgertum‘ und ‚Proletariat‘ abtun lassen, durchlaufen diese Klassenkämpfe, nachdem die Revolution einmal eingesetzt hat, in allen vier Gesellschaften eine gemeinsame Phase. Man identifiziert soundso viele Leute mit den unterlegenen Parteien und beschlagnahmt ihren Besitz zugunsten der siegreichen Parteien, die mit dem ‚Volk‘ identifiziert werden. Wenn die diversen gemäßigten Gruppen geschlagen sind, wird auch ihr Besitz eingezogen.

Bei der englischen Revolution verloren die Royalisten einen Großteil ihres Besitzes, besonders des Grundbesitzes. Die Laien unter den Presbyterianern wurden im allgemeinen nicht enteignet, wenn sie sich nicht aktiv auf der ‚falschen‘ Seite betätigt hatten. Dagegen wurden presbyterianische und andere unerwünschte Geistliche vielfach aus ihren Pfründen verdrängt. Laurence Washington, ein Vorfahr des ersten amerikanischen Präsidenten, mußte seine Pfarrstelle aufgeben, weil er geäußert hatte, daß es mehr Papisten in der republikanischen Armee gäbe als um den König. Während der amerikanischen Revolution enteignete man den Besitz der Englandtreuen. Nach dem Historiker Jameson hat die amerikanische Revolution hierdurch im Stillen eine gewisse Demokratisierung des Besitzes, eine Aufteilung in kleinere Einheiten bewirkt. In Frankreich und Rußland wurde vor allem der Bo-

den enteignet, in Frankreich auch einiges Kapital. Der enteignete
Besitz wurde neu verteilt. Viele von denen, die in der Krisenperiode nach oben kamen, Führer wie Gefolgschaft, durften sich
eine dauernde Besserung ihrer wirtschaftlichen Lage versprechen,
wenn sie oben blieben. Das gilt gleichmäßig, ob nun das Laissez-
faire oder der Sozialismus oder sonst eine Theorie oder ein Ideal
als Richtlinie für die Neuverteilung angerufen wurde.

Das wirtschaftliche Motiv müssen wir ebenso anerkennen wie
die Tatsache, daß hinter dem Zentralismus die Notwendigkeit
steht, innere und äußere Angriffe abzuwehren. Das Bild wäre
aber unvollständig, wenn wir die unvermeidlich religiös zu nen-
nenden Elemente unberücksichtigt ließen. Sie bedürfen sogar besonderer Hervorhebung, denn die wirtschaftlichen und politischen Elemente sind heute fast jedem schon bekannt, die religiösen oder psychologischen nicht immer, obwohl sie zu den wichtigsten Variablen der Situation gehören. Ihr Vorhandensein in zuge-
spitzter Form verleiht den politisch-wirtschaftlichen Elementen
der Kämpfe einen anderen Ton, intensiviert sie. Diese politisch-
wirtschaftlichen Elemente kommen ja oft in ähnlicher Gestalt vor,
ohne daß es zu revolutionären Situationen käme. Ein Gegenstück
ist der Wesleysche Methodismus im England des 18. Jahrhunderts,
in einer gar nicht revolutionären Zeit. Hier werden viele Menschen
religiös aktiv, in einer Weise, die wir eben beim revolutionären
Aktivisten vor uns haben. Diese Bewegung war aber im ganzen
politisch konservativ und richtete sich nicht gegen ein bestehendes
soziales und politisches System. Das Wesentliche an unseren drei
Revolutionen liegt ja eben darin, daß religiöse Begeisterung, religiöses Ritual, religiöse Ideen untrennbar mit wirtschaftlich-politi-
schen Zielen verbunden sind, mit einem Programm der Änderung
von Dingen, nicht der Bekehrung von Menschen.

Die aktiven Träger unserer drei Revolutionen, in gewissem
Grade auch der vierten, der amerikanischen Revolution, wollten
mindestens einen Teil der kalvinistischen Ordnung, Disziplin und
Moral auf Erden verwirklichen. Man nennt die englische Revolution bekanntlich die kalvinistische oder puritanische. Die Kommunisten werden hier protestieren. Marx hatte, werden sie versi-
chern, christliche Schwächen wie die Unterdrückung des Fleisches

längst überwunden; seine Anhänger sind durchaus für die guten Dinge dieser Welt, die sie jedermann zugänglich machen wollen. Dennoch müßte man nur vor Kommunisten ,Wein, Weib und Gesang für jedermann' sagen, um aus der dadurch hervorgerufenen Empörung auf die asketischen Tendenzen schließen zu können, die sich hinter dem genußfreudigen Programm verbergen. Wir kehren zu diesem Punkt gleich zurück.

Die Puritaner waren ziemlich puritanisch, wie wir ungeachtet einiger Zeitgenossen behaupten dürfen, die versuchen, sie als ausschweifende Libertins hinzustellen. Gesetzgebung und Taten der Jakobiner 1793 bis 1794 waren der puritanischen Politik auffallend ähnlich. Die Jakobiner waren gegen Glücksspiele, Trunksucht, sexuelle Unregelmäßigkeiten aller Art, Faulheit, Stehlen, überhaupt Verbrechen. Sie bekämpften das ,Laster' und verlangten positive Akte der Tugend: Warenverkauf nur zum Höchstpreis, Teilnahme an Feiern zu Ehren des ,Höchsten Wesens', die öffentliche Erklärung, daß William Pitt ein Schurke und die Engländer ein Sklavenvolk waren. Zu diesem Zweck machten sie jedermann zum Detektiv, zum Spitzel Gottes, wie es auch Kalvin in Genf gehalten haben soll.

Die freiwilligen Schnüffler waren vor allem die Mitglieder der Klubs, die von den örtlichen Führern dazu angeeifert wurden. Ähnlich waren es bei den Puritanern die Pastoren, die unter Mithilfe der Gemeindeältesten dafür sorgten, daß die Schäflein gut gehütet wurden. Die alltäglichsten und geringfügigsten Dinge konnten die Kommune oder die Pfarrgemeinde aufregen. Der erste Krach in der englischen Separatistenkirche in Amsterdam entstand nicht wegen einer kirchlichen Frage, sondern wegen einer Spitze am Ärmel einer Mrs. Johnson. Ein Jakobinerklub in der Normandie debattierte hitzig über den Bürger Dr. med. Soundso, der seine Visiten bei Aristokraten auffallend ausdehne, sich aber nur kurz bei Patrioten aufhalte. In Bourgoin erklärte der Sekretär, er würde die rote phrygische Mütze nicht tragen, weil sie ihn nicht kleide. Dies erregte einen Sturm bei den Republikanern. Der Sekretär konnte froh sein, daß er mit dem Leben davonkam.

Weltanschaulich beruht der Kommunismus auf dem Materialismus. Er leugnet die Unsterblichkeit und überhaupt das Bestehen einer Seele. Er verlangt ein diesseitiges Glück für die Menschen. Das wirkliche Verhalten der Kommunisten ist transzendenter, wenn man es so nennen will. Sie hören es nicht gern; die Analyse ihres quasi religiösen Verhaltens ärgert sie sehr. Damit ist es aber noch nicht widerlegt.

Fast alle bolschewistischen Führer waren asketisch. Lenin war betont spartanisch und verzichtete auf allen Komfort. Im Kreml wohnte er in einem kahlen Zimmer mit Feldbett. Die moralisierenden Aussprüche Lenins erinnern an die Kalvinisten. Der Ton im bolschewistischen Generalstab war ordensartig; hier sprachen Geweihte, fast Mönche miteinander. Etwas Politik war dabei, denn im hungernden Rußland hätte es sehr schlecht gewirkt, wenn die Führer wohlgenährt und elegant aufgetreten wären. Doch läßt sich der Asketismus der Bolschewiken nicht ganz auf diese Weise erklären. Sie empfanden wie die Puritaner: Die menschlichen Schwächen und Laster sind widerwärtig, zu einem neuen Leben ist ihre Ausmerzung notwendig. In der ersten Zeit verboten die Bolschewiken den Wodka, das Nationalgetränk der Russen. Sie gingen gegen Prostitution, Spielhöllen, das Nachtleben usw. vor. Theoretisch waren sie für die Befreiung der Frau von den Banden bürgerlicher Konvention. Daher die anfängliche Freiheit hinsichtlich Heirat, Scheidung, Abtreibung und anderer Fragen der Geschlechts- undFamilienbeziehungen. Die Bolschewiki wollten aber damit nicht, daß die Frauen sich so benähmen, wie sie sich nach bolschewistischer Ansicht in der bürgerlichen Gesellschaft unter der Hand benahmen oder zu benehmen wünschten. Vielmehr sollten sich die Frauen wie in der klassenlosen Gesellschaft benehmen – und deren Moralvorschriften waren recht streng.

Noch in den dreißiger Jahren, als die Krisenperiode in Rußland vorüber schien, lebte der Asketismus in der kommunistischen Partei fort. Die Komsomolzen (Mitglieder des kommunistischen Jugendbundes) wurden aufgefordert, Enthaltsamkeit vom Alkohol zu geloben, weil Trinken entgegen der Bundesregel wäre, stets auf die Gesundheit zu achten. Auch sollten die Komsomolzen sich, namentlich in der Öffentlichkeit, auffälliger Zärtlichkeiten zwischen den Geschlechtern enthalten. Alles Pornographische war in Literatur und Kunst verboten. Es gab in Rußland nicht viel Sex-

Appeal in der Öffentlichkeit. Die Strenge hat inzwischen etwas nachgelassen, ein moralischer Unterton bleibt aber in Rußland deutlich.

Von den Mitgliedern der Kommunistischen Partei wurden (und werden in gewissem Grade heute noch), ihrem Charakter als einer auserwählten, disziplinierten Minderheit entsprechend, eine einfache Lebensführung, Arbeitseifer und eine strenge Moral verlangt. Wie bei den Puritanern und Jakobinern überließ man das übrige nicht der Selbstkontrolle, sondern beschnüffelte das Privatleben. Die damals NKWD genannte Tscheka führte die Stalinsche Neuauflage des Terrors 1936 bis 1939 ebenso getreulich durch, als wenn es sich um den frischen, religiös inspirierten Terror der Krisenperiode gehandelt hätte.

Letztlich war natürlich der Unterschied der Persönlichkeit eines weltlich erdhaften Chrustschew puritanisch nüchternen Lenin ein Symbol für das Ende der Tugendherrschaft in Rußland. Und das gegenwärtige Regime gibt keine Anzeichen des Verlangens, zur früheren asketischen Phasen zurückzukehren.

Es hat natürlich solche Gruppen mit beinahe unnatürlicher asketischer Lebensweise schon früher gegeben, und sie haben lange bestanden. Die Spartaner lebten jahrhundertelang in einer Art heroischem Kommunismus. Solche Bräuche wachsen aber langsam heran. Eine Revolution kann sie nicht über Nacht fabrizieren. Vielleicht toben die Extremisten während des Terrors so, weil sie ihre gewöhnlichen Brüder nicht zu ihren Anschauungen bekehren können. Der Terror ist eine Art Überkompensation dafür. Daß die Menschen ihre Nase gern in die Angelegenheiten ihrer Nachbarn stecken, ist an sich wohl ganz nützlich, gehört zu den Dingen, die eine Gesellschaft zusammenhalten. Die extremen Revolutionäre tun aber auch hier zuviel des Guten und machen ihren Nächsten das Leben unerträglich.

Auch in der amerikanischen Revolution, die kein so heftiges Krisenstadium durchmachte wie die anderen, kann man Spuren dieses organisierten Asketismus, dieses Kreuzzuges gegen das ‚Laster‘, finden. Es gab viele Verbote, die als Kriegsnotwendigkeiten maskiert wurden. In vielen erkannte man aber leicht den Einfluß der bürgerlichen protestantischen Ethik, die seit langem in den mittleren Kolonien und in Neuengland herrschte. Gelegentlich hört man die Töne des echten revolutionären Idealismus. Die folgende Stelle könnte von Robespierre sein:

„Titel sind Ausgeburten monarchischer Willkürherrschaft. Solange der gegenwärtige Krieg mit Großbritannien auf Versöhnung hinzielte, nahm das Volk Amerikas Titel wie Exzellenz, Sehr Ehrenwerter usw. noch hin, aber seit der Unabhängigkeitserklärung haben die Kolonien die Monarchie für immer abgeschüttelt und sind freie, unabhängige Staaten geworden. Damit wird es auch notwendig, die einfache Sprache freier Staaten anzunehmen ... Überlassen wir die Titel Exzellenz und Sehr Ehrenwerter den verworfenen Dienern eines tyrannischen Königs ... indes es uns genügen mag, unsere Senatoren, Gouverneure und Generale an wirklicher Auszeichnung (excellence) und Ehre reich zu sehen."
Ein Komitee in Baltimore empfahl im April 1775, einem bevorstehenden Markt fernzubleiben, weil er Anlaß zu Trunkenheit, Glücksspiel, Wetten usw. geben würde. Ein Patriot in Connecticut schrieb im Juli 1775:

„Letzten Mittwoch abend versammelten sich mehrere Damen und Herren in East Farms zu einer unnötigen Gesellschaft. Es wurde Wein getrunken, und es ging sehr lustig zu. Solche Dinge können nie gebilligt werden, aber in dieser Zeit der Spannung und Bedrohung sind sie ganz besonders zu verwerfen. Alle anständigen Menschen sollten sie verhindern."

Die strenggläubigen, siegreichen Extremisten sind also Kreuzritter, Fanatiker, Asketen, die das Himmelreich auf Erden herbeiführen wollen. Unter ihnen sind sicher viele Heuchler und Karristen, die als Gläubige auftreten, viele Mitläufer, die eigennützige Zwecke verfolgen. Es ist aber ganz unrealistisch, anzunehmen, daß man Menschen verbieten kann, ihre Interessen mit ihren Idealen in Einklang zu bringen. Mancher gläubige Robespierre-Anhänger, mancher kalvinistische Wahrheitssucher war mit dem besten Gewissen der Welt imstande, billig Boden zu erwerben, den man den Nichtrepublikanern oder den Gottlosen weggenommen hatte. Unsere Extremisten sind, wie aus den intimeren Einzelheiten ihres täglichen Lebens ersichtlich, meist ganz gewöhnliche Menschen, mit der Liebe und dem Haß, den Wünschen und Zweifeln, den Hoffnungen und Ängsten gewöhnlicher Menschen. Wenn die Krisenzeit einmal vorüber ist, werden sie, ausgenommen ein paar geborene Märtyrer, aufhören, Kreuzritter, Fanatiker und Asketen zu sein. Ihre revolutionäre Überzeugung wird in ein bequemes Ritual eingebettet werden und mehr als Erbauung dienen oder einfach zur Gewohnheit werden, als die ständige Tatforderung des Ideals zu sein. In der Krisenperiode aber liegt die aktive Phase einer Religion vor.

Kalvinismus, Jakobinismus und Marxismus sind sämtlich streng deterministisch. Alle drei glauben, daß alles, was auf dieser Erde geschieht, vorbestimmt ist, seinen historisch feststehenden Lauf nehmen muß, den kein Menschenwesen ändern kann, am wenigsten ein solches, das sich dem Kalvinismus, Jakobinismus beziehungsweise Marxismus entgegenstellt. Vielmehr ist des Kalvinisten Sieg um so gewisser, je mehr Priester und Prälat toben. Was Aristokraten, Verräter und Pitts tun, kann nur den Triumph der Französischen Republik vergrößern. Je schlimmer es die Rockefellers und Morgans treiben, je kapitalistischer sie sich benehmen, um so früher wird der unvermeidliche, ruhmvolle und endgültige Aufstand des Proletariats kommen. Höhere Mächte verbürgen, daß der Gläubige auf der Seite steht, die siegen muß: Gott beim Kalvinisten, Natur und Vernunft beim Jakobiner, der dialektische Materialismus beim Marxisten. Oft, wenn auch nicht immer, kämpft man besser, wenn man überzeugt ist, daß man nicht verlieren kann.

Die von Gott, Natur oder Geschichte Auserwählten lassen alle Welt wissen, daß sie die Auserwählten sind. So unlogisch es scheint, sind sie sehr darauf aus, die Heraufkunft des ohnehin Unvermeidlichen zu fördern. Die strengen Deterministen sind meist auch eifrige Proselytenmacher, wahrscheinlich als Instrumente des Unvermeidlichen, als das Mittel, durch welches sich das Unvermeidliche verwirklicht. Anscheinend halten sie Widerstand gegen ihre Werbung, die Ablehnung ihrer Botschaft durch die Ungläubigen nicht für vorbestimmt, unvermeidlich oder verzeihlich.

Jedenfalls haben alle unsere Revolutionäre das Evangelium ihrer Revolution gepredigt. Was man heute Nationalismus nennt, ist als Element in all diesen revolutionären Evangelien sicher vorhanden. In den ersten Jahren und während der Krise einer Revolution jedoch herrschen keine groben Vorstellungen von nationaler Erweiterung vor. Die Glücklichen, denen das Evangelium offenbart worden ist, wollen es in allen Ländern verbreiten. In dem messianischen Eifer der Krisenperiode tritt kein aggressiver Nationalismus hervor. Er liefert den Revolutionären jedoch sicher Antrieb und kommt in der Periode der Reaktion ans Licht, allenfalls als die ‚Bestimmung' eines auserwählten Volks und seines Führers maskiert. Die Jakobiner verkündeten, daß sie allen Völkern der Welt die Segnungen der Freiheit brächten. Die Macht der Phantasie geht so weit, daß es heute noch Leute gibt, die Napoleon für den Träger der neuen Freiheit halten. Die Bolschewiken sind unserer Generation noch als Apostel der Weltrevolution in Erinnerung, aber heute erklären, anders als 1918, die Konservativen des Westens, daß der Kreml eher russischen Imperialismus als Kommunismus repräsentiert.

Die Kalvinisten waren eifrige Proselytenmacher. Die siegreichen englischen Unabhängigen wußten jedoch ihre religiöse Propaganda mit politischer zu vermengen. Sie wollten die Welt zu ihrer höheren Gesellschaftsform bekehren. Cromwells Mitarbeiter, der Admiral Blake, predigte das Evangelium im Ausland. Dank dem englischen Beispiel würden, sagte er, „alle Königreiche die Tyrannei vernichten und Republiken werden". England hatte es schon getan, Frankreich folge ihm nach, nur Spanien würde, weil die Spanier schwerfällig seien, zehn Jahre dazu brauchen. Ganz Europa bald republikanisch – und das um 1650! Wer heute mit dem einen oder anderen Vorzeichen meint, daß die ganze Welt bald kommunistisch, faschistisch oder demokratisch sein wird, möge über Blakes Prophezeiungen nachdenken.

Man hat schon viel über die auswärtige Propaganda der Extremisten geschrieben und geredet. Die Konservativen in anderen Ländern sind mißtrauisch. Moskau muß hinter jeder ‚linken' Bewegung stehen. Es gibt eine internationale Verschwörung zur Vernichtung des Christentums und Errichtung der Weltherrschaft des atheistischen Jakobinertums. Wahrscheinlich sind diese Ängste in den meisten Fällen stark übertrieben. In der Krisenperiode sind die Revolutionäre gewöhnlich zu arm und zu sehr von inneren Angelegenheiten in Anspruch genommen, um mehr als einen kleinen Teil ihrer Energie auf auswärtiges Missionarstum verwenden zu können. Gewöhnlich gibt es in den anderen Ländern genug einheimische Unzufriedene, um einen Kern für Revolutionen zu bilden. Es ist ganz natürlich, daß in diese Länder dann die Phrasen der gerade aktuellen Revolution, sei sie englisch, französisch oder russisch, importiert werden.

Die Tatsache der Gleichartigkeit ist nicht zu bezweifeln. Selbst im 17. Jahrhundert, als die Welt viel größer war und der Verkehr viel langsamer, verbreitete die englische Revolution ihre Ideen im Ausland. Edward Sexby schlug den französischen Radikalen in Bordeaux eine republikanische Verfassung vor, *l'accord du peuple*. Er mußte deshalb aus der Stadt fliehen. Als die Nachrichten aus England nach Holland gelangten, „nahm das Volk Partei für die eine oder die andere Seite, und zwar so lebhaft, daß es oft zu Schlägereien kam". Ähnlich verhielten sich in den jungen USA die Föderalisten und Republikaner, als die französische Revolution in die amerikanische Politik hineinspielte. Ähnliche Auswirkungen der russischen Revolution sind jedem bekannt.

Unsere Revolutionäre sind fest davon überzeugt, daß sie die Auserwählten sind, zur Ausführung des Willens Gottes, der Natur oder der Geschichte berufen. Bei den russischen Kommunisten war dieses Gefühl besonders ausgeprägt, obwohl man es hier vielleicht weniger erwartet hätte als bei den an einen persönlichen Gott glaubenden Kalvinisten. Die Gegner sind nicht einfach politische Feinde oder im Irrtum befangen, allenfalls Idioten oder korrupt. Sie sind Sünder, sie müssen nicht nur besiegt, sondern ausgetilgt werden. Daher sind Guillotinierungen und Erschießungen berechtigt. Unser Revolutionär entfaltet die stürmische Unduldsamkeit, die nach der Logik der Emotionen wie der Vernunft aus der Überzeugung folgt, daß man absolut, ewig und monopolistisch recht hat. Wenn es nur eine Wahrheit gibt und man im vollen Besitz dieser Wahrheit ist, dann würde die Duldung abweichender Meinungen ja Irrtum, Verbrechen und Sünde fördern. Die Duldsamkeit würde dem Geduldeten letzten Endes nur Schaden bringen, abgesehen davon, wie anstrengend sie für den Duldsamen wäre. Der Jesuit Bellarmin hat in der Tat bemerkt, daß es eine

Wohltat für die Ketzer sei, wenn man sie umbringe, denn je länger sie leben würden, desto mehr Verdammnis würden sie auf sich häufen.

Interessant sind die Eschatologien dieser revolutionären Religionen, ihre Vorstellungen von Himmel und Hölle oder sonstigen endgeschichtlichen Dingen. In der englischen Revolution machten die extremen wie auch die gemäßigten christlichen Eschatologien ihren Einfluß geltend. Die Millennisten erwarteten die Wiederkunft Christi von Jahr zu Jahr. Die Regierung der Heiligen stand vor der Tür. Die Jakobiner hatten weniger konkrete Vorstellungen vom Himmel. Er war jedenfalls auf Erden darzustellen – in Gestalt der Tugendrepublik Robespierres. Anschließend an die revolutionäre Diktatur sollte diese vollkommene Republik erscheinen. Dann würden Freiheit, Gleichheit, Brüderlichkeit mehr als eine bloße Losung sein. Dem abgehärteten Bürger Amerikas oder einer europäischen Republik erscheint seine Staatsform heute durchaus nicht himmlisch, aber der gläubige Jakobiner von 1794 sah die Dinge noch anders. Der russische Himmel ist die klassenlose Gesellschaft, die kommen wird, sobald das Fegefeuer der proletarischen Diktatur die irdische Misere des Klassenkampfes langsam liquidiert hat. Es scheint, daß die jetzigen russischen Kommunisten zugeben, sich noch im Fegefeuer zu befinden. Über die Einzelheiten des Lebens in der klassenlosen Gesellschaft lassen sich die Kommunisten nicht näher aus. Auch Marx gab, im Gegensatz zu Mohammed, keine Details seines Himmels bekannt. Es scheint, daß es zwar Wettbewerb, aber keinen Kampf mehr geben wird, sicher keinen Kampf um wirtschaftliche Güter. Der Wettbewerb wird auf einer höheren Ebene stattfinden, so wie heute bei den Künstlern. Wird es Konkurrenz in der Liebe geben? Jedenfalls werden die Helden, wie in jenem robusteren Himmel, dem germanischen Walhall, den ganzen Tag kämpfen, aber bei Nacht werden ihre Wunden heilen.

Auf allen diesen Religionen waren gesellschaftliche Gruppen aufgebaut, deshalb gab es ein entsprechendes Ritual. Der Verfasser hat an anderer Stelle das jakobinische Ritual dargestellt, ein seltsames Potpourri aus katholischen, protestantischen, klassischen und anderen Elementen, mit republikanischen Glaubensbekenntnissen, Taufen und Gebeten, sogar mit einem revolutionären Sichbekreuzigen im Namen von *Marat, Le Pelletier, la Liberté ou la mort.* Das kommunistische Ritual ist weniger auf Nachahmung gegründet und überhaupt ärmer. Es besteht aber, wie man im Gespräch mit einem eingeweihten Kommunisten feststellen kann. Das ,Kapital' von Marx wird selbstredend in den rechtgläubigen Kreisen kaum gelesen, außer als Ritual. Die französischen Revolutionäre hatten ihre Heiligen und Märtyrer, besonders den ermordeten Marat. Die schon zu seinen Lebzeiten einsetzende Vergötterung Lenins ist zu einem Kult an seinem Grabe in Moskau geworden. Lenin ist wohl nur ein weltlicher Heiliger, etwa wie der in der Londoner Universität begrabene Bentham, aber er ist jedenfalls ein Heiliger. Kleinere Gruppen, wie die kommunistische Jugend, werden in der Atmosphäre des Rituals erzogen und ähneln eher kirchlichen Jugendgruppen als etwa den Pfadfindern.

Mit dem Ritual geht religiöser Symbolismus einher. Er wurde besonders in Frankreich gepflegt. Während des Terrors sah man Symbole an allen Ecken und Enden: das wachsame Auge, das die Feinde der Republik erspähte, das Dreieck Freiheit, Gleichheit, Brüderlichkeit, die phrygische Mütze, die Wasserwaage als Symbol der Gleichheit, jedes Symbol für einen Berg, weil die *Montagne* die Revolution logisch zu Ende geführt hatte. Die meisten Symbole dieser Art waren im Festzug des 20. Prairial in Paris zu sehen, als Robespierre persönlich das ,Fest des Höchsten Wesens' leitete. Die Russen benutzen mit Hilfe der modernen Plakatkunst ähnliche, wenn auch weniger pedantische Symbole, um die Leute in der kommunistischen Gesellschaft zusammenzuhalten.

Wohl die wichtigste Gleichartigkeit unserer vier Revolutionen liegt darin, daß sie als Evangelien, als Religionsformen sämtlich im Programm international, in der Praxis aber zum Schluß national und exklusiv sind. Sie enden mit einem Gott, der tatsächlich für die ganze Welt bestimmt ist, aber dieser nicht immer sehr aufnahmebereiten Welt von einem auserwählten Volk gebracht wird. Man sieht das besonders klar an unseren Zeitgenossen, den russischen Kommunisten. Nichtamerikaner können aber ähnliches von den Amerikanern denken, wenn sie diese vom ,amerikanischen

Jahrhundert' reden, das heißt das Evangelium der Revolution des
18. Jahrhunderts verbreiten hören.

Hinter dieser Gleichartigkeit steht eine weit tiefere, welche die
offenkundige, paradoxe Gleichartigkeit des aus der Revolution geborenen nationalistischen Universalismus erklärt. Alle vier Revolutionen zeigen wachsende Feindschaft gegen das organisierte
Christentum, vor allem gegen die ökumenischen Formen des organisierten Christentums. Selbst die englische Revolution hat eine
weltliche Note. Das Gewissen des Einzelnen wird gegenüber der
Kirche und ihrer Tradition betont. Die französische und auch die
amerikanische Revolution segeln mit vollem Wind im Fahrwasser
des Säkularismus ihres Jahrhunderts. Die russische Revolution
ist stolz auf ihren Materialismus.

Der Himmel all dieser Gegner des Christentums steht dem
christlichen Himmel sehr nahe, ihre Ethik der christlichen und
überhaupt der Ethik aller höheren Religionen. Der marxistische
„Materialismus' ist in Wirklichkeit reichlich abstrakt, geradezu
vergeistigt. Er ist kaum gröber und vernunftnäher als der Materialismus des Physikers. Was diese Revolutionäre vom überliefer-
ten Christentum trennt, ist ihr hartnäckiges Verlangen, ihren
Himmel auf Erden, im Diesseits und sofort einzuführen, das Böse
ein für allemal zu besiegen. Das Christentum in seinen traditionellen Formen hat schon lange, ohne den sittlichen Kampf einzustel-
len, doch seine chiliastischen Hoffnungen aufgegeben, die es in
seiner revolutionären Jugendzeit hatte, so die Erwartung der bal-
digen Wiederkunft Christi. Mittels der Unterscheidung zwischen
Diesseits und Jenseits kann das Christentum die Kluft zwischen
dem, was die Menschen sind und haben, und dem, was sie sein und
haben möchten, überbrücken. Der Revolutionär kennt diese Kluft
nur zu gut. Er ist aber nicht dafür, sie zu überbrücken, sondern
sie zuzuschütten oder zu überspringen. Er endet oft dort, wo der
Mystiker anfängt: Er redet sich ein, daß es die Kluft gar nicht gibt.

Auch wenn man mit dem Positivisten und Materialisten annimmt, daß der Mensch ein Tier und nichts weiter ist, ein Teil der
Natur, außerhalb deren es nichts anderes gibt, so scheint doch
ziemlich klar, daß der Mensch in der Natur und unter den Tieren
eine einzigartige Stellung einnimmt, indem er fähig ist, sich eine

Zukunft vorzustellen. Jedenfalls scheint kein anderes Tier die Gabe der Sorge, des Planens und Denkens zu besitzen. Auch ein Tier kann verzweifeln, aber anscheinend nicht wegen des Scheiterns von Ideen und in Symbole gefaßten Plänen. Eine Menge positivistischer Philosophen kann sich mit dieser Welt, wie sie ist, abfinden, aber die Masse der Menschen kann es nicht. Voltaire sagte deshalb, daß man Gott erfinden müßte, falls es ihn nicht gäbe.

Gerade das haben unsere Revolutionäre getan. Sie müssen abstrakte Götter, Stammesgötter, eifervolle Götter erfinden. Ihre neuen Religionen besitzen nicht die Reife der alten. Für die Müden und Enttäuschten haben sie nicht die Trosteskraft der alten. Sie haben noch nicht die Fähigkeit zur richtigen Verbindung des Alten mit dem Neuen, die Brücke zu der Weisheit der Jahrtausende gefunden. Sie sind noch revolutionäre Religionen, die wohl eifern, aber keinen Frieden stiften. Das gilt namentlich für die jüngste unter ihnen, den marxistischen Kommunismus.

Die Gründe des Terrors

In den Krisenperioden unserer vier Revolutionen erkennen wir die gleiche Garnitur von Variablen, verschieden kombiniert und mit allen möglichen Zufallsfaktoren vermischt, bis die besonderen Situationen entstehen, die der erzählende Historiker dieser Revolutionen gern als einmalig ansieht. Die Variablen sind sicher sehr zahlreich, aber in erster Näherung wollen wir hier nur sieben von ihnen nennen. Sie scheinen untereinander nicht im einfachen Verhältnis von Ursache und Wirkung zu stehen. Sie ähneln mehr den unabhängigen Variablen des Mathematikers, wenn sie auch keinesfalls wirklich ganz unabhängig sein können. Die Verlockung, eine von ihnen als die ,Ursache' des Terrors hervorzuheben, ist groß, ähnlich wie man in jeder Situation gern einen Helden oder Schurken sucht, der dafür verantwortlich ist. Jede Variable hat ihre eigene Geschichte, die sich mindestens über eine bis zwei Generationen des alten Regimes erstreckt.

Sie sind sämtlich zu einem verwickelten Muster verwoben, dem Muster der Realität. Wären sie nicht alle gegeben – und das ist das Wesentliche –, so gäbe es keine Schreckensherrschaft, keine echte

Krise der Revolution. Über die Frage ihrer eventuellen Unabhängigkeit brauchen wir uns nicht den Kopf zu zerbrechen. Temperatur und Druck sind in der mathematischen Formulierung der Gesetze der Thermodynamik unabhängige Variablen, aber Eis kann sich bei null Grad nur bilden, wenn der Druck klein ist. Die alte Vorstellung der einfachen, linearen, monistischen Kausalität ist aber so fest in unseren Denkgewohnheiten verwurzelt und im täglichen Leben so zweckmäßig, daß wir beinahe instinktiv eine Erklärung eines komplexen Vorganges wie des Terrors verlangen, welche die Isolierung einer einzigen – heldischen oder schurkischen – Ursache gestattet.

Zunächst finden wir einen Faktor, den wir die Gewöhnung an die Gewalt nennen können. Es ist die paradoxe Situation eines Volkes, das daran gewöhnt worden ist, das Unerwartete zu erwarten. Die gewalttätigen, terroristischen Perioden unserer Revolutionen kommen erst, nachdem eine Reihe von Unruhen ihnen den Weg gebahnt hat. Erst nach mehreren Jahren Bürgerkrieg führten die Unabhängigen ihre strengen Maßnahmen gegen die alten englischen Gewohnheiten durch. Formell beginnt der französische Terror erst gegen Ende 1793. Sporadische Ausbrühe wie die ‚Große Angst‘ von 1789 und die Septembermorde von 1792 helfen jedoch bei der Schaffung der für den Terror notwendigen Stimmung. Auch in Rußland, wo alles schneller ging als in den anderen Revolutionen, tritt organisierte Gewalttätigkeit unter Patronanz der Regierung erst im Herbst 1918 deutlich auf, anderthalb Jahre nach der Erhebung gegen den Zaren. Chamberlin zitiert ein Telegramm Petrowskis an alle Sowjets, das er als Signal für den organisierten Terror ansieht:

„Schließlich muß das Hinterland unserer Armeen endgültig von Weißgardisten und allen schurkischen Verschwörern gegen die Macht der Arbeiterklasse und der Kleinbauern gesäubert werden. Bei der Anwendung des Massenterrors darf es nicht das geringste Schwanken, nicht die geringste Unentschlossenheit geben.“

Dieses Telegramm zeigt eine zweite, höchst wichtige Variable auf, den Druck des äußeren und inneren Krieges. Die Notwendigkeiten des Krieges erklären (teilweise) die rapide Zentralisation der Macht bei der Schreckensregierung, die Feindseligkeit gegen eigene Anhänger mit anderen Anschauungen – sie erscheinen jetzt als Deserteure – und die allgemeine Aufregung, die sogenannte Kriegspsychose. In Frankreich wie in Rußland geht die militärische Lage mit der Heftigkeit des Terrors ungefähr parallel. Je größer die Gefahr der Niederlage, desto größer die Zahl der Opfer der Revolutionstribunale. Der Terror dauert allerdings noch an, wenn die militärische Krise einigermaßen überwunden ist. In England spielten die Iren und Schotten die Rolle des äußeren Feindes, nachdem das Land während der ganzen Periode der puritanischen Revolution von Verwicklungen mit kontinentaleuropäischen Mächten frei geblieben war. In Amerika wie in England ging ein formeller Krieg, hauptsächlich ein Bürgerkrieg, mit der Krisenperiode einher. Diese Kriege spielen eine wichtige Rolle im Rahmen der Gesamtsituation, die wir die Krisenperiode nennen.

Ein dritter Faktor ist darin zu sehen, daß der Apparat der zentralisierten Regierung so neu ist. Die Extremisten sind zwar, wie wir gesehen haben, in der Menschenbehandlung nicht unerfahren, wenn sie auch nur mit Revolutionären und nicht mit der Masse der Durchschnittsmenschen zu tun gehabt haben. Sie haben eine gewisse politische Schulung. Ihre neuen Einrichtungen können sich oft der Verwaltungswege der alten Regierung bedienen, besonders in der örtlichen Verwaltung. Aber die Institutionen des Terrors sind doch im ganzen neu, arbeiten nicht glatt; ihre Leiter sind administrativ unerfahren, auch wenn sie es politisch nicht sind. Der Apparat des Terrors arbeitet sprunghaft, man möchte sagen anfallsweise. Oft bleibt er stecken. Konflikte zwischen leitenden Funktionären entstehen und werden mit Gewalt gelöst statt auf einem eingefahrenen Dienstweg. Klappt etwas nicht, greift man zu neuer Gewalt. Dann klappt es erst recht nicht. So geht der Fehlerzirkel weiter.

Viertens herrscht auch wirtschaftlich eine Krise, und zwar eine Mangelkrise. Dem Terror geht eine Serie von Unruhen voraus, durch die die Produktion stark gestört wird. Das Kapital flieht ins Ausland. Die Unternehmer zögern. Bauernaufstände senken die landwirtschaftliche Erzeugung. Dann kommt der Krieg mit seinem Bedarf an Menschen und Material. Die Diktatur der Extremisten ist auch eine wirtschaftliche Diktatur, eine Regelung des ganzen Wirtschaftslebens, der Währung, der Preise, eine Lebensmittelrationierung – ein faktischer Sozialismus lange vor Marx. Die Versorgungsschwierigkeiten steigern die Reizbarkeit der neuen Herren, geben Spitzeln und Denunzianten neue Gelegenheiten, erhöhen die Aufgeregtheit, die allgemeine Sprunghaftigkeit des Terrors. Die Klassenkämpfe verschärfen sich im Rahmen des allgemeinen Gütermangels.

Diese fünfte Variable, der Klassenkampf, erscheint in dieser oder jener Form während der Krise aller unserer Revolutionen. Der Haß des Puritaners gegen den Kavalier, des Jakobiners gegen den Aristokraten, den Föderalisten oder sonstigen Feind der Tugendrepublik, der Haß des Bolschewiken gegen den ,Weißen', den Kadetten, den ,Versöhnler', des amerikanischen Whig gegen den Tory, dieser Haß ist ein verwickelter Komplex, von dem der Klassenkampf im marxistischen Sinne ein Element ist. Zur Zeit des Terrors haben sich die gegeneinanderstehenden Gruppen der Gesellschaft polarisiert: auf der einen Seite die strenggläubigen Revolutionäre an der Macht, auf der anderen der ziemlich gemischte Block ihrer Feinde. Wie alle anderen Spannungen im Zuge der Revolution verschärft, nehmen die Klassenkämpfe nun eine Intensität an, die sie sonst nur in der Literatur oder in der Agitation besitzen. Der Parteigeist, teilweise nur eine Form des Klassengegensatzes, bedient sich der banalsten Symbole für angeblich unversöhnliche Gegensätze. Die Jakobiner führten das Wort ,Sansculotten' als klassenkämpferischen Schlachtruf ein. Die Culotte war die kurze Hose der Oberschicht unter dem alten Regime; sie wurde zu Seidenstrümpfen getragen. Die Sansculotten trugen die lange Hose des Arbeiters. Die russische Revolution hallte wider von den Losungen des Klassenkampfes im engeren marxistischen Sinne. In unseren Revolutionen steckt weit mehr als der Klassenkampf. Die Klassenkämpfe sind auch nicht so einfach determiniert, wie die Anhänger der wirtschaftlichen Geschichtsdeutung manchmal behaupten. Dennoch ist die Wichtigkeit dieser Variablen im Terror in keiner Weise zu leugnen. Es sind die Gegensätze zwischen Gruppen oder ,Klassen', die von gemeinsamen wirtschaftlichen Interessen und einer gemeinsamen sozialen und geistigen Überlieferung zusammengehalten werden, von einem gemeinsamen Lebensstil – die Gegensätze, die unsere Generation den Klassenkampf nennt.

Unsere sechste Variable ist in noch höherem Grade als die früheren eine Abstraktion, eine vermutlich nützliche Art der Zusammenfassung einer Vielzahl konkreter Fakten. Logisch ist sie den anderen Variablen nicht gleichwertig. Der Kategorien registrierende Philosoph wüßte sie vielleicht nicht einzuordnen. Diese Veränderliche beruht auf der Beobachtung des Verhaltens der verhältnismäßig kleinen Gruppe von Führern, die sich während der Revolution gebildet hat und nun die Terrorregierung beherrscht. Ihr Verhalten steht teilweise, wie das Verhalten ihrer Anhänger und Mitbürger, unter dem Einfluß der anderen Variablen unserer Liste, sicher auch unter dem Einfluß vieler Dinge, die wir nicht bemerkt haben. Einige sehr wichtige Elemente ihres Verhaltens beruhen jedoch darauf, daß sie Führer sind, daß sie eine Lehrzeit in revolutionärer Taktik durchgemacht haben, daß sie in fast darwinistischem Sinne das Produkt eines Ausleseprozesses auf Grund der Fähigkeit zur Lenkung einer extremistischen revolutionären Gruppe sind. Das bedeutet, daß sie nicht für Kompromisse geschaffen sind, nicht für die langweiligen Mittel der Politik in ruhigen, relativ stabilen Gesellschaften. Ihre Natur ist es, ins Extrem zu verfallen, die schon große Spannung in der Gesellschaft noch zu steigern. Wie alle Politiker haben sie ihr Handwerk gelernt, wissen auch, daß es ein Würfelspiel ist, und spielen hoch. Sie rivalisieren untereinander wie Schauspieler, jeder sucht das Rampenlicht auf sich zu lenken. Der normale Machtkampf der Politiker steigert sich zu tödlicher Intensität.

Die letzte Variable ist der religiöse Glaube all der Unabhängigen, Jakobiner, Bolschewiken. Er ist es, der die Schreckensherrschaft zugleich zur Herrschaft der Tugend macht, zu dem heroischen Versuch, ein für allemal die Kluft zwischen der menschlichen Natur und den menschlichen Idealen zu schließen. Diese Variable ist sehr wichtig. Die religionsartigen Ziele und Emotionen unterscheiden die revolutionäre Krise von einer gewöhnlichen militärischen oder wirtschaftlichen Krise. Sie verleihen der Herrschaft des Schreckens und der Tugend jene eigentümliche Mischung von Eifer, Verzückung, Hingabe, Selbstaufopferung, Grausamkeit, Verrücktheit und Edelhumbug.

Alle diese Elemente stehen in unablässiger Wechselwirkung. Jeder Wechsel in einem davon zieht die übrigen und die gesamte Lage in Mitleidenschaft. Sie verhalten sich nicht wie Pferd und Wagen, Ei und Henne oder etwa wie mehrere Billardkugeln untereinander. Sie wirbeln verrückt durcheinander, so, wie man sich die Moleküle in einem physikalisch-chemischen System vorstellt. Die gespannte Lage während der ersten Revolutionszeit erleichtert es, das Volk in den Krieg zu bringen; man denke an die kriegsprovozierenden Girondins in Frankreich. Der Krieg wiederum erhöht die Spannung und gewöhnt das Volk an die Gewalt. Der Krieg bringt Warenknappheit, diese wieder verschärft die Klassengegensätze. So geht es im Kreis weiter. All das häuft sich bis zum Ende der Krisenperiode geballt an. Jedes Abwerfen alter Gewohnheiten, jeder Bruch mit der Vergangenheit zieht weitere Akte dieser Art nach sich. Jeder Mensch in der Gesellschaft steht unter immer stärkerem Druck.

Denn es scheint ein empirisches Faktum des menschlichen Verhaltens zu sein, daß ein Großteil der Menschen einen Eingriff in die Routine und das Ritual des täglichen Lebens nur bis zu einem gewissen Grade erträgt. Es scheint auch, daß die meisten Menschen einen längeren Versuch, nach hohen Idealen zu leben, nicht aushalten können. Der ‚Außenseiter‘ erträgt die Eingriffe in seine liebsten und privatesten Gewohnheiten nicht, der aktive Revolutionär hält die konstante seelische Hochspannung nicht aus, die von ihm verlangt wird. Es scheint eine Grenze für die soziale Reaktion beider Menschenarten zu geben, so, wie es in der Chemie eine Grenze für chemische Reaktionen gibt. Menschen können unter dem Ansporn eines Ideals nur bis zu einem gewissen Punkt gehen. Gesellschaftssysteme, die aus Menschen bestehen, können nur eine beschränkte Zeit den konzentrierten Versuch aushalten, das Himmelreich auf Erden einzuführen – den Versuch, den wir die Herrschaft des Schreckens und der Tugend nennen. Der Thermidor folgt der Krise so naturnotwendig wie die Ebbe der Flut, die Ruhe dem Sturm, die Erholung dem Fieber, die Kontraktion der Dehnung eines elastischen Bandes. Diese Parallelen aus der Natur drängen sich auf. Ungeachtet der zweitausendjährigen Bemühungen von Philosophen, Theologen, Moralisten, politischen Theoretikern, Soziologen und anderen erlauchten Geistern, scheint der gute Wille der Revolutionäre an den grundlegenden Reaktionen gesellschaftlicher Systeme grotesk wenig ändern zu können – fast ebensowenig wie an den Gezeiten oder am Verhalten eines Gummibandes.

VIII

Thermidor

Die Allgemeinheit der thermidorianischen Reaktion

Wie wir schon bei früheren Versuchen bemerkt haben, lassen sich
unsere vier Revolutionen nicht ganz exakt unserer Modellvorstellung unterordnen. Man kann unmöglich behaupten, daß die Krise
einer Revolution um sechzehn Uhr dreißig am 6. August des Jahres Soundso geendet hat. Bei Frankreich gibt es allerdings beinahe
so ein Beispiel, denn hier kann man das Ende der Krise auf den
Sturz Robespierres datieren, der am 27. Juli 1794 erfolgte beziehungsweise am 9. Thermidor des Jahres II. Die anschließende
langsame und ungleichmäßige Rückkehr zu weniger heroischen
Zeiten heißt bei den französischen Historikern schon lange die
thermidorianische Reaktion. Die Marxisten, richtiger gesagt die
Trotzkisten und andere antistalinistische Ketzer, haben das Wort
oft auf die russische Revolution angewendet. Wir können es, ähnlich wie *ancien régime*, als allgemein anerkannten Begriff übernehmen. Alle unsere Revolutionen hatten ihren Thermidor, aber
die Abfolge der Ereignisse, der ‚Fahrplan‘, die Erschütterungen
des täglichen Lebens waren nie identisch.

Gemäß unserer Modellvorstellung werden wir den Thermidor
als Rekonvaleszenz nach dem Fieber der Revolution betrachten
müssen. Rekonvaleszenz klingt freundlich; man könnte uns das
als Lob der thermidorianischen Reaktion auslegen. Wir können
nur, wie bei früheren Anlässen, wiederholen, daß wir keine Lob-
preisung beabsichtigen. Wir versuchen weiter, näherungsweise
Gleichmäßigkeiten bei Erscheinungen festzustellen, die wir weder
zu loben noch zu tadeln, weder zu preisen noch zu verdammen
gedenken.

In England läßt sich der Beginn der thermidorianischen Periode, die Rekonvaleszenz, nicht genau datieren. Etwa noch ein

Jahr nach der Hinrichtung Karls I. hielt die Krise an. Solange das Rumpfparlament tagte, lag der Geruch der Revolution stark in der Luft. Die beste Datierung für den englischen Thermidor ist wohl die Auflösung des Rumpfparlaments durch Cromwell am 20. April 1653, die der große Feldherr mit den berühmten, ganz unenglischen Bemerkungen über die Ähnlichkeit zwischen dem Zepter des Sprechers und dem Stab eines Hofnarren begleitete. Mit der Einsetzung Cromwells zum Protektor unter der Regierungssatzung von 1653 – ausnahmsweise leisteten sich die Engländer einmal eine geschriebene Verfassung – war der Thermidor schon ganz schön im Gange. Im Jahre 1657 wurde Cromwell ‚Lordprotektor‘, mindestens ein halber König. Mit der Stuart-Restauration von 1660 war die englische Revolution zu Ende.

Der Sturz Robespierres war hauptsächlich das Werk einer Verschwörung von äußerlich linientreuen jakobinischen Abgeordneten des Konvents. Diese Leute waren größtenteils in Schiebungen mit Kriegsmaterial, Bestechungsaffären, Aktienspekulationen und andere eines Bürgers der Tugendrepublik unwürdige Transaktionen verwickelt. Die Angst vor dem ‚Unbestechlichen‘, wie man Robespierre nannte, scheint eine der hauptsächlichen Triebfedern für ihre Aktion gewesen zu sein. Die Aktion gelang, zumal es Robespierre an politischer Klugheit fehlen ließ. Die Thermidorianer selbst hatten wahrscheinlich gar nicht an die Beendigung des Terrors gedacht. Die Köpfung Robespierres war für sie nur eine Nummer in der langen Liste von Köpfungen, an die sie längst gewöhnt waren. Diesmal erhob sich aber die öffentliche Meinung. Die Franzosen machten deutlich, daß sie genug von den blutdürstigen ‚Tigern‘ hatten. Die Reaktion ging in ziemlich gleichmäßigem Tempo einige Jahre hindurch weiter, erst unter dem versinkenden Konvent, dann unter dem Direktorium. Es gab deutliche Rückfälle, wie man sie ja während einer Rekonvaleszenz erwarten muß. Namentlich im Sommer 1799 gab es, nach französischen Niederlagen auf ausländischen Schlachtfeldern, eine Renaissance des Jakobinertums. Die Klubs taten sich wieder auf. Die alten Schlagworte hallten wieder durch die Versammlungssäle, die Cafés und die Straßen. Einige Monate später machte Napoleon Bonaparte seinen 18. Brumaire, und die französische Rekonvaleszenz war fast zu Ende. Die Restauration der Bourbonen im Jahre 1814 kann kaum als zum Verlauf der französischen Revolution gehörig bezeichnet werden. Sie war mehr zufällig, das Werk rein persönlicher Faktoren, wie Napoleons größenwahnsinniger Entschluß zur Fortsetzung des Krieges gegen ganz Europa bis zum bitteren Ende, Talleyrands Wendung, die Schwierigkeiten für die Nachfolger von Napoleons Sohn und die frommen Wünsche des Zaren Alexander I. von Rußland.

Die russische Revolution geht in gewissem Sinne noch weiter. Die Trotzkisten halten Stalin und seine Leute für Thermidorianer und sind überzeugt, daß *diese* russische Revolution längst vorüber ist. Zur Zeit ist es schwer, hier einen völlig objektiven Standpunkt zu beziehen. Es scheint lediglich sicher, daß die Krisenperiode in Rußland vorbei ist und daß sich Rußland in einer langen, unruhigen Rekonvaleszenzperiode nach dem Revolutionsfieber befindet. Die Periode des Kriegskommunismus (1917 bis 1921) können wir vielleicht als die erste große Krise der russischen Revolution ansehen. Mit der Neuen Wirtschaftspolitik (NEP) von 1921 begann Rußlands Thermidor. Lenins Tod und der anschließende Machtkampf zwischen Stalin und Trotzki führten zu einer zweiten Krise oder besser einem Rückfall während der Rekonvaleszenz, als deren Zeitpunkt die Jahre der gewaltsamen Durchführung des ersten Fünfjahresplans anzusetzen sind. Wie aber schon mancher Beobachter festgestellt hat, fehlte dieser zweiten Krise der hoffnungsfrohe Idealismus der ersten, es fehlten ihr die Improvisationen und Abenteuer, die auswärtigen und weißgardistischen Feinde der Jahre 1917 bis 1921. Aus unserer noch kurzen historischen Perspektive sieht diese sekundäre Krise eher so aus wie die bezeichnenden Handlungen der ‚Tyrannen‘, die durch andere Thermidors zur Macht kamen: etwa die Cromwellsche Siedlungsaktion in Irland oder Napoleons Kontinentalsperre. Die ganze Frage, wie weit Rußland um die Jahrhundertmitte wieder zur Normalität – einer russischen Normalität – zurückgekehrt ist, wird einen Abschnitt für sich erfordern.

Amnestie und Unterdrückungsmaßnahmen

Die politisch auffälligste Gleichartigkeit in der Rekonvaleszenzperiode ist die schließliche Machtergreifung eines ‚Tyrannen‘, in ungefähr dem alten griechischen Wortsinn ein nicht traditioneller Machthaber, der durch die Revolution und ein gewisses Beharrungsvermögen an die Macht gekommen ist. Diese Gleichmäßigkeit ist oft festgestellt worden: Cromwell, Bonaparte, Stalin scheinen sie zu bestätigen. In der sogenannten föderalistischen Periode der Vereinigten Staaten gab es Jefferson-Anhänger, die undankbar genug waren, zu behaupten, Washington sei ein typisches Beispiel für einen aus der Revolution geborenen Tyrannen. Die Erscheinung selbst ist nicht so schwer zu verstehen. Nachdem eine Revolution ihre Krise und die damit einhergehende Zentralisierung der Macht erlebt hat, bedarf es eines starken Führers zur Handhabung dieser Macht, sobald die wilde religiöse Energie der Krisenperiode verloschen ist. Diktatur und Revolution sind untrennbar verknüpft, denn die Revolutionen beseitigen oder schwächen die Gesetze, Bräuche, Gewohnheiten und Ansichten, welche die Menschen in der Gesellschaft zusammenhalten. Wenn dieser Kitt nicht mehr ausreicht, muß Gewalt an seine Stelle treten. Auf kurze Sicht ist militärische Gewalt das sozial und politisch wirksamste Gewaltmittel. Militär aber verlangt eine Rangordnung mit einem Oberbefehlshaber an der Spitze; eine Armee ist auf Gehorsam aufgebaut. Ferrero hat gesagt, daß die Gesellschaft, wenn die seidenen Fäden der Gewohnheit, der Überlieferung und Legitimität zerrissen sind, durch die ‚eisernen Ketten‘ der Diktatur zusammengehalten werden muß. Das ist heute bereits eine Binsenwahrheit geworden.

Die Einmannherrschaft kommt nicht sofort mit dem Einsetzen der Thermidor-Reaktion. Selbst Cromwell, der erste der drei Diktatoren, wurde mit der Auflösung des Rumpfparlaments noch nicht unbestrittener Herrscher. Die Reaktion auf die Krise ist zuerst langsam und unsicher. Die Gewalt ist nun schon ein selbstverständliches Mittel der Innenpolitik geworden. Aus der Krisenperiode ist eine Tendenz zum Dramatischen und Hundertprozentigen geblieben. Auch nüchterne, friedliche Menschen erleiden gelegentlich Rückfälle in die aufgeregte Haltung der Terrorzeit. In diesem Lichte betrachtet, sind die Moskauer Schauprozesse und Säuberungen der dreißiger Jahre kein Anzeichen dafür, daß die russische Revolution ungewöhnlich langlebig gewesen wäre oder nicht in unser Schema paßt. Diese Demonstrationen sind Nachwehen der Revolution, wie sie in einem Land zu erwarten sind, das nie die Segnungen der Magna Charta und der Operetten von Gilbert und Sullivan kennengelernt hat.

Mit der Zeit wird der Druck der Terrorzeit gelockert. An die Stelle der Revolutionstribunale treten ordentlichere Gerichte, die revolutionäre Polizei wird in die gewöhnliche übernommen, die allerdings nicht einer modernen demokratischen Polizei ähneln muß; den Richtblock, die Guillotine und die Erschießung behält man nur für die Hauptverbrecher bei. Das politische Leben nimmt nicht die idyllische Stabilität an, die manche unserer Zeitgenossen ‚die Wiederkehr von Ruhe und Ordnung' nennen und die wohl kaum je so schön war, wie es heute in den Büchern zu lesen steht, nicht einmal im nüchternen England des 19. Jahrhunderts oder im 13. Jahrhundert, in welchem Thomas von Aquin so angenehm lebte; die politische Gewaltanwendung gefällt noch manchem, der sich an sie gewöhnt hat, und sie lebt in Staatsstreichen, Säuberungen, Schauprozessen fort. Nur müssen Müller und Schulze nicht mehr mitspielen; der ‚Mann auf der Straße' hat Ruhe und ist nur noch, wie in normalen Zeiten, Zuschauer oder höchstens Komparse.

Allmählich werden auch die politisch Geächteten amnestiert und kehren zurück. Manchmal gehen sie wieder in den politischen Konkurrenzkampf; manchmal gehen sie in den Generalstab des modernen Lebens, die Bürokratie; manchmal ziehen sie sich in die Ruhe des Privatlebens zurück. Der Vorgang bei ihrer Vertreibung läuft nun in umgekehrter Richtung ab. Zuerst vertrieb man seinerzeit die ‚Rechteren', dann die ‚Linkeren'; jetzt läßt man erst die ‚Linkeren', dann die ‚Rechteren' zurückkommen: erst die fast reinen Radikalen, dann die Gemäßigten, dann die gemäßigten Konservativen, bis schließlich die endgültige Restauration die Reste der alten Clique zurückführt. So ging es jedenfalls in Frankreich und England. Nach 1653 faßten die Presbyterianer wieder

Mut und wagten sich politisch von neuem hervor. Ihnen folgten die gemäßigten Anglikaner und Königstreuen, bis 1660 die Stuarts und ihr Hof zurückkehrten. In Frankreich war die Reihenfolge durch Amnestiegesetze präzisiert: Erst kamen die noch überlebenden Girondins zurück, indes man über die unschuldigen Opfer des blutdürstigen Tigers Robespierre Tränen vergoß und ihnen Mahnmäler errichtete. Dann kamen die Feuillants, die Lafayettes, die strengen Royalisten und ähnliche Emigranten, die Napoleon allerdings ganz gut im Zaum zu halten wußte. Schließlich kamen 1814 die Bourbonen selbst.

Bisher sind die Romanows nicht nach Rußland zurückgekehrt. Es erwartet heute kaum jemand ernstlich ihre Restauration. Wir dürfen von unseren Revolutionen keinen vollständig gleichen Ablauf erwarten. Es ist aber deutlich, daß mit Ausnahme der abschließenden monarchischen Restauration der vorhin dargestellte Prozeß auch in Rußland langsam vor sich gegangen ist, zumindest seit dem Tode Lenins. Sogar die Aristokraten können heimkehren, wenn sie sich unterwerfen; es war im napoleonischen Frankreich ebenso. Auch der jetzt heiliggesprochene Gorki war ein *Rallié*, einer, der sich dem kommunistischen Regime erst anschloß, als der schlimmste Terror der Anfangszeit vorüber war. Dagegen wurden fast alle alten Bolschewiken, die Männer, die Rußland in der Krisenperiode beherrschten, liquidiert. Stalin konnte in seinen letzten Lebensjahren kaum noch persönliche Verbindung mit seiner revolutionären Vergangenheit pflegen. Es ist im Westen schon eine Binsenwahrheit geworden, daß Stalin und Chruschtschow Erben der Zaren sind.

Auf wen stützen sich die Regierungen des Thermidors und des altneuen Regimes, das schließlich aus der Revolution hervorgeht? Der Kreis ist ein bunter. Alte Aristokraten des ‚Schwertadels‘, Bürokraten aus der alten Schule, Lafayettisten, Girondins und sogar einige früher radikale Jakobiner dienten Napoleon. Männer wie Albemarle, Shaftesbury und Downing nahmen in der Regierung Karls II. nach der Restauration hohe Stellungen ein; sie standen nach dem Urteil der Historiker auf dem Boden der Errungenschaften der Cromwell-Partei. Die Karriere Downings ist ein Beispiel dafür, wie fähige Männer mit einer gewissen moralischen Elastizität eine Revolution erfolgreich überdauern können. Downing graduierte 1642 an der amerikanischen Harvard-Universität und ging zur Zeit der Puritanerherrschaft nach England. Er stieg in der Cromwell-Partei schnell auf und widmete sich namentlich der Diplomatie. Im richtigen Augenblick hing er den Mantel nach dem Winde und wurde in die Dienste des neuen Königs aufgenommen. Die Downing Street in London, Sitz des Ministerpräsidenten und des Außenministeriums, trägt den Namen dieses frühen und etwas untypischen Harvard-Absolventen. In Rußland sind die alten Bolschewiken in den höheren politischen Gremien zwar so gut wie vollständig ausgerottet, aber zweifellos haben sich viele von ihnen mit gelöschten Feuern in die große neue Bürokratie hinübergerettet. Die russische Bürokratie ist eine Bürokratie mit noch nicht voll anerkanntem erblichem Eigentumsrecht, was wahrscheinlich mit zu den Gründen des Terrorrückfalls von 1936 bis 1939 gehörte. Die russische Rekonvaleszenz verläuft nicht störungslos.

Die neue regierende Schicht ist also in allen unseren Gesellschaften recht buntscheckig. Ihre Mitglieder haben hinsichtlich ihrer soliden Herkunft, ihrer Bildung und früheren Parteizugehörigkeit wenig gemein. Was sie gemein haben, ist eine gewisse Anpassungsfähigkeit. Sie haben einen strengen, wenn auch etwas willkürlichen Ausleseprozeß hinter sich. Nach den Helden des Terrors erscheinen sie in vieler Hinsicht zahm und ohne eigene Initiative. Sie machen ihre Sache aber ganz gut; sie bringen Institutionen, Gesetze, Gewohnheiten, alle die notwendigen Dinge, die zum Regieren und Verwalten gehören, wieder zum regelmäßigen Funktionieren.

Mit der Amnestie für die früheren Gemäßigten geht der umgekehrte Prozeß der Verfolgung und Unterdrückung der hartnäckigen Revolutionäre aller Art einher. Je weiter die Reaktion nach rechts geht, desto weiter zieht sie den Kreis der Revolutionäre, die nun ausgeschaltet werden müssen. Die Thermidorianer sind gern bereit, in der richtigen Richtung weiter terroristische Methoden anzuwenden. Der weiße Terror ist so real wie der rote. Selbst in England verfolgte das bekannte Clarendon-Gesetz der Restauration die Revolutionäre in ähnlicher Weise, wie es später in Frankreich und Rußland geschah. Der geschickte und charakterlose

Extremist versteht fast immer den weißen Terror zu überleben –
das beste Beispiel ist wieder Fouché. Nur die überzeugungstreuen,
charaktervollen Extremisten werden zu Opfern.

Die aktivsten und rabiatesten Führer des Originalterrors werden natürlich beseitigt, entweder durch Verbannung oder Tod.
Jetzt heißt es, daß sie Fanatiker, Schurken, blutdürstige Tyrannen, Lumpen waren. Sie werden zu willkommenen Sündenböcken
für die Schwierigkeiten, auf die das neue Regime stößt. Wenn ein
besonders kapitaler Sündenbock vorhanden und sogar schon tot
ist, dann ist es um so besser. Nach der Stuart-Restauration wurde
Cromwells Leiche ausgegraben und in Tyburn an den Galgen ge-
hängt. Dasselbe geschah mit den Leichen seiner Mitarbeiter Ireton
und Bradshaw. Er wurde nun ein Tyrann, ein Ungeheuer, ein Re-
ligionsschänder. Das blieb er bis ins 19. Jahrhundert hinein. Dann
begann Carlyle mit seiner Rehabilitierung, die wieder einen Helden aus ihm machte. Abgesehen von einer kleinen Sekte unter Albert Mathiez, hat Robespierre allerdings nie wieder den Helden-
status erreicht. Die Thermidorianer machten Robespierre zum
Sündenbock Nummer 1, zum Rädelsführer einer Terroristenban-
de, einem eitlen, launenhaften Tyrannen, einem blutbefleckten
Schurken. Lenin (der übrigens Robespierre sehr verehrte) starb
zwar als Heiliger und blieb es auch, aber zum Glück für Stalin war
Trotzki als erstklassiger Sündenbock vorhanden. Der Vorrat an
Sündenböcken in der Sowjetunion scheint überhaupt unerschöpf-
lich zu sein.

Der Auftrieb des Ideals ist nun verschwunden, obwohl die großen Phrasen, zum Ritual erstarrt, noch da sind. Die neue herrschende Klasse verrichtet ihre Arbeit, so gut sie kann. Sie hat aber
offenkundig auch die Absicht, das Leben zu genießen, die Privilegien und Güter zu besitzen, die jede herrschende Klasse bisher
besessen hat. Diese neue herrschende Klasse wird bestimmt nicht
versuchen, Freiheit, Gleichheit und Brüderlichkeit für jedermann
zu erreichen. Sie bejaht die soziale Schichtung, wie sie sich im
Laufe der Revolution herausgebildet hat. Ihre inneren Konflikte
wird sie, soweit es möglich ist, nach der traditionellen Art herr-
schender Klassen erledigen. Es wird keinen gefährlichen direkten
Appell an das Volk geben, keine Gefahr eines großen Volksauf-

standes. Wir haben schon festgestellt, daß mit dem Näherrücken
der Krisenperiode das Volk immer weniger an der aktiven Politik
beteiligt ist, daß die Extremisten mehr durch einen Staatsstreich
als durch eine Massenerhebung an die Macht gelangen. Bei den
Thermidor-Männern setzt sich dieser Prozeß fort, bis die politischen Veränderungen, die Machtverschiebungen in dieser Periode
– und diese sind zahlreich, dabei keineswegs sämtlich friedlich
und geordnet – kaum noch mehr sind als Palastrevolutionen.
Wenn alles ruhig geworden ist und kein ernsthaftes Risiko mehr
besteht, wagen die Sieger eine Volksabstimmung. Der Schein muß
gewahrt werden; ein paar Klischees über den ‚Volkswillen‘ sind
nun ein fester Bestandteil des Bewußtseins von Müller und Schulze geworden. Darum ist die sowjetrussische Verfassung seit 1936
so ‚demokratisch‘.

Müller und Schulze mögen von dem politischen Wirbel genug
haben. Es geht ihnen aber in der Thermidorperiode nicht gerade
gut. Zu den auffallendsten Gleichartigkeiten dieser Periode gehört
es, daß wirtschaftliche Schwierigkeiten, namentlich in den untersten Schichten, allgemeiner sind als unter dem Terror oder in den
letzten Jahren des alten Regimes. Das ist namentlich in Frankreich und in der Sowjetunion zu beobachten, aber in gewissem
Grade auch in England nach 1650 und in Amerika während der
ersten Jahre der Unabhängigkeit. Die Thermidor-Männer hoben
in Frankreich die Festpreise und die Rationierung auf; die Preise
kletterten, das Papiergeld entwertete sich, die Zeche zahlten die
besitzlosen Klassen. Nie ging es den Franzosen so schlecht wie in
den Wintern der Jahre 1795 und 1796. Dennoch passierte nichts
außer ein paar kleinen Brotkrawallen in den großen Städten, mit
denen die Regierung leicht fertig wurde. Auch in Sowjetrußland
kosteten die Kulakenliquidierung und die große Hungersnot während des ersten Fünfjahresplans mehr Opfer als selbst die Periode
des Kriegskommunismus. Daß diese Leiden nicht zu einem Aufstand führten, läßt sich wohl damit erklären, daß Leiden an sich
noch keine Revolution hervorrufen. Es kann auch sein, daß die
neue herrschende Klasse während des Thermidors in wirksamerer
Weise Gewalt anwendet, als es die alte herrschende Klasse tat. Es
kann auch sein, daß bis zum Thermidor die große Masse des Vol-

kes, die weder reich noch arm ist, auch nicht eben im allergrößten
Elend lebt, einfach erschöpft ist, seelisch leergepumpt durch die
Erlebnisse des Feldzugs für die ‚Republik der Tugend'.

Der Antrieb des Ideals ist auch aus den Kriegen verschwunden, welche die Revolutionäre zur Verbreitung ihres Evangeliums
führen. Gewiß waren diese Kriege nie wirklich nur der Verbreitung dieses Evangeliums gewidmet; auch werden die Schlagworte
dieses Evangeliums noch lange nach der heroischen Krisenperiode
benutzt. Doch tritt allmählich ein aggressiver Nationalismus an
die Stelle des Missionarentums, der messianische Kreuzzug wird
immer deutlicher zum Eroberungskrieg. Cromwell konzentrierte
alle Energien Englands auf die Rückeroberung Irlands und dann
auf die Wiederherstellung des englischen Prestiges in der Welt.
Die Besetzung Jamaikas erscheint klein neben den Eroberungen
Napoleons, gehört aber soziologisch zu dem gleichen Verhalten.
Bei den idealistischen Revolutionären Sexby und Blake hatte der
Patriotismus in den ersten Jahren die Form des Wunsches angenommen, ganz Europa zu republikanisieren. Um 1655 war der
englische Patriotismus wieder ziemlich normal geworden. Die
französische Nationalpolitik war unter dem Direktorium und unter Napoleon ebenfalls ganz konventionell, wie selbst die Anbeter
Napoleons zugeben müssen.

In den ersten Jahren der russischen Revolution schwor man
dem Nationalismus im aggressiven Sinne des Wortes bieder ab, im
Einklang mit den Losungen von Marx. Im rein kulturellen Sinne
wurde er zur vielgepriesenen Grundlage des sowjetischen Föderalis-
lismus. Vielen Bewunderern der russischen Revolution wird es
durchaus nicht in den Kopf wollen, daß auch Rußland sich gemäß
dem Schema der anderen Revolutionen entwickelt hat, daß auch
hier die Gleichartigkeit der revolutionären Entwicklung zu finden
ist, die den messianischen Bekehrungseifer gegenüber anderen
Ländern in den aggressiven Nationalismus umschlagen läßt, der
uns nur zu gut bekannt ist. Der Skeptiker kann nur erwidern, daß
die vielgerühmte föderale Gleichberechtigung der Volksgruppen
in der Sowjetunion sich als nicht unvereinbar mit der praktischen
Vorherrschaft der Großrussen erwiesen hat, wenn auch die Sowjetregierung in den meisten Dingen gegenüber den anderen na-

tionalen Gruppen ‚liberaler' geworden ist als das Zarenreich, sie
auch mit mehr Erfolg in die höhere Einheit der UdSSR eingebaut
hat. Auch in der UdSSR aber fand man es nötig, die Wolgadeut-
schen und bestimmte autonome Volksgruppen im Kaukasus und
auf der Krimhalbinsel nach der Vertreibung der deutschen Heere
(1943 bis 1944) von der Landkarte zu streichen.

Für unsere Zwecke ist das deutliche Wiederauftreten des gewöhnlichen Nationalismus seit Stalin wichtiger. Noch Ende der
dreißiger Jahre konnten die unentwegten Sowjetfreunde die schon
damals unverkennbaren Anzeichen des wiedererstehenden Nationalismus – die Rehabilitierung der historischen Helden der Zarenzeit, die Rückkehr zur alten Gleichgewichtspolitik usw. – als rein
defensive Maßnahmen gegen die Bedrohung durch Hitler erklären. Seit 1939 aber kann nur noch ein ungewöhnlich dickfelliger
Sympathisant daran zweifeln, daß das kommunistische Rußland
zumindest so schlicht und so aggressiv nationalistisch ist, wie das
Zarenreich es je gewesen ist. Daß das die weniger intelligente Sorte
von Konservativen im Westen gern hört und sagt, ändert nichts an
der Wahrheit der Sache.

Die Rückkehr der Kirche

Die Stelle der staatlich anerkannten Religionsgemeinschaften des
alten Regimes ist ein Gradmesser der thermidorianischen Reaktion. Die Extremisten entwickeln ihre eigene Religion, einen unduldsamen kriegerischen Glauben, der seine Bekenner zum Sturm
auf die Tore des Himmelreiches auf Erden ansetzt. Natürlich verfolgen die Extremisten während ihrer Herrschaft die alten Religionen, ob katholisch oder protestantisch oder orthodox. Die englischen Unabhängigen verfolgten Papisten, Prälatisten und Presbyterianer mit einem ungefähr in gleicher Reihenfolge abnehmenden
Eifer. In Frankreich war die katholische Kirche lange genug die
Zielscheibe der Angriffe der Aufklärer gewesen. Die siegreichen
Jakobiner waren sich nicht darüber einig, wie die Kirche zu behandeln wäre beziehungsweise was man an ihre Stelle setzen sollte. Der Kult der Vernunft, des Vaterlandes, des ‚Höchsten Wesens', alle hatten ihre Befürworter. Man konnte sich einigermaßen

über den Bann gegen die eidverweigernden Katholiken einigen,
die dem Papst treu blieben. Auf dem Höhepunkt des Terrors
konnten sich die radikalsten ‚Entchristlicher' in einigen Provinzen austoben. Sie zerstörten oder schändeten Kirchen, guilloti-
nierten oder verjagten Priester, führten Parodien auf katholische
Kulthandlungen auf. Fouché ließ in Nevers über der Friedhofstür
die Behauptung anbringen: „Der Tod ist ein ewiger Schlaf."

Die Bolschewiken wurden zum Haß gegen die orthodoxe Kirche erzogen, einem zumindest so starken Haß, wie ihn die Jakobiner gegen die katholische Kirche gehegt hatten. Sie glaubten,
durch ständige Wiederholung des Satzes im Glauben an ihn be-
stärkt, daß Religion ‚Opium für das Volk' sei. Sich selbst hielten
sie für wissenschaftlich denkende Menschen und daher Atheisten.
An die Macht gekommen, begannen die Bolschewisten einen Feldzug gegen die Kirche. In der Zeit des Kriegskommunismus hatten
sie allerdings genug anderes zu tun und überließen den Klerus
mehr oder minder sich selbst. Es gab natürlich die üblichen Gewaltakte gegen einzelne Geistliche und gegen Kirchengebäude, es
gab Klosterschließungen usw. Die Priester wurden selbstredend
als unproduktive Kategorie eingestuft und hatten während der
Hungerzeit mehr als das übrige Volk unter Nahrungsmangel zu
leiden. Man hat jedoch im ganzen den Eindruck, daß der Terror
gegen das organisierte Christentum in Rußland nicht ganz so heftig war wie seinerzeit in Frankreich. Die Bolschewiken glaubten
fest an die Macht der richtigen Erziehung und hatten von Anfang
an den Plan eines staatlichen Erziehungsmonopols, das die Jugend gegen die Gefahr der Ansteckung mit christlichen Begriffen
sichern sollte. Was die Erwachsenen betraf, so verließ sich die Regierung auf die antireligiöse Propaganda, auf die Museen, welche
die Fälschungen und Greuel der alten Religion zeigten, auf die allgemeine Ausbreitung der Aufklärung und des diesseitigen Denkens. Die Liga der Gottlosen (Besboschniki), ein sehr militanter
Verein, wurde mit Regierungsförderung gegründet, die Zeichner
und Drucker stellten Plakate für sie her, die Zeitungen beteiligten
sich begeistert an dieser relativ ungefährlichen Tätigkeit. In den
Jahren nach 1920 berichteten ausländische Beobachter mit an-

scheinend gutem Grund, daß das Christentum in Rußland im Aussterben sei.

Heute ist eine solche Aussage recht unsicher geworden. Man
kann über den jetzigen Stand der kirchlichen Dinge in Sowjetrußland schwer einen verläßlichen Bericht bekommen. Der Eiserne
Vorhang ist hier besonders schwer zu durchdringen. Es steht aber
fest, daß auch nach 40 Jahren bolschewistischer Herrschaft das
Christentum in der Sowjetunion keineswegs ausgelöscht worden
und auch nicht ganz auf Leute beschränkt ist, die aus der Zeit vor
der Revolution stammen. Während des zweiten Weltkrieges ließ
sich die Sowjetregierung gern von der Kirche beziehungsweise deren Resten helfen, die Heimatmoral aufrechtzuerhalten. Schon in
den dreißiger Jahren schloß die Kirche ihren Frieden mit dem
Kommunismus. Es stimmt weiter, daß der Kommunismus, wie vor
ihm das Jakobinertum, es mit seiner antichristlichen Sendung
sehr ernst meint. Vielleicht wird das Christentum in ein oder zwei
Generationen wirklich aus Rußland verschwunden sein; in einigen
der jetzigen Vasallenstaaten, wie Polen oder Ungarn, dürfte das
allerdings schwerer werden. Wahrscheinlicher ist es aber, daß
auch in Rußland das Christentum und der militante, antichristli-
che ‚Materialismus' weiter auf Grund einer unsicheren gegenseiti-
gen Duldung nebeneinander bestehen werden. Die ‚Stumpf-und-
Stiel-Methode' – siehe England im 17. Jahrhundert – hat auch in
Rußland nicht gewirkt. Man kann auch heute noch im Land der
siegreichen marxistischen Revolution zum orthodoxen Gottes-
dienst gehen. Das Politbüro geht nicht hin; aber die Minister der
Dritten Republik in Frankreich gingen ebenfalls nicht zur Messe
– offiziell. Der offizielle Kommunismus mag so fromm materiali-
stisch, positivistisch und antiklerikal sein, wie der offizielle französische Radikalsozialismus es noch vor nicht langer Zeit war –
und ebenso seltsam bereit, sich mit der Existenz der Christen ab-
zufinden, auf deren Ausrottung beide schon verzichtet haben.

Auf allen Seiten findet man Anzeichen, die in die gleiche Richtung deuten: Unter Stalins thermidorianischem Regiment kam die
orthodoxe Kirche allmählich wieder zu einer anerkannten, wenn
auch noch unsicheren Stellung im Leben Rußlands.

In Frankreich ging die Versöhnung der Thermidorianer mit
der Kirche so schnell, daß kaum zehn Jahre nach der ‚Entchrist-
lichung' Napoleon bereits ein Konkordat unterzeichnen konnte,
das den Status der katholischen Kirche als Staatskirche wieder-
herstellte. Auf dem Höhepunkt des Terrors hatten die Katholiken
ihre Gottesdienste heimlich abhalten müssen, obwohl die Verfassung die Religionsfreiheit verbürgte. Nach dem Sturz Robespierres wagten sie wieder öffentliche Messen in den verschont geblie-
benen Kirchen. Mit der zunehmenden Amnestierung der Gemäßigten wurde die Haltung der Regierung zunehmend freundlicher
zur Kirche. Nach 1796 herrschte in Frankreich praktisch volle
Religionsfreiheit. Kirche und Staat waren so gut wie getrennt. Napoleon und viele Angehörige der neuen herrschenden Klasse hielten es für notwendig, die Katholiken ganz für sich zu gewinnen;
darum kam es zum Konkordat. Die Kirche hatte aber nicht mehr
ganz die Stellung wie unter dem *ancien régime*, wo sie die einzige
staatlich anerkannte Glaubensgemeinschaft gebildet hatte. Die
protestantische und die jüdische Religion erhielten neben ihr die
Gleichberechtigung.

In der amerikanischen Revolution spielt das organisierte Christentum nicht dieselbe Rolle. In England dagegen ist die Entwicklung in großen Zügen ähnlich wie in Frankreich und Rußland. Die
Staatskirche des alten Regimes war hier die Hochkirche, die
Church of England. Sie stand in vieler Hinsicht – liturgisch, theo-
logisch, in ihrem hierarchischen Aufbau – der katholischen Tradition nahe. Die neue revolutionäre Religion war der Kalvinismus in
seinen verschiedenen Formen, unter denen der Independentis-
mus, die ‚unabhängige' Kirche, schließlich die Oberhand behielt.
Unter der Herrschaft der Unabhängigen wurde der anglikanische
Kultus verboten; dasselbe geschah mit konkurrierenden kalvinistischen Kulten. Zumindest auf dem Papier war diese Glaubens-
verfolgung sogar noch heftiger als später in Frankreich und Rußland. Zwischen den Sekten herrschte ein wilder Broschürenkrieg.
Die Verfasser der Streitschriften waren Gelehrte, die über einen
reichen Wortschatz und starre Überzeugungen verfügten. Dagegen gab es, ausgenommen in Irland, verhältnismäßig wenig Gewalttaten und Blutvergießen nur wegen religiöser Fragen, jeden-

falls weit weniger als in Frankreich und Rußland. Mit dem Verbot
der radikaleren Sekten, namentlich der Quäker, begann in England der Umschwung. In den letzten Jahren Cromwells setzten
sich Presbyterianer und sogar Anglikaner im öffentlichen Leben
wieder durch und genossen praktisch Kultfreiheit. Als Karl II. zu-
rückkehrte, war die Hochkirche nahezu in alle ihre alten Rechte
wiedereingesetzt und genoß auch wieder beinahe das alte Ansehen. Der Zyklus ging nun in der üblichen Weise weiter, indem jetzt
die Sekten verfolgt wurden, welche die Revolution gemacht hatten, das aber nur halbherzig, die ‚Dissenter‘ wurden zu Nonkonformisten und heute zu Freikirchlern.

Die Vergnügungssucht

Am reizvollsten ist das Studium der thermidorianischen Reaktion
für den Sozialhistoriker. In der Kleidung, in den Vergnügungen
und den kleinen Einzelheiten des täglichen Lebens der Menschen
kommt erst richtig zum Ausdruck, wie sehr das Volk die ‚Tugendrepublik‘ über Bord geworfen hat. Dieses plötzliche Lockern der
Zügel ist so ausgeprägt, daß kein Geschichtsschreiber daran vor-
übergehen kann. Die meisten liberalen Historiker des 19. Jahrhunderts verhehlten nicht ihre Enttäuschung und ihren Ekel,
wenn sie zu den Ausschweifungen der englischen Restauration
oder des Pariser Direktoriums kamen. Die Strenge des tugendhaften Lebens nach Kalvin oder Robespierre schien immerhin ein ed-
les Ziel, dem heroisch zuzustreben eine Zierde war, jedenfalls für
ein Geschichtswerk. Dagegen wirkte das Tun einer Gesellschaft, in
welcher eine Nell Gwyn oder eine Teresia de Cabarrus anscheinend die Hauptrolle spielte, wenig erbaulich. Lehrhafte Geschichtsbücher konnten hier nur unter Hinzufügung entsprechender Sittenpredigten geschrieben werden. Skandalschriftsteller,
romantische Biographen und andere Lieferanten eines verderbten
Publikumsgeschmacks haben sich selbstredend mit Wonne auf
diese Seite des Thermidors mit ihrem *Hautgout* gestürzt, aber die
hochgesinnten Männer, die ernsthaft Geschichte schreiben, sind
an diesen Perioden nur mit zugehaltener Nase vorübergegangen.
Aus dieser und jener Quelle können wir dennoch das Notwendig-

ste über die Sozialgeschichte unserer Gesellschaften in dieser Phase der Revolution erfahren. Wir wollen uns bestreben, weder schockiert zu tun noch einen angenehmen Kitzel zu empfinden. Vielmehr wollen wir untersuchen, wieweit die offenkundige sittliche Lockerung der Thermidor-Reaktion sich den gleichartigen Abläufen anreiht, die wir herausgearbeitet haben. Zunächst wollen wir die Tatsachen betrachten.

Binnen wenigen Tagen nach der Hinrichtung Robespierres und seiner namhaftesten Anhänger begannen die Pariser öffentlich und mit sichtlicher Begeisterung in einer ganzen Reihe von Vergnügungen zu schwelgen, die ihnen während des Terrors versagt geblieben waren. Die Politiker mochten denken: „Der Terror bleibt auf der Tagesordnung, bis die letzten Feinde der Republik vernichtet sind." Das Volk aber setzte diesmal seine Wünsche und Bedürfnisse unmittelbar durch, ob die Politiker wollten oder nicht. Man hat den Eindruck, daß kaum ein Phänomen im Laufe der französischen Revolution so wahrhaft ‚spontan' war und vom Volke ausging wie die Reaktion auf die Verbote der Terrorzeit. Das Volk von Paris sah den Tod Robespierres als Signal dafür an, daß man nun wieder Freiheit hatte.

In ganz Paris taten sich Tanzsäle auf. Die Prostituierten nahmen ‚mit ihrer früheren Kühnheit' den Betrieb wieder auf, wie der Polizeibericht aussagte. Gutangezogene junge Männer aus wohlhabenden Familien betranken sich ganz unrepublikanisch und verprügelten säuerliche, tugendhafte Republikaner. Das war die *Jeunesse dorée* ohne Träume von einer Tugendrepublik. Heute würde man ihr sofort die Etikette ‚faschistisch' aufkleben. Während der Krisenperiode hatte die Nüchternheit die männliche wie die weibliche Kleidung beherrscht. Die Frauen wurden in fließende römische Gewänder und eine mehr als römische Tugend gehüllt. Das alles änderte sich nun. Die jungen Männer trugen nun elegante Westen, enge Hosen und hohe Kragen. Die Damenschneider ließen sich noch klassisch inspirieren, aber mit sicherem erotischem Gefühl konzentrierten sie sich auf geschickte Enthüllung des Busens. Das *Costume directoire* ist ein gutes Sinnbild dieser Periode.

Mit der Aufhebung der amtlichen Höchstpreise und der anschließenden Inflation entstand eine Klasse von Neureichen: Spekulanten, Kriegsgewinnler, geschickte Politiker. Parlamentarische Skandale gibt es auch in früheren Revolutionsperioden, sogar während der Krise. Manchem Abgeordneten des Langen Parlaments oder des Konvents kann man selbst in der Blütezeit der Revolution ganz gehörige Korruption nachweisen. In diesen Perioden folgte aber schnelle Strafe mit Sicherheit auf die Enthüllung. Im Thermidor scheint niemand etwas an solchen Vorgängen zu finden. Nichts geschieht dagegen. Man klatscht, ein paar Leute sind empört. Im allgemeinen werden aber Politiker, die erfolgreich Korruption getrieben haben, nur bewundert, wie das später auch in den USA so sein sollte.

Die Thermidorianer gaben reichlich und auf vulgäre Art Geld aus. Der Terror lag ihnen noch in den Knochen, sie fürchteten seine Wiederkehr und wußten nicht, wie lange Geld und Stellung halten würden. Sie spielten, sie veranstalteten Pferderennen und Hahnenkämpfe, sie tanzten wie verrückt. Das alles geschah lärmend und ohne Rücksicht auf die Wohlanständigkeit des 18. Jahrhunderts. In diesen kurzen Jahren wurde der Grund für den romantischen Geschmack gelegt, der Frankreich im 19. Jahrhundert beherrschte. Die Damen der Direktorialzeit sind der Freiheit ihrer Sitten wegen in die Geschichte eingegangen. An ihrer Spitze stand Teresia de Cabarrus, die frühere Geliebte und spätere Gattin des korrupten Volksvertreters Tallien. Sie hieß allgemein *Notre Dame de Thermidor*. In dem Spitznamen kommt der ganze Zynismus der Periode zum Ausdruck.

Die Zeit Karls II. war eine extreme Reaktion auf die ‚Regierung der Heiligen‘. Lustspiele der Restaurationszeit sind in den angelsächsischen Ländern, namentlich seit der viktorianischen Periode, ein Symbol für Stücke geworden, bei denen ein anständiger Mensch zu erröten hat. *Nell Gwyn* ist in England eine historische Figur geworden. (König Karl II. holte das Blumenmädchen zu sich ins Schloß.) Sie stand triumphierend einem Hofleben vor, in welchem das ‚Laster‘ so aristokratisch war, wie es der tugendhafteste Bürgerliche nur wünschen und argwöhnen konnte. Der puritanische Sittenkodex setzte sich nie ganz durch, auch nicht

nach der Hinrichtung Karls I. Die weniger öffentlichen Vergnügungen blieben stets möglich. Die Verbote von Pferderennen,
Tanzbären, Weihnachts- und anderen heidnischen Feiern wurden
vom Volk auf ähnliche Weise annulliert wie das Alkoholverbot in
Amerika im 20. Jahrhundert. Schon die Strenge der puritanischen
Verbote deutete darauf hin, wie schwer es den Puritanern wurde,
alle Engländer zu einem Verhalten zu bringen, das nicht „den Gerechten in die Nase stinken" würde.

Immerhin war das Puritaner-Regime streng und starr genug,
um die Nichtpuritaner zu erbittern. In den Grundzügen war die
thermidorianische Reaktion in England ähnlich wie in Frankreich. Ästhetisch gesehen, stand sie auf weit höherem Niveau; es
fehlte die Mischung von Parvenüs und müden Aristokraten, die
den französischen Thermidor kennzeichnen sollte. In der unver-
hüllten Rückkehr zur Sinnlichkeit, zum Glücksspiel, zum Alkohol, zum Tanz, zum offenen *Faire l'amour*, zu einer leichtbe-
schwingten, ja zynischen Literatur, zur Freude an Kleidern und
zu hundert anderen Eitelkeiten bieten beide Länder jedoch eine
Parallele. Auch die englische Restauration pflegte einen Stil, den
keusche Seelen anstößig fanden. In der Damenmode war der Kontrast zu der vorangegangenen Periode deutlich. Man trug farben-
freudige Kleider mit gewaltigen Spitzenhüten, man schminkte sich
reichlich, man trug und zeigte brokatgeschmückte Unterröcke.

Über die Lockerung der Sitten im französischen und englischen Thermidor wissen wir genug. Die Fakten über eine gleich-
laufende Entwicklung in Sowjetrußland sind schwieriger festzustellen. Sie stehen noch nicht historisch genau fest. Immerhin zeigten sich in Rußland, ehe die Kriegsgefahr neue Einschränkungen
brachte, unzweifelhafte Anzeichen einer Rückkehr zu den einfacheren ‚fleischlichen' Genüssen. Es scheint in Rußland keine Nell
Gwyn und keine Madame de Cabarrus gegeben zu haben. Wir
dürfen jedoch auch diesmal keine ganz genaue Übereinstimmung
unserer Gleichmäßigkeiten erwarten. In großen Zügen verläuft
der russische Thermidor sozial und moralisch nicht anders als der
politische.

Zunächst begann der russische Thermidor noch zu Lebzeiten
Lenins, mit der NEP im Jahre 1921. Privateigentum und privates

Unternehmertum wurden in Rußland wieder zugelassen. Die
NEP-Leute, die neue Klasse von Geschäftsleuten, die nun entstand, erinnern doch sehr an die Profitmacher in Frankreich nach
der Aufhebung der Festpreise, die auf Robespierres Hinrichtung
folgte. Sie fühlten sich in ihrer Position nie ganz sicher und behielten viele der Schwarzhandelsgewohnheiten aus der Terrorzeit bei.
Als Klasse waren sie ungewöhnlich ordinär, geldgierig, grob und
laut. In den nächsten Jahren kehrten Prostitution, Glücksspiele
und andere nichtmarxistische Vergnügungen so deutlich wieder,
daß nur hundertfünfzigprozentige Sympathisanten sie übersehen
konnten. Die meisten Besucher Rußlands seit 1917 waren am normalen Gebrauch ihrer Augen gehindert – weniger durch die kommunistischen Fremdenführer als durch ihre persönliche Überzeugung, daß im marxistischen Himmelreich alles wunderbar sein
muß. Vor dem ersten Fünfjahresplan war jedoch die Rückkehr
der bürgerlichen Laster so offenkundig, daß sogar ausländische
Kommunisten diese Tatsache bemerkten. Das gilt namentlich für
die Zeit um 1925.

Stalins scheinbare Rückkehr zum Kommunismus in den Jahren 1928 bis 1929 bedeutet nicht mehr als Napoleons scheinbarer
Bannstrahl gegen die Korruption und Sittenlosigkeit des *Directoire*
nach dem 18. Brumaire. In allen unseren Gesellschaften sieht man
etwas wie eine Reaktion auf die Thermidor-Reaktion. Die Masse
der Menschen kann sich der Sünde ebensowenig dauernd und mit
einem gewissen Heroismus widmen wie der Heiligkeit. Die tausend
Tanzhallen, die in Paris nach dem Terror eröffnet wurden, hätten
nur rentabel bleiben können, wenn der Großteil der Pariser Bevölkerung den Großteil seiner Zeit mit Tanzen verbracht hätte.
Ungeachtet angelsächsischer Vorstellungen darüber, sind die Pariser doch nicht so gebaut.

In den Jahren nach der Krise des Terrors gibt es eine Art
Schaukeln zwischen Sittenstrenge und Sittenlockerung, das mit
einem Gleichgewichtszustand endet. Die meisten Menschen verhalten sich hinsichtlich des Glücksspiels, des Alkohols, der Liebe,
der Verzierung ihrer eigenen Person und der Freizeitgestaltung
ungefähr so wie ihre Vorfahren. Betrachten wir das Stalinsche
Rußland vor dem zweiten Weltkrieg und fragen wir uns, wieweit

hier der alte Adam beziehungsweise die alte Eva die Möglichkeit
hatte, sich im Leben der Russen wieder geltend zu machen, so werden wir ein besseres Bild von der Wirklichkeit des Thermidors in
Rußland bekommen als aus allem marxistischen oder antimarxi-
stischen Theoretisieren.

Eugene Lyons, der amerikanische Journalist, der einst als
Sympathisant in Moskau tätig war und dort seine Sympathie für
den Kommunismus gründlich verlor, erzählt von dem Ärger des
Vertreters eines deutschamerikanischen Kommunistenblattes,
dem der Zutritt zu einem amtlichen Empfang in Moskau verweigert wurde, weil er nicht im Smoking erschien. Der Smoking als
Zubehör der Diktatur des Proletariats! Nichts könnte absurder,
unlogischer und natürlicher sein. Der Smoking befriedigt eine
ganze Reihe menschlicher Bedürfnisse, doch das gehört in die Anthropologie. Keine unserer Revolutionen hatte langfristige Wirkungen auf diese menschlichen Grundbedürfnisse. Ein Kommissar braucht den Smoking ebenso wie ein Senator.

Viele Einzelheiten könnten zusammengetragen werden, um zu
zeigen, daß die proletarische Diktatur im Rußland vor dem zweiten Weltkrieg keineswegs die Diktatur der Tugend war, die wir aus
den anderen Revolutionskrisen kennen. Der Jazz zum Beispiel
war in Rußland lange verboten. Er war offensichtlich das Produkt
einer dekadenten bürgerlichen Kultur, eine unsittliche Methode
zur Anregung von etwas, wofür kein guter Marxist eine Anregung
wünscht beziehungsweise braucht, eine der proteusgleich wech-
selnden Formen des ‚Opiums für das Volk‘ in den kapitalistischen
Ländern. Kommunisten hatten nur aus reiner Freude zur Beglei-
tung unschuldiger, frühlingsfrischer Musik zu tanzen. Ende der
zwanziger Jahre jedoch begannen Foxtrott und ähnliche Tänze ins
kommunistische Rußland einzusickern. Ehe die neue Feindschaft
gegen den Westen einsetzte, wurde amerikanische Tanzmusik in
Rußland fast ebenso oft und ebenso schlecht gespielt wie im übrigen Europa.

In Rußland gibt es kein Einzelereignis von der Art des Sturzes
Robespierres, das eine Datierung des Thermidors gestatten wür-
de. Dagegen gibt es eine ganze Reihe kleiner Dinge des täglichen
Lebens, die sich zu einem umfangreichen Bild einer tatsächlichen

russischen Reaktion vereinigen. Ein Jugendführer erschien vor einem Jugendkongreß in einem bunten Halstuch westlicher Art. In Moskau wurde eine Modeschau abgehalten; die Mannequins glitten mit konventionellem Lächeln vorbei, fast als ob sie arme kleine Lohnsklavinnen in Paris oder New York wären. Lippenstift und andere Kosmetika tauchten auch in den Arbeiterläden auf. Kriminalgeschichten, Liebesgeschichten und ähnliches begannen in Zeitungen zu erscheinen, die bisher über solchen kapitalistischen Schund erhaben gewesen waren und ihre Spalten ausschließlich der hohen Politik gewidmet hatten. Man drehte Filme, in denen es deutlich erkennbare Menschen gab, menschlich, unbedeutend, komisch, dumm, eifersüchtig, sogar recht russisch – nicht mehr die blutleeren Abstraktionen, die bislang als Kapitalisten, Gutsbesitzer, Kommunisten, Proletarier, Revolutionäre aufgetreten waren.

Die Familie hatten die Bolschewiken ganz abgetan. Sie war eine Einrichtung des *ancien régime*, mit allen möglichen religiösen Elementen verflochten, gesellschaftlich unbedingt rückschrittlich. Die Familie war eine enge, dumpfe Brutstätte des Egoismus, der Eifersucht, der Liebe zum Eigentum und der Gleichgültigkeit gegen die großen gesellschaftlichen Notwendigkeiten. Die Familie übertrug die Dummheiten der Alten auf die Jungen. Die Bolschewiken wollten die Familie auflösen, die Scheidung erleichtern, die Kinder zum kommunistischen Altruismus erziehen, an kollektives Arbeiten und kollektives Leben gewöhnen, den Einfluß der Kirche auf Familienbeziehungen ausschalten. Seit Stalin bemühte man sich aber wieder um die Einimpfung der alten Familientugenden. Film, Theater und Romane stellten den Respekt vor den Eltern wieder her, überhaupt die Achtung vor den Familienbanden. Es scheint, daß die Galanterie gegenüber Frauen wiederkehrt, die doch ein erschreckendes Überbleibsel des Feudalismus ist, ein Symbol der zweitrangigen Stellung der Frau in der Gesellschaft. Die so leicht und billig wie nur möglich gemachte Ehescheidung wurde teurer und schwieriger. Die Regierung bemühte sich um die Verbreitung der Anschauung, daß die Ehe eine ernste und für die Dauer gedachte Angelegenheit ist, sozusagen im Himmel (russischer Art) geschlossen wird. Die Abtreibung, die von den alten

Bolschewiken so legal und leicht gemacht worden war wie ein Blinddarmschnitt in anderen Ländern, wurde gesetzlich verboten, außer bei medizinischer Indikation. Man begann sogar den Kinderreichtum zu fördern. Das kann man natürlich mit der feindlichen kapitalistischen Umwelt erklären, gegen welche die russischen Babys eines Tages anzutreten haben werden. Es bleibt aber Tatsache, daß die Förderung des Kinderreichtums nicht der sozialistischen oder kommunistischen Tradition der früheren Zeit entspricht. Hinter all diesen Maßnahmen steht eine Atmosphäre, die man in den angelsächsischen Ländern viktorianisch nennen würde. Das ist vielleicht der wichtigste Indikator der russischen Entwicklung. Die heutigen Beherrscher Rußlands versuchen planmäßig die Gefühle zu züchten, die für Gesellschaften im Gleichgewicht kennzeichnend sind. Es sind die Familiengefühle, der einfache Patriotismus, die Liebe zur Arbeit und zur Routine, Gehorsam gegenüber den Herrschenden, Abneigung gegen individuelle Eigenheiten, kurz die „Elemente der Gruppenbeharrung" im Sinne Paretos.

In diesem Sinne ließ schon Stalin das Heruntermachen der russischen Geschichte einstellen. Die Russen hatten wieder zu lernen, daß sie eine ruhmreiche Vergangenheit hatten. Die byzantinischen Missionare, die das Christentum nach Rußland gebracht hatten, durften nicht mehr als Narren und Schurken dargestellt werden, Agenten des Imperialismus, verwerfliche Gestalten wie die heutigen Missionare, die die Bibel, den Rum und die Syphilis auf die Südseeinseln bringen. Vielmehr war das Christentum in Rußland als wesentlicher Schritt zur Vorbereitung der barbarischen Slawen auf höhere Dinge anzusehen. Peter der Große und Katharina II. durften nicht mehr zu grausamen Despoten gemacht werden. Auch sie hatten die Sendung Rußlands mitgestaltet. Ohne sie würden ungezählte Millionen Slawen und Asiaten heute nicht die Segnungen des Kommunismus genießen. Stalin hoffte wohl, daß ihn sein Volk um so mehr lieben würde, wenn es erführe, wie viele andere Stalins schon früher als Zaren über ihm gewaltet hatten.

Rußland: Permanente Revolution?

Es fällt uns trotz allem schwer, die russische Revolution als wirklich beendet zu erklären, als wenigstens so beendet, wie unsere
anderen Revolutionen nach einem vergleichbaren Zeitraum –
vierzig Jahre – gewesen sind. Wie wir eben gesehen haben, gab es
in Rußland nach 1921 viele Anzeichen für die Thermidor-Reaktion. Es kam aber nicht zu einer förmlichen Restauration des alten
Regimes. Diese Tatsache ist an sich nicht von Bedeutung, denn
keine der anderen Restaurationen hat das alte Regime wirklich so
wiederhergestellt, wie es vor der Revolution gewesen war. Die
Franzosen sagen: *Toute restauration est révolution.*

Für den Außenseiter sieht es, etwas vereinfacht ausgedrückt,
in der Tat so aus, als wäre die Herrschaft des Schreckens und der
Tugend, vor allem im Sinne des ständigen Drucks auf den einzelnen mit dem Ziel seiner Hineinziehung ins politische Gemein-
schaftsleben, seines ‚Auf-der-Höhe-der-revolutionären-Situation-
Bleibens‘, in Rußland eine periodisch wiederkehrende Erscheinung. Die Schrecken der Zwangskollektivierung der Landwirtschaft zu Anfang der dreißiger Jahre, die Prozesse, Geständnisse
und Säuberungen 1936 bis 1939, die von der Ermordung Kirows
ausgelöst wurden, die ständig erneute Abschnürung vom Westen,
die Durchsetzung der Parteilinie in Musik und Malerei, das alles
summiert sich zum Bilde einer ‚permanenten Revolution‘.

Wir müssen zunächst die Warnung wiederholen, die wir schon
so oft ausgesprochen haben: Wir dürfen keine strikte Identität
von unseren Revolutionen erwarten. Die Gleichartigkeiten, die
wir in ihnen zu finden bemüht sind, dürfen nicht zu Identitäten
werden; sonst müßten wir am wissenschaftlichen Charakter unserer Arbeit zweifeln. Weiter dürfen wir keine monistische Ursäch-
lichkeit annehmen. Wenn wir Unterschiede zwischen der russischen Revolution und unseren anderen Revolutionen finden, so ist
das nicht mit irgendeiner einzelnen Variablen in der russischen
Situation zu erklären. Wie stets bei verwickelten gesellschaftlichen
Vorgängen sind mehrere Variablen am Werk. Die amerikanischen
Autoren Beck und Godin haben ein Buch über den Rückfall in den
Terror von 1936 bis 1939 geschrieben, den sie die Jeschow-Peri-

ode nennen. (So hieß der damalige, später selbst hingerichtete Chef der Geheimpolizei.) Sie verzeichnen nicht weniger als 15 Theorien dieses Rückfalls, der wahrscheinlich mehr Opfer forderte als der Terror von 1918 bis 1921. In all diesen Erklärungen findet sich mindestens ein Körnchen Wahrheit.

An eine dieser Theorien können wir anknüpfen, wenn wir erklären wollen, warum das heutige Rußland sich immer noch, milde ausgedrückt, in der Rekonvaleszenzperiode nach dem Fieber der Revolution befindet. Die erwähnten Autoren nennen es die ‚Asien-Theorie‘, die in ihrer einfachsten Form dahin lautet, daß Rußland eine asiatische Nation ist, in der auch eine gemäß den großen westlichen Traditionen unserer anderen Revolutionen durchgeführte Revolution unmöglich in einer westlichen demokratischen Gesellschaft nach Art Englands, Amerikas und Frankreichs enden kann. Gibt man zu, daß Revolutionen mit der Rückkehr zwar nicht zum Status quo, aber zu einem Gleichgewichtszustand, einem ‚Normalzustand‘, enden, der erkennbar dem Zustand des alten Regimes verwandt ist, gibt man das zu, dann müßte der Ausgang der russischen Revolution wesentlich mehr dem Rußland der Zaren, der politischen Geheimpolizei, der Gewaltherrschaft, sogar der Armut und Unwissenheit der Massen ähneln als dem England der Habeas-Corpus-Akte, dem Amerika der Verfassung von 1787 oder dem Frankreich der *Charte* und des Bürgerkönigs. ‚Der neue Presbyter ist nur der alte Priester, groß geschrieben.‘ *Plus que ça change, plus c'est toujours la même chose.* Diese müden Aphorismen anderer Revolutionen bedeuten, daß Rußland heute wirklich wieder zur Normalität zurückgekehrt ist – zu einer russischen Normalität.

Als alleinige Erklärung taugt diese ‚Asien-Theorie‘ nichts, aber als eine der Variablen, die zu einer brauchbaren Erklärung beitragen, scheint sie annehmbar, auch wenn man sie als alter Liberaler nicht gern hört. Beck und Godin sind Decknamen für einen deutschen Gelehrten und einen russischen Historiker, der in seinem Heimatland während der Jeschow-Periode verhaftet war, aber aus Rußland fliehen konnte. Die beiden Autoren sind nicht von dem Unterton der westlichen Überheblichkeit erbaut, der in der ‚Asien-Theorie‘ liegt, aber sie lehnen den Gedanken, daß der

Westen höher steht, nicht ganz ab. Im Jahre 1917 war Rußland nun einmal keine Gesellschaft mit einem starken, in westlichen Gewohnheiten, Menschen- und Bürgerrechten wurzelnden Bürgertum. Von einer von Lenin und Stalin geführten Revolution kann man auch gewiß nicht die Schaffung einer solchen Gesellschaft erwarten.

Hier ist noch eine offenkundige historische Gleichartigkeit unserer anderen Revolutionen zu vermerken. Die Modellvorstellung vom Fieber ist unzulänglich, wenn man sie so versteht, daß das Ganze in einer einfachen ‚Heilung‘ endet. In allen unseren Revolutionen finden sich Fortsetzungen, eine Reihe kleinerer Revolutionen, in denen sich die Kräfte der ersten Revolution erst voll auswirken. Nach 1640 kam in England noch die ‚glorreiche‘ Revolution von 1688, es kamen die langen politischen Kämpfe des achtzehnten Jahrhunderts, die Reformgesetze des neunzehnten. Nach der amerikanischen Revolution kam das kritische Jahrzehnt nach 1790, der legale, aber kaum ruhig zu nennende Umsturz, der Jefferson und Jackson an die Macht brachte, es kam der große Bürgerkrieg. Nach der französischen Revolution kamen noch weitere Revolutionen in Frankreich und anderen europäischen Ländern, die das 19. Jahrhundert ausfüllten und sämtlich unter dem Einfluß des Beispiels der großen französischen Revolution standen. Wir haben schon bemerkt, daß der chronologische Ablauf der ursprünglichen russischen Revolution eine Art Zeitraffung des revolutionären Prozesses gegenüber früheren Fällen darstellt. Dem künftigen Historiker werden die russischen Ereignisse der letzten fünfundzwanzig Jahre vielleicht als die Nachrevolutionen erscheinen, die Erledigung von Problemen, die in der ersten Revolutionsperiode nicht ganz gelöst werden konnten. Diese Periode würde also etwa den Jahren 1820, 1830 und 1848 in der europäischen Geschichte entsprechen.

Man steht noch vor dem Problem einer Erklärung für die besondere Form des langen revolutionären Fiebers in Rußland. Wir haben zugegeben, daß die stabile russische Gesellschaft, die schließlich entstehen soll, nicht eine Gesellschaft von der Art der unsrigen sein wird. Es bleibt jedoch unwahrscheinlich, daß eine solche stabile Gesellschaft wirklich so viel tiefere Unruhe, wirklich so viel Überbeteiligung des Durchschnittsmenschen an der Politik aufweisen wird wie das jetzige Rußland. Hier betreten wir schon beinahe das unwissenschaftliche Gebiet der Prophezeiung. Es ist durchaus möglich, daß das jetzige Rußland, das Rußland des Eisernen Vorhangs, das einen Orwell oder einen Koestler mehr geschreckt hat als manchen westlichen Konservativen, daß dieses Rußland endlos so bleiben wird, inmitten einer Welt, in der die Worte ‚Stabilität‘, ‚Gleichgewicht‘, ‚Frieden‘, ‚Ordnung‘ ihren Sinn verloren haben. Im Augenblick aber müssen wir ein Rußland und eine Welt postulieren, die nicht mehr unter einem ständigen Alpdruck leben.

Das umfangreiche Thema kann hier nicht durchgearbeitet werden. Die Schlüssel zu den ewigen Krisen in Rußland liegen, so viel kann gesagt werden, teilweise in inneren russischen Dingen, teilweise aber in der gesamten Weltlage. Die inneren Ursachen sind vielfältig. Eine liegt wohl in den konkreten Verheißungen, welche die marxistische Religion gemacht hat. Auch in den anderen Revolutionen hat man versucht, die Lücke zwischen dem Idealen und dem Realen zu schließen. Aber die Form des Ideals ist wichtig. In den anderen Revolutionen hat man, ungeachtet des apokalyptischen Rasens in der Krisenperiode, ungeachtet der ‚Spinner‘, die per sofort das Himmelreich auf Erden verlangten, niemals dem gewöhnlichen Menschen aus dem Volke ausdrücklich wirtschaftliche Gleichheit, die klassenlose Gesellschaft versprochen, nie die marxistische Formel ‚Jeder nach seinen Fähigkeiten, jedem nach seinen Bedürfnissen‘ gebraucht. Den Russen hat man gerade diese Dinge versprochen. Der Marxismus war in seinen Versprechungen präziser als das Puritaner- oder Jakobinertum.

Alle unsere Revolutionen mußten Kompromisse mit ihren Idealen schließen, die schönen Worte in ein Ritual verwandeln. Freiheit, Gleichheit, Brüderlichkeit – das wurde zu einer Inschrift auf öffentlichen Gebäuden und wohl auch in den Herzen guter Republikaner. Eine wörtliche Verwirklichung etwa in den Schulklassen, über denen diese Worte standen, war unmöglich, sonst wären diese Schulen zu Stätten eines Chaos geworden, das weit über die Zustände an der fortschrittlichsten amerikanischen Privatschule hinausgegangen wäre. Die Amerikaner haben das Axiom, daß alle

Menschen mit gleichen Rechten geboren werden, nie so aufgefaßt, daß alle Menschen fähig sind, Meisterschaftsspiele zu gewinnen.

Die russische Revolution aber versprach mehr. Sie versprach nicht bloß politische oder geistige Gleichheit, nicht bloß freie Bahn dem Tüchtigen, sondern eine Gesellschaft wirtschaftlich Gleicher. Selbst Sympathisanten ist es heute bekannt, daß in der russischen Gesellschaft die Ungleichheit der Verbrauchsgüterverteilung – des individuellen ‚Einkommens' – auffallend groß ist. Ein höherer russischer Politiker, ein russischer Industriedirektor, ein beliebter russischer Schriftsteller, eine beliebte russische Ballerina, ein erfolgreicher russischer Gelehrter genießt einen materiellen Wohlstand, der die russische Gesellschaft im wesentlichen ebenso zu einer Gesellschaft wirtschaftlicher Ungleichheit macht wie jede kapitalistische Gesellschaft von heute – in höherem Maße als etwa England.

Natürlich können die russischen Machthaber ihrem Volke erzählen, daß diese Ungleichheit nur ein Übergangsstadium darstelle, das infolge der Feindschaft der bösen kapitalistischen Außenwelt notwendig sei. Man braucht nur die Diktatur des Proletariats, das unerläßliche Vorspiel zur klassenlosen Gesellschaft, ein wenig zu verlängern. Eines Tages, wenn die kommunistische Revolution die ganze Welt erobert hat, wird der Straßenkehrer wirklich dem Mitglied des Politbüros wirtschaftlich gleichgestellt sein. Aber nicht jetzt. Dieses Argument steht im Grunde allerdings auf schwachen Füßen. Es gibt Anzeichen dafür, daß man in Rußland jetzt ein anderes Ideal zu predigen versucht, das sehr der tatsächlichen amerikanischen Leistung ähnelt, wie sie die Zeitschrift *Fortune* einmal formuliert hat: eine solide Grundlage materieller Fülle, an der jedermann teilhat, mit materiellen Sonderbelohnungen für fähige Führer auf allen Gebieten, deren Können ständig das Niveau jener Grundlage für alle erhöht oder zumindest geistig etwas für alle tut.

Inzwischen ist die materielle Grundlage für alle in Rußland recht schmal. Das sieht man auch durch den Eisernen Vorhang hindurch. Auch der wärmste Sympathisant im Westen, der daran festhält, daß es das Grundziel der russischen Revolution ist, die Lebenshaltung des gewöhnlichen Menschen zu heben, kann nicht behaupten, daß diese Lebenshaltung die des Westens erreicht habe. In rein wirtschaftlichen Kategorien gibt es Erklärungen dafür, daß der russische ‚Mann auf der Straße‘ noch nicht zu dem besseren Leben gekommen ist: In der harten Wirklichkeit muß so etwas wie die ‚ursprüngliche Akkumulation‘ im marxistischen Sinne in Rußland unter staatlicher Leitung durchgeführt werden, das heißt, es müssen Produktionsmittel auf Kosten der unmittelbaren Produktion für den Verbrauch produziert werden. Der Krieg gegen Hitler und die Vorbereitung auf einen etwaigen Krieg gegen Amerika haben die russische Produktion weiter von den Verbrauchsgütern abgelenkt. Jedenfalls bleibt es aber Tatsache, daß das bessere Leben nicht gekommen ist, obwohl es versprochen war. Ein Teil des künstlich aufgepeitschten Hasses gegen den Westen, ein Teil der künstlich aufrechterhaltenen Spannungen einer Gesellschaft, die sich bewußt noch in der Revolution befindet, kann wohl mit der Absicht erklärt werden, die Aufmerksamkeit des Sowjetmenschen von seinem Mangel an materiellen Gütern abzulenken.

Es kann den gegenwärtigen Machthabern in Rußland aber gelingen, die religiösen Glaubenssätze des Marxismus, angemessen mit russischem Nationalismus gewürzt, in eine neue Art ‚Opium für das Volk‘ zu verwandeln. Sie scheinen das bewußt anzustreben. Es mag ihnen gelingen, die materielle Grundlage, den Lebensstandard, in der Nähe des jetzigen Niveaus zu halten. Für die Fortdauer der inneren russischen Unstabilität stellen jedoch die Schichten oberhalb dieser Grundlinie das wichtigere Problem dar. Es ist das Problem der neuen russischen herrschenden Klasse. Diese Klasse ist im wesentlichen noch eine Managerklasse, gut entlohnt in Geld, sozialer Geltung und politischer Macht, aber noch ohne klare Eigentums- oder Erbrechte und jene allgemeine rechtlich-soziale Absicherung, die bisher im Westen jeweils zur Konsolidierung der Stellung einer neuen – richtiger gesagt, teilweise neuen – herrschenden Klasse geführt hat.

Namentlich seit der Renaissancezeit hat im Abendland der Tüchtige auch ohne Revolution weitgehend freie Bahn gehabt. Eine gewisse Gleichheit der Möglichkeiten galt in der westlichen Kultur für alle, lange bevor sie in den USA zu einem der großen sozialen Glaubensartikel wurde. Die Aufgestiegenen konnten jedoch ihre Position schnell durch Sicherung von Besitz, Gründung einer Familie sichern. Sie wurden in die herrschende Klasse aufgenommen, ohne auf allzuviel Widerstand und Haß in den Klassen zu stoßen, die von der Spitze der gesellschaftlichen Pyramide ausgeschlossen blieben. Das gilt auch für die USA, in denen es durchaus nicht die Regel ist, daß es ,drei Generationen von Hemdsärmeln zu Hemdsärmeln dauert'. Das ganze Problem des Verhältnisses zwischen individueller sozialer Beweglichkeit und sozialer Gruppenstabilität ist sehr schwierig und noch keineswegs geklärt.

Der Westen hat es bisher nicht gelöst, aber irgendwie einen modus vivendi mit ihm gefunden, und zwar nicht einfach dadurch, daß er es als nicht existent erklärt hätte, wie manche Beobachter des amerikanischen Lebens behaupten. Wir behaupten nicht, daß unsere Gesellschaft die wirklich klassenlose sei.

Der abschließende Test, wie weit sich die russische Revolution der Vollendung einer klassenlosen sozialistischen Gesellschaft annähert, liegt in der relativ entfernten Zukunft. Wenn es der derzeit privilegierten Elite gelingt, ihre Position in den Personen ihrer Deszendenz weiter zu erhalten, wird die bloße Tatsache wenig bedeuten, daß es kein formal anerkanntes Privateigentum, freies Unternehmertum o. ä. gibt. Es wird dann nicht jenen Sozialismus, für den so viele gedacht, gekämpft und getötet haben, geben sondern einen sozialistischen Staat.

In Rußland ist jedoch die neue herrschende Klasse keineswegs konsolidiert. Zunächst müssen viele ihrer Angehörigen noch Gewissensbisse wegen ihrer neuen Vorrechte und wegen der Kluft zwischen dem wirklichen russischen Leben und den Idealen des Frühkommunismus haben. Wichtiger ist es, daß sie sich in ihren Positionen nicht sicher fühlen; sie wissen, daß von unten eine Masse strebsamer jüngerer Leute nach oben drängt.

Aus wachsendem Abstand sieht der wiedererstandene Terror der Jeschow-Zeit immer weniger dem klassischen Terror der wirklichen Krisenperode ähnlich, dem Terror, hinter dem noch Menschen stehen, die von dem Ideal der neuen, vollkommenen Gesellschaft beseelt sind. Der sekundäre Terror ähnelt vielmehr immer stärker den Kämpfen des französischen Original-Thermidors, der

Zeit, wo die neuen Führer noch um die obersten Stellungen rangen, an neue Staatsstreiche dachten und ihre Konkurrenzkämpfe noch nicht anders als durch Gewalt und List auszutragen wußten. Es stimmt, daß die Säuberungen der dreißiger Jahre in Rußland in diesem Maßstab bei unseren anderen Revolutionen in diesem Stadium nicht zu finden sind. Das geht teilweise darauf zurück, daß in Rußland alles gebiets- und bevölkerungsmäßig größer ist, teilweise darauf, daß die äußere Bedrohung, namentlich seitens Deutschlands, zunahm, indes sie in unseren anderen Revolutionen eher abnahm. Wir müssen, um bei unserer Methode der multiplen Variablen zu bleiben, noch darauf hinweisen, daß das vorrevolutionäre Rußland nie ein Land mit einer langen und langsamen Freiheitsentwicklung gewesen war; auch das spielt hier mit.

Auch wenn man glaubt, daß die gegenwärtige weltpolitische Spannung hauptsächlich der Sowjetunion zur Last zu legen ist, muß man doch zugeben, daß diese Spannung an sich schon eine teilweise Erklärung der langen Thermidor-Periode Rußlands bietet. Für die Fortdauer der sowjetrussischen Unstabilität gibt es äußere wie innere Gründe. In unserem Überblick über die Gründe des Terrors in allen Revolutionen stellten wir als einen gemeinsamen Zug das Bestehen einer sogenannten Kriegspsychose fest. Die Regierungen des Terrors sind zum Teil auch Regierungen der nationalen Verteidigung gegen Krieg oder Kriegsgefahr, gegen einen drohenden Feind. Zwar mag die Revolution selbst daran schuld sein, daß dieser Feind ein Feind geworden ist, aber das ändert nichts an dem Druck, den diese Gefahr hervorruft. England, Amerika und Frankreich – letzteres erst nach 25 Jahren – fanden nach ihren Revolutionen wieder Aufnahme in das Staatensystem ihrer Zeit als respektable oder annähernd respektable Mitglieder. Sie hatten keine anderen Gefahren zu fürchten als jene, mit denen ein Staat im Zeichen der Gleichgewichtspolitik stets zu rechnen hat. Anders die Sowjetunion. Auch in den dreißiger Jahren, selbst 1942 bis 1944, als Verbündete der Westmächte, wurden die Russen nicht wirklich Mitglieder des alliierten Klubs. Wir wiederholen: Die Schuld dafür mag wohl bei der Sowjetunion oder wenigstens bei Stalin und seinen Leuten liegen. Wahr ist, daß Rußland jetzt im Zentrum eines neuen Weltsystems steht. Wahr ist,

daß seine Außenpolitik Erfolge hatte. Es mag auch wahr sein, daß
seine Strahlkraft für Afrikaner und Asiaten größer als unsere ist.
Aber es ist auch gescheitert – in Berlin, in der Kuba-Krise und
anderswo. Es war Zeuge des Aufstiegs seines Rivalen China im
kommunistischen System. Es fühlt sich belagert und bedroht.

Der Thermidor hält also um die Jahrhundertmitte in Rußland
noch an. Sein Ende ist von zu vielen Faktoren abhängig, als daß
man ein Datum dafür Vorhersagen könnte. Es bleibt aber wahr,
daß die russische Revolution im wesentlichen zu Ende ist. Die Krisis, die Herrschaft des Schreckens und der Tugend, ist vorüber.
Das marxistische Virus – wir verwenden diesen Ausdruck nur de-
skriptiv – hat nahezu das Ende seines Lebenszyklus erreicht.
Rußland ist durch das Fieber teilweise verändert worden, aber
das gilt auch für das Virus. Dieses ist hier zumindest geschwächt.
In Gesellschaften wie China, Südostasien oder sogar im Orient
mag es noch wirksam sein. Hier ist sein Lebenszyklus noch lange
nicht zu Ende. Diese Revolutionen gehen aber über das Thema
dieses Buches hinaus. Sie werden gründlichen Studiums seitens
unserer besten Fachleute bedürfen. Mit dem Blick auf diese Revolutionen kann man zum Schluß sagen: Die Ideen und Versprechungen des orthodoxen Marxismus, wie er heute in der Sowjetunion verkörpert ist, können in den nächsten Jahren der russischen
Innenpolitik fast ebenso unangenehm werden, wie sie der russischen Außenpolitik nützlich sind. Der marxistische Himmel auf
Erden wird in Indonesien oder im Iran noch eine Weile als bloßes
Versprechen Dienst tun können, aber in Moskau muß er bald, wenigstens teilweise, sichtbar werden, sonst muß die ganze Lehre einen noch nicht voraussagbaren Umbau erfahren.

Wenn wir allerdings in der Sowjetunion nicht vor etwas gänzlich Neuem stehen, vor etwas noch nicht Dagewesenem, das alle
Gesellschaftswissenschaft Lügen strafen würde, dann ist der kommende Wandel wenigstens in großen Zügen nicht ganz unprogno-
stizierbar. Wenn, wie wir hier behauptet haben, die Krisis der russischen Revolution vorüber ist, wenn Rußland sich jetzt in den
Nachwehen des großen Fiebers befindet, dann muß es früher oder
später einen Zustand des Gleichgewichts erreichen, einen Zustand
der Gesundheit oder Normalität, zwar nicht denselben wie in

Frankreich oder den USA, aber einen solchen, der etwa dem Rußland des 19. Jahrhunderts näherkommt, dem Rußland Turgen-
jews und Dostojewskis, Pawlows und Jersins wie auch Bakunins
– kurz, einer bunten Schar von Menschen in vollem Kontakt mit
dem Westen, der zwar viele Seelen hat, aber irgendwie einigermaßen geordnet lebt.

Was Rußland aus dieser Welt noch heraushält, es in den letzten Krämpfen einer Revolution verharren läßt, das ist die Unvoll-
ständigkeit der sozialen und rituellen Versöhnung zwischen dem
Wort und dem Fleisch in Rußland, dem Idealen und dem Realen,
dem Himmelreich der marxistischen klassenlosen Gesellschaft
und dieser harten, aber nicht uninteressanten Erde. Ein nur ex-
pansives Rußland, ein Rußland, das noch größere Stücke der Welt
erobern möchte, damit könnte die übrige Welt so fertig werden wie
mit früheren Eroberern, ob sie nun Spanien, Österreich oder
Frankreich hießen. Der notwendige Kraftaufwand wäre verhältnismäßig derselbe, wenn auch ein großer. Aber ein Rußland, das
so expandiert, wie die Araber einst expandierten, im Namen eines
wilden, unduldsamen Glaubens, ist etwas anderes. Auch hier gibt
es aber keinen ewigen Fanatismus; jedenfalls hat es bisher noch
keinen ewigen Fanatismus gegeben. Christen und Mohammedaner
verstehen einander noch immer nicht, aber sie haben es aufgegeben, heilige Kriege gegeneinander zu führen. Wahrscheinlich wird
Marx, auch mit Lenin und Stalin als Propheten, sich als ein weniger eifervoller Gott erweisen als Allah.

Doch wir können uns irren. Vielleicht haben die Russen einen
den Puritanern und Jakobinern noch unbekannten Weg gefunden, den Durchschnittsmenschen für immer an die Intensitäten,
die Konformismen, die ständige Teilnahme am Staatsritual, die
erschöpfende sakrale Hingabe, das ewige Entrollen der heiligen
Schriften zu gewöhnen, an die ewige Ignorierung menschlicher
Schwächen und des gesunden Menschenverstands, kurz: an den
Wahnsinn, den wir als die Herrschaft des Schreckens und der Tugend beschrieben haben. Der Totalitarismus ist vielleicht wirklich
etwas so unerhört Neues, wie einige sehr befähigte Autoren unserer Zeit glauben. Dem Historiker kommen hier jedoch Zweifel,
nicht nur an solchen umgekehrten Utopien wie Orwells ‚1984‘,

sondern auch an einer so tiefen und eindrucksvollen Untersuchung wie Hannah Arendts ‚Elemente und Ursprünge totalitärer
Herrschaft'. Es gibt, so viel steht fest, nur zwei Möglichkeiten:
entweder folgt die russische Revolution in ihren Spätjahren dem
Muster der anderen großen Revolutionen so eindeutig, wie sie es in
ihrer Frühzeit tat – dann werden die Russen in ihrer großen Mehrzahl zum Schluß nicht verrückter sein als wir anderen, und wir
werden der Kommunikation mit ihnen fähig sein, in unseren ge-
genseitigen Mißverständnissen wie in unseren Augenblicken der
Einsicht; oder es ist in Rußland tatsächlich etwas Neues aufgetreten, ein totalitäres Element, das die Menschen tatsächlich um-
formt – dann gehen wir weiteren Jeschow-Perioden entgegen, weiteren Stalins, weiteren Lyssenkos und das heißt wirklich der ‚permanenten Revolution'.

Zusammenfassung

Der Thermidor ist also durchaus nichts Einmaliges, auf die französische Revolution Beschränktes, aus der sein Name stammt. Wir
haben in den drei Gesellschaften, die den ganzen Zyklus der Revolution durchlaufen haben, eine ähnliche Sittenlockerung, eine
ähnliche Machtkonzentration in der Hand eines ‚Tyrannen' oder
‚Diktators' gefunden, ein ähnliches Zurücksickern der Emigranten, eine ähnliche Abkehr von den Männern, die den Terror ein-
führten, eine ähnliche Rückkehr zu den alten Gewohnheiten des
täglichen Lebens.

Auch in den Vereinigten Staaten, die nicht ganz dieselbe Krisis
mitmachten wie die anderen Länder, die keine wirkliche Schrek-
kens- und Tugendherrschaft erlebten, zeigt das Jahrzehnt nach
1780 in unvollständigen Formen einige Thermidor-Anzeichen. Die
Disziplin und Spannung des Krieges ließ nach, die Sucht nach
Reichtum und Vergnügungen machte sich stürmisch geltend. Es
gab viel Finanzspekulation und viel Not. Ein gewisser Shay stiftete
einen belanglosen Aufstand an, der an die schwachen Ansätze der
notleidenden Franzosen und Russen zum Protest gegen ihre Ther-
midor-Neureichen erinnert. Sogar eine sittliche Lockerung gab es
in Amerika. „Nüchterne Amerikaner von 1784", schreibt Jame-

son, „beklagten den Geist der Spekulation, den der Krieg und seine Begleiterscheinungen hervorgebracht hatten, die Unruhe der Jugend, die Mißachtung von Tradition und Autorität, die Zunahme der Kriminalität, die Frivolität und Verschwendungssucht der Gesellschaft." Das klingt sehr nach dem Original-Thermidor in Frankreich.

In gewissem Sinne scheint das Phänomen der Reaktion und Restauration unentrinnbar zum Prozeß der Revolution zu gehören. Auch der optimistischste Revolutionsverehrer wird schwerlich bestreiten können, daß wir dieses Phänomen in allen vier Gesellschaften, die wir untersuchten, gefunden haben. Die ganz Gläubigen mögen noch behaupten, daß die große Revolution in Rußland sich als Ausnahme erwiesen hat, daß dort keine Reaktion gekommen ist, sondern daß die edlen Ziele der Revolutionäre westlicher Gesellschaften in Rußland endlich zur unbefleckten Wirklichkeit geworden sind. Wir können die seit dem Machtantritt Stalins aufgetretenen Tatsachen nicht mit einer solchen Deutung vereinen. Die Tatsache des Thermidors jedoch, ja auch die Tatsache einer formellen Restauration wie in den Jahren 1660 und 1814 bedeutet nicht, daß die Revolution nichts geändert hat. Im nächsten Kapitel wollen wir die sehr schwierige Frage zu beantworten versuchen: Welche Änderungen haben eigentlich diese Revolutionen gebracht?

IX

Das Werk der Revolutionen: Zusammenfassung

Änderung von Einrichtungen und Ideen

Mit jener Neigung zu Verabsolutierungen, die der sogenannte gesunde Menschenverstand mit mancher Metaphysik teilt, stellen wir uns die Revolution gern als einen kataklysmischen Bruch mit der Vergangenheit vor. Die Revolution ‚leitet eine neue Ära ein‘, sie ‚räumt für immer mit den Mißständen des alten Regimes auf‘. Umgekehrt zieht der frühere Revolutionsanhänger, wenn er enttäuscht von seinem Idol abrückt, leicht die ebenso weitreichende Folgerung, daß die Revolutionen letztlich überhaupt keine wesentlichen Änderungen bringen, es sei denn zum Schlechteren, und daß sie unangenehme, vielleicht vermeidbare Zwischenspiele in der Geschichte eines Landes sind. Unsere Betrachtung der Revolutionen in England, Amerika, Frankreich und Rußland läßt kaum solche absolute Antworten auf die Frage zu, was diese Revolutionen wirklich geändert haben. Offenkundig haben sie einige Einrichtungen, einige Gesetze, sogar einige Gewohnheiten der Menschen recht erheblich geändert; andere Einrichtungen, Gesetze, Gewohnheiten änderten sie auf lange Sicht nur wenig, wenn überhaupt. Ist das Geänderte oder das Nichtgeänderte wichtiger für die Soziologie? Darüber können wir nichts sagen, ehe wir uns über die wirklichen Veränderungen richtig klar geworden sind. Wir denken hier natürlich an jene Änderungen, die am Ende des revolutionären Fiebers verbleiben, die Änderungen, welche die Geschichtsbücher als ‚dauernd‘ registrieren. Weniger interessieren uns hier die Änderungen, welche die Extremisten versprochen, aber nicht bewirkt haben, auch nicht die dramatischen Veränderungen im Leben der einzelnen Personen, die auf der Bühne der Revolution auftreten.

Es muß wiederholt werden, daß die Gesellschaftswissenschaft,
wie die Naturwissenschaft, ganz zufrieden ist, wenn sie praktisch
anwendbare statistische Regelmäßigkeiten feststellen kann. Diese
können sich sehr wohl im Widerspruch zu einzelnen Erfahrungen
befinden, die auch erregender, dramatischer als jene Regelmäßigkeiten sein können. Dem einzelnen sagen sie sicher mehr als Statistiken. Aber die Statistik ist nun einmal da, und man kann ihr
nicht entrinnen. Nehmen wir als Beispiel die Geburtenregelung.
In einer primitiven Form geübt, wird sie bei allgemeiner Anwendung in einer größeren Gruppe zweifellos zu einem Rückgang der
Geburten in dieser Gruppe führen. Dagegen kann sie bei einzelnen wirkungslos bleiben, was aber nichts gegen ihre statistisch
festgestellte Gruppenwirksamkeit sagt.

Dasselbe gilt von Revolutionen. Man hätte einmal einem anglikanischen Geistlichen, dem die Revolutionäre 1648 seine Pfründe
weggenommen hatten, sagen sollen, daß Revolutionen eigentlich
nicht viel an den Dingen ändern; oder einer Marquise, deren Gat-
ten man 1794 guillotinierte; oder einem amerikanischen Königstreuen, der nach dem Komfort von Boston plötzlich im Urwald
von Neubraunschweig in Kanada saß; oder dem emigrierten russischen Aristokraten, der sich 1919 als Taxichauffeur in Paris wie-
derfand. Die Verfasser des Buches Hiob hätten die Frage, ob die
Erlebnisse Hiobs statistisch typisch wären, kaum verstanden.

Zum Glück oder Unglück beruht unser sittliches und unser
dramatisches Gefühl nicht auf wissenschaftlichen Regelmäßigkeiten. Soweit die Erinnerung an eine Revolution in die menschlichen
Gefühle eingeht, kann ihre wirkliche, bleibende Bedeutung durchaus in der statistisch falschen, unwirklichen Form liegen, die sie
im Gefühlsleben annimmt, in dem moralischen Ansporn oder
Trost, den sie liefert. Irgendwie landen schließlich alle großen Revolutionen in der Obhut der ‚Töchter der amerikanischen Revolution‘, der Ehrenlegion oder des *Istorik Marxist*. Die Legende wird
zum Faktum, der Nüchternheit der sachlichen Kritik für immer
entzogen.

Politisch räumt die Revolution mit den ärgsten Mißständen des
unfähigen alten Regimes gewiß auf. Zumindest für einige Zeit erledigt sie den inneren Konflikt, aus dem die Doppelherrschaft er-

wuchs. Die Verwaltung arbeitet nach der Revolution besser als unmittelbar vorher. Frankreich ist hier typisch. Die Revolution fegte die einander überschneidenden Jurisdiktionen hinweg, die Kompromisse und den Wirrwarr, die aus dem tausendjährigen Kampf zwischen der zentripetalen Krone und dem zentrifugalen Feudaladel stammten. Sie schob die angehäuften Präzedenzfälle beiseite. An die Stelle all dessen setzte sie eine fähige Bürokratie, die in genau abgegrenzten Verwaltungsbezirken mit klarer Rangordnung arbeitete, ein in Gesetzbüchern niedergelegtes Rechtssystem, eine ausgezeichnete, gut geführte und versorgte Armee: die Dinge, die Napoleon in die Lage versetzten, vieles zu tun, was seine bourbonischen Vorgänger nicht hatten tun können. Tocqueville betonte schon, daß die französische Revolution letztlich das Werk einer langen Reihe französischer Herrscher vollendete, die Zentralisierung und Rationalisierung der Staatsmacht in Frankreich zu Ende führte.

Hier sei eine von vielen Einzelheiten genannt. Im alten Frankreich waren Maße und Gewichte gebietsweise, ja sogar von Stadt zu Stadt verschieden. Ein Scheffel in Toulouse konnte eine größere Menge bedeuten als ein Scheffel im benachbarten Montauban. Die Maße hatten sogar ganz verschiedene Namen. Die Währung war, wie jetzt noch in England, zum Teil duodezimal (auf der Zahl 12 aufgebaut), was das Rechnen sehr erschwerte. Jeder Schüler weiß, was die Revolution hier leistete. Sie führte einheitlich das metrische System der Maße und Gewichte ein, das sich später auch ohne Revolution in der ganzen Welt, mit Ausnahme der angelsächsischen Länder, durchsetzte.

Dieses rationelle Regieren ist in der Tat die auffallendste Gleichmäßigkeit, die wir bei der Abwägung der durch unsere Revolutionen bewirkten politischen Veränderungen festzustellen haben. Natürlich müssen wir Abstriche für örtliche Unterschiede, für Zufälle und das unvermeidliche Residuum des Einmaligen machen, dem Soziologie und Geschichte immer begegnen. Auch England, Amerika und Rußland gingen aus ihren Revolutionen mit rationelleren und stärker zentralisierten Verwaltungen hervor. In England ist der Vorgang weniger deutlich, teilweise weil er stattfand, ehe die wirtschaftlichen und kulturellen Kräfte gereift waren, die rationellen Reformen wie dem metrischen System oder dem *Code Napoleon* förderlich sind. Die englische Regierung nach 1660 war, ungeachtet vieler alter Zöpfe, den Bedürfnissen des ‚Krämervolks' weit besser angepaßt als das England von 1620 mit seinen Rittergebühren, Schiffsgeldern, Sonderzöllen, Hofgerichten und dem übrigen Zubehör des unreifen Despotismus der Stuarts. Das Parlament beherrschte England nach 1660 absoluter als die beiden ersten Stuarts.

Wieder ist die russische Lage in dieser Hinsicht noch umstritten. Antistalinisten behaupten, daß die neue Bürokratie ebenso unfähig, tyrannisch und stupid ist wie die zaristische. Die in dieser Behauptung liegenden Gefühle scheinen eine Konstante des russischen Lebens zu sein; bis zu einem gewissen Grad gehören sie zum Leben unter jeder Regierung. Gogols Komödie *Der Revisor* handelt von typischen Phänomenen, wie sie ein Wissenschaftler nicht besser darstellen könnte. Im ganzen werden aber die künftigen Historiker wahrscheinlich zugeben müssen, daß der Sowjetverwaltungsapparat besser funktioniert als der zaristische und daß die Sowjetbürokratie doch tüchtiger ist als die Bürokratie der Zarenzeit. Auch wenn einem die Fünfjahrespläne mißfallen, muß man einräumen, daß sich hinter ihren Paradestatistiken eine tatsächliche wirtschaftliche Leistung verbirgt, die alles übertrifft, was das alte Regime für einen vergleichbaren Zeitraum aufweisen konnte. Die Kommunisten haben, mit anderen Worten, die industrielle Revolution nach Rußland gebracht. Sie war vielleicht schon unter Stolypin im Anmarsch; die Kommunisten haben sie vielleicht zu scharf und brutal durchgeführt. Aber sie haben sie gebracht.

Nach dem ‚Sputnik' haben das nur wenige Amerikaner bezweifelt.

Diese Revolutionen wurden alle im Namen der Freiheit gemacht, waren sämtlich gegen die Tyrannei der wenigen gerichtet und strebten die Herrschaft der vielen an. Diese ganze Phase der Revolutionen hängt mit gewissen menschlichen Gefühlen zusammen, deren Bestehen eine Anwendung der wissenschaftlichen Methode auf das Studium des Menschen in der Gesellschaft sehr erschwert. Die volle Bedeutung von Dingen wie Demokratie, Bürgerrechten, geschriebenen Verfassungen, überhaupt des ganzen Apparats der Volksregierung scheint doch mehr auf dem verschwommenen und wichtigen Gebiet zu liegen, das der Marxismus ‚Ideologie‘ nennt, als auf dem Gebiet konkreter politischer Dienststellen, die wir eben betrachten. Es ist sicher eine bemerkenswerte Erkenntnis, daß alle unsere Revolutionen mehr das Entstehen einer leistungsfähigen Verwaltung förderten als das ‚Recht‘ des einzelnen auf eine romantische Freiheit seiner Persönlichkeit. Auch der traditionelle Apparat der Volksregierung läßt sich dahin analysieren, daß er ein Instrument der Verwaltung in einer bestimmten Situation ist. Erklärungen der Menschenrechte, Gesetzbücher und Verfassungen waren im Effekt Satzungen der neuen herrschenden Klassen. Die Freiheit als Ideal war etwas anderes als die Freiheit in der Politik, die weniger erhaben war.

Diese Revolutionen führten zu erheblichem Eigentumswechsel durch Enteignung oder Zwangsverkauf. Sie führten zum Sturz einer herrschenden Klasse und dem Aufstieg einer anderen herrschenden Klasse, die sich mindestens teilweise aus Personen rekrutierte, die vor der Revolution nicht zur herrschenden Klasse gehörten. Begleitet wurden sie von entschiedenen und konkreten Forderungen nach Abschaffung der Armut, nach gleichmäßiger Verteilung der Güter. Die Führer der russischen Revolution erklärten sich noch lange nach der Krisis als Anhänger der wirtschaftlichen Gleichheit. Sie erklärten weiter, daß Rußland kein Privateigentum an Boden und Industrie anerkennen würde. Die Marxisten teilen unsere vier Revolutionen noch in zwei Kategorien ein: die englische, französische und amerikanische waren nach ihrer Auffassung im Endergebnis durchweg ‚bürgerliche‘ Revolutionen, historisch unvermeidliche Siege des Handels und der Industrie über die landbesitzende Aristokratie, während die russische Revolution ab Oktober 1917 eine echte ‚proletarische‘ Revolution war. Dennoch bleibt es dabei, daß in allen vier Revolutionen die wirtschaftliche Macht den Inhaber wechselt und daß eine neu zusammengesetzte ‚herrschende Klasse‘ im neuen Rußland wie im neuen Frankreich das wirtschaftliche und das politische Leben der Gesellschaft lenkt.

Was Einzelheiten betrifft, so nahm die englische Revolution den besonders eifrigen Kavalieren den Boden weg, den unentwegten Hochkirchlern und Presbyterianern den Kirchenbesitz. Den enteigneten Besitz gab sie typischen Puritanern, ob Kaufleute oder Geistliche. Die Pfründen fielen mit der Restauration von 1660 in anglikanische Hände zurück, aber der enteignete Boden royalistischer Grundbesitzer verblieb seinen neuen Besitzern, ausgenommen der Besitz einiger großer Lords, die Karl II. besonders nahestanden. Die neuen Besitzer des Bodens schlossen ihren Frieden mit der Regierung der Stuarts. Damit wurde der Grund für die herrschende Klasse gelegt, unter welcher England in den anschließenden zwei Jahrhunderten ein Weltreich erwarb. In dieser Oberklasse waren Grundbesitz und industrieller Besitz fast unentwirrbar verflochten. Diese Klasse erwies sich als eine recht gute herrschende Klasse.

Die konkreten wirtschaftlichen Veränderungen in Frankreich zeigen ein analoges Bild. Enteigneter Boden aus dem Besitz des Klerus und emigrierter Aristokraten ging in den Besitz von Revolutionären über und blieb größtenteils auch nach der Restauration von 1814 in den Händen der neuen Besitzer. Von diesem Boden ging zweifellos ein großer Teil schließlich in den Besitz kleiner selbständiger Bauern über und trug so zur Abrundung der sehr französischen Klasse bei, die von Politikern und Autoren als der Kern des modernen Frankreichs angesehen wird. Die Bodentransaktionen kamen aber auch dem Bürgertum zugute. Die französische herrschende Klasse nach der Revolution stellt gewiß eine ebenso auffallende Mischung von altem und neuem Reichtum, von Grundbesitz und Gewerbe dar wie die englische.

In Rußland sind die Unterschiede nicht so groß, wie sie nach der marxistischen Theorie zu sein hätten. Es hat mehr ein Übergang der wirtschaftlichen Macht von einer Gruppe auf die andere stattgefunden als eine gleichmäßige Verteilung der Wirtschaftsmacht oder der Verbrauchsgüter; noch weniger hat der Kampf um wirtschaftliche Güter oder wirtschaftliche Macht für immer ein Ende gefunden, wie dies der Marxismus voraussagte. Die neue russische Bürokratie ist eine privilegierte Klasse, die in Gestalt von Verbrauchsgütern über Reichtum verfügt, ohne ihn noch in

den Formen, die wir herkömmlicherweise ‚Eigentum‘ nennen, zu
besitzen. Diese Klasse ist noch recht unstabil und unsicher. Doch
gibt es schon Anzeichen dafür, daß die Söhne der Privilegierten
den Status ihrer Väter erben werden. Auch das Erbrecht hinsichtlich des Eigentums kann bald wieder kommen. Die Entwicklung
folgt den Tendenzen der russischen Wirtschaftsgeschichte. Die
französische Revolution regelte endgültig die Stellung der Bauern,
aber ‚gab‘ ihnen durchaus nicht plötzlich den Boden. Ähnlich
scheint der gegenwärtige Zustand der russischen Landwirtschaft
und Industrie eine Weiterentwicklung slawophiler und anderer
Elemente zu sein, die für die kollektive Landwirtschaft an Stelle
der ‚Kulaken‘ waren; auch stecken in ihr Welttendenzen zur bü-
rokratisch verwalteten Großindustrie gegenüber kleinen, konkurrierenden Unternehmungen. Hier wie in anderen Ländern zieht
die Revolution keine Institutionen aus dem Zylinderhut wie der
Zauberer ein Kaninchen; auch nicht aus einem Buch, und wäre es
ein so bedeutendes wie *Das Kapital.*

Keine dieser Revolutionen setzte eine funkelnagelneue herrschende Klasse völlig an die Stelle der alten, es sei denn, man
denkt bei dem Wort ‚Klasse‘ grundsätzlich nicht an die Menschen,
aus denen sie besteht, was eine beliebte marxistische Methode ist.
Am Ende der Rekonvaleszenzperiode hat eine Verschmelzung begonnen, welche die unternehmenden, anpassungsfähigen oder
Glück habenden Personen der alten privilegierten Klassen praktisch mit den Personen der alten unterdrückten Klassen verbindet, die – wahrscheinlich dank denselben Gaben – aufzusteigen
vermocht haben. Dieses ‚Amalgam‘ ist namentlich beim Militär
und in der Beamtenschaft sichtbar, aber in der Wirtschaft und
Politik tritt es fast ebenso deutlich auf. Diese Analyse ließe sich
durch ein genaueres Studium der gesellschaftlichen Herkunft der
Offiziere Bonapartes oder der Offiziere der jetzigen Roten Armee
bestätigen. Das gleiche würde für die Männer gelten, die England
um 1670 regierten, Frankreich um 1810. Auch für die jetzigen
Lenker der Sowjetunion würde es gelten, wenn auch weniger, weil
inzwischen mehr Zeit verstrichen ist. Die neuen Männer in den
nachrevolutionären herrschenden Klassen haben deutlich Kompromisse mit den älteren geschlossen, mit jener früheren Welt, de-

ren extremes Gegenstück die Krisis der Revolution war. Die Dow-
nings, Fouchés und Kalinins hatten nicht mehr die Freiheit eines
Trotzki. Sie waren nicht mehr Revolutionäre, sondern regierten.
Als Regenten mußten sie manches von ihren Vorgängern lernen. In
Rußland scheinen manche zuviel gelernt zu haben.

In den gesellschaftlichen Verhältnissen, die den Durchschnittsmenschen am engsten und unmittelbarsten berühren, scheinen die
tatsächlichen Veränderungen durch die Revolution am geringsten
zu sein. Während der Krisis gibt es großzügige Reformversuche,
welche die Beziehungen von Müller und Schulze zu seiner Frau
und seinen Kindern ändern, ihm eine neue Religion und neue persönliche Gewohnheiten geben sollen. Die Thermidorianer geben
diese Versuche größtenteils auf. Zum Schluß stehen Müller und
Schulze in diesen Dingen ungefähr wieder dort, wo sie vor der Revolution standen. Unsere Untersuchung der Revolutionen scheint
etwas zu bestätigen, was vernünftige Leute immer schon gewußt
und enttäuschte Neuerer gelegentlich zugegeben haben: nämlich
daß sich das menschliche Verhalten in gewissen wichtigen Punkten
nur in beinahe geologischen Zeiträumen ändert.

Eine Illustration dieses gemeinsamen Zuges bieten die Versuche unserer Revolutionäre, die Gesetze der Familie radikal und
schnell zu ändern. Wie Le Play gezeigt hat, gehören die herkömmlichen Familienbegriffe zu den stabilsten Bestandteilen in der
abendländischen Kultur. Der eifrige Linksrevolutionär hat daher
in den letzten Jahrhunderten diese monogame christliche Familie
abgelehnt. Sie erschien ihm als Bollwerk des persönlichen Egoismus, gesellschaftlicher Rangbetonung, geistiger Enge. Sie diente
dem Mythos von der Überlegenheit des Mannes, war durch religiöse Sanktion erstarrt, eine Eiterbeule, die aufgestochen werden
mußte, wenn die Menschen so leben sollten, wie Gott, die Natur
oder die Wissenschaft es ihnen vorschrieben. In der französischen
Revolution findet man keinen großangelegten Versuch zur Zerstörung der Familie. Ihr im allgemeinen bürgerlicher Grundzug äu-
ßert sich vielmehr im Lob der Familientugenden. Die Aufklärer
setzten aber einige Reformgesetze auf diesem Gebiet durch, so eine Erleichterung der Adoption und andere Maßnahmen, die gegen
das starre, fast römische Familienrecht des alten Regimes gerich-

tet waren. Vor allem versuchten die Reformer die volle Gleichstellung der unehelichen Kinder mit den ehelichen zu erreichen. Als das einschlägige Gesetz angenommen war, sagte ein Redner, ‚nun gebe es keine ‚Bastarde' mehr in Frankreich. Man braucht nicht hinzuzufügen, daß er im Irrtum war. In einer Monographie über *Die Gesetze der französischen Revolution über uneheliche Kinder* hat der Verfasser zu zeigen versucht, wie selbst die guten Bürger, die dieses Gesetz beschlossen, gefühlsmäßig zu sehr in den traditionellen Familienbegriffen wurzelten, um das Gesetz ernstlich durchzuführen. Wohl sagten sie, daß ‚Bastarde' den ehelichen Kindern durchaus gleichgestellt wären; aber sie handelten nicht so, als ob sie das wirklich glaubten oder auch nur wünschten. Im ganzen ging die traditionelle Familie in ihrer französischen Form unversehrt aus der Revolution hervor.

Rußland erlebte einen weit schärferen Angriff auf die monogame christliche Familie. Die Gesetze machten die Scheidung noch leichter als im amerikanischen Staate Nevada, legalisierten die Abtreibung, förderten kollektive Haushaltsführung, schufen Krippen und Kindergärten, um die Kinder soviel wie möglich außerhalb der Familie zu erziehen, und so fort. Den russischen Idealisten, die all das versuchten, ging es nicht um die Sinnlichkeit. Wir haben ja schon nachdrücklich auf den starken puritanischen Einschlag hingewiesen, der sich bei ihnen findet. Ein russischer Jungkommunist würde sich heute noch über die Bilder und Texte in amerikanischen Zeitungen und Zeitschriften entrüsten. Diese Idealisten waren der Ansicht, daß die bürgerliche Familie den Menschen verderbe. Sie stimmten mit Bernard Shaw darin überein, daß die Ehe ‚ein Höchstmaß an Versuchung mit dem Höchstmaß an Gelegenheit vereint'. Ihre Gesetze strebten die Verwirklichung der hinter der christlichen Monogamie stehenden Ideale durch Zerstörung der verderblichen Familieneinrichtungen an, die sie einzäunten.

Die chinesischen Kommunisten verdammen die Bedeutung, die der Westen dem individuellen Wohlleben beimißt und drängt die Chinesen, diese bürgerliche Schwäche zu überwinden, um den Kommunismus aufzubauen.

Hier können wir wieder nicht behaupten, Geschichtsschreiber mit guten Quellen zu sein, aber aus den widersprechenden Berichten aus der Sowjetunion ersehen wir doch, daß die Reformer gescheitert sind und die christliche monogame Familie die alten Bolschewiken überlebt hat. Neuere Gesetze haben die legale Abtreibung auf Fälle dringender medizinischer Indikation beschränkt, wie schon erwähnt wurde, und sogar Prämien für kinderreiche Familien ausgesetzt. Die Scheidung ist erschwert worden. Die konventionellen bürgerlichen Familientugenden stehen nun in Presse, Film, Staat und Schule wieder hoch in Ehren.

Die Homosexualität war für die alten Bolschewiken eine Anomalie, die vielleicht nach ärztlicher Behandlung rief, aber sie war kein Verbrechen. Sie konnte für sie kein Verbrechen sein, weil sie in der bösen und dummen Welt draußen, die sie von Grund auf zu verändern gedachten, ein Verbrechen war. Den engstirnigen bourgeoisen Abscheu vor diesen Dingen teilten sie selbstredend nicht. Jedoch im März 1934 wurde die Homosexualität zu einem Verbrechen erklärt, das mit drei bis acht Jahren Gefängnis bestraft wurde. Man erklärte, daß man ,Zentren der Demoralisierung von Knaben' entdeckt habe, die unter dem ,Einfluß von Ausländern' standen, und letztere habe man sofort ausgewiesen. Aber auch nach ihrer Ausweisung blieb das Gesetz bestehen. Die russischen *Gefühle* hinsichtlich der Homosexualität bleiben eben konstant, nur die russischen *Ideen* darüber sind variabel. Auf längere Sicht siegt die Konstante.

Die Änderung der täglichen Lebensgewohnheiten von Müller und Schulze in deren intimeren Beziehungen zu ihren Mitmenschen und ihrer Umwelt ist wenig erforscht. Der sogenannte gesunde Menschenverstand mit seinem absoluten Satz ,Die menschliche Natur ändert sich nicht' ist wieder zu absolut. Immerhin scheinen unsere Revolutionen nur geringe Dauerwirkungen auf die wichtigen Kleinigkeiten des Lebens bei Müller und Schulze gehabt zu haben. Was man die ,industrielle Revolution' nennt, also die Industrialisierung, hatte sicher weit größere Wirkungen und erforderte von jedem eine weit größere Umstellung als alle Revolutionen. Keine unserer Gesellschaften, auch nicht die russische, hat so tiefgehende Veränderungen durchgemacht wie die türkische seit den wahrhaft revolutionären Gesetzen Mustapha Kemals oder die japanische während der Meidschi-Revolution – zu schweigen von der MacArthur-Revolution. Die westliche Gesellschaft ändert sich paradoxerweise in mancher Hinsicht langsamer als die östliche, so könnte es scheinen. Die Wirklichkeit ist komplizierter als eine solche Formel. Türken und Japaner haben sich durch alle soziale und wirtschaftliche Wandlung hindurch eine Anzahl nationaler sittlicher Normen bewahrt. In den westlichen Gesellschaften haben sittliche, religiöse und familiäre Normen ein ähnliches Gegengewicht gegen große soziale und wirtschaftliche Veränderungen gebildet, von denen unsere Revolutionen nur ein Teil sind.

Die moderne abendländische Gesellschaft hat in der Tat in den letzten Jahrhunderten so unablässige Veränderungen mitgemacht, daß wir, wenn wir uns an das sehr plausible Konzept des gesellschaftlichen Gleichgewichts halten, bestimmte Kräfte erwarten dürfen, die in entgegengesetzter Richtung wirken, im Sinne der Stabilität. Diese Kräfte sind meist nicht logisch formuliert. Sie interessieren die Intellektuellen anscheinend weniger als die Kräfte, die im Sinne einer Änderung wirken. Sie sind undramatisch und wirken weniger erhaben. Soweit sie sich in Worten ausdrücken lassen, treten sie in verschiedenen, schwer zu durchschauenden Verhüllungen auf. Sie sind aber vorhanden und schränken, wie wir gesehen haben, die Aktionsmöglichkeiten der Reformer und Revolutionäre wirksam ein. Die Unehelichkeit ist gegen Logik oder Biologie kein haltbarer Begriff. Sie besteht aber in ihrer alten Bedeutung auch nicht aus logischen oder biologischen Gründen, sondern auf Grund festverwurzelter, sich höchstens langsam ändernder menschlicher Gefühle. Kinder, die von Geburt an ohne ihre Schuld als zweitrangig gekennzeichnet sind, können einem leid genug tun, aber bisher haben auch die Revolutionäre nichts gegen die vielleicht unedlen, aber jedenfalls beharrlichen Gefühle ausrichten können, die hinter der ‚künstlichen‘, ‚vom Menschen gemachten‘ Unterscheidung zwischen Kindern stehen, die nach der Zelebrierung eines bestimmten Ritus auf die Welt kommen, und solchen, die ohne den Segen eines solchen Rituals geboren werden. Der Ritus erscheint veränderlich, fragwürdig, unwichtig, eine Sache von banalen Worten und Gesten. Dennoch hat er sich stärker erwiesen als viele größere Worte und eindrucksvollere Gesten, ja sogar als ganze Batterien von Logik. Er ist nämlich mit den ‚Aggregaten der Beharrung' verknüpft, wie Pareto[10] sie nennt, Gefühls- und Verhaltensbilder, die sich nur sehr langsam wandeln.

Das alles läuft darauf hinaus, daß die Menschen in unserer westlichen Gesellschaft weiter an bestimmten Gefühlen und Gebräuchen festgehalten haben, auch nachdem sie ihre Worte über diese Gefühle und Handlungen geändert haben. Unsere Revolutionen scheinen in vieler Hinsicht den Geist der Menschen mehr geändert zu haben als die Gewohnheiten der Menschen. Damit soll nicht gesagt sein, daß sie überhaupt nichts geändert hätten, daß die Gedanken der Menschen unwichtig wären. Ideen können nicht zaubern, sonst wäre Robespierre nicht gestürzt und Trotzki säße vielleicht heute noch in Moskau. An gesellschaftlichen Änderungen haben Ideen aber ihren Anteil.[11] Was die Marxisten die ‚ideologischen' Veränderungen durch unsere Revolutionen nennen, verdient ernsthafte Betrachtung.

Diese aus der Revolution geborenen Ideen spielen zwei entgegengesetzte Rollen. Zunächst haben unsere Revolutionen zum Schluß den radikalen Ideen und Schlagworten ihrer Frühperiode ihren Stachel genommen. Menschen, die aufbrachen, um ihre hochfliegenden Ideale zu verwirklichen, haben sich mit dem Fehlschlag dieses Unternehmens abgefunden: Dieses (notwendige) Wunder haben die Revolutionen vollbracht. Die verbalen Instrumente des Aufstands, die Mittel, mit denen Menschen zu gesellschaftlicher Aktion gegen die bestehende Ordnung gebracht wur-

---

10 Vgl. Paretos Theorien von Residuen – Aggregate der Beharrung (Persistenz) – und Derivaten, etwa: Vilfredo Paretos System der allgemeinen Soziologie (Ed. Gottfried Eisermann), Stuttgart 1962, Kapitel XI – dort auch die Revolutionsskepsis seiner Gleichgewichtstheorie, S. 265 ff. (Anm. d. Hsg.)

11 In den 50er Jahren war selbst in Parsons Umfeld die kanonische Formulierung Webers nahezu unbekannt. „Interessen (materielle und ideelle), nicht: Ideen, beherrschen unmittelbar das Handeln der Menschen. Aber: die ‚Weltbilder', welche durch ‚Ideen' geschaffen wurden, haben sehr oft als Weichensteller die Bahnen bestimmt, in denen die Dynamik der Interessen das Handeln fortbewegte." Max Weber [1916]: Einleitung in die Wirtschaftsethik der Weltreligionen. In: Gesammelte Aufsätze zur Religionssoziologie I. Tübingen 1988, S. 252. (Anm. d. Hsg.)

den, werden historisches Material, genannt die Mythen, Sagen, Symbole, Stereotypen und Rituale der betreffenden Gesellschaften. ‚Freiheit, Gleichheit, Brüderlichkeit!‘, einst der Schlachtruf der Sturmscharen des Himmelreichs auf Erden, ist in der heutigen Französischen Republik nichts als ein Bestandteil der nationalen Liturgie, eine Erinnerung an die heroische Vergangenheit der Franzosen. Ehe die jetzige internationale Spannung eintrat, gab es auch in Rußland Anzeichen dafür, daß selbst ein so zündendes Schlagwort wie ‚Proletarier aller Länder, vereinigt euch!‘ sich auf die konservativen Bedürfnisse eines Rituals zurechtschneiden ließ. Allzu logische Radikale haben betont, daß auch die Bibel voll revolutionärer Sätze ist. Was das organisierte Christentum mit der Bibel tat, sollte schließlich auch der organisierte Kommunismus mit den Schriften von Marx und Engels tun können.

Positiver ist die zweite Rolle. Auch als Ritual gebraucht, sind diese Ideen nicht ganz passiv, kein bloßes Gerede. Wir haben gesehen, daß der Gedanke der klassenlosen Gesellschaft der neuen herrschenden Klasse in Rußland wie ein Klotz am Bein hängt. Wir können hier nicht auf die wichtige und verwickelte Frage der Rolle dieser Mythen und Symbole in der Gesellschaft eingehen. Sicher müssen wir die Frage unterlassen, ob solche Symbole irgendwelche gesellschaftliche Veränderungen ‚verursachen‘. Hier wie fast überall in der Gesellschaftswissenschaft ist die Pferd-und-Wagen-Formel der Kausalität zwecklos und nur irreführend. Es genügt uns, daß in allen unseren Gesellschaften die Erinnerung an die große Revolution als Teil eines staatserhaltenden Rituals gepflegt wird. Soweit heute in England, Frankreich, Amerika und Rußland Menschen das Herz höher schlägt, weil sie sich der Zugehörigkeit zu diesen Nationen bewußt sind, soweit sie sich (vielleicht) von den edleren und abstrakteren Glaubenssätzen der alten Revolutionen leiten und (sicherlich) trösten lassen, soweit sie sich durch ritualistische Akte des Staates oder der Kirche als Abteilung dieses Staates irgendeiner Art Sicherheit, irgendeines Status bewußt werden, soweit ihnen die großen Worte eines Milton, Jefferson, Danton, Lenin noch Stärkung bringen – soweit diese Gefühle in Menschen hervorgerufen werden, haben ihnen die von uns untersuchten Revolutionen den Inhalt ihrer Gefühle geliefert. In England, Amerika, Frankreich ist die Erinnerung an den großen Umsturz ein stabilisierender Faktor in der bestehenden Gesellschaft geworden. Auch in Rußland muß, wenn nicht alle Anzeichen trügen, früher oder später ein ähnlicher Zustand eintreten.

Aber unsere Revolutionen haben auch eine Tradition erfolgreicher Erhebung hinterlassen. Was denen, die es zu etwas gebracht haben, den Zufriedenen, den Konformisten, den Konventionellen nur noch eine rituelle Befriedigung ist, bleibt den Unzufriedenen ein Ansporn, ihre Unzufriedenheit in die Tat umzusetzen. Die moderne westliche Revolutionstradition ist sozusagen kumulativ. Die letzten Revolutionäre, die russischen, sind vom Bewußtsein der revolutionären Geschichte nahezu besessen. Trotzki beobachtete in seinen Schriften die russische Entwicklung fast klinisch (wenn er auch verständlicherweise nicht unsere Modellvorstellung vom Fieber benutzt), ständig auf der Ausschau nach Vorgängen von der Art, wie sie zuvor in Frankreich, in Amerika oder sonstwo beobachtet worden waren, wo Menschen sich im Namen der Vielen gegen die Wenigen erhoben haben.

Diese Tradition der Erhebung gehört zu den Imponderabilien, aber sie hat zur Entstehung der westlichen Demokratien beigetragen. Sie ist eines der Elemente, die bisher in der deutschen und italienischen Entwicklung fehlen, da dort die demokratischen Revolutionen gescheitert sind oder günstigstenfalls wenig imposant waren. Mit der Feststellung des Bestehens dieser revolutionären Tradition wird noch kein Werturteil gefällt. Wir machen diese Feststellung, weil es sich um eine beobachtbare Tatsache handelt, die weder von links noch von rechts bestritten werden kann.

In der Mitte des 20. Jahrhunderts ist der Ruf nach sozialer Gerechtigkeit, obwohl seine Schlagworte und Methoden nicht mehr sehr den Prinzipien von 1776 und 1789 entsprechen, in Asien, Afrika und Lateinamerika in gewissem Sinn ein Ergebnis jener Revolutionen, die wir hier untersuchen. Diese Revolution ist nicht das Ergebnis einer Kausalität im Sinn der Naturwissenschaften, sie ist im menschlichen Sinn unausweichlich. In China, Ghana, in Kuba verlangen sie nach etwas, von dem sie glauben, daß wir es wollten, als wir unsere Revolutionen begonnen haben, etwas, das man am Besten mit den Worten ‚Liberté, Egalité, Fraternité' zusammenfaßt und nicht in einer simplen nationalistisch-ökonomischen Formel. Oder vielleicht können wir uns selbst damit begnügen, diese Bewegungen Revolutionen der aufsteigenden Erwartungen zu nennen.

Versuch einer Liste von Regelmäßigkeiten

Auch wenn man den Anhängern des Grundsatzes der Einmaligkeit historischer Geschehnisse alle notwendigen Konzessionen gemacht hat, ergeben sich in die Augen springende Regelmäßigkeiten in den vier Revolutionen, die wir studiert haben. Unsere Modellvorstellung vom Fieber läßt sich zur Veranschaulichung dieser Regelmäßigkeiten benutzen. Wir wollen die wichtigsten Vergleichspunkte kurz wiederholen.

Hinsichtlich der prodromalen Symptome einer Revolution muß man vorsichtig sein. Auch im Rückblick war die Diagnose unserer vier Gesellschaften schwierig. Man kann erst recht nicht mit Hilfe einer erlernbaren diagnostischen Methode eine heutige Gesellschaft betrachten und sagen, daß in einigen Fällen bald eine Revolution stattfinden oder nicht stattfinden wird; dazu weiß niemand genug. Betrachtungen der alten Regimes fördern jedoch Regelmäßigkeiten zutage.

Erstens waren alle diese Gesellschaften im großen und ganzen in wirtschaftlichem Aufstieg begriffen, ehe die Revolution eintrat. Die revolutionären Bewegungen scheinen ihren Ursprung in der Unzufriedenheit von Leuten zu haben, denen es ganz gut geht, die sich aber eingeengt, behindert, belästigt (nicht im eigentlichen Sinne von entsetzlich unterdrückt) fühlen. Diese Revolutionen wurden nicht von Verelendeten und Verhungernden begonnen. Eine Revolution ist nicht mit einem Wurm zu vergleichen, der sich krümmt, wenn er getreten wird. Sie ist kein Kind der Verzweiflung, sondern der Hoffnung. Ihre Weltanschauung ist ausdrücklich optimistisch.

Zweitens finden wir in der vorrevolutionären Gesellschaft deutliche und tatsächlich scharfe Klassengegensätze, aber diese sind komplizierter, als es die primitiveren Marxisten zugeben. Es ging 1640, 1776 und 1789 nicht um ‚Feudaladel gegen Bourgeoisie‘

und 1917 nicht um ‚Bourgeoisie gegen Proletariat'. Am empörte-
sten scheinen Männer – auch Frauen – zu sein, die viel Geld verdient haben, jedenfalls genug zum Leben haben, aber mit Bitter-
nis die Defekte einer gesellschaftlich bevorrechteten Aristokratie
betrachten. Revolutionen sind wahrscheinlicher, wenn es sich um
einander benachbarte Gesellschaftsklassen handelt, sie sind un-
wahrscheinlicher, wenn sie weit voneinander liegen. ‚Unberühr-
bare' erheben sich sehr selten gegen eine gottgegebene Aristokratie. Haiti ist eines der wenigen Beispiele eines erfolgreichen Skla-
venaufstands. Reiche Kaufleute jedoch, deren Töchter Aristokraten heiraten können, werden zu der Auffassung neigen, daß Gott
sich für Kaufleute mindestens ebensosehr interessiert wie für Aristokraten. Es läßt sich schwer sagen, warum die Feindschaft zwischen sozial fast gleichgestellten Klassen in manchen Gesellschaften besonders heftig ist – warum zum Beispiel eine Marie-Antoi-
nette im Frankreich des 18. Jahrhunderts so viel mehr gehaßt
wurde als eine millionenschwere, müßig dahinlebende, häufig in
den Zeitungen und Zeitschriften aufkreuzende Erbin im heutigen
Amerika. Man kann aber diese Feindschaft in unseren vorrevolutionären Gesellschaften als Faktum feststellen, was uns klinisch im
Augenblick genügen muß.

Drittens fanden wir in dem Abfall der Intellektuellen in mancher Hinsicht das verläßlichste Symptom unter allen. Auch hier
müssen wir nicht das Wie und Warum im einzelnen darstellen oder
den Versuch machen, den Abfall der Intellektuellen in eine vollständige Soziologie der Revolution einzubauen. Wir müssen nur
einfach feststellen, daß diese Erscheinung in all unseren vier Revolutionen beobachtbar ist.

Viertens funktioniert der Verwaltungsapparat schlecht, teilweise aus Nachlässigkeit, aus Gründen des Festhaltens an alten
Einrichtungen, teilweise, weil neue Verhältnisse die für frühere,
primitivere Verhältnisse gedachte Verwaltung überfordern. In unseren Gesellschaften waren es genau erkennbare Verhältnisse, die
mit dem Wachstum der Wirtschaft und der neuen geldbesitzenden
Klassen, mit den neuen Verkehrsmitteln, mit neuen Wirtschafts-
methoden zusammenhingen.

Fünftens zweifelt die alte herrschende Klasse, oder jedenfalls ein großer Teil ihrer Angehörigen, an sich selbst. Sie verliert den Glauben an die Traditionen und Sitten ihrer Klasse, ein Teil wird intellektuell, humanitär, genauer humanitaristisch, geht gar zu den angreifenden Gruppen über. Ein größerer Teil als sonst gibt sich Ausschweifungen hin, aber das ist weniger symptomatisch als der Verlust der befehlsgewohnten Haltung. Jedenfalls wird die herrschende Klasse politisch unfähig.

Die dramatischen Ereignisse, die den Stein ins Rollen bringen, das Fieber der Revolution heraufführen, sind in drei von unseren vier Gesellschaften eng mit der Finanzlage des Staates verknüpft. Im vierten Falle, Rußland, ist der Zusammenbruch der Staatsverwaltung unter der Last eines verlorenen Krieges nur teilweise finanzieller Natur. In allen unseren Gesellschaften jedoch tritt die Unfähigkeit der Regierung in den ersten Stadien der Revolution deutlich zutage. In den ersten Wochen oder Monaten sieht es so aus, als könnte entschlossene Gewaltanwendung seitens der Regierung verhindern, daß sich die steigende Aufregung bis zum Sturz der Regierung weiterentwickelt. In allen unseren vier Fällen versuchten die Regierungen eine solche Gewaltanwendung. In allen vier Fällen scheiterten sie damit. Dieses Scheitern wurde zum Wendepunkt und führte zur Machtergreifung der Revolutionäre.

In allen vier Revolutionen aber ist die mangelhafte, ungenügende Gewaltanwendung seitens der Regierung auffallender als etwa die geschicktere Gewaltanwendung seitens ihrer Gegner. Wir sprechen hier nur vom polizeilichen beziehungsweise militärischen Standpunkt. Wohl mag die Mehrheit des Volkes unzufrieden sein, die bestehende Regierung hassen, ihren Sturz wünschen. Das weiß man nicht, denn vor der Revolution hält man keine Volksabstimmungen ab. Am tatsächlichen Zusammenstoß (Bastilletag, Gefecht von Concord, Februar in Petersburg) ist nur eine Minderheit aktiv beteiligt. Aber die Regierungstruppen sind nicht verläßlich, sie kämpfen lustlos oder laufen über, ihre Befehlshaber sind stupid, ihre Feinde verstehen es, einen Teil der übergelaufenen Truppen oder eine schon vorher bestehende Miliz für ihre Zwecke einzusetzen – und so muß das Alte dem Neuen weichen. Doch so ausgeprägt ist die konservative, gewohnheitsliebende Natur der Menschen, so stark sind in den meisten die Gewohnheiten des Gehorsams, daß man fast mit Sicherheit sagen kann: Keine Regierung wird gestürzt, wenn sie nicht die Fähigkeit verloren hat, angemessenen Gebrauch von ihren polizeilichen und militärischen Machtmitteln zu machen. Diese Fähigkeit kann ihr durch Überlaufen von Soldaten und Polizisten auf die Seite der Revolutionäre verlorengehen oder durch eigene Dummheit beim Einsatz der Polizei und des Militärs oder auch durch beides.

Die Ereignisse, die wir als erste Stadien bezeichnet haben, laufen natürlich nicht in allen vier Revolutionen in gleicher Zeitfolge oder mit genau gleichem Inhalt ab. Aber wir haben die Hauptelemente aufgezählt, die ein gleichmäßiges Bild ergeben: finanzieller Zusammenbruch; Zusammenschluß der Unzufriedenen zu seiner Behebung oder, wenn er erst droht, zu seiner Abwendung; revolutionäre Forderungen dieser organisierten Unzufriedenen, deren Annahme die praktische Abdankung der Herrschenden bedeuten würde; Versuch der Gewaltanwendung seitens der Regierung; deren Mißerfolg und daran anschließend die Machtergreifung der Revolutionäre. Die Revolutionäre haben bisher als organisierte und fast einmütige Gruppe gehandelt, aber mit der Erreichung der Macht wird es klar, daß sie nicht einig sind. Die Gruppe, die während des ersten Stadiums maßgebend ist, nennen wir die Gemäßigten. Sie sind zu diesem Zeitpunkt nicht immer die zahlenmäßige Mehrheit. Man braucht nur an die Kadetten in Rußland im Jahre 1917 zu denken. Sie erscheinen aber als die natürlichen Erben der alten Regierung – man gibt ihnen ihre Chance. In drei von unseren Revolutionen werden sie früher oder später gestürzt und hingerichtet oder verbannt.

Mit Sicherheit erkennt man in England, Frankreich und Rußland einen Prozeß, in welchem eine Serie von Krisen – manche mit gewaltsamen Auseinandersetzungen und Straßenkämpfen verbunden – zur Absetzung einer Garnitur von Führern und zur Machtergreifung einer anderen, radikaleren Garnitur führt. Mit Gewalt oder zumindest außergesetzlichen Methoden wird die Macht von rechts nach links verschoben, bis in der Krisis die extremen Radikalen, die hundertprozentigen Revolutionäre an die Macht gelangen. Daneben gibt es meist noch einige überradikale

Sekten am ‚verrückten Rand‘, die aber klein sind und von den regierenden Radikalen leicht unschädlich gemacht werden. Man kann also annähernd sagen, daß die Macht von rechts nach links wandert, bis sie die äußerste Linke erreicht.

Das Regiment der Extremisten haben wir als die Krisis bezeichnet. In der amerikanischen Revolution wurde dieses Stadium nie erreicht, wenn man auch in der Behandlung der Englandtreuen, in der erzwungenen Unterstützung des Revolutionsheeres, in einigen Abschnitten des gesellschaftlichen Lebens selbst in Amerika viele der aus anderen Revolutionen bekannten Terrorphänomene entdecken kann. Hier kann die verwickelte Frage nicht behandelt werden, warum die amerikanische Revolution vor der Krisis haltmachte und die Gemäßigten nie verdrängt wurden. Wir wollen uns eben nur mit der Ermittlung bestimmter Gleichmäßigkeiten begnügen und keine vollständige Revolutionssoziologie versuchen.

Den Extremisten kommt sicher die Tendenz zur starken, zentralistischen Regierung zu Hilfe, welche die Gemäßigten im allgemeinen nicht schaffen können. Die Extremisten zentralisieren gern, sie sind diszipliniert, lieben keine halben Maßnahmen, sind klarer Entscheidungen fähig, haben keine demokratischen Skrupel – sie können eine solche Regierung stellen. Namentlich in Frankreich und Rußland, deren nationale Existenz von mächtigen Feinden bedroht war, wurde die Regierung in der Krisis so konstruiert, daß sie als Regierung der Landesverteidigung fungieren konnte. Wenn auch der moderne Krieg eine Zentralisierung der Staatsmacht verlangt, kann der Krieg allein nicht alle Ereignisse der Krisis in den genannten Ländern erklären.

Stark vereinfacht, kann man sagen: Es kommt zur notstandsmäßigen Zentralisierung der Macht in einer Verwaltung, die meist die Form eines Rates oder Komitees annimmt und mehr oder minder von einem starken Mann regiert wird, ob Cromwell, Robespierre oder Lenin. Es wird ohne Rücksicht auf die normalen bürgerlichen Rechte des einzelnen regiert – in Rußland muß man sagen, ohne Rücksicht auf das normale Privatleben des einzelnen. Es werden Sondergerichte und eine revolutionäre Sonderpolizei geschaffen, um die Durchführung der Regierungsanordnungen zu

sichern und alle andersdenkenden Personen oder Gruppen auszuschalten. Dieser ganze Apparat wird von einer verhältnismäßig
kleinen Gruppe aufgebaut – Unabhängige, Jakobiner, Bolschewiki –, die das Regierungsmonopol an sich gerissen hat. Das Regieren, die Staatsaktion nimmt einen weit größeren Platz im menschlichen Tun ein als in normalen Zeiten. Der Staatsapparat kriecht
in alle Winkel des Lebens hinein, er schnüffelt in Bereichen, die
sonst dem Priester, Arzt oder Freund vorbehalten sind. Er lenkt
planmäßig die Erzeugung und Verteilung der Güter im ganzen
Land.

Diese Allgegenwart der Schreckensherrschaft in der Krisis
läßt sich teilweise mit den Kriegsnotwendigkeiten und Wirtschafts-
notwendigkeiten erklären, auch mit anderen Variablen, aber
wahrscheinlich ist sie teilweise auch als Manifestation des Willens
zur Verwirklichung stark religiöser Ziele auf Erden aufzufassen.
Die kleine Schar extremer Revolutionäre, die während des Terrors eigentlich regiert, verhält sich so, wie sich Menschen unter
dem Einfluß einer Religion verhalten. Unabhängige, Jakobiner,
Bolschewiki, alle wollen das gesamte Tun der Menschen einem Ide-
al-Schema gleichschalten, das in ihren eigenen Gefühlen wurzelt.
Eine auffallende Gleichmäßigkeit bildet ihr Asketentum, die Verwerfung der kleineren wie der größeren Laster. Im Wesen ähneln
einander die diesbezüglichen Schemata aller Revolutionen; sie erinnern sämtlich stark an die konventionelle christliche Ethik. Die
regierenden radikalen Gruppen versuchen während der Krisis
tatsächlich, ihren ethischen Kodex in der Praxis durchzusetzen.
Sie unterdrücken vieles, was die Menschen als normal anzusehen
gewohnt sind. Es entsteht eine gespannte Atmosphäre, in welcher
die täglichen Gewohnheiten, die der ‚kleine Mann' als eine Art
Schutzhaut ansieht, nicht mehr gelten. Das komplizierte Netz der
Wechselwirkungen zwischen den Menschen – das auch den wenigen, die es vernünftig untersuchen, höchst rätselhaft ist – wird für
einige Zeit zerrissen. Der Mann auf der Straße treibt ohne Stütze
dahin.

Jetzt beginnen wir fast zu glauben, daß unsere Modellvorstellung mehr als ein bloßes Hilfsmittel ist, daß sie irgendwie eine Beschreibung der ‚Realität' ist. In der Krisis scheint der kollektive

Patient hilflos durch ein Delirium zu taumeln. Den Lockungen des emotionalen und metaphorischen Denkens müssen wir aber widerstehen und uns auf das Sachliche konzentrieren. Der Konservative sagt gern: Der Revolutionär reißt das schöne Haus ein, in dem die Gesellschaft lebt, und kann kein anderes aufbauen, so daß die Menschen obdachlos bleiben. Das Bild ist nicht gut. Auch in der ärgsten revolutionären Krisis bleibt mehr von dem alten Haus stehen, als zerstört wird. Besser ist die Analogie des menschlichen Nervensystems oder eines sehr komplizierten Fernmeldesystems. Die Gesellschaft erscheint dann als ein Netz von Wechselwirkungen zwischen Individuen, die größtenteils durch Gewohnheit festgelegt sind, zum Ritual erstarrt und zu Sinn und Schönheit erhoben sind, dies durch die kunstvoll verflochtenen Wechselwirkungsleitungen, die wir als Recht, Theologie, Metaphysik und ähnliche edle Dinge kennen. Nun können manchmal viele dieser Kabel edler Überzeugungen, sogar manche Gewohnheits- und Traditionskabel, herausgeschnitten und durch andere ersetzt werden. Ein solcher Vorgang scheint während der Krisis unserer Revolutionen stattgefunden zu haben, aber das Netz als Ganzes ist bisher nie plötzlich radikal geändert worden. Auch die edlen Überzeugungen pflegen an ihren Orten zu bleiben. Wenn man alle Leute umbringt, die innerhalb dieses Kabelnetzes leben, so ändert man das Netz nicht, man zerstört es. Trotz allen Untergangspropheten ist dieser Typ Zerstörung in der Weltgeschichte selten. In keiner unserer Revolutionen gab es auch nur etwas annähernd Ähnliches.

Was geschah unter dem Druck des Klassenkampfes, des Krieges, des religiösen Idealismus und vieler anderer Motive? Viele der Wechselwirkungen in dem Netz folgten früher verborgenen, unklaren Wegen, die nun plötzlich aufgedeckt wurden, worauf es schwierig wurde, ihnen im ungewohnten Licht der Öffentlichkeit, in sozusagen bewußter Weise, zu folgen. Die Wege anderer Wechselwirkungen waren blockiert, die Wechselwirkungen gingen nur auf Umwegen unter großen Schwierigkeiten weiter. Wieder bei anderen Wechselwirkungen wurden die Leitungen kurzgeschlossen, falsch geschaltet, falsch gepaart. Die Bestrebungen der fanatischen Führer der Revolution schlossen auch den Versuch in sich,

eine große Zahl neuer Wechselwirkungen zu schaffen. Wenn auch
die meisten davon die Kabel der ‚edlen Überzeugungen' betrafen
(Recht, Theologie, Metaphysik, Mythologie, Abstraktionen), sik-
kerten doch manche in das tiefere und weniger edle Netz der
Wechselwirkungen zwischen den Menschen ein und führten dort
zu neuen Spannungen. Kein Wunder, daß die Menschen sich unter
diesen Verhältnissen in der Krisenperiode nicht normal benahmen. Thukydides schrieb darüber vor zweitausend Jahren so etwas wie einen klinischen Bericht: „Als die Unruhen in den Städten
begonnen hatten, breitete sich der Geist der Umwälzung immer
weiter aus. Die ihn übernahmen, waren entschlossen, alle ihre
Vorgänger an Taten und Greueln zu übertreffen. Die Worte hatten
nicht mehr denselben Sinn, sondern dieser wurde von ihnen nach
Belieben geändert. Tollkühnheit galt als Mut, kluges Abwarten als
Ausrede von Feiglingen, Mäßigung als Maske unmännlicher
Schwäche, Wissen als Tatenlosigkeit. Tobende Energie war das
Zeichen des Mannes. Wer sichergehen wollte, war feige. Man ver-
traute stets dem Anwalt der Gewalt und mißtraute jedem, der ihm
widersprach. Wer ein erfolgreiches Komplott schmiedete, galt als
klug, aber noch klüger war der, der ein Komplott aufdeckte. Anderseits war der, der sich grundsätzlich von Komplotten fernhielt,
ein Parteispalter und ein furchtsamer Tropf. Mit einem Wort:
Derjenige, der einen anderen an Schlechtigkeit übertraf, erntete
Beifall, ebenso, der andere zum Bösen verleitete ... Die Parteiban-
de waren stärker als die Blutsbande ...“

Chamberlin zitiert einen unbekannten sibirischen Genossen-
schaftsleiter, der gegen den roten und den weißen Terror zugleich
protestiert. Wir geben dieses Zitat aus weniger berühmtem Munde
hier wieder:

„Wir fragen die Gesellschaft, die kämpfenden politischen
Gruppen und Parteien: Wann wird unser schwergeprüftes Rußland von diesem Alpdruck befreit werden, wann wird das Morden
aufhören? Faßt euch nicht Entsetzen beim Anblick dieses ununter-
brochenen Blutstroms? Faßt euch nicht Entsetzen, wenn ihr
seht, wie die tiefsten Grundlagen der menschlichen Gesellschaft
dahinsinken: das Gefühl der Menschlichkeit, das Wissen um den
Wert des Lebens, der Persönlichkeit, der Notwendigkeit einer

Rechtsordnung?... Hört unseren verzweifelten Ruf! Wir sinken auf die vorgeschichtliche Stufe zurück, wir sind am Rande des Untergangs der Zivilisation und Kultur, wir vernichten den menschlichen Fortschritt, für den viele Generationen unserer würdigeren Vorfahren gewirkt haben."

Nun endete gewiß keine unserer Revolutionen mit der Vernichtung von Zivilisation und Kultur. Das Kabelnetz war stärker als die Kräfte, die es zu vernichten oder zu ändern versuchten. In allen vier Gesellschaften folgte auf die Krisis die Rekonvaleszenz, und zwar durch die Rückkehr zu den meisten der einfacheren, elementaren Wege der Wechselwirkungen im alten Netz. Insbesondere starb die religiöse Gier nach Perfektion ab, der Kreuzzug für die Republik der Tugend hörte auf, abgesehen von einer winzigen Gruppe, die sich nicht mehr unmittelbar in der Politik geltend machen konnte. Aus einem aktiven, bekehrenden, unduldsamen, asketischen, chiliastischen Glauben wurde im Handumdrehen ein inaktiver, gleichgültiger, weltlich-ritualistischer Glaube.

Das Gleichgewicht ist wiederhergestellt, und die Revolution ist vorüber. Das bedeutet aber nicht, daß sich nichts geändert hätte. In dem Netz von Wechselwirkungen, aus dem die Gesellschaft besteht, sind ein paar neue, zweckmäßige Kabel entstanden, einige alte, unzweckmäßige – wenn man will, kann man sie ,ungerecht' nennen – sind beseitigt worden. Es klingt gemütlos, wenn man sagt, daß die französische Revolution notwendig war, um das metrische System hervorzubringen und mit feudalem Gerümpel im Rechnen und Wägen aufzuräumen, oder die russische Revolution, um den modernen Kalender einzuführen und einige unnütze Buchstaben aus dem russischen Alphabet zu streichen. Diese greifbaren, nützlichen Resultate sehen neben der allgemeinen Menschenliebe und der Einsetzung der Gerechtigkeit auf Erden sehr bescheiden aus. Märtyrerblut scheint kaum notwendig, um das dezimale Geldsystem einzuführen.

Wer aber auf das Heroische an der Revolution Wert legt, kommt auch auf seine Rechnung. Die revolutionäre Tradition ist eine heroische. Die edlen Überzeugungen, die für alle Gesellschaften notwendig scheinen, sind in unseren westlichen Demokratien teilweise ein Produkt der Revolutionen, die wir untersucht haben.

Unsere Revolutionen haben die Kabel im menschlichen Netzwerk, die sich als Recht, Theologie, Metaphysik und abstrakte Ethik isolieren lassen, gewaltig verstärkt, ihnen Wertvolles hinzugefügt. Wenn diese Revolutionen nicht stattgefunden hätten, so würden wir beispielsweise noch unsere Frauen prügeln, falschspielen und an Hexen glauben, uns dagegen nicht an dem unabdingbaren Recht auf Leben, Freiheit und Streben nach Glück erfreuen können oder an der tröstenden Gewißheit, daß der nächste Schritt die klassenlose Gesellschaft bringen wird.

Überblickt man die Revolutionen in ihrem ganzen Verlauf, drängen sich dem Betrachter gewisse Gleichmäßigkeiten auf. Vergleicht man die russische Revolution, die letzte, mit der englischen, der ersten, so scheint sich die bewußte revolutionäre Technik erheblich weiterentwickelt zu haben. Das ist deutlich, seit Marx die Geschichte früherer Revolutionen zum pflichtmäßigen Lesestoff für moderne Revolutionen machte. Lenin und seine Leute hatten eine Schulung in der ‚Kunst des bewaffneten Aufstands‘, die den Unabhängigen und den Jakobinern noch fehlte. Robespierre erscheint fast wie ein politisches Kind, wenn man seine revolutionäre Schulung mit derjenigen der besseren Bolschewikenführer vergleicht. Weniger unschuldig erscheint allerdings Sam Adams. Die Verschiedenheit der bewußten Vorbereitung auf die Revolution, das Entstehen einer großen Revolutionsliteratur, die wachsende Kenntnis revolutionärer Ideen ist zwar eine auffallende, aber nicht eine besonders wichtige Gleichmäßigkeit. Revolutionen sind noch immer nicht Angelegenheiten der Logik. Die Bolschewiken ließen sich bei ihrem Handeln nicht in nennenswert höherem Grade vom ‚wissenschaftlichen‘ Studium der Revolution leiten als die Unabhängigen oder die Jakobiner. Sie paßten nur eine alte Technik dem Zeitalter des Telegraphen und der Eisenbahn an.

Damit kommen wir zu einer weiteren, zwar auffälligen, aber wenig wichtigen Tendenz in unseren vier Revolutionen. Sie fanden in Gesellschaften statt, die zunehmend unter dem Einfluß der industriellen Revolution, der Industrialisierung, standen. Immer mehr machen sich die Änderungen unserer Maßstäbe geltend, die von der Eroberung von Zeit und Raum durch die moderne Technik herrühren. Die russische Revolution erfaßte weit mehr Menschen und weit größere Gebiete als alle früheren Revolutionen. In ihr wurde in Monate zusammengedrängt, was in England im siebzehnten Jahrhundert Jahre erfordert hatte. Diese Revolution benutzte die Druckerpresse, den Telegraphen, den Funk, das Flugzeug usw. – sie war recht modern. Wir müssen dennoch bezweifeln, daß solche Maßstabsverschiebungen an sich wirklich wichtige Faktoren sind. Die Wünsche des Menschen bleiben die gleichen, ob er ihnen im Flugzeug oder im Sattel nachstrebt. Die Revolutionen sind heute größer, aber nicht besser. Der Lautsprecher ändert die Worte nicht.

Wir müssen noch ein Wort zur Methodik sagen. Zugegeben: Die Lehrsätze, die Gleichmäßigkeiten, die wir im Rahmen unserer Modellvorstellung erarbeiten konnten, sind etwas unklar und wenig begeisternd. Sie sind nicht so interessant oder aufregend wie etwa Orwells Vorstellungen von der Revolution, der tatsächlich glaubte, die totalitären Revolutionsführer hätten die Kunst gelernt, die Menschen zu etwas völlig anderem zu machen als ihre unmittelbaren Vorgänger. Unsere Sätze können nicht quantitativ ausgedrückt werden, sie können nicht zur Vorhersage oder Kontrolle dienen. Wir haben den Leser zu Anfang darauf aufmerksam gemacht, daß er nicht zuviel erwarten darf. Man darf aber vielleicht hoffen, daß auch dürftige Hinweise, wie jene über den Abfall der Intellektuellen, die Rolle der Gewalt im ersten Stadium der Revolution, den Anteil des ‚religiösen‘ Enthusiasmus in der Krisis, die Vergnügungssucht im Thermidor, für das Studium des Menschen in der Gesellschaft nicht ohne Wert sind. Sie bedeuten an sich nicht viel, aber sie deuten Möglichkeiten weiterer Forschung an.

Vor allem zeigen sie eben durch ihre Mängel die Notwendigkeit einer strengeren Behandlung dieser Probleme auf. Weiter werden diese Hinweise den Zweck allererster Näherungen in der wissenschaftlichen Arbeit erfüllen: Sie werden zu weiterem Studium der Tatsachen anregen, namentlich dort, wo der Näherungsversuch einen Mangel an den notwendigen Daten aufgedeckt hat. Insbesondere sind die verfügbaren Tatsachen für das Studium der Klassengegensätze bedauerlich knapp bemessen. Das gilt auch für die

Fakten, die zum Studium der Elitenzirkulation in vorrevolutionären Gesellschaften notwendig sind. Es gibt hundert solche Löcher,
und manche könnten gestopft werden. Diese ersten Näherungen
mögen den Weg zu weiteren durch andere bahnen. Ein Wissenschaftler sollte nicht mehr verlangen, auch wenn das Publikum
gern mehr haben möchte.

Ein Paradox der Revolution

Nach früheren wissenschaftlichen Erfahrungen zu urteilen, werden sich eines Tages umfassendere Regelmäßigkeiten aus einem
vollständigeren Studium der Revolutionssoziologie ergeben. Wir
wagen hier dem früher Gesagten nicht viel hinzuzufügen. Unsere
vier Revolutionen gehören alle dem gleichen Typ an, sie liegen in
der demokratischen Tradition. Das Wort ‚Revolution' ist vielen,
die in dieser Tradition leben, so kostbar, vor allem den Marxisten,
daß sie seine Anwendung auf Vorgänge wie die verhältnismäßig
unblutige, wenn auch gewaltsame und illegale Machtergreifung eines Mussolini oder Hitler entrüstet ablehnen. Sie sagen, diese Bewegungen seien keine Revolutionen gewesen, weil sie nicht die
Übertragung der Macht von einer Klasse auf die andere in sich
schlossen. Nun kann man mit einem so viel umfassenden Wort wie
‚Revolution' allerhand Spiele dieser Art treiben. Für das wissenschaftliche Studium gesellschaftlicher Veränderungen scheint es
aber angebracht, das Wort ‚Revolution' auch auf den Sturz einer
ordnungsgemäßen, legalen, parlamentarischen Regierung durch
Faschisten anzuwenden. Wenn das stimmt, dann stellen unsere
vier Revolutionen nur einen bestimmten Typ der Revolution dar.
Ihre Verallgemeinerungen können nicht unbedingt für alle Typen
von Revolutionen gelten.

Anderseits müssen wir auch nicht mit reiner Skepsis abschließen. Aus der Betrachtung dieser vier Revolutionen scheinen doch
drei Erkenntnisse zu folgen: Erstens zeigen sie, ungeachtet aller
Unterschiede, gewisse einfache Gleichmäßigkeiten von der Art,
wie wir sie in der Modellvorstellung des Fiebers zusammengefaßt
haben. Zweitens erweist sich die dringende Notwendigkeit, die Taten und die Worte der Menschen zu untersuchen, ohne die Annah-

me zu machen, daß sie immer auf einfache und logische Weise Zusammenhängen; denn die Revolutionen zeigen in ihrem ganzen Verlauf Menschen, die das eine sagen und das andere tun. Drittens lehren die Revolutionen, daß in vielen menschlichen Dingen die menschlichen Gewohnheiten, Gefühle, Neigungen keineswegs rasch zu ändern sind, daß die extremistischen Versuche, sie durch Gesetze, Terror, Predigten zu ändern, scheitern und daß sie in der Rekonvaleszenz kaum verändert wiederkehren.

Etwas zögernd wollen wir doch eine größere Verallgemeinerung wagen, die alle vier Revolutionen verknüpft: Diese vier Revolutionen zeigen in immer größerem Umfang das Phänomen der Versprechungen an das Volk, den ‚gewöhnlichen‘ Menschen. Unter ihnen sind unklare wie das Versprechen vollkommenen ‚Glücks‘ und konkrete wie die volle Befriedigung aller materiellen Bedürfnisse, überdies angenehme Rachebetätigung auf dem Weg dazu. Der Kommunismus ist nur die derzeitige Stufe dieser wachsenden Liste von Verheißungen. Wir müssen festhalten, daß diese Verheißungen in ihrer extremen Form bisher nie erfüllt worden sind. Daß sie überhaupt gemacht werden, erscheint dem Christen, dem Humanisten, vielleicht überhaupt dem Besitzer eines gesunden Menschenverstands verwerflich. Sie werden aber gemacht, am intensivsten vielleicht in China, in Südostasien, im Orient, überall, wo der Kommunismus noch eine junge, frische, aktive Religion ist. Es kann nicht oft genug wiederholt werden, daß diese Versprechungen unerfüllbar sind und nicht gemacht werden sollten. Noch törichter wäre es, etwa zu sagen, daß Amerika diese Verheißungen erfüllen könnte, zumal sie in den USA selbst nicht erfüllt sind. Die Revolution ist kein Fieber, das mit solchen Mittelchen geheilt werden kann. Zumindest für einige Zeit müssen wir diese Krankheit für so unheilbar halten wie den Krebs.

Welche Wirkungen hat das Erlebnis einer großen Revolution auf die Gesellschaft? Hier können wir keine weitgehenden Schlüsse ziehen, wenn wir nicht allzuviel Geschichte und Soziologie treiben wollen. Es scheint aber, daß der Patient in mancher Hinsicht gestärkt aus dem überwundenen Fieber hervorgeht, gegen vielleicht gefährlichere Attacken immunisiert. Es ist empirische Tatsache, daß es in allen unseren Gesellschaften nach der Revolution zu einem Aufblühen, zu einem Gipfel kultureller Leistungen kam. Tiefere Forschung könnte zeigen, daß schwache, dekadente Gesellschaften keine Revolutionen mitmachen, daß die Revolutionen paradoxerweise ein Zeichen der Stärke und Jugend der betreffenden Gesellschaften sind.

Montaigne stellt fest, daß Entsetzen und Abscheu über diese Vorgänge auch mit Bewunderung für die Kraft des Menschen, die in ihnen zum Ausdruck kommt, einhergehen können. Er sagt:

„Ich sehe nicht eine Tat, nicht drei oder hundert Taten, sondern allgemein akzeptierte sittliche Zustände, die so unnatürlich sind – namentlich, was Unmenschlichkeit und Verrat betrifft, die für mich die ärgsten aller Sünden sind–, daß ich nicht ohne Entsetzen daran denken kann. Aber diese Dinge veranlassen mich fast ebenso zur Bewunderung wie zum Abscheu. Diese ungewöhnlichen Schurkereien tragen ebenso die Zeichen der Stärke und des Charakters wie jene der Verirrung und Verwirrung.“

Der Anarchist Berkman, der die russische Revolution ablehnte, erzählt eine die Geschichte, die seine Abneigung wiedergeben mag, die aber doch als kurze symbolischer Abschluß dieser Studie dienen mag. Berkman fragte einen guten Bekannten, einen Bolschewiken, während der Zeit des Versuchs der vollkommenen Kollektivierung unter Lenin, warum die berühmten Moskauer Droschkenkutscher, die Izwoschiks, die in geringerer Zahl fortfuhren, durch Moskau zu flitzen und dabei enorme Summen von Papierrubeln verdienten, noch nicht verstaatlicht seien wie sonst praktisch alles andere. Der Bolschewik antwortete: „Wir fanden, daß die Menschen irgendwie weiterleben, wenn wir sie nicht ernähren. Aber wenn wir die Pferde nicht füttern, sterben diese dummen Biester. Darum nationalisieren wir die Droschken nicht.“ Das ist insgesamt keine heitere Geschichte und in gewisser Weise mag man die menschliche Fähigkeit bedauern, leben zu können ohne zu essen. Aber wären wir so dumm – oder so empfindlich – wie Pferde, dann gäbe es klarerweise keine Revolutionen.

Epilog: 1964

Die 30 Jahre, die seit der Zeit verstrichen sind, als das Buch in den Lowell-Vorlesungen begann, Gestalt anzunehmen, haben die Bedeutung des Gegenstandes nicht gemindert. Wir sind sogar weiter von den Hoffnungen der 30er Jahre entfernt, welche sich in dem victorianischen Satz „Evolution, nicht Revolution" verkörperten. Begriffe wie „weltweite Revolution" sind heute einfach realistisch und keine rein journalistischen Stereotypen. Mehr als die Hälfte der rund hundert Mitgliedstaaten der UNO sind entweder direkt die Schöpfung irgend einer Art revolutionärer Aktionen oder ihre Beherrscher fanden die Zeit reif, den durch anderorts erfolgreiche Revolutionen inspirierten Forderungen nachzukommen. Durch die Gewährung der Unabhängigkeit, ohne gewaltsame Revolution an koloniale Besitzungen westlicher Mächte hat, diese Zahl statistisch zugenommen. Gewiß hat aber auch die Gewalt in Indien, dem Nahen Osten, in Algerien, Kenia und Indonesien, diese Emanzipationen mitausgelöst. Die richtige sozio-ökonomische Revolution, keineswegs die altbekannte lateinamerikanische Revolution, die noch sehr den Palast-und Haremrevolutionen glich, ist bei unseren Nachbarn Mexico und Kuba[12] angekommen. Tatsächlich beginnen alle lateinamerikanischen Revolutionen jetzt ernsthaft auszusehen.

Die Vereinigten Staaten sind eine der ältesten gefestigten Staaten, ihre gelungene Revolution liegt fast 200 Jahre zurück, ihre mißlungene fast 100 Jahre. Die mißlungene Revolution hat ein großes ungelöstes Problem hinterlassen. Wenn auch die „Revolution" der Schwarzen in gewissem Sinn diesen Namen verdient und sie auch Kennzeichen trägt, die wir bei unseren vier Revolutionen

---

12 Anmerkung d. Hsg.: Durch die Selbstbeschreibung Mexikos lässt sich Brinton täuschen; Kubas Revolution währt noch an. Chile 1970, Nikaragua 1979 und Venezuela 1998 kommen hinzu. Chile wird durch Putsch beendet, Nikaragua wandelt sich zu einer profane Rechtsdiktaur mit Scheinwahlen, Venezuela scheitert zunehmend.

als entscheidend festgestellt haben, so ist sie doch keine Bewegung, die unsere Regierung überwältigen will, um eine andere an ihre Stelle zu setzen. Trotz der Gewalttätigkeit unserer Kontroversen, der Ängste der Konservativen vor kommunistischen Verschwörungen, der Wirrungen unserer Intellektuellen, sind die Vereinigten Staaten eine stabile Gesellschaft, in der eine reale Revolution unwahrscheinlich wäre. Selbst in den 1930er Jahre mit ihren 16 Millionen Arbeitslosen waren das Gewalttätigste Milchauschüttungen im Mittelwesten und ein pathetischer Marsch arbeitsloser Veteranen zum Makeshift-Camp auf der Anacostia-Insel in Washington.

Wir haben es bereits als Gleichförmigkeit bei unseren Revolutionen festgestellt, daß, nach dem Erfolg der Revolution und der guten Etablierung des neuen Regimes, die emotionalen Obertöne des Wortes Revolution sich in der Gesellschaft verändern. Die ursprüngliche Revolution wird Teil der Geschichte, sie wird respektabel und tot; aber laufende oder bevorstehende Revolutionen werden bedrohlich und Gegenstand der Verdammung. Das ist deutlich hinsichtlich der amerikanischen und französischen Revolution und scheint sich in Rußland hinsichtlich der russischen Revolution zu bewahrheiten. England wurde so stabil und gefestigt, daß im 19. Jahrhundert die Revolution der 1640er Jahre nicht einmal mit jener Ehrfurcht verklärt wurde, der die Töchter der amerikanischen Revolution der unseren entgegenbrachten; die braven viktorianischen Engländer schämten sich so sehr, einem König den Kopf abgeschnitten zu haben, daß sie, nicht ohne Erfolg, versuchten, die ganze Sache zu vergessen.

Es ist das ohne Bitterkeit und ohne ironische Absicht gesagt. Es dürfte wahr sein, daß die meisten Amerikaner mit dem Begriff Revolution unerfreuliche Gefühle verbinden; das Wort ist für sie dislogisch und nicht eulogisch. Die Sache ist aber nicht so einfach, die Durchschnittsamerikaner stehen der gegenwärtigen Weltrevolution ambivalent gegenüber.

Sie sind gegen die alten „imperialistischen" Mächte und für die Völker in den Kolonien, die sich gegen ihre Herren auflehnen. Sie stehen mehr oder weniger an der Seite der Underdogs, obwohl die Underdogs nach ihnen zu schnappen beginnen. Die Amerikaner glauben an die Demokratie. Natürlich definieren sie die Demokratie auf ihre eigene Weise und sähen es gerne, daß ihnen der Rest der Welt darin folgte.

Doch sehen wir einmal, wie jemand von außen die Sache sieht. Arnold Toynbee hat vor kurzem eine Serie von Vorträgen unter dem Titel „Amerika und die Weltrevolution" veröffentlicht. Toynbee zufolge haben wir Amerikaner bei Lexington und Concord eine demokratische Revolution begonnen, um für alle Menschen soziale Gerechtigkeit zu erreichen; als erfolgreiche, reiche Gesellschaft hätten wir nun den Kontakt zu der riesigen Zahl von Menschen verloren, die noch immer vom Echo der „Prinzipien von 1776 und 1789" bewegt werden; wir sollten wieder den Kontakt mit diesen herzustellen suchen, sonst würden wir die Sympathien der Menschheit verlieren und die Welle der Zukunft verfehlen. In einer charakteristischen – und gewiß mißverständlichen- Wendung sagt Toynbee, wir Amerikaner müßten wählen, ob wir die Rolle eines Metternich oder eines Mazzini spielen wollten.

Natürlich vereinfacht Toynbee zu sehr. Seine Position liegt sehr nahe an jener der „liberalen" westlichen Denkart und ist nicht so extrem wie jene unserer kommunistischen und neutralistischen Gegner, nach deren Meinung wir die Rolle der Verteidiger der besitzenden Klassen und der alten Regimes überall in der Welt übernommen hätten. Die meisten Amerikaner aber glauben, daß wir in der neueren internationalen Politik die Unterprivilegierten, die Opfer des Imperialismus unterstützt hätten, jene, die eine gute demokratische Lebenswelt anstreben. Und wir kämen dieser Rolle näher, „als uns das die Toynbees, Bertrand Russells und Sartres zubilligten". Es bleibt aber eine Tatsache, daß wir in der Welt als Feinde jeglicher Revolutionen gelten und nicht nur der kommunistischen und faschistischen.

Wir beabsichtigen hier nicht, so wie Toynbee, eine Predigt zu halten. Die Vereinigten Staaten sind eine stabile, wohlhabende Nation, Erbe der niemals gesicherten Position in der internationalen Hackordnung, wie sie Großbritannien im 19. Jahrhundert innehatte. Was wir tun können ist letztlich begrenzt, wenn nicht durch die Position „determiniert" in jedem Sinne – ob nun marxistisch, calvinistisch, positivistisch oder neo-positivistisch. Wir können kein kollektiver Mazzini sein. Sicher aber können wir es vermeiden, ein kollektiver Metternich zu sein. Wir können ebenso versuchen, soweit als möglich die Welt- Revolution oder Welt-Revolutionen unserer Zeit zu verstehen.

Für den Historiker, der willens ist, sowohl Uniformitäten wie Unterschiede zu sehen, waren die letzten vier oder fünf Jahrhunderte eine lange Revolution. In einer ineressanten Studie über kommunistische Taktiken im laufenden Kampf der Mächte mit dem Titel „Communism and Revolution: The Strategic Uses of Political Violence" schreibt Professor Cyril Black von einer Muster-Revolution, die im Spätmittelalter in West- und Südeuropa beginnt und bis heute währt. Er und seine Kollegen schlagen in ihrer gemeinsamen Studie den Begriff „Modernisierung" für diese Revolution vor, obwohl sie, wie sie feststellen, verschiedentlich als „Europäisierung, Verwestlichung, sozialer Wechsel, Revolution der steigenden Erwartungen" benannt wird. Sie hätten auch „Amerikanisierung" hinzufügen können oder „wissenschaftlich-technische Revolution", „Ruf nach sozialer Gerechtigkeit", ja selbst „Aufstand der Massen" ...

Es bringt hier nichts, wenn wir uns um eine strengere Definition bemühen. In der intellektuellen Analyse ist keine einfache Definition möglich. In der knappen, verbalen Symbolik finden wir nichts Besseres als „Liberté, Egalité, Fraternité" oder Jeffersons Präambel zur Unabhängigkeitserklärung. Über lange Jahre hin und auch gerade jetzt, da sich sich beide Seiten auf sie berufen, taugt „Demokratie" sehr gut.

Letzteres sollte uns daran erinnern, daß sich innerhalb dieser „Muster-Revolution" viele konstituierende Revolutionen finden. Obwohl sich die russische Revolution auf die Demokratie berief, war sie doch augenscheinlich eine „Revolution der steigenden Erwartungen", was völlig verschieden von Gandhis indischer Revolution oder den amerikanischen und französischen demokratischen Revolutionen ist. Obwohl sich die mexikanische und die kubanische Revolution auf kollektivistische oder sozialistische Prinzipien beriefen, waren sie doch sehr unterschiedlich. Zwei Revolutionen, die kaum miteinenander verglichen werden – die irische und die algerische – haben vieles gemeinsam; es wäre absurd zu leugnen, daß sich in jeder von ihnen vieles findet, was sich in der anderen findet. Alle Arten von Variablen variieren natürlich – Zeit, Ort, Persönlichkeiten, die internationale Lage u.a.m., ja selbst das Wetter. Es gibt noch französische Jakobiner, die behaupten, daß ein Wolkenbruch in der Nacht des 27. Juli 1794 die Sansculotten an einem Aufstand und der Rettung Robespierres hinderte. Einige Historiker meinen dagegen, es hätte in jener Nacht überhaupt nicht ordentlich geregnet. Letztlich gibt es immer etwas, was wir Zufall nennen müssen, solange wir nicht allwissend sind, vor allem jenen Zufall, der einen Mann an Stelle eines anderen nach oben bringt. Wäre Ben Bella in einem französischen Gefängnis gestorben, anstatt sich durch die Lektüre revolutionärer Klassiker fortzubilden, hätte die algerische Revolution gewiß einen anderen Verlauf genommen.

Trotz allem denkt der Verfasser, daß ein Rest von Gleichförmigkeiten bleibt, die wir in den vier Revolutionen zu finden suchten und die wir in der Welt der 1960er Jahre einigermaßen anwenden können. Eine dieser Uniformitäten muß besonders betont werden, die eine starke Strömung im amerikanischen Denken zu leugnen neigt, oder ihr doch nicht die Bedeutung zumißt, die sie verdient.

Aus Gründen, die Historiker und Wissenssoziologen gemeinsam erhellen könnten, glauben die meisten Amerikaner, daß Revolutionen von Leuten der Unterschicht gegen die Oberschicht initiiert und durchgeführt würden. Das ist an sich wahr und eine Binsenweisheit. Aber sie denken sich diese Unterschicht als arm, ohne relativ einfache materielle Versorgung, unterdrückt, versklavt, ohne Bildung, die ihnen von den Herrschenden verweigert wurde, stark nur in ihrer Zahl. Wir würden die Sache vielleicht gerechter beurteilen, wenn wir sagen, daß der Amerikaner, Erbe des optimistischen Rationalismus des 18. Jahrhunderts, dazu neigt, rationale und individualistische ökonomische Motive zu überschätzen und anderes gering zu schätzen, wie Stolz, Neid, Nationalismus, Rassismus, ganz zu schweigen von Religion, moralischem Idealismus, romantischen Sehnsüchten und dem ganzen bodenlosen Vorrat an Möglichkeiten der verdammten menschlichen Wesen. Das Ergebnis ist die grobe Vereinfachung, der unsere

Kolumnisten oft unterliegen, daß , wenn wir den Nationen in Not ausreichend ökonomische Hilfe gewährten, wir sie revolutionsimmun, dankbar, friedlich und stabil machten.

Auf sehr, sehr lange Sicht mag es richtig sein, daß große Gruppen von Menschen, die angemessen ernährt, bekleidet, behaust und unterhalten werden, nicht zu Revolutionen neigen. Aber wie die Welt nun besteht, müssen wir auch die kurze Sicht bedenken. Es mag möglich sein, trotz der Bevölkerungsexplosion die ein oder zwei Milliarden unterernährten Menschen angemessen zu ernähren. Aber, um wieder die erwähnte Anekdote von Alexander Berkman anzuführen, wenn auch die Sättigung das Vieh ruhig hält, der homo sapiens ist anders. Er braucht mehr als einen vollen Bauch, um ein friedlicher und produktiver Bürger zu werden. Es ist eine Regelmäßigkeit, die wir Amerikaner lernen müssen, wenn wir uns an eine Welt anpassen wollen, die wir nicht gänzlich neu erschaffen können, daß der Mensch, der einen halbwegs vollen Bauch hat, aber Ressentiments, das Gefühl hat, demütigend oder ungerecht behandelt zu werden, wenn ihm irgendetwas das Gefühl gibt, das kein anders Lebewesen kennt, nämlich jenes der *moralischen* Indignation, dann wird er revoltieren, oder eher noch, er wird eine Revolution machen, nicht nur einen Aufstand.[13]

Nun ist eine moralische Indignation nicht wie physischer Appetit zu stillen. Die lebende und tote Marie Antoinette muß das Stigma „dann sollen sie Kuchen essen" tragen, auch wenn sie nie diesen Satz gesagt haben mag. Wenn wir Amerikaner auch nie damit zu tun gehabt mögen und wenn dieser Satz auch niemals formuliert wurde, so wird uns noch lange der Vorwurf für eine Inschrift in einem Park in Schanghai treffen: „Kein Zutritt für Hunde und Chinesen". Verdient oder unverdient – wir teilen auf der ganzen Welt , trotz unserer oft guten Absichten und Taten, den Vorwurf für jene Erniedrigungen, die weiße Europäer, beabsich-

---

13 Anm. d. Hsg.: Der Materialist Lenin dachte ebenfalls nicht an Hunger oder materielles Elend: Brinton hätte Lenins Definition wohlwollend zur Kenntnis genommen: „Damit es zur Revolution kommt, genügt es in der Regel nicht, daß die „unteren Schichten" in der alten Weise ‚nicht leben wollen', es ist noch erforderlich, daß die ‚oberen Schichten' in der alten Weise ‚nicht leben können'" (Lenin Werke 21: 206f.)

tigt oder nicht, den von ihnen Beherrschten antaten bzw. fühlen ließen.

In Kürze zusammenfassend: Wir können wahrscheinlich diese Serien der „Revolutionen der steigenden Erwartungen" nicht aufhalten. Wir können ebenso wenig tun, um ihnen über die Krise hinwegzuhelfen, ihre Gewaltanwendung zu mindern, ihren Ablauf zur Demokratie hin zu lenken.

Aber wir können etwas besser machen als wir es z. B. mit der chinesischen und der kubanischen Revolution gemacht haben. Wir können eine Revolution nicht zerstören, wie es die Russen in Ungarn getan haben, aber wir können Fehler wie die Schweinebucht vermeiden. Wir können uns auch nicht nach der Empfehlung Toynbees an die Spitze solcher Revolutionen setzen. Aber wir können unsere derzeitige Politik vermeiden, mit den Hunden der erwachenden Massen, vor allem mit den erwachenden Intellektuellen in Afrika und Asien, zu bellen und gleichzeitig mit den Hasen der alten Effendis und der besitzenden Klassen zu laufen. Diese werden erlegt werden, und dann sind wir in einer sehr schlechten Lage.

Dies ist das Buch eines Historikers; wir haben uns einigermaßen mit Toynbees Metapher befaßt und wollen in ähnlicher Weise abschließen. Es gibt tatsächlich wenig Chancen für uns, die Rolle Metternichs oder Mazzinis zu spielen. Es gibt Chancen, in der Rolle Napoleons III. gefangen zu sein, der es allen Seiten recht machen wollte und kläglich scheiterte. Können wir es vielleicht so gut wie Canning, Castlereagh oder Talleyrand machen? Angesichts der Folgen der französischen Revolution und Napoleons handelten sie weder edelmütig noch erhebend, aber sie legten die Grundlagen für ein Jahrhundert vergleichsweisen Friedens – jedenfalls friedlicher als sich unseres bis jetzt erwiesen hat. Sie waren keine Extremisten und Canning und Talleyrand waren nicht sehr hochsinnig oder prinzipientreu. Sie lebten mit den Revolutionen, die sie nicht mochten.

Vorwort zur ersten Auflage

Ich habe den Originaltext des Buches durchgesehen und einige Änderungen vorgenommen. Natürlich hat mir dieRussische Revolution die größten Schwierigkeiten bereitet. Ich habe versucht, das Wiederaufleben des Terrors 1936–1939 in Betracht zu ziehen ebenso wie die abnormale Isolation Rußlands in einem neuen Abschnitt im 8. Kapitel mit dem Titel: ,Rußland: Permanente Revolution?' Ich neige noch immer zur Meinung, daß die große Russische Revolution vorbei ist – insofern man das von so großen sozialen Bewegungen überhaupt sagen kann. Das erste Kapitel habe ich ebenfalls überarbeitet, in dem ich versuchte, um es so klar wie möglich zu machen, was ich mit dem ,klinischen' Charakter der Sozialwissenschaften meine. Zweifellos hat in den letzten 15 Jahren der ,Anti-Scientismus' zugenommen, letztlich auf der Oberfläche unseres westlichen Denkens. Aber ich vermute, daß nur der exaltierte Gefühlsmensch oder der sehr arglose Leser meinen werden, daß ich an der veralteten Sicht der Wissenschaft als einer Form der absoluten Wahrheit festhalte. Die Wissenschaft hat ihre eigene Metaphysik aber ihre Metaphysik ist so wie dezente Unterwäsche nicht sichtbar. In der kurzen Exposition des 1. Kapitels habe ich sorgfältig darauf geachtet, dies Verborgene dezent zu wahren.

Crane Brinton

Nutzen und Nachteil des Revolutionsbegriffs

Manfred Lauermann

> Es gibt zwei Wahrheiten, die auf dieser Welt
> nie getrennt werden dürfen: Die eine lautet,
> dass die Souveränität beim Volk liegt; die
> zweite, dass das Volk sie nie ausüben darf.
> *Rivarol*

An Revolutionen ist gegenwärtig kein Mangel. Massenmedial aufbereitet, sehgerecht serviert, vorgekaut legt man ihnen die seltsamsten Adjektive zu: samtene, orange, friedliche, arabische, demokratische, zivilgesellschaftliche, digitale Revolution. Im Gegensatz zu den klassischen Revolutionen ist jedenfalls eines imponierend: ihre Kurzatmigkeit und noch eindrucksvoller: ihr vollständiges Scheitern. Es ist dringend erforderlich, sich mit einem klassischen Text, wie dem von Crane Brinton (1898–1968), *Anatomie der Revolution* erneut zu beschäftigen. Der erste Satz: „Revolution is one of the looser words" (dt: ‚verschwommener Ausdruck') gilt entschieden mehr im Zeitalter der elektronischen Medien und der Globalisierung, einem weiteren beliebten *looser word*. Hatte das 19. Jahrhundert noch die Empfindung, es handle sich bei *Revolution* um einen Begriff des Politischen, wurde durch die Tatsache einer Massenbeteiligung der ‚Volksmassen' (multitudo) dieser durch das Soziale erweitert. Revolutionstheoretisch reflektiert durch Louis Blanc oder Friedrich Engels, geriet er dann in Vulgarisierung zum akteursleeren Kollektivsubjekt, wie ‚industrielle Revolution'. Was als Metapher gedacht war, Revolutionen seien die ‚Lokomotiven der Weltgeschichte' (Marx), verselbständigte sich zu technologischen Utopien. Später folgten Revolutionen der Mode, der Sexualität und der Geschlechter und rückwärts gedacht wurde Kants ‚Revolution der Denkart' oder Hegels Revolution der Freiheit und Vernunft mittels Weltgeist dazu gemischt. Im Zeital-

ter der Neutralisierungen und Entpolitisierungen werden heute
schließlich alle mögliche Ereignisse mit jenem heruntergekomme-
nen Schrumpfbegriff des Politischen identifiziert. Dagegen ist
Brintons Grundintention frappierend, eine intuitive Gewißheit,
wie man philosophisch formulieren könnte. Würde man anhand
gemeinhin anerkannter Revolutionen vergleichen, was ihnen in ihren Abläufen gemeinsam wäre, hätte man eine Sammlung von
Klassifikationen, woran dann neuere Revolutionen zu messen wären. 1938 zum Zeitpunkt der ersten Auflage bieten sich vier an:
England als Prototyp, Frankreich, USA, Rußland als Nachzügler.
Je nach Perspektive kann außer der französischen Revolution, die
am vollkommensten ihren Mythos zugleich mit ihrem Verlauf mit-
erzeugt hat, die Würde als Revolution zu gelten, den anderen ab-
oder zugesprochen werden. Brinton räumt ein, daß „seine“, die
amerikanische Revolution, bloß eine halbe sei, eine als „soziale
Revolution unvollendete“. Just dieser Mangel wird später von
Hannah Arendt[1] umgedeutet zum Vorteil der amerikanischen – die
soziale Dimension hätte die französische um ihr Eigentliches gebracht. An der englischen ‚langen‘ Revolution sticht die Besonderheit heraus, eigentlich keine *Revolution* – sondern eine gehaltvolle
Reform – gewesen sein zu wollen, wie Brinton ironisch die englische Revolutionsauffassung referiert. Eine erste Annäherung an
seine Modellvorstellung, sein *conceptual scheme* lautet: „Drei von
unseren vier Revolutionen, die englische, französische und russi-

---

1   Arendt, Hannah: Über die Revolution. Frankfurt/M. 1968. Sie ignoriert Brintons Arbeiten, ein beredtes Schweigen. Die Emigrantin sieht mit Schrecken, wie
in den Staaten die eigenen revolutionären Wurzeln vergessen werden (siehe das
sechste Kapitel zur Traditionspflege einer Revolution). Dagegen ist der Amerikaner Brinton sich dessen stets bewußt. Im Frühjahr 1968, seinem Todesjahr,
disputierte er im Senat, eingeladen als Revolutions-Experte, mit Senator Ful-
bright über den Vietnamkrieg. In dem halbstündigen Unterricht, wie er süffi-
sant die Anhörung später nennt, weist er darauf hin, dass den USA mit ihrer
revolutionären Vergangenheit eigentlich Ho Tschi Minhs Revolution sympa-
thisch sein sollte. Fulbrights Einwand, dieser sei doch aber Kommunist, entgeg-
nete Brinton mit der Feststellung, diese Frage sei erheblich komplexer. In seinen wenigen Bemerkungen zur chinesischen (1952) und im Epilog zur algeri-
schen und kubanischen Revolution wird das Gemeinte sichtbar: es geht um die
Bewertung der nationalen Grundierung dieser an der Oberfläche so expliziten
sozialen Revolutionen.

sche, haben einen überraschend ähnlichen Verlauf aufzuweisen. Die amerikanische folgte diesem Schema nicht ganz; sie ist für uns als Kontrollvergleich nützlich." Dadurch, durch die Konstruktion von Idealtypen, wie Max Weber es zu nennen pflegte, gewinnt Brinton einen Vergleichsmaßstab. Für die ‚Arabellion' kann unproblematisch geschlossen werden, und zwar bei Kenntnis der Lage ihrer Anatomie *vor* ihren Realisierungversuchen, daß es sich nicht um Revolutionen handeln konnte. Die Theorie hat für solche Fallbeispiele einen klaren Begriff, sie waren Staatsstreiche, *Coups d'état*. Malapartes witziges Buch[2] könnte darüber Auskunft geben, Brinton hat es in seinem bibliographischen Appendix (Ausgabe 1965) notiert. Es sei für einen jungen Faschisten ein unverschämt hellsichtiges Buch, perverserweise idealistisch, wie man es sonst von marxistischen Arbeiten gewohnt sei. Auch den besseren Übersichtsdarstellungen der arabischen Misere, wie Clasmann[3], ist diese wesentliche Differenz fremd, sie neigen gar zum Anachronismus, den Ereignissen eine Gedächtniskraft anzudichten, die der Französischen Revolution ähnelt. Nichts wird bleiben, außer der soziologisch evidenten Einsicht von *unbeabsichtigten Nebenfolgen zielgerichteter politischer Handlungen* (Merton). Wer nicht einmal die Technik eines Staatsstreichs beherrscht, hinterlässt *failed states*. Es sei denn, wie in Ägypten (oder Thailand – am 22. Mai 2014) übernimmt das Militär die Stabilitätsleistung, die Wiederherstellung des Gleichgewichts der Ordnung, nachdem und weil

---

2   Malaparte, Curzio: Technik des Staatsstreichs. Berlin 1988 [zuerst 1931; dt. 1932, Leipzig, Tal] Der französische Kommunist Jean-Richard Bloch schreibt an Malaparte am 20. November 1931. „Dadurch, dass Sie zwei so unterschiedliche Ideen wie das revolutionäre Programm und die Taktik des Aufstandes – Ideologie und Technik – säuberlich voneinander trennten, haben Sie das Terrain saniert." (S. 17). Inzwischen ist das Terrain erneut versumpft.

3   Clasmann, Anne-Béatrice: Der arabische (Alp-) Traum. Aufstand ohne Ziel. Wien 2015; Leukefeld, Karin: Flächenbrand. Syrien, Irak, die arabische Welt und der Islamische Staat. Köln 2015; Abdel-Samad, Hamad: Der Untergang der islamischen Welt. München 2010 – allgemein zur Eigenschaft des Islam, in der Moderne ausdifferenzierte gesellschaftliche Teilsysteme aufzulösen und mit reduzierter Komplexität in die Vergangenheit zu revolutionieren (zukünftige Vergangenheit). Beispiel: die Scharia. Modellrevolution ist der Iran, dessen Verlauf bisher den Brintonschen Schemata entspricht, abgesehen von der Zukunftsleere. System- wie revolutionstheoretisch höchst interessant.

die Revolutionen schon in ihrem ersten Stadium sukzessive Un-
gleichgewichtzustände am Leben zu halten trachteten. In Thailand
brachten es die Aufständischen, die gegen eine mehrheitlich ge-
wählte Regierung kämpfen wollten, nach monatelangen Straßen-
aktionen nicht einmal zu einer ernsthafteren gewaltsamen Aktion,
das Militär unterband die Eruptionen der Zivilgesellschaft rasch
und eindeutig; in Ägypten wurde zugelassen, daß Wahlen insze-
niert wurden, nach Hirschmans[4] klassischer Analyse in *Engagement und Enttäuschung* immer ein sicheres Zeichen, daß revolutionäre Energien neutralisiert worden sind. Das Ergebnis der
Wahl (Mursi) wie auch der naive Versuch, eine Verfassung als ent-
differenziertes religiöses Formular (eine islamische Neigung) einzusetzen – beides wurde eliminiert. Al-Sisi, Militär wie Mubarak,
tritt die Macht an, mit einer neuen Verfassung, die dem Militär im
Gegensatz zur Mubarakzeit noch erheblich mehr Rechte einräumt.
Kurz, Brintons Leitmotto bewährt sich: „Keine Regierung wird gestürzt, wenn sie nicht die Fähigkeit verloren hat, angemessenen
Gebrauch von ihren polizeilichen und militärischen Machtmitteln
zu machen." Und in solchen Ländern ist eben das Militärische der
intensivste Ausdruck des Politischen, frei nach Clausewitz ...
Schon Jakob Burckhardt hat immer seine Verwunderung geäußert, warum derart viel Lärm erzeugt werden muß, um so etwas
Triviales wie einen Elitenaustausch zu bewerkstelligen. „Um relativ nur Weniges zu erreichen, wobei man fragt, wieweit es sich um
Gewünschtes oder gar um Wünschenswertes gehandelt haben
wird, braucht die Geschichte ganz enorme Veranstaltungen und
einen ganz unverhältnismäßigen Lärm."[5]

In der Terminologie von Brinton gesprochen: im einen Fall
wurde das (revolutionäre) Fieber mit Antibiotika (politisch-recht-
lich: Ausnahmezustand) beendet, im anderen durch einen längeren Aufenthalt in der Klinik, um die *multitudo* für normale Wahlen präparieren zu können. Burckhardt sieht diese Abläufe als
,naturgeschichtlich' an: Auch wenn, modern gesprochen, massen-

---

4   Hirschman, Albert O.: Engagement und Enttäuschung. Frankfurt/M. 1984,
    Abschnitt 7.
5   Burckhardt, Jacob: Weltgeschichtliche Betrachtungen. Pfullingen 1949,
    S. 214f.

mediale Skandalisierungen überschätzt werden, so sind sie doch vielleicht schon etwas, das den Ausbruch, d. h. die Störung der öffentlichen Ordnung in ihrer bisherigen Form, entscheiden hilft. Fataliter helfen hiebei besonders alle diejenigen Aufgeregten mit, welche dann von den ersten Exzessen an in Heuler umschlagen. Die um einer Sache willen beginnende Krisis hat den übermächtigen Fahrtwind vieler anderer Sachen mit sich, wobei in betreff derjenigen Kraft, welche definitiv das Feld behaupten wird, bei allen einzelnen Teilnehmern völlige Blindheit herrscht. Die Einzelnen und die Massen schreiben überhaupt alles, was sie drückt, dem bisherigen letzten Zustand auf die Rechnung, während es meist Dinge sind, die der menschlichen Unvollkommenheit als solcher angehören. Zu dem wohlfeilen Heldenmut gegen die Betreffenden, zumal wo man sie einzeln erreichen und verfolgen kann, kommt eine schreckliche Unbilligkeit gegen alles Bisherige; es sieht aus, als wäre die eine Hälfte der Dinge faul gewesen, und die andere Hälfte hätte längst gespannt auf eine allgemeine Änderung gewartet.

Diese Ereignisfolgen drängen dem neunzehnten Jahrhundert auf, von Gesetzen zu sprechen. Der Marxsche Fall ist gerichtsbekannt, es wird Weber einiges an Gedankenkraft kosten, seine eigene Konstruktionen vor dem Verdacht zu schützen, selbst Positivismus zu sein. In der deutschen Übersetzung wurde das Problem wie der gordische Knoten durchgehauen, statt Anatomie der Revolution, *Die Revolution und ihre Gesetze*. Die Wirkung wurde dadurch erheblich geschmälert, denn wie man aus dem Kontext leicht erkennen kann, wird der Gesetzesbegriff in seiner Komplexität reduziert, elementarisiert – was dem Übersetzer Walter Theimer als Physiker naturgemäß nicht auffallen konnte. Nach einer Reihe von instruktiven, oft brillant entworfenen Porträts von Männern, die Geschichte machten, etwa von Louis Blanc, Lassalle oder Trotzki, *Revolutionäre Gestalten des 19. und 20. Jahrhunderts*[6], behauptet W. v. Wartburg in seiner Zusammenfassung:

---

6 Wartburg, Wilhelm von: Revolutionäre Gestalten des 19. und 20. Jahrhunderts. Bern 1958. Ein früheres Seitenstück dazu ist, flimmernd wie Malaparte: Marcu, Valeriu: Schatten der Geschichte. Leipzig 1929. Zu Rivarol, Wilhelm Liebknecht und Trotzki.

„Im Klassenkampf glaubt Marx das Naturgesetz der Gesellschaft gefunden zu haben. Die Methode, welche er zur Gewinnung dieser Formel angewendet hat, ist dieselbe wie diejenige der Naturwissenschaft. Aus der Beobachtung gewisser Fakten abstrahiert er die gesetzmäßigen Zusammenhänge und erhebt sie zur Allgemeingültigkeit, welche keine Ausnahme zuläßt, wobei an Stelle der mathematischen Logik der Naturwissenschaft bei Marx die Hegelsche Dialektik tritt."

Dagegen formuliert Brinton, belehrt durch seinen Lehrer und Freund, den großen Chemiker Lawrence J. Henderson – dem er sein Nietzsche-Buch widmet – viel gelassener: „Es muß wiederholt werden, daß die Gesellschaftswissenschaft, wie die Naturwissenschaft, ganz zufrieden ist, wenn sie praktisch anwendbare statistische Regelmäßigkeiten feststellen kann. Diese können sich sehr wohl im Widerspruch zu einzelnen Erfahrungen befinden, die auch erregender, dramatischer als jene Regelmäßigkeiten sein können. Dem einzelnen sagen sie sicher mehr als Statistiken. Aber die Statistik in nun einmal da, und man kann ihr nicht entkommen".

Ähnlich die Anatomie, deren Begrifflichkeit zudem etwas Sublimes hat: Pathologie muß einfach assoziiert werden! Nachdem der Patient, hier die Revolution, verstorben ist, wird ihre Krankengeschichte demonstriert. Vom Pathologen kann kein Mitleid, von einer Anatomie keine Empathie erwartet werden. Marx gibt seiner Revolutionstheorie auch eine radikal andere Bedeutung. „Sie ist kein anatomisches Messer, sie ist eine Waffe. Ihr Gegenstand ist ihr Feind, den sie nicht widerlegen, sondern vernichten will."[7] Mit der Abgeklärtheit eines bürgerlichen Gelehrten, dessen Land alle Revolutionsbemühung trotz Marx/Engels' Einsatz 1848 überstanden hat, rettet Dilthey in einer glänzenden Wiederentdeckung Tocquevilles, den er neben Aristoteles und Machiavelli einreiht, diesen Begriff für die Wissenschaft. Seine (Tocquevilles) Zergliederung ist auf das Zusammenwirken der Funktionen in ei-

---

7   Zit. bei Hermann Lübbe, Die letzten werden die ersten sein. In: Helbling, Hanno/Meyer, Martin (Hrsg.) Die Große Revolution. 1789 und die Folgen. Zürich 1990, S. 106. Hier auch von Niklas Luhmann: Die Revolution ist zu Ende (S. 40–44).

nem modernen politischen Körper gerichtet, und er zuerst hat mit
der Sorgfalt und Reinlichkeit des sezierenden Anatomen jeden
Teil des politischen Lebens, der in der Literatur, den Archiven
und dem Leben selbst zurückgeblieben ist, für das Studium dieser
inneren und dauernden Strukturverhältnisse verwertet. Er hat
die erste wirkliche Analyse der amerikanischen Demokratie gegeben. Die Erkenntnis, daß in dieser „die Bewegung, die kontinuier-
liche unwiderstehliche Tendenz bestehe, eine demokratische Ordnung in allen Staaten hervorzubringen, erhob sich in ihm aus der
Entwicklung der Gesellschaft in den verschiedenen Ländern. Diese seine Erkenntnis hat sich seitdem durch die Vorgänge in allen
Teilen der Welt bestätigt. Als echter historischer und politischer
Kopf sieht er in dieser Richtung der Gesellschaft weder einen
Fortschritt noch etwas in jeder Hinsicht Schädliches. Die politische Kunst muß eben mit ihr rechnen und in jedem Lande die ihm
gemäße politische."[8]

Die Ideengeschichte liebt ja die Höhenzüge; Marx, Dilthey –
wie wäre es mit den Niederungen, nicht zuletzt, weil Brinton sich
in solchen sehr gern tummelt. Er bespricht 1929 Edwards, auf den
wir gleich eingehen werden, genauso wie der berühmte Literat
H. L. Mencken, den kein Intellektueller in den Staaten übersehen
konnte. Der erste Satz der Rezension in seiner Hauszeitschrift
‚The American Mercury' ist ein Paukenschlag: Revolution sei in
der Politik, was Sex im Leben ist. Zu Edwards folgte dann lakonisch: Bei ihm wäre Sex eine Sache von Anatomie und Physiologie.
Damit hatte Brinton in Sekundenschnelle seinen genialen Start-
punkt: Anatomy of Revolution!

So ist *Anatomy* die bewußte Fortsetzung des ersten Versuchs
einer Typologie von Revolutionen, L. P. Edwards *The Natural
History of Revolution*. Er schätzt *Natural History* als „unpräten-
tiös, suggestiv und tentativ" ein. Auffällig ist, daß Edwards seine
Arbeit nicht allein dem geistigen Haupt der wirkungsmächtigen

---

8   Zitiert bei Theodor Eschenburg, Vorwort zu Tocqueville, Demokratie, a.a.O.,
     S. 42. Das instruktive, für 1959 – als Tocqueville vergessen war – ganz außerge-
     wöhnliche Vorwort, stammt in Wirklichkeit von Johannes Agnoli, was E. gern
     kommunizierte und dadurch die akademische Laufbahn des Marxisten in Gang
     setzte.

Chicagoer Soziologieschule[9] widmet, Robert E. Park, sondern dieser ein programmatisches Vorwort beisteuert. 1965 in der Zweit-
ausgabe wird es umfangreich von einem prominenten Soziologen,
von Morris Janowitz, als Pionierleistung seines Faches gewertet.
Ab 1932, in der Inkubationszeit, verkehrt Brinton u. a. mit seinem Freund, dem Soziologen G. C. Homans, und mit Talcott Parsons, Mitglied des Harvard-Zirkels ‚Pareto' unter Leitung von
Henderson. Auch wenn er daselbst manchmal ironisch von einen
Paretokult spricht, nimmt er das Entstehen der Pareto-Bücher
von Homans (1934) und von Henderson (1935) ebenso zur Kenntnis wie den großen Pareto-Teil in Parsons erstem Hauptwerk *The
Structure of Social Action* (1937). Mit anderen Worten, während
viele Historiker von den wenigen, die überhaupt Soziologie wahr-
nehmen, wie Wehler seinen Klassiker Weber erst weit nach dessen
Tod rezipierte, ist Brinton Teil der produktivsten Phase der amerikanischen Soziologie. Soziologen sprechen ungern von Gesetzen,
eher von Regeln, Erklärungsmodellen oder sozialen Mechanismen
die zu jeder Revolutionstheorie gehören wie Mertons ‚unbeabsich-
tigte Folgen' und Paretos ‚Zirkulation der Eliten'. In Brintons
Ideen und Menschen nimmt er sich die Zeit, dieses Theorem zu
extemporieren. In *Anatomy* legt er seine Grundkonstruktion offen: die Theorie des Gleichgewichts oder Ungleichgewichts von
Ordnungen. Es gilt: keine Revolution ohne diese Elitenzirkulation, aber oft genügen Staatsstreiche dafür. So können Eliteteile, die
vorerst exkludiert waren, kooptiert werden; für das moderne
Parteiensystem hat das Michels bereits 1911 in *Oligarchie des
Parteiwesens* vorbildlich zeigen können; ein gerade heute auch
für alle sogenannten Oppositionsparteien eher noch genauer zu-
treffendes ‚Gesetz'. Sortieren wie also diese mehr technischen
Staatsstreichanteile analytisch aus – Brinton spricht von den Gemäßigten, den *Moderates* in der ersten Revolutionsphase – dann
gelangen wir zu unverfälschten, echten Revolutionskernen. Mit
anderen Worten, es gibt also bei ‚echten' Revolutionen einen
Mehrwert an Institutionen und normativen Strukturen. Es kann

---

9   Siehe zu den hier genannten Soziologen Pareto, Park, Parsons, Homans u. a.
Kaesler, Dirk (Hrsg.): Klassiker der Soziologie. 2 Bd. 1999/2000.

in der Revolution sichtbar werden, ob und wie sich dieser Mehrwert bildet. Im Umschlag der Gemäßigten der politischen Figuration aus dem ersten Stadium der Revolution in die Organisation und ‚Fitness‘, die materialisierte Tugend der extremen politischen Kräfte, liegt ein Schlüssel für die Strukturbildung von Revolution. Das Ungleichgewicht der Gesellschaft wird nicht in einer Rückkehr zum vorherigen sozialen System wiederhergestellt, eben restauriert, (Beispiele 1848, Novemberrevolution 1917, Machtübernahme 1933, DDR 1990), sondern die entstandenen Variationen werden nicht mehr beherrscht. Extremen Revolutionären gelingt es für eine Zeit, diese Ungleichgewichte zu erhalten und zu steigern; dies ist die Leistung von Cromwell, Robespierre, Lenin. Brinton arbeitet dabei mit der soziologischen Annahme der funktionalen Äquivalente, „Gleichartigkeiten, nicht Identitäten“. Nimmt er den Terror der Schreckensherrschaft in Paris als Paradigma, so sucht er verwandte Formen von Gewalt in der englischen Revolution, über die Hinrichtung des Königs am 30. Januar 1649 hinaus, also die heroische Cromwell-Zeit, die schwerlich als bloße Reform umdeutbar ist bzw. umfunktioniert werden kann. Englische Besonderheit ist dann eine Restauration, die Teil der Revolution wird. Dazu der Merksatz von Koselleck: „Denn die modernen Revolution bleibt immer affiziert von ihrem Gegenteil, der Reaktion.“[10] Die Machtbilanz wird aber so nachhaltig institutionell verschoben, daß nie wieder die alte Souveränität zurückgeholt werden kann und vor allem nicht eine neue, die des Volkes, an deren Stelle tritt. Im russischen Fall: „der sentimentale Idealismus war 1917 in Rußland nicht modern (out of fashion). Bei Lenin und Trotzki erkennt man diesen Willen, als hartgesottener Realist zu erscheinen, was ihnen zum Teil auch gelang. Stalin gelang es jedenfalls vollkommen.“ Neben Cromwell und Stalin nennt er gern Napoleon Bonaparte als Dritten im Bunde, die die Heroen der ‚Honeymoonphase‘ Lenin und Robespierre ablösen. Vielleicht eher für die Nach-Thermidorphase für das England Elisabeths I.? Die doppelte Stellenbesetzung mit Cromwell stört die gedankliche Harmonie. Also bleibt der Problemfall Amerikas. Es ist spannend

---

10 Koselleck, Reinhart: Vergangene Zukunft. Frankfurt/M. 1979, S. 35.

zu sehen, wie Brinton hier argumentiert, als verdeckte Diktatur in
der Elitenkonstellation. Aber an offener Gewalt mangelt es keineswegs. Spätestens mit dem amerikanischen Bürgerkrieg (1861–
1865) kommt die Gewalt zum Austrag, die unentfaltet 1776 im
Schatten verblieb. Zuerst aber hat Tocqueville unüberholbar die
Spezifik der Gewalt an der Ermordung der Indianer demonstriert,
im Gegensatz zu den Spaniern verstanden es die Amerikaner, sie
als human zu illuminieren. „Das Verhalten der Amerikaner der
Vereinigten Staaten gegenüber den Eingeborenen ist ... getragen
von der lautersten Liebe zu den Formen [der Zivilisation] und zur
Gesetzlichkeit. Sofern die Indianer in ihrer Wildheit verharren,
mischen sich die Amerikaner keineswegs in ihre Angelegenheiten
und behandeln sie wie unabhängige Völker; sie gestatten sich
nicht, deren Land ohne gehörigen vertragsmäßigen Erwerb zu be-
setzen; kann ein Indianervolk zufällig auf seinem Gebiete nicht
mehr leben, nehmen sie es brüderlich bei der Hand und geleiten es
selbst zum Sterben außerhalb des Landes seiner Väter. Den Spaniern gelang es nicht, durch beispiellose Greueltaten, die ihnen un-
auslöschlichen Schmach brachte, die Indianerrasse auszutilgen,
nicht einmal sie zu hindern, ihre Rechte zu teilen; die Amerikaner
der Vereinigten Staaten haben dieses doppelte Ergebnis mit wun-
derbarer Leichtigkeit zustande gebracht, ruhig, gesetzlich, men-
schenfreundlich, ohne Blutvergießen, ohne in den Augen der Welt
einen einzigen der großen sittlichen Grundsätze zu verletzen. Man
könnte die Menschen nicht mit mehr Ehrfurcht vor den Gesetzen
der Menschlichkeit vernichten."[11]

Eine weitere Erkenntnis entstammt aus den Vergleichsüberle-
gungen zur amerikanischen Demokratie und zu Frankreichs altem
Staat vor 1798. Das *Tocqueville-Paradox*[12]: „Der Abbau von Ungerechtigkeiten schärft Sinne für die Ungerechtigkeiten, die noch
weiter bestehen, und gerade die Reform schlechter Sozialverhält-
nisse erhöht die Wahrscheinlichkeit ihrer revolutionären Verän-

---

11 Tocqueville, Alexis de: Über die Demokratie in Amerika. Stuttgart 1959, S. 393.
12 Neckel, Sighard/ Mijić, Ana/von Scheve, Christian/Titton, Monica (Hrsg.):
    Sternstunden Tocqueville der Soziologie, Frankfurt/New York 2010, S. 380 f.
    Weitere erwähnte ‚Gesetze‘ oder Theoriemodelle: Merton S. 65 f., Pareto
    S. 306 f., Michels S. 319 f.

derung! Oder Originalton: „Die Franzosen haben ihre Lage umso unerträglicher gefunden, je besser sie wurde!" Ein gravierender Fall ist das gegenwärtige Syrien. Statt seinem Vater zu folgen, der 2000 sanft entschlief und ein für arabische Verhältnisse für Massentourismus (Aleppo!) nahezu idyllisches Gemeinwesen hinterließ, reagierte Assad jr.[13] mit Reformen, die sofort mit Hohn abgelehnt wurden. Nun ja, in Hama, einer sunnitischen Stadt, hatte 1982 der Diktator gemäß Machiavellis Ratschlag, am Anfang alle Grausamkeiten ohne Zögern durchzuführen, rational gehandelt. Es mögen 30.000 Tote gewesen, eine wenig beeindruckende Durchschnittstadt teilweise zerstört worden sein, man vergleiche das mit heute. 1992, zehn Jahre später, begreift das Militär eines ähnlichen Landes, Algerien, ebenso diese Rationalität: eine Wahl, die selbstverständlich mit einer muslimischen Mehrheit endete, wurde sofort annulliert. Brinton ist Tocquevilles Paradoxon so sehr vertraut, daß er nur lakonisch für Frankreich feststellte, was für Amerika wie für Rußland den Tatsachen entsprach. Ludwig XVI. probierte die Niederschlagung des Aufstandes „nicht einmal mehr, das ist der Hauptpunkt. Wieder versagte eine Regierung, als sie Gewalt anwenden sollte." Aber seien wir fair. Selbst in China, das gewohnt war, Autorität mit Gewalt zu verteidigen, dauerte es seine Zeit, bis ausgerechnet gegen den Vorsitzenden der KP das politische Genie von Deng Xiaoping sich durchsetzen konnte, den Platz des himmlischen Friedens am 4. Juni 1989 von sogenannten Protestlern zu befreien. Und ein Chinakenner wie der brillante Historiker Osterhammel betrauert noch heute empört diese Aktion von Ordnungsstiftung. Von Mittelmäßigen, wie dem Hongkonger Universitätsdozenten Dikötter, gar nicht zu reden, der vom Geiste einer Revolution wie der chinesischen nichts verstehen kann, weil ihm die Brintonsche Begeisterung über die Klugheit des Kardinals Bellarmin verschlossen ist. „Bellarmin hat in der Tat bemerkt, daß es eine Wohltat für die Ketzer sei, wenn man sie umbringe, denn je länger sie leben würden, desto mehr Verdammnis würden sie auf sich häufen". Der Kontext Kirche = Partei, Ketzer = kommunistischer Gläubiger ist überaus klar und wird in den nächsten

---

13 Leukefeld, a. a. O., S. 15–21 und 200 ff.

Passagen von Brinton expliziert, es geht um den theologisch-politischen Komplex, ohne den Revolutionen nicht denkbar sind. – Kardinal Bellarmin S. J. wurde übrigens von seiner Kirche heiliggesprochen.

Mit China erweitern wir den Raum von Brintons Analyseobjekten. Ihm stand 1938, elf Jahre vor dem Sieg der chinesischen Kommunisten, logischerweise keinerlei Material zur Verfügung, kaum mehr 1952. Eine im dieser Hinsicht vergleichbare Untersuchung von Theda Skocpol[14] fügt China in ihren Vergleichsrahmen mit Frankreich und Rußland ein; ihre Distanz zu den ‚natural historians‘ wie Edwards und Brinton erklärt sich aus den Disziplingrenzen – sie ist keine Historikerin, sondern eine vom Webermarxismus beeindruckte Politologin – und die Beobachterdistanz von Brinton, sein genialer Skeptizismus, wie Schüler ihm nachgerühmt haben, mißfällt ihr. China[15] ist gegenwärtig nach Brintons Modell in der vorletzten Phase des revolutionären Prozesses: die extremen Revolutionäre sind abgetreten. Mao ist durch Deng ausgetauscht worden, dem gewissermaßen Stalin und Bonaparte korrespondieren. Doch hier in China wirkt der genetischen Code weiter, den Revolutionen in sich haben. Ihn zu entschlüsseln, versuche ich im Weiteren.

Brinton ist sich seiner Rolle in der Welt zu sicher, als dass er über einen solchen nachdenken musste. Er arbeitet in seinen ideengeschichtlichen Arbeiten im Einzelnen mit diesen Codestrukturen, ohne sie abstrakt zu isolieren, er tat das Richtige, systematisch zu denken, aber wußte.es nicht. Als Historiker interessierte ihn dieser Teil des Parsonschen Programms wenig. Inzwischen können wir dank der soziologische Systemtheorie, noch mehr durch die Fassung Luhmanns, erheblich leichter die Bausteine identifizieren, die Brintons Revolutionsmodell basieren:

---

14 Skocpol, Thea: States and Social Revolutions. Cambridge 1979, S. 37 ff.
15 China – Katechon der Weltrevolution. In: Grundrisse (Wien) 41/2012, S. 22–33, elektronisch: http://www.grundrisse.net/grundrisse41/China_Katechon_der_Weltrevolution.htm

1. Nation,
2. Bürgertum,
3. die kontrollierte und disziplinierte Multitudo.[16]

1. Nation. Wenn man in der Geschichtswissenschaft weit zurückgeht, in die goldenen Zeiten von Ranke, dann finden wir Nationen
als Entitäten vor und zugleich realitätshaltiger: Hegemonie. Bei
Ludwig Dehio[17] ist das noch einmal klassisch gelungen: *Gleichgewicht und Hegemonie.* Die vier Kandidaten von Brinton gehören
alle zu den Staaten, die als Subjekte dieses Hegemoniekampfes in
Europa sich herausbilden konnten, und der Ableger USA als Kolonie und dann als Starter eines neuen revolutionären Zyklus
(Stichwort: Von einem Isolationismus zum Imperialismus) ist pro-
blemlos in Dehios Welt zu integrieren. *Anderen als diesen Hege-
moniegestärkten Nationen ist im strengen Begriffssinn eine Revolution nicht möglich.* Nimmt man die Weltgeschichte dazu, ist China als eigene Welt sein eigener Hegemon und daher revolutions-
kompetent. Das mindeste für eine Revolution ist natürlich die
Durchsetzung eines Interventionsverbotes der nicht revolutionären Altmächte. Systemtheoretisch formuliert: Inklusion setzt Ex-
klusion voraus. Dass die Dehio-Welt heute fortschrittlich überholt
sei, ist mythischen Glaube der UNO und Legitimationswissen-
schaft des humanitären Interventionismus. Der spätere Brinton
wie der mit ihm Geistesverwandte Michael Oakeshott[18] neigten dazu, der Dehio-Welt mehr Kredit einzuräumen als der Mainstream.
Aber in den 50er Jahren ist der Kalte Krieg als Weltbürgerkrieg

---

16 Dieser Begriff der Menge, Masse im Sinne von Hobbes *und* Spinoza, ist von
    Hardt/Negri, *Empire* (2000), für die aktuelle politische Theorie fruchtbar ge-
    macht worden; vgl. Verf.: Michael Hardt & Antonio Negri: Kulturrevolution
    durch Multitudo. In: Moebius Stephan/ Quadflieg, Dirk (Hrsg.): Kultur. Theo-
    rien der Gegenwart. 2., erweiterte und aktualisierte Auflage. Wiesbaden 2011,
    S. 409–421.
17 Dehio, Ludwig: Gleichgewicht oder Hegemonie. Betrachtungen über ein Grund-
    problem der neueren Staatengeschichte. Krefeld 1948; der meisterliche Essay
    – keine Fußnoten – wurde ohne jede Beachtung in der Manesse-Bibliothek 1996
    neu aufgelegt.
18 Oakeshott, Michael: Zuversicht und Skepsis. Zwei Prinzipien neuzeitlicher Po-
    litik. Vorwort Wilhelm Hennis. Berlin 2000

für ein Buch wie *Anatomy* Referenzpunkt, keineswegs der friedliche Weltstaat. Keine Klassen und Ideenkonflikte mehr, sondern Menschlichkeit[19] – diese evolutionäre Sackgasse sieht Koselleck scharfsinnig voraus; ich denke nach Lektüre seiner negativen Utopie[20] des viktorianischen Kompromisses in *Ideen und Menschen*, Brinton hätte sich gern von Oakeshott und Koselleck belehren lassen. Dieses Umfunktionieren des Politischen ins Moralische, Allgemeinmenschliche steht nicht in Frage bei Brintons vier Kandidaten, im Gegenteil, Madison spricht für alle: „Der Krieg ist die Mutter der Machtvermehrung der Staatsführung".

2. Das Bürgertum. Absetzen muß man sich von Wirtschaftsgeschichte im engeren Sinne, als ob eine schlechte Wirtschaftslage die Voraussetzung von Revolution sei. Das ist bereits für Brinton eine überholte Fragestellung, die selbst innermarxistisch gute Argumente gegen sich hat. Nein, es geht um den Geist des Bürgertums, für Weber: den Geist des Kapitalismus. Nicht zufällig bindet Koselleck seinen Revolutionsbegriff an das Bürgertum als die den Adel besiegende Klasse, in dem Sinne, daß die französische Revolution ebenso wie die englische und die amerikanische am Ende ist, um Luhmann zu paraphrasieren. Und die russische? Stalins Idee, durch fantasievolle Umdeutung des Marxschen Proletariats als Stattdessen-Bürgertum ist empirisch gescheitert, Lenin war sich dessen bewußt, weil niemals die Produktivkräfte jenen des Kapitalismus gewachsen waren, geschweige denn diese übertroffen haben. Brinton sieht ganz nüchtern das Ende des revolutionären Inhaltes der russischen Revolution, mehr als erstaunlich 1938 (bzw. 1952). Was Historiker heute als Breschnew-Stagnation,[21] als letztes Stadium des Kommunismus beschreiben, wird von ihm an-

---

19 Koselleck, a.a.O. S. 248–259.

20 Brinton ist als Nietzschekenner mit dessen Lob für die genialste schwarze Utopie des Viktorianischen Zeitalters, Marxens Modellkapitalismus des Kristallpalastes, wohlvertraut. Dostojewskij, Fjodor: Aufzeichnungen aus dem Kellerloch, übersetzt von Swetlana Gejer, Frankfurt/M. 2008. Vgl. auch: Sloterdijk: Im Weltinnenraum des Kapitals. Frankfurt/M. 2005, S. 265–276.

21 Belge, Boris/Deuerlein, Martin: Goldenes Zeitalter der Stagnation? Perspektiven auf die sowjetische Ordnung der Brežnev-Ära. Tübingen 2014.

tizipiert. Die jetzt post festum als Hyperstabilität bezeichnete Lage wird verblüffend hellsichtig prognostiziert. Genau dieses ist einer der Leistungsnachweise seiner Vier-Revolutionen-Typologie mehr. Wer die ersten drei anatomisch seziert hat, dem macht die vierte keinerlei grundsätzliche Probleme. China hätte in die Gefahrenzone eines solchen Stadiums gelangen können, wenn Mao Zedong nicht die Kulturrevolution dagegen geschoben hätte, China zwingend, entweder kommunistisch zu werden, oder mit einem Kapitalismus der reinen Form neu anzufangen – um später dann das Bürgertum zu haben, das die englische, französische und amerikanische Nation evolutionär vorfand.

3. Die Multitudo. Eine Revolution ohne die Volksmassen zu denken, ist unsinnig. Sonst hätten wir es mit einer Paretowelt[22] von Elitenfriedhöfen zu tun. Dadurch aber den Volksmassen eine besondere, gar ‚schöpferische‘ Rolle zuzumuten – wie viele Marxisten, die in falscher Konkretheit dem geschichtsphilosophischen Proletariat des Kommunistischen Manifestes solches antaten – ist Mystik. Nicht lange vor dem Untergang der DDR hat kein Geringerer als Jürgen Kuczynski[23] mit wie bei ihm üblich ausgiebigen Marx- und Lenin-Zitaten dergleichen als Aberglauben dekonstruiert. Nein, ‚schöpferisch‘ sei in der Klassengesellschaft einzig und allein die bürgerliche Klasse; ob das Proletariat dieser Produktivität standhält, sei von ihm empirisch zu zeigen, wann und wo sie den Sozialismus überwunden hat. Jedenfalls 1983 – so der Kom-

---

22 Brinton nimmt bewußt in seine Bibliographie-Abteilung (III. The Marxists) neben Schumpeter und Sweezy, Pareto auf: Les systèmes socialistes. Paris 1902-03. Für einen ersten Zutritt in diese Welt sei empfohlen: Pareto, Vilfredo: Ausgewählte Schriften (Herausgegeben und eingeleitet von Carlo Mongardini. Berlin 1975 [Ullstein TB] bes. S. 108 ff. und 311 ff.

23 Kuczynski, Jürgen: Die Rolle der Volksmassen in der Geschichte. Sitzungsberichte der Akademie der Wissenschaften der DDR. Gesellschaftswissenschaften. Jahrgang 1983 (9 G). Berlin (DDR) 1984. In diesem Zusammenhang einschlägig: Ders.: Die Muse und der Historiker. Studien über Jacob Burckhardt, Hyppolyte Taine, Henry Adams. Berlin (DDR) 1974. Bei der gleichbleibenden Aufmerksamkeit, die Brinton der deutschsprachigen Fachliteratur, auch jener der DDR widmete (1956 der Hinweis auf Karl Griewank: Der neuzeitliche Revolutionsbegriff, Weimar 1955), ist überaus plausibel, daß er diese Trouvaillen von J. K. nicht übersehen hätte.

munist J. K. – sei noch nichts derartiges festzustellen. Eine schönere Grabrede kann man sich nicht vorstellen, und so rechtzeitig
entworfen, daß die allermeisten den Sieg des Kapitalismus nicht
einmal als Wunschtraum zu haben sich getrauten. „Was die aktiven Führungsgruppen betrifft, so findet man dort äußerst wenige
Vertreter der untersten Volksschichten. Das gilt von den Bolschewiken ebenso wie von den Puritanern und Jakobinern. Der Mob,
der Pöbel, mag zu Straßenkämpfen und Schlösserverbrennungen
herbeigerufen werden, aber er ‚macht' bestimmt nicht die Revolution und leitet sie nicht – auch nicht proletarische Revolutionen."
Das englischsprachige Original ist beredter, der Mob bunter: Ar-
beitsscheue, Penner, Bagage, Gesindel, Lumpenpack, Asoziale.
Nahe liegt die Marxsche Beschreibungslust: Lumpenproletariat.
Für den Historiker gilt zu beobachten, wie die Multitudo praktisch integriert wurde, für den Soziologen in Brinton ist die Neu-
gierde geweckt durch das I in dem berühmten AGIL-Schema seines Harward-Kollegen Parsons. wie Integration. Aber trotz großer Sympathie mit dessen Integrationsmechanik liest er gern gegen
den Strich Nichtparsonianer, die eine andere Subjektivität als die
wohluntergeordnete des Parsonschen für denk- und wünschbar
halten. Erich Fromms *Flucht vor der Freiheit*, von Erikson *Der
jungen Mann Luther* und wohl zwischen den Linien ausharrend,
Riesmann *Die einsame Masse*. Thema ist, wie das Individuum
durch die Massendemokratie ge- oder verformt wird. Was nahezu
unreflektiert vorausgesetzt bleibt, sowohl bei den amerikanischen
Soziologen wie bei Brinton ist eine fundamentale Gewißheit der
Modernisierungstheorie. Erst bei einer gelungenen Entwicklung
der ökonomischen Verhältnisse (warum nicht das Bruttoinlands-
einkommen als erstes Kriterium?) ist eine Ausdifferenzierung
möglich, die Individualität als Möglichkeit denkbar werden läßt.
Sagen wir es mit einem Weber-Kenner: „Der demokratische
Rechts- und Verfassungsstaat ist ein großartiges, aber doch sehr
rares Kulturprodukt, er hängt von Umständen ab, die nur in einem kleinen Teil der Welt gegeben und auch dort in schneller Ero-
sion befindlich sind" (Hennis)[24]. Das bedeutet auf der Linie Brin-

---

24 Hennis, Wilhelm: Regieren im modernen Staat. Tübingen 1999, S. 386f.

tons, wenn Länder, die nicht auf diesem Niveau sind, wie die Ukraine, Ägypten oder Syrien durch die multitudo aus ihrem Gleichgewicht gebracht werden, entsteht in besten Fall eine Fassadendemokratie (Crouch)[25], wofür sich keinerlei Aufstand oder gar Tote rechtfertigen lassen. In systematischer Durchführung des Hennis-Satzes haben inzwischen zwei australische Soziologen[26] die ‚Gesetze' von Nicht-Revolutionen unter starkem Bezug auf Brinton analysiert; sie bestätigen in *Eliten und Liberalismus* ex negativo die Aktualität der Dehio-Welt: Es sind keine Revolutionen mehr möglich.

Auf Brinton mag man die Worte übertragen, die Burckhardt zu Taine in den Sinn kamen: der Autor „hat die zwei großen Eigenschaften; er sieht die geistigen Konturen und Farben überaus deutlich und schreibt merkwürdig einfach schön." Das Verweben aller Nuancen seiner vier Revolutionen ist unwiederbringlich, seither nicht erneut gelungen, immer durch eine theoretische Idee geleitet, deren politische Philosophie wir mit den Begriffen Nation, Bürgertum, Multitudo decodiert haben. Er ist nicht allein ein Doppeltalent als Historiker der strengsten Art wie seine Archivarbeit bei dem Jakobiner-Buch belegt, sondern ein Ideengeschichtler und Philosoph, beginnend mit seiner englischen Dissertation über die politischen Ideen der englischen Romantiker (1926), endend mit seiner *European Intellectual History* (1964) über *Ideen und Menschen*. Nicht zuletzt diese philosophische Prägung erklärt die Ironie, die Brinton Hannah Arendts ‚Über Revolution' gegenüber einnimmt. Er kopiert Arendt in die Folie Rosenstock-Huessy, der mit Vorliebe im Wolkenkuckucksheim brüte, und nur zu gern übersehe, was ihm in seine Metaphysik des Gutmenschen nicht hineinpassen würde. Sein Ergebnis: Wenn die beiden richtigliegen, ist sein Buch Nonsens, was man vielleicht aber auch umge-

---

25 Crouch, Colin: Die postmoderne Demokratie. Frankfurt/M. 2008. Zur Diskussion, die den Begriff Fassadendemokratie eher noch für zu euphemistisch hält, siehe: Nordmann, Jürgen. Demokratie! Welche Demokratie? Postdemokratie kritisch hinterfragt. Marburg 2012
26 Field/Higley: Eliten und Liberalismus. Übersetzt und eingeleitet von Dieter Claessens. Opladen 1983.

kehrt sehen kann? Dazu passt die kleine Anekdote: Studenten feiern ihn am Ende eines seiner Seminare mit standing ovations, was ihn völlig überrascht und verblüfft. Er versucht den Applaus zu beruhigen, was ihn nur steigert. Darauf ergreift er einfach seinen Hut und Mantel und flieht.

Mehrfach bezieht sich Brinton als Intellektueller selbst mit ein und zweifelt, wo sein Rang gewesen wäre, hätte es ihn in die Politik verschlagen – eher ganz unten. Bei allem Verständnis für Intellektuelle, die sich als Antiintellektuelle darstellen – und wer würde nicht einen de Maistre bewundern? – ist ihm eine solche Haltung zu nietzschehaft, einem Autor, dem er eine Monographie gewidmet hat. Vor allem wohl, um sich selbst vor ähnlichen Machtsuggestionen zu schützen, die jeden Intellektuellen anfallen, der im Beobachten fremden Handels stets versucht ist, sich überlegen zu dünken. In *Anatomy* gibt es große Passagen zur Rolle der Intellektuellen in den Revolutionen. Natürlich schon angeregt durch den ersten Versuch von Edwards, der nicht zufällig davor die Rolle der Intellektuellen bei der Institutionalisierung des frühen Christentums ins Auge genommen hatte; natürlich durch die Verschwörungstheorien zur Französischen Revolution angeregt, deren sozialen Gehalt de Maistre[27] durchaus adäquat bemerkt, wie später H. Taine mit seinem großartigen Außenseiterblick[28], ohne jedoch die Verschwörung bzw. die Verschwörer zu überhöhen, denn was bilden sich Menschen ein, selbst im Bösen Geschichte machen zu können? Denn Brinton rekonstruiert die Problematik von der russischen Revolution her: was war spontan, was war geplant? Wie sind zwei große Intellektuellentypen, Lenin und Trotzki, mit

---

27 Maistre, Joseph de: Die spanische Inquisition. Wien und Leipzig 1992; ders. Betrachtungen über Frankreich. Nachwort und Bibliographie von Günter Maschke. Wien und Leipzig 1991 „... nicht die Menschen [Verschwörer!] machen die Revolutionen, sondern die Revolution benutzt die Menschen. Sehr richtig hat man gesagt: sie geht von allein. Dies Wort bedeutet, daß die Gottheit sich in keinem menschlichen Ereignis so deutlich offenbart hat". (S. 11; dazu erhellend Maschke, S. 139).

28 Ein anderer Außenseiter, der brillante Essayist Hillebrand, kann uns über Taines Einmaligkeit seiner Revolutionsbücher belehren, vgl. Hillebrand, Karl: Siebzehnhundert neun und achtzig. In: ders. Aus dem Jahrhundert der Revolution. Strassburg 1902, S. 172–215.

sich selbst zurechtgekommen, mit ihrer Intellektualität, als sie Tä-
ter wurden? Wurde der Idealismus zuschanden getrieben durch
ihren immer auch präsenten Realismus? Jedoch ist er gewiß: es
waren Konstellationen gegeben für den Abfall der Intellektuellen
von ihrer herrschenden Klasse, die sich wahrscheinlich zukünftig
nicht mehr einstellen können. Doch ohne Prognostik kann gesagt
werden, was die Soziologen dann in der Nachfolge Gehlens[29] plausibel machen können. Vor jeder Revolution „zweifelt die alte herrschende Klasse, oder jedenfalls ein großer Teil ihrer Angehörigen,
an sich selbst. Sie verliert den Glauben an die Traditionen und
Sitten ihrer Klasse, ein Teil wird intellektuell, humanitär, geht gar
zu den angreifenden Gruppen über. Ein größerer Teil als sonst
gibt sich Ausschweifungen hin, aber das ist weniger symptomatisch
als der Verlust der befehlsgewohnten Haltung. Jedenfalls wird die
herrschende Klasse politisch unfähig".

Mit diesen vier Revolutionen (und der chinesischen, die gewissermaßen die vier noch einmal durchspielt) ist keine Intellektuel-
lenklasse mehr denkbar, die sich für die Multitudo opfert. Sie ist
durch und durch selbstreferenziell, wie bekanntlich das ausdifferenzierte gesellschaftliche Teilsystem Kunst. Was ihm als Bürger,
wie er sich bewußt verstand – so selbstironisierend, daß Freud
ihm auf die Sprünge helfen möchte, um seine bürgerliche Verpan-
zerung aufzubrechen – an Erfahrung mangeln musste, die Multitudo vor allem als Arbeiter und die Linke als Parteiorganisation,
lernte er von einem Hafenarbeiter, der wahrlich antiautoritär wie
kein Zweiter den sektiererischen Zwangscharakter der Linken begriffen hatte: Eric Hoffer, *Der Fanatiker* (S. 172f).[30] Er als Arbei-

---

29 Der viel zu früh verstorbene Soziologe Jonas hat im Geiste Arnold Gehlens ver-
    sucht, die Französische Revolution, über Brinton informiert (S. 163) zu analy-
    sieren. Da das Manuskript aus dem Nachlass stammt, fällt ein Urteil schwer;
    jedoch ist der Historiker Brinton, der mit einem soziologischen Blick ausgestat-
    tet ist, dem Soziologen Jonas, der einen historischen Gegenstand sich zum Ob-
    jekt macht, um Längen voraus, nicht zuletzt, weil er sein Vier-Revolutionen-
    Schema perfekt beherrscht. Vgl. Jonas, Friedrich: Soziologische Betrachtun-
    gen zur Französischen Revolution. Hg. von Manfred Hennen und Walter G.
    Rödel. Stuttgart 1982.
30 Hoffer, Eric. Der Fanatiker und andere Schriften. Frankfurt/M. 1999; Mon-
    taigne, nicht aus The True Believer, S. 286 f.

ter kauft sich Montaigne, der ihm unbekannt ist, liest die 1.000 Seiten so intensiv, daß er sie fast auswendig kann, unterhält damit seine Kollegen, die bei den Diskussionen ihrer Alltagssorgen dauernd nachfragen: Und was meint Montaigne dazu? Brinton notiert mit größerer Sympathie, wie kaum bei einem anderen Text seiner kommentierten Bibliographie, die, hätte er um die Montaigne-Geschichte wissen können, sich noch mehr gesteigert hätte, in der kleinen Broschüre sei mehr Wahrheit als in umfangreichen soziologischen Studien. Sie sei grundskeptisch, realitätsfähig, realistischer Machiavellismus vom Besten.

Brinton-Bibliographie[31]

Brinton, Crane: The Anatomy of Revolution. Revised and Expanded Edition. New York, Prentice-Hall, Inc. 1952 [London 1953]; 1956 = Vintage Books 1985; 311. S. – „Epilogue: 1964"; 265–271. Mit einem „Bibliographical Appendix", S. 272–296.
Dt.: Brinton, Crane: Die Revolution und ihre Gesetze. Übersetzt von Walter Theimer. Nach der Auflage von 1952, mit einem Vorwort zur deutschen Ausgabe von Brinton [ohne einen Appendix], Frankfurt/M., Nest Verlag 1959

Dazu:
Kreutz, Wilhelm: Crane Brinton und Robert Roswell Palmer – Revolutionssoziologie und transatlantische Deutung der Revolution. In: Pelzer, Erich: Revolution und Klio. Die Hauptwerke zur Französischen Revolution. Göttingen 2004, S. 309–329 [Brinton bis 320] und 420–422, Quellen und Forschungsliteratur
Stone, Bailey: The Anatomy of Revolution Revsited. New York: Cambridge University Press 2014

The Political Ideas of the English Romanticists. London 1926, (New York 1962)
Besprechung von Edwards: Natural History of Revolution. In: Book Review 44. 1929: 302–303
The Jacobins. An Essay in the New History. New York 1930 (1961).
English Political Thought in the Nineteenth Century. London 1933 (1949)
A Decade of Revolution, 1789–1799. New York 1934 (1963), überarbeitete 2. Aufl. 1965

---

31 Brintons Anteile an von ihm mitherausgegebenen mehrbändigen Sammelbänden, A History of Civilisation bzw. Civilisation in the West seien hier nur pauschal erwähnt. Sie müssten näher gewichtet werden

Dt: Europa im Zeitalter der Französischen Revolution. Vorwort Peter Richard Rohden[32], S. 5–38. Wien 1939, 2. Aufl. Wien 1948

The History of Paper Money to the War, The Journal of Modern History Vol. 6, No. 3, September 1934

French Revolutionary Legislation and Illegitimacy.1789–1804, Cambridge, Mass. 1936 – Br. 1959: 341

The Lives of Talleyrand, New York 1936 (New York 1963)

The Anatomy of Revolution New York 1938. 1952, 1956, 1959 (dt.), 1965. Siehe oben.

Nietzsche. Cambridge, Mass. 1941 (1948). Neudruck New York 1965 mit neuem Vorwort.

The United States and Britain. Cambridge, Mass. 1945

From many One: The Process of Political Integration, the Problem of World Government. Cambridge, Mass. 1948 (Westport. Conn. 1971)

Ideas and Men. The Story of Western Thought. New York 1950 (1963)

Dt.: Ideen und Menschen. Übers. Heinrich Mattutat. Stuttgart: Kohlhammer 1954

The Temper of Western Europe, Cambridge 1953

Dt.: Europa wohin? Frankfurt/M.: Nest Verlag[33] 1955

A History of Western Morals. New York 1959

Vorwort: Leslie Stephen: History of English Thought in the Eight Century. 2 vol. V–IX, London 1962

The Lives of Talleyrand, New York 1936 (New York 1963)

The Shaping of Modern Thought. Englewood Cliffs, N.J. 1963. Kurzfassung von „Ideas and Men"

---

32 Rohden (1891–1942) ist rezeptionsgeschichtlich bemerkenswert: Wie verteidigt man als NS-Ideologe *etwas von der Französischen Revolution*, deren Ideen von 1789 sonst in der NS-Ideologie bekämpft werden? Und wie wirkt das selbe, unverändente (?) Vorwort dann nach der Niederlage des Faschismus 1948?

33 Der Nest Verlag bewegte sich im linkssozialistischem Feld der BRD. Der Gründer, Anders, war vor 1933 Kommunist, dann im sozialdemokratischen Widerstand um „Neu Beginnnen", Brinton scheint zumindest in dem linken Verlagsprofil nicht gestört zu haben.

The Anatomy of Revolution: Tentative Uniformities, in: Social change: Sources, Patterns, and Consequences. = chap. 45, p. 418–422. New York, Basic Books 1964

Presidental Address, *American Historical Association, Kongress 1963. In:* American Historical *Review 69, 1964: 309–326*

European Intellectual History. New York 1964

Ideas in History, The Journal of Modern History. Vol. 37, No. 4, December 1965

The Americans and the French. Cambridge, Mass. 1968

(Hrsg.): The portable age of reason reader. New York 1969

Namen- und Sachregister